I0029493

*147*

Méquignon l'ainé père,

RUE DE L'ÉCOLE-DE-MÉDECINE, n° 9, à Paris.

# DE L'ÉDUCATION

## des

# SOURDS-MUETS

## DE NAISSANCE,

*Par M. Degérando,*

MEMBRE DE L'INSTITUT DE FRANCE, ADMINISTRATEUR ET PRÉSIDENT DE
L'INSTITUTION ROYALE DES SOURDS-MUETS.

Des préjugés honteux pour l'humanité faisaient regarder, il n'y a pas encore un siècle, le sourd-muet de naissance comme un être d'une espèce différente, comme une sorte d'automate, dont aucun sentiment n'échauffait le cœur. Cependant, à des époques assez éloignées et dans divers pays, des hommes d'un esprit supérieur reconnurent l'injustice dont les sourds-muets étaient les victimes, et s'occupèrent de leur éducation, afin de les réhabiliter dans l'opinion; mais les préjugés l'emportèrent, leurs efforts furent infructueux, et leur exemple ne trouva que bien peu d'imitateurs. L'art d'instruire le sourd-muet consista donc, jusqu'à l'abbé de l'Épée, dans quelques méthodes imparfaites, dont plusieurs sont parvenues jusqu'à nous par la voie de la presse.

Le système d'instruction de l'abbé de l'Épée, perfectionné par son élève et son successeur, feu l'abbé Sicard, quoique établi d'une manière plus satisfaisante, laisse pourtant, encore aujourd'hui, beaucoup à désirer. Il fallait un résumé des différentes méthodes professées jusqu'à ce jour; un examen approfondi et impartial de leurs défauts et de leurs avantages; il fallait qu'une personne étrangère à la pratique de l'art se chargeât de ce travail, pour porter dans la comparaison une impartialité plus entière; car il est difficile de ne pas se prévenir pour la méthode dont on fait usage, et de ne pas en exagérer le mérite. C'est ce que vient de faire M. Degérando. « En composant cet ouvrage où brille une érudition profonde, et dont » toutes les parties respirent une philosophie aussi pure que

» bienveillante, il a fait mieux encore qu'un bon livre; il a fait
» une bonne action.

» Ce traité d'éducation des sourds-muets est d'autant plus
» remarquable, que toutes les méthodes employées jusqu'à ce
» jour, pour l'instruction de ces infortunés, y sont exposées
» et comparées avec soin, afin de faire ressortir les avantages
» de chacune d'elles et les inconvénients qui lui sont propres.
» Personne ne s'est trouvé mieux placé que M. Degérando
» pour déterminer le point de vue sous lequel il convenait
» d'étudier les divers systèmes. Depuis long-temps administra-
» teur de l'Institut des Sourds-Muets, doué du talent d'obser-
» vation le plus remarquable, d'un esprit juste, étendu et sin-
» gulièrement analytique, et, mieux encore, d'une belle ame,
» d'un cœur essentiellement bienfaisant, il s'est dévoué à ce
» travail avec la plus généreuse sollicitude; il s'y est donné
» tout entier, comme on se livre à l'exercice de la vertu. C'est
» dire en peu de mots quels sont les sentiments que la lecture
» de son ouvrage nous a inspirés. » ( *Extrait de la* Revue Encyclopédique. )

Il nous suffira d'ailleurs de citer son opinion sur le *Cours
d'instruction d'un Sourd-Muet*, par l'abbé Sicard, opinion im-
partiale et qui donnera une idée du style brillant de l'auteur:
« Lorsque nous lisons le Cours d'instruction, dit M. Degé-
» rando, nous croyons presque lire une sorte de roman philo-
» sophique; il en emprunte les formes, il en offre souvent l'in-
» térêt; on y trouve quelque chose qui semble emprunté aux
» tableaux de Buffon, à la statue de Condillac, à l'Émile de
» Rousseau. C'est une ame encore assoupie qui s'éveille, un
» esprit encore aveugle qui s'ouvre à la lumière, une vie in-
» telligente qui commence à se développer au milieu des scènes
» variées et à la voix de l'instituteur. C'est une espèce de sau-
» vage, étranger à nos mœurs, qui est initié à nos idées, à
» nos connaissances, en même temps qu'à notre langue.
» L'abbé Sicard sait répandre sur chacun de ces progrès, sur
» chacun des exercices qui les obtient, le charme d'une sorte
» de drame. Il peint avec chaleur les incertitudes, les joies du
» maître et de l'élève; il réussit à faire ressortir aussi, dans un
» tableau animé, les définitions, les procédés qui semblaient
» les plus arides de leur nature; il donne une figure, une phy-
» sionomie aux notions les plus abstraites. On dirait que
» l'abbé Sicard est le peintre de la syntaxe, le poète de la
» grammaire. »

2 *vol. in-8°, caractère cicéro, imprimé par Crapelet, édition soignée.*
*Prix :* 16 *fr. et* 20 *fr. par la poste.*

A Paris, chez Méquignon l'aîné, père, libraire, rue de l'École-de-Médecine, n° 9, qui tient toujours son fonds de livres de médecine et de chi-
rurgie.

Son Exc. le Ministre de l'intérieur a souscrit pour un certain
nombre d'exemplaires des deux ouvrages.

# MANUEL D'ENSEIGNEMENT

## PRATIQUE

# DES SOURDS-MUETS,

*Par M. Bébian, ancien Censeur des études de l'Institution Royale des Sourds-Muets ;*

Ouvrage adopté et publié par le Conseil d'Administration de cette Institution.

———————

SANS souvenir comme sans espérance, l'existence d'un sourd-muet dont l'esprit est resté sans culture, qui ne se rattache ni au passé ni à l'avenir, s'arrête, pour ainsi dire, au besoin du moment, et ne se fait plus sentir que par l'ennui ou la douleur. Un préjugé aussi absurde qu'il est humiliant pour l'espèce humaine, représentait le sourd-muet comme un être, sensible, il est vrai, aux impressions physiques, mais dont aucune étincelle de raison n'éclairait l'esprit. Étranger au sein même de sa famille, cet enfant délaissé du ciel et des hommes, était relégué par l'amour-propre de ses parents loin de la société, où il n'inspirait qu'une pitié humiliante. Vainement brillait dans tous ses traits son ame tendre et expansive ; aucune ame ne s'ouvrait à ses effusions. Son esprit curieux cherchait partout la lumière, et partout ne rencontrait qu'un voile impénétrable qu'aucune main ne tentait de soulever. Tous les sentiments les plus vifs, refoulés dans son sein, allumaient ses yeux d'un feu sombre, qui, imprimant une sorte d'effroi, achevait de lui fermer les cœurs, et faisait taire à son égard tous les sentiments, jusqu'à la tendresse maternelle. On le regardait presque comme un être d'une espèce différente. Il restait confondu avec les insensés, d'autant plus à plaindre qu'il sentait toute l'horreur de son sort.

L'art d'instruire les sourds-muets réhabilita dans toute la dignité de l'homme ces infortunés que l'opinion plaçait en quelque sorte au-dessous de la brute. Je ne parlerai pas de la partie de leur instruction par laquelle on leur apprend à parler et à comprendre ceux qui leur adressent la parole, d'après le mouvement des lèvres, découverte faite long-temps avant l'abbé de l'Épée ; cette étude superficielle, souvent insuffisante, ne doit être que le complément d'une instruction beaucoup plus importante, qui consiste dans la science des gestes.

Lorsque le respectable abbé de l'Épée se livra à l'éducation des sourds-muets, il les trouva possédant un langage naturel : celui des gestes. Ce langage représentait assez fidèlement la pensée ; mais il rejetait tout ce qui n'est pas nécessaire à son expression. Les nombreuses formes grammaticales dont un long usage a enrichi nos langues, étaient étrangères et quelquefois contraires au langage des sourds-muets. Cependant il

fallait les leur faire connaître, ces formes grammaticales, pour
les mettre en état d'en faire usage. Mais comment trouver des
signes assez simples pour ne pas embarrasser la marche du
discours, assez expressifs pour rendre sensibles aux yeux ces
nuances légères dont l'esprit le plus délié peut à peine quelquefois se rendre raison ! Comment exprimer ces modifications grammaticales, qui, de l'expression de la même idée,
font tour à tour un verbe, un substantif, un adjectif, un adverbe, sans rien changer au fond de l'idée qui reste la même,
comme la racine du mot reste invariable ! et nos prépositions,
qui expriment des rapports si subtils et si variés ! les conjonctions, si brèves par l'expression, si pleines par le sens, qui
toujours renferment une proposition entière ! Comment enseigner l'emploi si délicat de l'article, les différences si importantes des temps de la conjugaison ! Ce que les efforts réunis
de plusieurs générations ont fait pour les autres langues, dont
la perfection est toujours le fruit du temps et d'une longue étude,
l'abbé de l'Epée eut le courage d'entreprendre de le faire pour
la langue de ses élèves. Aussi lui a-t-il été impossible de porter
la perfection dans toutes les parties d'un travail aussi vaste.

Le langage des gestes, pour ainsi dire inventé par ce grand
homme, perfectionné par son successeur et son élève, feu
l'abbé Sicard, laisse encore aujourd'hui beaucoup à désirer.
Mais ce qui était le plus important, et ce que vient de faire
M. Bébian, c'était de publier un *Manuel d'enseignement pratique
des Sourds-Muets*; c'était, ce qu'il a fait encore, d'ajouter à la
précision des définitions, à l'exactitude des analyses, d'établir
entre les idées un enchaînement plus régulier, de porter une
plus saine philosophie dans la manière d'exposer les notions
métaphysiques: enfin, de simplifier la méthode, de la rendre
assez facile pour qu'une mère puisse apprendre à son enfant
sourd-muet à lire, comme elle apprend aux autres à parler.

M. Bébian, en rendant à son pays ce service important, a
prouvé qu'il méritait les éloges qui lui ont été donnés publi-
quement par le respectable abbé Sicard. «Personne, disait-il,
» ne peut mieux que M. Bébian apprécier la méthode de l'abbé
» de l'Epée; personne ne se montre plus digne, par ses talents
» et son zèle, de marcher dans la route que nous a tracée ce
» bienfaiteur de l'humanité. L'étude approfondie qu'il a faite
» du langage des gestes, le met à portée de faire sentir à nos
» élèves tout ce que les ouvrages de nos poètes et de nos ora-
» teurs offrent de plus sublime et de plus délicat. »

Deux volumes, dont un in-4°, modèles d'exercices, contenant 32 planches
en taille-douce, et un vol. in-8°, explications. Prix : 16 fr. et 20 fr. par
la poste. A Paris, chez Méquignon l'aîné, père, libraire de la Faculté de
Médecine, des Hôpitaux civils et militaires, et de l'Institution Royale
des Sourds-Muets, rue de l'École-de-Médecine, n° 9.

IMPRIMERIE DE SÉTIER, cour des Fontaines, n° 7, à Paris.

# DE L'ÉDUCATION
# DES SOURDS-MUETS
## DE NAISSANCE.

### TOME I.

*Cet Ouvrage se trouve aussi*

Chez JULES RENOUARD, Libraire, rue de Tournon, n° 6.

DE L'IMPRIMERIE DE CRAPELET,
rue de Vaugirard, n° 9.

# DE L'ÉDUCATION

## DES

# SOURDS-MUETS

## DE NAISSANCE;

### PAR M. DEGERANDO,

MEMBRE DE L'INSTITUT DE FRANCE, ADMINISTRATEUR DE L'INSTITUT
ROYAL DES SOURDS-MUETS, ETC., ETC.

### TOME PREMIER.

## A PARIS,

### CHEZ MÉQUIGNON L'AINÉ PÈRE, ÉDITEUR,

LIBRAIRE DE LA FACULTÉ DE MÉDECINE, DES HÔPITAUX
CIVILS ET MILITAIRES, DE L'INSTITUTION ROYALE DES SOURDS-MUETS,
RUE DE L'ÉCOLE DE MÉDECINE, N° 9.

## 1827.

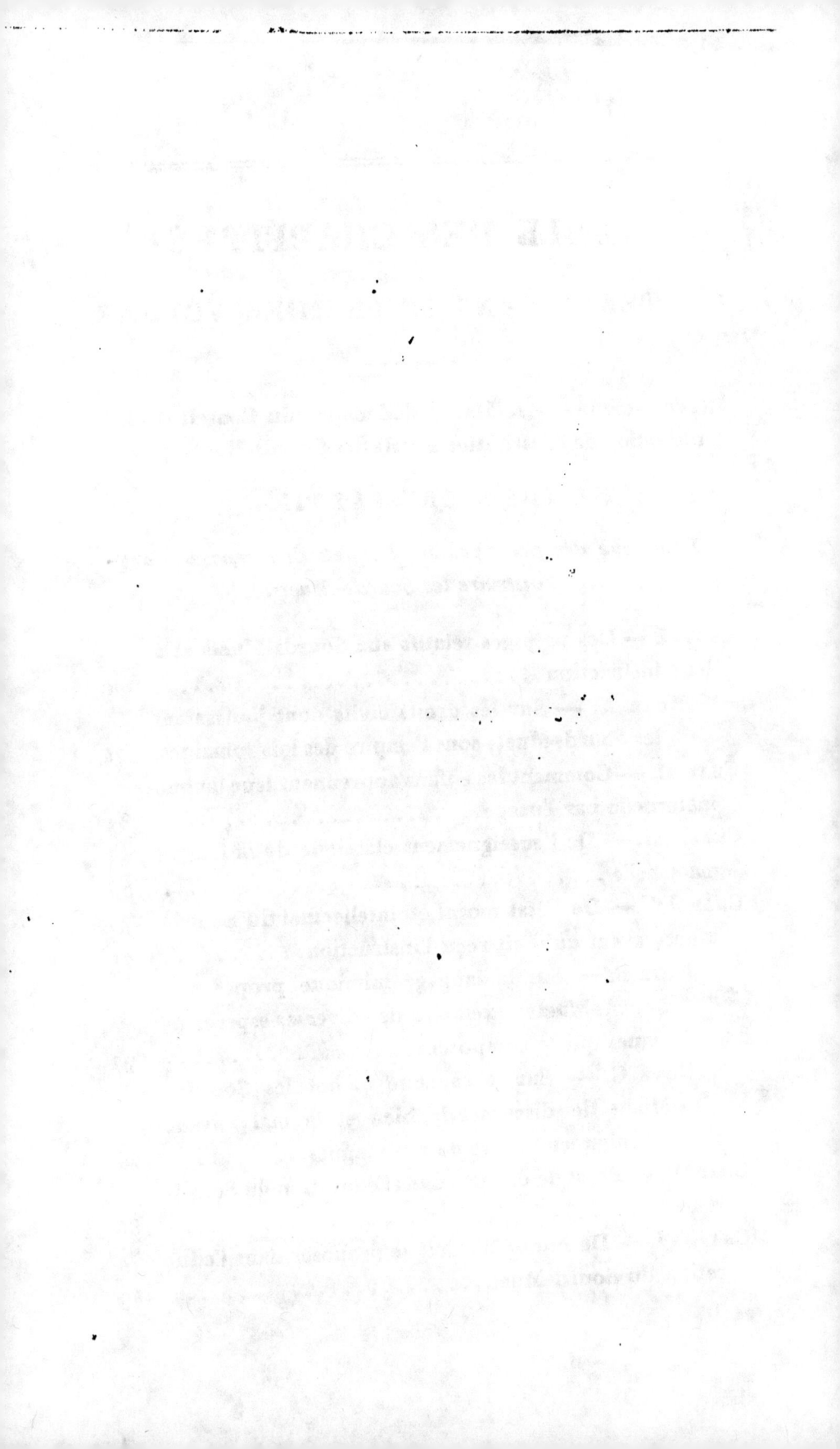

# TABLE DES CHAPITRES

## CONTENUS DANS LE PREMIER VOLUME.

1.

*a*

## SECONDE PARTIE.

*Recherches historiques sur l'art d'instruire les Sourds-Muets.*

FIN DE LA TABLE DU PREMIER VOLUME.

# TABLE DES CHAPITRES

## CONTENUS DANS LE SECOND VOLUME.

### SUITE DE LA SECONDE PARTIE.

*Recherches comparées sur l'histoire de l'art d'instruire les Sourds-Muets.*

# TROISIÈME PARTIE.

*Considérations sur le mérite respectif des divers systèmes proposés, et sur les perfectionnemens dont ils sont susceptibles.*

# AVERTISSEMENT.

A L'ÉPOQUE où l'Institut royal des Sourds-Muets de Paris fut privé, par la mort de l'abbé Sicard, du directeur qui y avait présidé pendant plus de trente années, le Conseil d'administration de cet établissement crut devoir charger l'un de ses membres de lui présenter un tableau comparatif et raisonné des méthodes qui, en différens temps et en différens pays, ont pu être connues ou appliquées pour l'éducation de cette classe d'infortunés. En conservant et développant les méthodes du vénérable abbé de l'Épée, fondateur de cet institut, l'abbé Sicard les avait modifiées sous divers rapports ; mais il n'avait laissé lui-même aucun type fixe et normal de son propre enseignement. Le Conseil d'administration ne pouvait ignorer d'ailleurs que plusieurs critiques s'étaient élevées contre quelques points de ce système ; que plusieurs perfectionnemens avaient été proposés. Il eut communication lui-même,

à peu près vers le même temps, de plusieurs
procédés qui lui parurent dignes d'attention. Il
désira donc être en mesure de préparer, pour
l'Institut royal confié à ses soins, les améliorations progressives que cet important établissement lui semblait encore attendre, et qu'il pouvait obtenir, sans cependant en déranger la
marche par des innovations hasardées ou trop
précipitées. Le travail qu'on va mettre sous les
yeux du public fut exécuté pour remplir les
vues du Conseil; on y a réuni la substance de
plusieurs autres rapports partiels faits au même
Conseil, par le même membre, sur le même sujet.
Depuis cette époque, un Conseil de perfectionnement, composé de savans aussi distingués par
leurs connaissances, que recommandables par leur
zèle pour le bien, a été établi près de l'Institut
royal, pour assister de ses conseils l'administration qui le dirige, dans tout ce qui concerne le
régime de l'enseignement. Les deux Conseils se
sont réunis pour exiger de l'auteur la publication
de ce travail. En obéissant à ces invitations réi-
térées, l'auteur a cru devoir faire de nouveaux
efforts pour compléter son ouvrage, en y faisant

entrer les nouveaux documens qu'il lui a été possible de se procurer depuis sa première rédaction.
Mais il a d'ailleurs fidèlement conservé à cet écrit
la forme et le caractère qu'avait commandés sa
première destination.

# INTRODUCTION.

## A MM. LES MEMBRES
## DU CONSEIL D'ADMINISTRATION
### DE
### L'INSTITUTION ROYALE
## DES SOURDS-MUETS.

Messieurs et chers collègues,

Le premier sentiment que j'éprouve, en m'occupant de la mission que vous avez bien voulu me confier, est celui d'une juste reconnaissance. Je dois vous rendre grâces d'avoir été appelé par vous à servir les intérêts de ces infortunés remis à nos soins, et dont la destinée nous est si chère; à seconder la généreuse sollicitude que vous leur portez; à préparer l'exécution des vues que vous méditez pour les progrès de leur éducation. Pères adoptifs de ces infortunés, c'est surtout en leur rendant accessibles, par la voie de l'instruction, les bienfaits de la religion et de la morale, que vous voulez préparer leur bonheur. Il m'est doux d'apporter mon faible tribut à cette grande œuvre si digne d'intéresser les amis de l'humanité; il

I.

m'est doux de satisfaire à cette tendre affection qui nous est commune, et qui embrasse ces êtres déshérités en apparence par la nature. Ainsi, nous ne veillerons pas seulement à leurs besoins présens; nous travaillerons aussi pour leur avenir. Je me féliciterais aussi de pouvoir assister ces instituteurs pleins de zèle, qui dirigent l'enseignement dans notre institut, et de leur donner, en notre nom commun, un témoignage d'estime, en nous associant en quelque sorte à leurs études, à leurs efforts.

Mais en considérant de plus près la nature et l'étendue de la tâche que vous m'avez imposée, je me sens justement intimidé. Vous m'avez ordonné de comparer entre elles les diverses méthodes employées jusqu'à ce jour, en différens pays et à diverses époques, pour l'éducation des sourds-muets de naissance, afin de vous indiquer les avantages qui recommandent chacune d'elles, ou les inconvéniens qui lui sont propres. Je n'ai trouvé aucun guide qui pût m'éclairer dans ce parallèle; les expériences mêmes sont encore incomplètes. Jusqu'ici les partisans des divers systèmes se sont bornés à faire chacun l'apologie de celui qu'ils avaient adopté. J'ai vu de nombreuses rivalités, des polémiques animées; j'ai en vain cherché un arbitre impartial qui vînt interposer la décision d'une équité éclairée. Je n'ai pu me dissimuler tout ce qu'il reste à faire pour donner à l'art d'instruire les sourds-muets les principes et les règles qui doivent le fixer. Peut-être même, parmi tant d'ouvrages publiés sur ce sujet, n'en est-il aucun, jusqu'à ce jour, qui ait posé les fondemens de l'édifice d'une manière solide et incontestable. Sans doute, s'il s'agissait d'exécuter un ouvrage qui remplît ces conditions, ce serait à ceux qui ont acquis, par un long exercice de l'art, une profonde expérience de ses difficultés et de ses ressources, qu'il serait réservé de l'entreprendre : ce sujet, dans tous les cas, eût été mieux et plus convenablement traité par l'un d'eux, qu'il ne peut l'être par un simple témoin qui a vu seulement quelquefois agir, qui n'a pu suivre habituellement et en détail la marche des procédés, et qui n'a jamais opéré lui-même. Je regrette, d'ailleurs, d'avoir eu trop peu de loisir pour traiter ce sujet avec tous les soins qu'il demande; mais, lié par de nombreux et impérieux devoirs, il fallait me refuser à remplir votre demande, ou me résigner à n'y satisfaire que d'une manière trop incomplète.

Je suis donc bien éloigné de prétendre vous offrir ici cet ouvrage fondamental qui manque à l'art. J'essaierai du moins de préparer les voies à ceux qui seront plus capables de l'accomplir. Je tâcherai de résumer avec clarté, de classer avec méthode, de caractériser, de rapprocher avec impartialité les diverses méthodes dont il m'aura été possible de prendre connaissance;

je recueillerai les lumières de tous ceux qui ont traité cette matière, et dont je pourrai me procurer les écrits. Je mettrai ainsi sous vos yeux les documens, plutôt que je n'entreprendrai de fixer votre décision. Je serai simple rapporteur et non juge.

Peut-être, sous un rapport, la position d'une personne étrangère à la pratique de l'art a-t-elle quelque avantage pour porter dans ce genre de comparaison une impartialité plus entière : car il est difficile de ne pas se prévenir pour les procédés dont on fait soi-même usage, et de ne pas s'en exagérer quelquefois le mérite. Quelque favorable que soit l'opinion que nous avons dû concevoir des méthodes pratiquées en ce moment dans l'institut que nous administrons, d'après les succès qu'elles obtiennent et les fruits qu'elles produisent, j'ai dû penser, Messieurs, que vous attendiez de moi de rechercher avec un soin scrupuleux ce qu'il peut y avoir d'utile, de préférable même, dans d'autres méthodes suivies ailleurs, ou adoptées en d'autres temps; que vous désiriez surtout appeler à votre secours l'expérience générale recueillie dans les divers établissemens de l'Europe, ou les vues renfermées dans les ouvrages d'écrivains qui ont adopté des principes différens; que, loin de redouter d'apprendre ce qu'on fait ailleurs aussi bien ou mieux, c'est là précisément ce que vous désiriez savoir pour en profiter. C'est ainsi, en effet, que s'obtiennent les vrais perfectionnemens.

Toutefois, dans une matière encore aussi neuve à beaucoup d'égards, je ne pourrais procéder avec sûreté, avec lumière, sans déterminer avant tout le point de vue convenable pour étudier les divers systèmes. Il fallait étudier la nature du problème que l'éducation des sourds-muets se propose de résoudre, les conditions qu'elle doit remplir pour cette solution, les moyens qui sont mis à sa disposition, les obstacles dont elle doit triompher, les sujets même sur lesquels elle doit opérer, les règles qu'elle doit se prescrire. Il fallait dresser en quelque sorte la carte du pays, reconnaître le terrain, avant de suivre les voyageurs dans leurs excursions. Je me suis donc vu dans la nécessité de commencer par une sorte d'investigation théorique, de considérer l'art d'instruire les sourds-muets comme s'il n'existait point encore, d'en rechercher les principes, de lui assigner son point de départ, son but. Ce sera l'objet de la première partie de ce rapport. Je vous prie de m'excuser si je suis entré trop souvent dans des développemens que votre sagacité rendait sans doute inutiles; mais j'attachais un grand prix à être clair; jai dû rappeler quelques vérités connues, pour ne point laisser de lacunes dans une théorie qui est peu connue elle-même.

La seconde partie devrait comprendre l'histoire de l'art. Je n'oserais donner ce nom aux explorations que j'ai faites : il est plusieurs ouvrages sur la matière, publiés dans les pays étrangers, que je n'ai pu réussir à me procurer, quelques soins que je me sois donnés : je n'ai pu exposer, dans tous leurs détails, chacune des méthodes conçues par divers inventeurs; je me fusse trouvé conduit trop loin, et il eût fallu donner à ce travail une étendue qui eût excédé le temps dont vous pouvez disposer, et celui qui m'est accordé à moi-même. Je crois cependant avoir réussi à réunir, à peu près, les documens vraiment essentiels, et à prendre connaissance des principales méthodes imaginées jusqu'à ce jour. J'ai cru devoir m'attacher à en déterminer les caractères essentiels, à en étudier la marche et les résultats; j'ai essayé de les classer, et d'en montrer la filiation et les rapports, afin d'observer par quelles routes diverses elles tendent à un but commun, et comment elles s'excluent ou peuvent se concilier entre elles; surtout, je ne parlerai jamais des ouvrages publiés à ce sujet qu'après les avoir lus avec soin, et souvent après les avoir relus plusieurs fois.

Vous savez, Messieurs, que nous sommes redevables au zèle éclairé et à la sollicitude empressée de S. Exc. M<sup>gr</sup> le Ministre secrétaire d'état au département des affaires étrangères, d'une riche collection d'informations et de documens sur les établissemens de sourds-muets qui existent dans les diverses contrées de l'Europe, collection qui n'avait point été formée jusqu'à ce moment. Il fallait étudier ces documens, les comparer ; vous présenter le résultat raisonné de ce parallèle, vous mettre en mesure d'apprécier et de reconnaître avec impartialité le mérite des succès obtenus en d'autres pays ; enfin réunir ce tableau de la situation présente de l'éducation des sourds-muets en Europe, à celui de l'histoire progressive et comparée de la naissance et du développement de l'art. J'ai obéi à vos intentions, et ces deux tableaux réunis formeront maintenant un ensemble méthodique et complet de presque toutes les instructions que l'expérience peut nous fournir sur le sujet qui occupe en ce moment nos méditations. C'était sans doute le moyen le plus certain d'y répandre la lumière, et de trouver le vrai au milieu de la variété des systèmes. Je remplis encore vos intentions, Messieurs, en exprimant ici notre profonde gratitude envers le ministre auquel nous devons un si précieux secours, et qui, en préparant entre les divers instituts de sourds-muets une correspondance générale, ouvre la voie la plus certaine pour les progrès de l'art dans l'avenir.

De ces deux premières parties résultera naturellement la troisième. A la lumière des principes qui gouvernent l'art, on pourra apprécier le mérite des systèmes divers adoptés dans l'exécution, en apercevoir les inconvéniens, les difficultés,

les lacunes; on pourra concevoir les perfectionnemens désirables, les moyens de les obtenir. C'est
ici surtout que je crois devoir m'imposer plus de
réserve; je me contenterai souvent de vous proposer mes doutes; et, alors même que je ne pren-
drai pas le langage du doute, je vous prie d'avance
de ne point considérer comme absolument affir-
matives les opinions que je pourrai émettre. Je
soumets cet essai à vos lumières; j'en sollicite les secours. Nous ne cesserons de provoquer les travaux
qui peuvent faire obtenir de nouveaux progrès à
un art si bienfaisant, mais encore si incertain. Pour
moi, si j'ai pu préparer ces travaux, en faire sentir
le besoin, en faciliter l'exécution, je croirai avoir
assez fait, et je me féliciterai d'avoir pu offrir ce
faible tribut à l'humanité.

————

# DE L'ÉDUCATION
# DES SOURDS-MUETS
## DE NAISSANCE.

## PREMIÈRE PARTIE.

RECHERCHE DES PRINCIPES SUR LESQUELS DOIT
REPOSER L'ART D'INSTRUIRE LES SOURDS-MUETS.

### CHAPITRE PREMIER.

*Des préjugés relatifs aux sourds-muets et à leur instruction.*

Il ne paraît pas que, jusqu'au seizième siècle, l'idée fût jamais venue à personne, dans aucun temps, dans aucun pays, que les sourds-muets de naissance fussent susceptibles de recevoir le bienfait de l'instruction. Quelque misérable que fût la situation de ces infortunés sous le rapport intellectuel et moral, quel que fût le vif intérêt que devaient inspirer pour eux et les affections de la nature, et l'amour de l'humanité, et le zèle religieux, on n'avait pas songé à les introduire dans la société humaine, à leur ouvrir la voie pour

atteindre à la dignité de l'homme, parce qu'on
regardait une telle entreprise comme absolument
impossible. Ce qu'il y a de plus singulier, c'est
qu'une question aussi importante n'avait pas même
été examinée, discutée; n'avait pas été posée, tant
cette impossibilité semblait évidente et manifeste.

Aristote, dès l'antiquité, avait prononcé, d'une
manière absolue, le terrible arrêt qui excluait les
sourds-muets de toute participation aux connaissances (1); saint Augustin les avait exclus, par un
arrêt aussi rigoureux, de la connaissance de la
foi (2); et l'abbé de l'Épée nous apprend que
des théologiens de son temps, fort respectables
d'ailleurs, condamnèrent ouvertement son entreprise (3), en se fondant sur un semblable motif.
« Aussi, dit-il, les parens se tenaient-ils pour
« déshonorés d'avoir un enfant sourd-muet; ils
« croyaient avoir rempli toute justice à son égard
« en pourvoyant à sa nourriture et à son entre-
« tien; mais on le soustrayait pour toujours aux
« yeux du monde, en le confinant dans le fond
« d'un cloître ou dans l'obscurité de quelque pen-
« sion inconnue. »

---

(1) *De Hist. animal.* L. **IV**, cap. 9. — *Metaphys.*

(2) *Quod vitium ipsum impedit fidem; nam surdus natu*
*litteras quibus lectis fidem concipiat, discere non potest.*

(3) Lettre deuxième à M. l'abbé \*\*\*, en 1772. *Institution*
*des Sourds-Muets,* 2ᵉ partie, pages 18 et suiv.

L'abbé de l'Épée assure même, sur la foi de je ne sais quelles relations, qu'il y a encore des pays où l'on fait mourir, à l'âge de trois ans au plus tard, les sourds-muets, parce qu'on les considère comme des monstres (1). Chez quelques peuples de l'antiquité, ces malheureux étaient l'objet d'une sorte de proscription; on les supposait frappés des malédictions célestes. Sous l'empire des lois romaines, ils étaient dépossédés d'une partie des droits civils (2), comme étant supposés privés d'intelligence.

Quelle cause donc avait pu produire, entretenir un aveuglement aussi universel, aussi constant, mais si funeste en même temps par la cruelle indifférence qui en était la suite? Un préjugé assez naturel, auquel nous participons tous, plus ou moins, avant que la réflexion et les lumières d'une saine philosophie viennent nous en affranchir.

Depuis l'époque où, par un progrès aussi remarquable qu'essentiel dans la civilisation, nos sociétés ont acquis l'usage d'une écriture alphabétique employée exclusivement à représenter la parole, les langues parlées sont devenues le seul moyen direct de communication entre les hommes et d'instruction primitive pour chacun d'eux, moyen auquel tous les autres sont restés subor-

---

(1) *Institution des Sourds-Muets,* 1ʳᵉ partie, pages 3 et 4.
(2) *Voyez* la note **A**, à la fin de ce chapitre.

donnés. L'organe de l'ouïe est devenu par conséquent aussi le seul instrument direct pour cette
communication et cette instruction. On apprend
d'abord sa langue maternelle, mais par l'emploi de
la parole; et avec cette langue on apprend tout
le reste.

La langue maternelle s'apprend dès le berceau,
sans art, par le seul effet des circonstances au
milieu desquelles l'enfant se trouve placé. Il ignore
comment il l'a apprise; les spectateurs ne le remar-
quent guère; les philosophes ne s'en enquièrent
guère davantage.

Ce qui nous étonne le plus généralement n'est
pas ce qui est réellement merveilleux en soi, mais
ce qui sort du cercle de nos habitudes.

Chacun se persuade donc que les choses ne
peuvent se passer autrement qu'elles ont eu lieu
en effet, disposition naturelle à tous ceux qui ne
réfléchissent point, ou qui ne sont pas avertis par
des faits contraires à ceux auxquels ils sont accoutumés. La parole ayant été le moyen, l'ouïe l'instrument, on en conclut qu'il n'y a ni moyen, ni
instrument même, pour un malheureux privé de
l'ouïe et de la parole. Ce terrible arrêt ne semble
pas pouvoir être mis en doute.

Quoique nos langues soient composées d'un
double ordre de signes, ceux de la parole et ceux
de l'écriture; quoique chacun de ces deux ordres
de signes puisse servir également à exprimer direc-

tement la pensée, comme on le voit par les hiéroglyphes des anciens Égyptiens, par ceux qui
étaient en usage au Mexique; comme on le voit
encore aujourd'hui par l'écriture chinoise, l'usage
qui a réduit parmi nous l'office de l'écriture à représenter la parole, l'habitude de lui voir jouer
uniquement ce rôle, a tellement fait attribuer à la
parole le privilége exclusif de représenter la pensée, que le nom même donné à nos idiomes, celui
de *langues*, est emprunté à la parole, à l'organe
qui lui sert d'instrument.

L'histoire ne nous a point fait connaître quelle
était la condition des sourds-muets en Égypte,
lorsque l'écriture hiéroglyphique y était encore
seule en usage; les voyageurs ne nous ont point
fait connaître quelle est la condition des sourds-
muets en Chine, où l'écriture est encore une expression directe et immédiate de la pensée. Mais si,
comme il est très probable, cette infirmité était
connue dans l'ancienne Égypte, si elle est connue
en Chine, le préjugé que nous signalons ici
n'existait point, n'existe point pour ces peuples;
les sourds-muets y recevaient, y reçoivent l'instruction par un moyen naturel et simple, par la
langue écrite, et personne n'en est surpris.

Il n'y a pas besoin, chez ces nations, d'un art
spécial pour l'instruction des sourds-muets; ils la
reçoivent à l'aide de l'écriture idéographique,
absolument comme les autres élèves entendant et

parlant ; réflexion d'une haute importance, qui déjà, et dès l'entrée de la carrière, répand d'abondantes lumières sur le sujet qui nous occupe !

Dans l'ancienne Égypte, en Chine, la langue écrite et la langue parlée sont deux voies parallèles, égales, en grande partie indépendantes, pour l'instruction : l'une peut suppléer à l'autre ; la vue et l'ouïe peuvent donc aussi prêter également les mêmes services et se suppléer réciproquement. Il en serait de même de toute nation qui posséderait une écriture idéographique.

Quiconque, aujourd'hui encore, n'a point entendu parler de l'instruction que reçoit une partie de nos sourds-muets de naissance, n'hésitera guère à déclarer que la chose lui paraît impossible.

Ceux mêmes qui entendent annoncer les succès de cet enseignement ont peine à y croire.

Ceux-là mêmes encore qui, attirés aux exercices publics par une vive curiosité, par le désir de voir, de leurs propres yeux, un résultat aussi extraordinaire, ne peuvent plus douter de sa réalité, témoins du fait, forcés de le reconnaître, éprouvent une singulière surprise, et s'extasient sur ce prodige.

Enfin, il n'est pas jusqu'aux instituteurs eux-mêmes qui, en opérant cette merveille prétendue, voyant et palpant les moyens par lesquels elle est produite, devraient se défendre du commun prestige, il n'est pas jusqu'à eux qui ne soient cependant, entraînés souvent par cette illusion générale, qui ne soient tentés de crier les premiers au miracle, en considérant leur propre ouvrage.

Cette incrédulité, cette surprise, sont l'effet d'un préjugé opiniâtre, auquel on obéit encore peut-être sans s'en douter, alors même qu'on l'a reconnu.

Rien n'est cependant si simple que le principe sur lequel repose l'instruction des sourds-muets, puisqu'il consiste à enseigner directement la langue dans le système des signes écrits, c'est-à-dire à faire jouer immédiatement à l'écriture le rôle que joue la parole dans l'enseignement ordinaire. Mais un préjugé invétéré empêche d'apercevoir les vérités les plus simples, et souvent prolonge encore en partie l'illusion, alors même que cette vérité a été entrevue.

Si le vulgaire a ses préjugés, les philosophes, ou ceux qui se croient tels, ont aussi les leurs. Ils combattent quelquefois les préjugés vulgaires; quelquefois aussi, sans le savoir, ils s'en font les apologistes. De même que la vraie philosophie consiste essentiellement à mettre en lumière les maximes du bon sens, à les seconder par des développemens judicieux, très souvent aussi les systèmes philosophiques se chargent de prêter une forme scientifique aux erreurs accréditées par l'habitude, admises de bonne foi comme une sorte de principes. L'histoire de l'esprit humain en offre mille exemples. L'un de ces exemples les plus frappans se présente dans le sujet qui nous occupe. Nous avons vu des philosophes réserver aussi à la parole non seulement la prééminence, mais encore le monopole, si l'on nous permet cette expression, du commerce des intelligences, et, par suite, le pouvoir exclusif de servir d'instrument au développement et à l'expression de la pensée. On a trouvé des argumens pour prouver cette thèse, qu'on n'avait pas mise bien sérieusement en question, tant on était d'avance prévenu en faveur de la proposition qu'on voulait prouver. Et quelle est la thèse en faveur de laquelle on ne trouverait pas des argumens, même des argumens plausibles? Tout argument est bon, et nous satisfait de très bonne foi, quand il vient à l'appui d'une prévention déjà établie dans notre esprit; nous prenons leur accord pour un assentiment de la raison. On a cru découvrir dans la parole, dans les sons de la voix humaine, une sorte de vertu mystérieuse, qui la rend l'expression vivante et naturelle de la pensée et du sentiment; on a recouru aux vagues notions de Platon sur les rapports du langage et des idées; on a invoqué, comme douée d'un sens profond, cette métaphore, ou cette équivoque, qui donne au mot *logos* la double valeur d'exprimer également et la *parole* et la *raison*. On a même invoqué l'autorité de la théologie; on a cru voir la question décidée par quelques passages de l'Écriture-Sainte, où la même métaphore est employée, comme elle a dû l'être dans le style figuré propre à tous les écrits d'une haute antiquité, et animés d'un caractère poétique. Des systèmes entiers ont été construits sur cette base.

Il a fallu, pour être conséquent, supposer aussi que le langage n'a pu être institué. Il s'est trouvé des philosophes qui ont cru démontrer également cette proposition, l'ériger même en axiome. Ils ont trouvé des argumens spécieux : « Le langage, dit « J.-J. Rousseau, n'aurait pu être institué que par « une suite de conventions; or, comment établir « des conventions, si l'on ne possède déjà un lan- « gage pour communiquer et s'entendre? » Le raisonnement de Rousseau a paru sans réplique; on l'a répété sans le soumettre à la critique : comme aucun de nous, en effet, n'a assisté à l'institution du langage, ou du moins, comme aucun de nous n'a conservé le souvenir d'une première instruction acquise au berceau, qui exige les mêmes opérations de l'esprit que l'institution du langage, on s'est trouvé naturellement disposé à croire qu'une création de ce genre est, en effet, au-dessus des facultés humaines.

Il ne s'agit nullement ici de prétendre que le langage ait été, par le fait et réellement, institué primitivement dans la société humaine; qu'une langue n'ait pas été donnée tout instituée à une première famille. Le Créateur a fort bien pu donner

1.

à la créature humaine, en la plaçant sur la terre, un premier idiome, quoiqu'il lui eût conféré en même temps les facultés suffisantes pour instituer cet idiome avec le temps et les travaux convenables. Il s'agit seulement de savoir s'il a, en effet, conféré à l'homme ces facultés.

Or, le raisonnement de Rousseau, qui n'est au fond qu'un paralogisme, et que la logique n'a pas de peine à détruire, est renversé de fond en comble par le phénomène qu'offrent les sourds-muets de naissance. En effet, les sourds-muets, réunis entre eux, instituent un langage de signes, un vrai langage conventionnel, quoique fondé sur l'analogie, et qui, élaboré par le temps et la réflexion, comme il pourrait être perfectionné chez un peuple de sourds-muets, serait susceptible d'acquérir toute la richesse de nos langues.

Ce raisonnement est également démenti par l'expérience de tous les enfans qui sont initiés à l'usage de nos langues artificielles. Car, ces langues étant arbitraires et conventionnelles, il faut que des conventions s'établissent entre l'enfant et ceux qui l'entourent, non pas pour créer ces langues, mais pour leur attacher leur valeur, ce qui suffit pour renverser l'argument du philosophe, comme nous aurons, au reste, occasion de le mieux voir encore par la suite.

Au reste, en y réfléchissant, on reconnaîtra facilement qu'il existe entre les hommes, antérieu

rement aux langues conventionnelles, des moyens
naturels de communication réciproque; que les
actions elles-mêmes, d'abord produites par la
seule impulsion de leurs besoins, deviennent des
signes à l'aide desquels ils se comprennent; que,
dès qu'ils s'entendent, ils peuvent former des
conventions, attribuer à des signes de leur choix
une propriété semblable à celle des signes qu'ils
avaient d'abord employés sans art. Le raisonnement de Rousseau doit donc se traduire comme il
suit : « Le langage *artificiel* ne peut être institué
« que par des conventions; ces conventions sup-
« posent un *premier* langage; mais ce langage,
« résultat *naturel* de la situation des hommes, de
« leurs besoins et de leurs facultés, s'est formé
« sans convention. » Ainsi traduit, il engendre une
conséquence toute contraire.

On voit s'évanouir de même, au flambeau de la
réflexion, la puissance mystérieuse, exclusive, attribuée par certains philosophes à la parole, aux sons
articulés. En effet, à quelle parole, c'est-à-dire à
quel système de sons articulés cette vertu serait-
elle attachée? Ce n'est pas sans doute à la parole
en général; la parole en général n'est qu'une chose
abstraite, sans réalité, comme la couleur en général. Il faut que certains sons déterminés, ou tous
les sons, ou seulement quelques sons émis par
la voix humaine, aient ce merveilleux privilége.
Ce ne sont pas encore tous les sons; l'expérience

le prouve; il en est une foule qui n'ont pas de signification pour nous; ce seraient donc certains sons
seulement, c'est-à-dire une certaine langue articulée : mais, quelle langue a donc ce privilége entre
toutes? Ce ne peut être une langue morte; car,
puisqu'on ne la parle plus aujourd'hui, la société
humaine ne jouirait plus aujourd'hui de la faculté
de communiquer, et des bienfaits de la raison. Serait-ce une langue vivante? Alors encore, laquelle?
quelle nation a donc sur les autres cette prééminence? Comment les autres nations qui n'emploient point la langue privilégiée sont-elles cependant au même rang dans le règne intellectuel?
C'est ainsi qu'on se trouve conduit à l'absurde.

La réalité est que certains sons, émis d'abord involontairement, compagnons du langage d'action,
comme les cris, les soupirs, etc., deviennent, dès
l'origine, une expression irréfléchie de nos impressions; que les langues, dans lesquelles la parole
aujourd'hui obtient sa propriété de traduire et de
développer les idées, sont un produit artificiel,
conventionnel, élaboré lentement pendant une
longue suite de siècles.

Nous insistons ici sur ces considérations, parce
que la même prévention qui a entraîné certains
philosophes, d'un talent même distingué, dans des
systèmes erronés, partagée aussi par des instituteurs qui se sont dévoués à l'instruction des sourds-
muets, a influé sur le choix des moyens qu'ils ont

cru devoir employer dans cette instruction. C'est ainsi que les auteurs des premiers essais crurent avoir tout fait s'ils avaient réussi à faire prononcer machinalement, par les sourds-muets, des sons articulés dont ceux-ci ne pouvaient se rendre aucun compte. Car, qu'y avait-il à faire pour ces infortunés, si ce n'était de leur rendre la parole? et ne leur avait-on pas, en effet, rendu la parole? Aujourd'hui encore, combien cette préoccupation de l'esprit n'influe-t-elle pas sur certains systèmes d'enseignement, adoptés avec une prédilection marquée, recommandés comme d'un mérite bien supérieur, uniquement parce qu'ils semblent rendre une sorte de parole à des sujets privés de l'ouïe?

Rien ne répand au reste plus de nuages sur les questions relatives à l'art d'instruire les sourds-muets, que les méprises auxquelles donnent lieu les idées qu'on se fait ou qu'on croit se faire quand on parle d'un *langage naturel* ou prétendu tel. Ces méprises sont en tout semblables à celles qui ont eu lieu au sujet d'un certain *état de nature* relativement à l'homme; hypothèse sur laquelle on a tant divagué. Les méprises, dans l'un et l'autre sujet, ont le même caractère et la même origine. Veut-on entendre, par un langage naturel, celui auquel la nature conduit l'homme par l'impulsion de ses besoins, par l'empire des circonstances, par le développement de ses facultés? On sera, certes, très fondé à employer l'expression dans un tel sens, comme on est fondé à dire que l'état de société, que la civilisation est pour l'homme le véritable état de nature. Mais alors on devra reconnaître que ce langage naturel est aussi, en partie du moins, l'ouvrage de l'homme même, artificiel pour l'individu, conventionnel pour la réunion d'individus, comme il est naturel à l'homme d'agir, de combiner, de réfléchir, de produire. Veut-on parler au contraire d'un langage supposé primitif? et dans ce cas, le rapporte-t-on seulement à l'origine de la société humaine, en sorte qu'il aurait disparu avec le temps? ou bien le rapporte-t-on seulement à l'enfance de chacun de nous? Alors il aura été, il sera très pauvre, très limité, si ce n'est toutefois dans le cas où une langue toute formée aurait été enseignée au premier homme par le Créateur lui-même; mais cette langue n'est plus, la tradition ne nous en a laissé aucun renseignement, et ses élémens nous sont entièrement inconnus.

Il faut donc bien s'expliquer avant tout, et définir exactement à quel langage naturel on prétend recourir. Il faut prendre garde de ne pas prêter à l'un des propriétés qui ne peuvent convenir qu'à l'autre; de ne pas prêter, par exemple, au langage né du développement des facultés humaines, le caractère qu'aurait pu avoir un langage primitif donné par le Créateur lui-même; de ne pas nous présenter le premier comme nécessaire, *invariable*. Le langage métaphorique, en fait de style, peut

être appelé *naturel,* parce qu'il est le premier produit du jeu de nos facultés intellectuelles ; le langage propre est *naturel* aussi, dans un sens, comme
plus conforme à la vérité des choses. Nous ren-
contrerons bientôt cette même distinction dans la
comparaison des méthodes d'instruction pour les
sourds-muets.

Dans l'art de la parole, comme dans tous les
autres arts, la sage nature, ou plutôt la Providence
qui en a coordonné les lois, nous conduit d'abord à
notre insu ; elle nous donne les premières indications ; elle nous offre les modèles : puis elle nous
abandonne aux facultés dont elle nous a doués, à
la raison qui doit les diriger, afin que, par la réflexion, nous achevions son ouvrage. Ici encore,
nous usons des dons de la nature, nous la prenons
pour guide ; c'est en ce sens que nous devons nous
instruire auprès d'elle.

Pour appliquer donc cette maxime au sujet qui
nous occupe, nous allons étudier d'abord comment
les enfans ordinaires apprennent leur langue maternelle sans le savoir ; nous verrons ensuite comment les sourds-muets, privés, mais seulement
en partie, de cet avantage, peuvent y suppléer.

## Note A, *page 11.*

*Sur les droits civils dont jouissaient les sourds-muets,*
*sous l'empire des lois romaines.*

Les lois d'un peuple sont le monument le plus authentique de ses mœurs et des opinions qui étaient consa-
crées dans son esprit. On serait curieux de retrouver dans
la législation des anciens peuples les traces de la condition à laquelle les sourds-muets se trouvaient soumis
chez eux; mais les recherches sur ce sujet sont en général peu fructueuses.

Les lois romaines, jusqu'à Justinien, gardent un
silence absolu sur les *sourds-muets.* Elles parlent souvent des individus qui sont *sourds* sans être *muets,* ou
qui sont *muets* sans être *sourds,* mais jamais de ceux
chez lesquels ces deux infirmités se trouvent à la fois
réunies. Ce silence n'est pas un effet de la négligence ou
de l'oubli du législateur; il atteste plutôt sa prudence
et sa sagesse. Le législateur, en effet, n'avait pas voulu,
relativement à cette classe d'individus, choisir l'espèce
à laquelle s'appliquaient ses dispositions, dans l'accident
dont ils étaient atteints; il s'était tenu dans un principe
de classification plus élevé et plus général, dans celui
qui résultait seulement de la capacité morale et intellectuelle du sujet, de la pleine jouissance des facultés
mentales ou de la privation d'intelligence, laissant ensuite à juger, dans l'application, si, en effet, une telle
infirmité native plaçait ces infortunés dans l'une ou
l'autre catégorie. Si le même silence n'était pas observé
à l'égard de ceux qui étaient simplement ou sourds ou

muets, c'est que ceux-ci, pouvant contracter valablement, étaient forcés cependant, par leur infirmité, d'user, en contractant, de formes spéciales qui demandaient en leur faveur une exception de la part du législateur.

Au reste, on est fondé à présumer qu'en effet, dans l'application, les sourds-muets étaient rangés par le fait dans la catégorie des individus privés d'intelligence, et que Justinien se sera borné à définir par écrit ce que la tradition avait donné comme une pratique habituelle.

Justinien voulut donner des définitions plus précises, et l'année 531 il rendit la loi 10ᵉ, Cod. *qui testam. fac. poss.* (Lib. VI, tit. xxii), qui s'applique aux sourds-muets d'une manière expresse et spéciale. Il y établit les cinq classes suivantes : 1°. le sourd et muet chez lequel cette double infirmité est naturelle; 2°. le sourd et muet chez lequel cette double infirmité n'est point naturelle, mais l'effet d'un accident survenu dans le cours de la vie; 3°. le sourd qui n'est point muet, mais dont la surdité est naturelle; 4°. l'individu qui est simplement sourd, et qui a été atteint par accident de cette infirmité; 5°. enfin celui qui est simplement muet, soit que cette infirmité se trouve être en lui naturelle, ou provienne d'un accident.

Il applique à chacune de ces cinq classes des dispositions différentes.

Voici comment il statue sur la première :

« Discretis surdo et muto, quia non semper hujus-
« modi vitia sibi concurrunt, sancimus, si quis utroque
« morbo simul laboret, id est neque audire, neque loqui

« possit, et hoc ex ipsa natura habeat; neque testamen-
« tum facere, neque codicillos, neque fidei commissum
« relinquere, neque mortis causa donationem celebrare
« concedatur, nec libertatem sive vindicta, sive alio modo
« imponere; eidem legi tam *masculos* quam *feminas* obe-
« dire imperantes. »

Mais il rend à la seconde classe tous les droits qu'il
a enlevés à la précédente, en lui permettant de stipuler
par écrit :

« Ubi autem et hujusmodi vitii non naturalis, sive
« masculo, sive feminæ accidit calamitas, sed morbus
« postea superveniens et vocem abstulit et aures conclu-
« sit : si ponamus hujusmodi personam litteras scien-
« tem; omnia quæ priori interdiximus, hæc ei sua manu
« scribent permittimus. »

Il est digne de remarque que le législateur suppose
que le sourd-muet de la seconde classe peut avoir reçu
l'instruction : *si ponamus hujusmodi personam litteras
scientem*, tandis que, à l'égard de ceux de la première
classe, sa décision est d'une généralité absolue; une supposition semblable n'est point admise.

Le législateur ne parle point des sourds-muets qui ont
été atteints de cette double infirmité dans un âge encore
tendre; mais il est évident qu'il les repousse de la seconde catégorie pour les renvoyer à la première, car les
sourds-muets frappés de très bonne heure d'un semblable accident, ou n'ont pas acquis encore l'instruction,
ou bien ont promptement oublié celle qu'ils avaient acquise; ils ne remplissent donc pas la condition exigée
pour jouir du droit de disposer : *personam litteras
scientem.*

Le législateur suppose que chez le sourd-muet devenu tel par accident, l'une et l'autre infirmité a dû être à la fois directement produite par la maladie, que la maladie seule a enlevé l'organe de la voix ; *sed morbus et vocem abstulit et aures concludit.* Il semble ignorer que la seconde de ces deux infirmités suffit, du moins dans l'enfance, pour amener comme une conséquence inévitable la perte de l'usage de la parole. Cette supposition et cette ignorance vont se reproduire dans les dispositions relatives à la troisième classe, et s'y montrer plus clairement encore.

« Sin autem infortunium discretum est, quod ita raro
« contingit ; et surdis, licet naturaliter hujusmodi sensus
« variatus est, tamen omnia facere et in testamentis, et
« in codicillis, et in mortis causa donationibus, et in
« libertatibus et in omnibus aliis permittimus. Si enim
« vox articulata ei a natura concessa est, nihil prohibet
« eum omnia quæ voluerit facere. »

Ainsi, le législateur admet une classe de sourds chez lesquels la surdité est naturelle, et qui cependant ne sont point muets ; il ajoute, il est vrai, que ce cas se présente rarement : *quod ita raro contingit.* Suppose-t-il que le sourd de naissance aura reçu par les soins de quelque maître le secours d'une articulation artificielle ? Non, sans doute ; car alors il eût dû admettre également cette exception, en statuant sur la première catégorie. Il lève d'ailleurs tout doute à cet égard, en expliquant son exception par un bienfait de la nature qui aura accordé au sourd de naissance le bienfait de la parole articulée : *si enim vox articulata ei a natura concessa est* ; autre supposition également démentie par l'observation, la parole articulée n'étant chez l'homme que le résultat d'un exercice dirigé par l'art.

Comment le législateur a-t-il pu commettre cette double erreur, lorsqu'il entreprenait de s'occuper avec tant de détail des diverses catégories des sourds-muets ? N'avait-il pas sous ses yeux le texte du grand naturaliste romain Pline, qui, conforme en cela au père de l'histoire naturelle chez les Grecs, dit expressément : « L'homme auquel le sens de l'ouïe a été refusé est « privé par cela même de l'usage de la parole : *il n'y a* « *point de sourd de naissance qui ne soit muet en même* « *temps* » (*Hist. nat.* X, 69). S'il n'avait pas consulté cette autorité, n'avait-il pas du moins sous les yeux le témoignage d'une expérience aussi constante que générale ?

Il n'est qu'un moyen d'expliquer ces singulières erreurs. Les jurisconsultes admis au conseil de l'empereur, livrés aux théories, dialecticiens subtils, ont trouvé dans l'analyse spéculative la distinction de leurs cinq catégories. Voyant cependant celle-ci, dans l'application, peu d'accord avec les faits, ils ont voulu tout concilier, en supposant que l'hypothèse de l'une de leurs catégories avait peu d'exemples; ils ont admis la possibilité de ce phénomène pour l'honneur de leur classification, et ils ont cru la soustraire au démenti de l'expérience, en consentant à reconnaître qu'elle se réalise rarement : *quod ita raro contingit.* Ainsi, dans la réalité, la troisième disposition de la loi sera sans application, parce qu'elle ne s'applique qu'à une exception supposée par le législateur, mais qui est véritablement impossible.

Cependant l'empereur termine cette troisième dispo-

sition par une explication qui est à son tour fort singulière ; il dit : « Quia scimus quosdam jurisperitos , et
« hoc subtilius cogitasse , et nullum esse exposuisse ,
« qui penitus non exaudiat, si quis supra cerebrum ejus
« loquatur, secundum quod Jubentio CELSO placuit. »

Ainsi, voici des jurisconsultes aux yeux desquels il
n'y a pas de surdité complète et absolue ; ainsi , voici
l'autorité de Celse d'après laquelle on peut procurer à
tous les sourds au moins un degré d'audition, en leur
parlant d'une certaine manière au-dessus du cerveau
( *si quis supra cerebrum ejus loquatur* ). Ménage, en com-
mentant ce passage, a été fort embarrassé pour expliquer
en quoi devait consister ce prétendu moyen de faire
entendre les sourds-muets, *en leur parlant au-dessus du
cerveau*. « Je puis assurer, dit-il, moi, qui ai écrit
« une histoire de la médecine, qu'aucun des médecins
« de l'antiquité n'a fait mention de ce procédé. Mais
« j'ai connu Léonore Labau, chanoine de Paris, affecté
« d'une extrême surdité, et qui entend toutefois quand
« on lui parle de cette manière. Un homme digne de
« foi m'a raconté avoir connu un sourd qui n'entendait
« aussi que lorsqu'on lui adressait la parole suivant le
« même moyen. On en dit autant du duc Claude de Lor-
« raine. » Ménage rappelle les singuliers phénomènes
auxquels peut donner lieu l'organe de l'ouïe, et les diverses manières de percevoir les sons ; il se demande si
celui qui est rapporté dans la constitution de Justinien ,
d'après l'autorité du jurisconsulte Celse, et les faits qui
paraissent le confirmer, peut être produit ou par le mouvement de l'air, ou par quelque humeur dont cet air
serait imprégné, ou si enfin le son ne parviendrait point

directement à la portion du cerveau dans laquelle s'opère
l'audition, en s'insinuant entre les sutures du crâne.
(*Ægidii Menagii amœnitates juris civilis*, chap. xxvii,
page 364; édition de Paris, 1677). Quelques faits récens
et singuliers sembleraient confirmer l'opinion de Celse
et les exemples cités par Ménage; des expériences suivies vont être répétées à ce sujet dans quelques jours;
peut-être aurons-nous occasion, dans la suite, de revenir sur ce sujet; en attendant, nous recommandons à
l'attention des physiologistes cette curieuse indication.
Revenons à la constitution justinienne.

En résumant les trois premières dispositions de la loi
10e, au travers des erreurs ou des omissions du législateur, concourent, en accord, à refuser au sourd-muet
de naissance une portion essentielle des droits civils; et
cette interdiction se trouve encore rappelée plus tard
dant les *Institutes :* « Item surdus et mutus non semper
« testamentum facere possunt: utique autem de eo surdo
« loquimur, qui omnino non exaudit, non qui tarde
« exaudit; nam et mutus is intelligitur, qui eloqui nihil
« potest, non qui tarde loquitur. Sæpe enim etiam lit-
« terati et eruditi homines variis casibus et audiendi et
« loquendi facultatem amittunt. Unde nostra constitutio
« etiam his subvenit, ut certis casibus et modis secun-
« dum normam ejus possint testari aliaque facere, quæ
« eis permissa sunt. » (*Instit.* Lib. II, tit. xii, *quibus non
est perm. fac. test.*)

La constitution de Justinien fut suivie par les nations
qui admirent son code. Les lois féodales, sans avoir
puisé à la même source, ont introduit des rigueurs du
même genre. Les sourds-muets étaient exclus de la jouis-

sance des fiefs et des priviléges féodaux. (*Voyez* le code appelé *Saxen spiegel,* Liv. I, tom. *des Landrechts,* art. 4, et les *Cons. tit. feod.*, Liv. I, titre VI, §. 2. )

Voyez, sur l'ensemble de ces dispositions, la savante dissertation de M. Rembt Tobie Guyot, que nous pensons être le fils et le collaborateur de l'estimable direeteur du bel établissement des Sourds-Muets qui existe à Groningue. ( *Dissertatio juridica inauguralis de jure surdo-mutorum.* Groningue, 1824, 1 vol. in-8°). Elle nous a servi de guide.

~~~~~~~~~~~~~~~~~~~~~~~~~~~~~~~~~~~~~~~~~~~~~~~~~~~~~~~~~~~~~~~~~~~~~~~~~~~~~~

# CHAPITRE II.

*Comment les enfans apprennent leur langue maternelle, par l'usage.*

C'est une touchante dispensation de la Providence que celle par laquelle elle a confié aux mères le soin de donner à leurs enfans le premier de tous les enseignemens, celui qui doit être la clef de tous les autres, celui de la langue maternelle. Ainsi la mère n'introduit pas seulement son enfant dans la vie physique, elle l'introduit réellement aussi dans la vie intellectuelle et morale. Il est peu de mères cependant qui réfléchissent sur cette belle prérogative : celles qui livrent leur enfant à une nourrice ne soupçonnent guère qu'elles transfèrent en même temps à celle-ci la dignité d'institutrice. La mère, au reste, ou la nourrice, ne sont ici que des institutrices en chef; car tous ceux qui entourent l'enfant au berceau, qui conversent en sa présence, participent, sans s'en douter, à cette éducation fondamentale.

C'est une autre dispensation non moins sage et non moins bienfaisante, que celle par laquelle la Providence a placé l'enfant dans une dépendance aussi entière et aussi absolue de ceux qui prennent soin de lui; car, entre plusieurs avantages consi-

dérables qu'il en retire, il doit à cette dépendance
l'acquisition qu'il fait de la langue maternelle; car
c'est parce qu'il ne peut rien par lui-même, parce
que le secours d'autrui lui est sans cesse et en
toutes choses indispensable, que le premier de ses
besoins devient celui de se faire comprendre et
d'être compris. Chose singulière ! ce pauvre petit
enfant au berceau, qui ne peut encore se mouvoir,
étudie déjà, précisément parce qu'il ne peut se
mouvoir ; il étudie à sa manière, il étudie en observant ce qui se passe autour de lui, et il doit
bien plus à cette nécessité qui l'aiguillonne, qu'aux
instructions de ceux qui l'entourent. Il n'y a pas
même pour lui d'instructions directes, d'instructions proprement dites; aucune définition régulière, méthodique, ne lui est offerte; il apprend
en voyant, en écoutant, et non d'après ce qu'on
lui enseigne. Si, en effet, la mère et la nourrice
jouent le rôle d'institutrices, c'est à peu près sans
le savoir; c'est du moins sans méthode, sans dessein et sans art.

Nous pouvons, je crois, distinguer deux périodes
dans cette éducation maternelle : la première comprend le temps qui s'écoule jusqu'au moment où
l'enfant devient capable d'articuler les mots; elle
comprend donc le temps où il ne fait guère qu'entendre, et où il s'exerce à écouter.

L'enfant recueille deux genres d'instruction : il
profite de ce qu'on dit *pour lui,* en s'adressant

I.　　　　　　　　　　　　　　　　　3

directement à lui ; il profite de ce qu'on dit *en sa présence*, mais sans faire attention à lui.

De ces deux modes d'instruction, le premier est incomparablement le plus borné, le plus rare pour l'enfant au berceau ; le second est, au contraire, presque continu, extrêmement varié et presque sans limites.

Encore, lorsqu'on parle *pour l'enfant* au berceau, en s'adressant directement à lui, remarquons bien que ce n'est guère dans l'intention de l'instruire, de lui enseigner sa langue, ou de développer ses idées; c'est ou pour lui prescrire, ou pour lui interdire, ou pour lui annoncer quelque chose qui l'intéresse ; quelquefois, pour satisfaire ce besoin naturel du cœur, par lequel la tendresse maternelle cherche à s'exprimer, plus encore pour s'épancher que dans l'espoir d'être comprise. Souvent, on adresse la parole à l'enfant au berceau, sans examiner s'il peut comprendre ce qu'on lui dit. Alors même qu'on cherche à s'en faire entendre, c'est bien moins en examinant philosophiquement quel peut être le cercle des idées de l'enfant, la portée de son intelligence, qu'en tâtonnant, par des essais répétés au hasard, et dont on ne se rend pas compte. (1)

---

(1) Nous devons supposer que la mère ou la nourrice ont elles-mêmes reçu peu de culture, puisque telle est la condition la plus générale dans la société; mais, parmi les mères

La mère et la nourrice n'enseignent guère, en effet, que le nom des personnes ou des objets placés sous les regards ou sous les mains de l'enfant ; elles l'enseignent, en présentant ou montrant au petit élève ces objets ou ces personnes. C'est le premier degré de cette instruction fondamentale, le seul qui ait le vrai caractère d'une instruction donnée à dessein.

Mais une action de la mère et de la nourrice, dont l'enfant est l'objet, d'abord quand on l'exécute, ensuite quand on la promet ou qu'on la rappelle, accompagnée plusieurs fois du terme de la langue qui l'exprime, se grave dans l'esprit de l'enfant, associée à cette expression, sans qu'il y distingue encore à quelle forme du langage cette expression appartient, c'est-à-dire sous sa valeur la plus générale. C'est ainsi qu'il comprendra les mots *boire, manger, coucher, lever, porter.*

On désigne de même le petit nombre d'actions que l'enfant exécute, en répétant le terme destiné à les exprimer, pendant que l'enfant agit, en l'encourageant à les continuer, ou bien en lui recommandant de les cesser, et l'en empêchant au besoin de vive force. Quelques gestes, le jeu de la physio-

qui appartiennent aux conditions aisées, il en est peu qui portent dans ces premières relations avec l'enfance, un art plus réfléchi ; il en est peu qui se proposent d'enseigner, qui soupçonnent même qu'elles enseignent.

nomie, les inflexions de la voix, aident à compléter la signification. L'enfant auquel la mère dit
*viens,* en lui tendant les bras, comprend à l'instant
le mot qui renferme cette invitation.

L'enfant au berceau comprendra-t-il les sentimens de tendresse et de bienveillance qui remplissent le cœur de sa mère, et qu'éprouvent pour
lui les personnes qui l'abordent? Oh! oui, sans
doute, et, de très bonne heure, le cœur de l'enfant
lira dans le cœur maternel; il aura l'intelligence
de la tendresse qu'on lui porte, comme il démêlera la sévérité ou l'indifférence. Mais l'expression
du regard et les traits du visage, le son de la voix,
les caresses, les soins, voilà le langage qui lui
peindra ces sentimens. Si quelque mot de la langue venait constamment l'accompagner, ce mot
participerait, par la suite, à l'effet général de ce
langage d'action. Là s'arrête l'entretien que la
mère, la nourrice adressent à l'enfant au berceau,
en lui parlant pour lui-même; elles l'entretiennent
ainsi de tout ce qui se lie aux besoins qu'il ressent,
besoins dont le cercle est très étroit, et qui appartiennent à peu près exclusivement aux premières nécessités de la vie.

A mesure que l'enfant croît, ces besoins se dé-
veloppent, se multiplient; les forces de l'enfant
s'accroissent; son activité se déploie; la sphère
des objets qui l'intéressent s'étend dans le même
rapport; par conséquent, l'entretien de la mère

s'étend aussi, amène de jour en jour des termes nouveaux. Mais ce premier enseignement a toujours lieu au hasard, sans ordre, suivant les circonstances du moment. (1)

L'instruction que l'enfant recueille auprès de ceux qui l'entourent et qui parlent en sa présence, mais sans s'adresser à lui, est plus difficile, mais elle s'opère par des moyens plus variés et plus nombreux.

Quelquefois, dans l'entretien dont il est témoin, il est question de lui, quoique ce ne soit guère à lui qu'on s'adresse ; alors, s'il comprend qu'on parle de lui, ce qui est assez facile, sans que son nom soit prononcé, sa curiosité est vivement excitée. Mais, le plus souvent, on parle d'objets qui lui sont étrangers ; une vague curiosité s'empare seulement de lui, et va croissant à mesure qu'il devient plus habile à comprendre. Cette curiosité nous importune. Oh! combien nous méconnaissons en cela les indications de la nature! Il nous accable de questions : cherchons à les restreindre, sans doute, à celles qui sont susceptibles d'être résolues ; mais accueillons celles-ci

_____

(1) Le bon Pestalozzi, qui a eu des idées si ingénieuses, et qui a montré un zèle si généreux pour l'éducation de l'enfance, a fait aux mères un présent précieux et peu connu, dans un Manuel destiné à les guider dans cet enseignement : *Wie Gertrude seine Kinder Lehrt*; = *Buch für mütter, etc.*

avec une douce et infatigable patience ; essayons toutes les réponses, jusqu'à ce que l'enfant ait obtenu tous les éclaircissemens possibles! au lieu de cela, que faisons-nous? nous cherchons à nous débarrasser de lui au plus vite ; nous lui répondons au hasard : dans tous les cas, nous ne nous occupons point de nous mettre à sa portée; l'entretien roule le plus souvent sur des choses qui lui sont inconnues, sur un cadre d'idées auquel il ne peut encore atteindre. Les enfans des classes inférieures ont cependant à cet égard une sorte d'avantage : la matière des conversations se rapproche bien plus ordinairement du cercle d'idées que l'enfant peut saisir.

Lorsque tout ou partie du sens d'un discours prononcé devant l'enfant roule sur des choses que l'enfant est capable de saisir, sept moyens principaux se trouvent à sa disposition, pour interpréter les mots de la langue qui entrent dans le discours, et dont la valeur lui est encore inconnue. Ces moyens isolés peuvent lui être déjà de quelque secours ; mais ils ne l'éclairent bien que par leur combinaison et leur ensemble. Ce sont :

1°. L'attitude de celui qui parle, l'expression de son regard, le jeu de sa physionomie, ses mouvemens et ses gestes ;

2°. Les mêmes circonstances, considérées dans la personne à laquelle ce discours s'adresse, et qui peuvent annoncer l'effet qu'il produit sur elle ;

3°. Les mêmes circonstances, considérées dans les personnes qui sont simplement témoins du discours, et qui peuvent faire connaître les impressions qu'ils en reçoivent ;

4° Les circonstances des lieux, des temps, des objets environnans ;

5°. Les actions qui précèdent, accompagnent ou suivent le discours ;

6°. Les souvenirs que l'enfant conserverait d'un événement dont il aurait été témoin, si le discours s'y rapporte ;

7°. Les mots dont il connaîtrait déjà le sens, et qui viendraient à reparaître dans le discours, à côté de ceux qu'il ne connaît pas encore.

Ainsi l'enfant, pour apprendre la langue parlée, s'instruit plus encore par la vue que par l'ouïe ; il s'instruit du moins par l'accord qui règne entre les observations faites à la fois avec le regard et avec l'oreille.

A l'aide de tous ces moyens combinés, l'enfant devine sans doute, plutôt qu'il ne comprend ; il ne devine souvent qu'en partie, que d'une manière vague et confuse ; il ne fait peut-être qu'entrevoir une lueur. Mais, enfin, ses exercices se renouvellent sans cesse et sous mille formes diverses. A mesure que le même mot vient frapper son oreille dans des phrases différentes, l'enfant confirme, rectifie ou s'explique mieux le sens qu'il lui avait prêté. Peut-être il devra l'entendre cent fois, avant d'en bien apprécier la valeur ; peut-être même, et c'est ce qui arrive presque toujours, il n'en connaîtra la signification que d'une manière approximative et imparfaite. Combien de mots auxquels chacun de nous, sans se l'avouer à lui-même, n'attache pas des idées nettes et précises ! combien de mots auxquels nous n'attachons pas tous les mêmes idées ! c'est que nous n'en avons pas déterminé le sens par des définitions régulières; nous l'avons, comme l'enfant, appris tellement quellement par l'usage.

Ici encore les enfans des classes inférieures ont une sorte d'avantage sur les autres. D'un côté, les interlocuteurs accompagnent leurs entretiens d'une pantomime bien plus vive et plus animée; d'un autre côté, leurs discours se lient plus constamment à des actions faites ou à faire, et se confondent avec ces actions mêmes : ce sont les travaux des champs, de l'atelier, les arrangemens du ménage. L'enfant des riches entend, il est vrai, beaucoup plus de paroles; mais ce sont des conversations tenues avec calme, immobilité, sans rapport avec les objets qui frappent les sens du jeune élève.

Chaque jour les nouvelles idées et les nouveaux mots que l'enfant aura appris viendront entrer dans le petit arsenal des moyens qui lui servent à apprendre encore.

Ce qui lui offrira principalement des données

utiles et positives, c'est lorsqu'il aura occasion de comparer un fait dont il est témoin avec les paroles qui l'expriment, comme lorsqu'on raconte un événement auquel il a assisté; lorsque, sous ses yeux, un ordre est donné, est exécuté.

Remarquons que, pour l'enfant en bas âge, la nomenclature et la syntaxe ne forment point deux parties distinctes de l'étude de la langue, comme pour ceux qui procèdent à cette étude par les méthodes classiques. A peine l'enfant connaît-il les noms de quelques objets, qu'il les lie à ceux de leurs qualités, qu'il saisit de petites propositions : tout se montre pour lui en action; tout discours, pour lui, exprime une action réelle.

Voyons maintenant comment l'enfant apprend à parler, et comment, en s'exerçant à parler, il avance dans l'intelligence de sa langue.

Car écouter et parler sont deux genres d'exercice qui s'aident réciproquement, et qui, par leur concert, concourent merveilleusement au but commun.

D'abord, l'enfant au berceau se borne à pousser des cris, et même les premiers cris qui lui échappent sont involontaires; ils sont l'effet de la souffrance, et non encore un langage. Mais l'enfant remarque bientôt que, lorsqu'il a crié, on est venu à son secours; il répète donc alors, à dessein, ces mêmes cris qui, dans l'origine, lui étaient échappés sans dessein; il découvre un moyen de se faire entendre, de se procurer cette assistance d'autrui, sans laquelle il ne peut rien ; il l'emploie dans tous ses besoins ; il l'emploiera même dans ses fantaisies.

Long-temps l'art de la parole sera pour lui borné à cette expression unique ; mais il y joindra d'autres signes dont il aura aussi remarqué l'efficacité : il tendra sa petite main, ses petits bras, il recourra aux caresses, etc. C'est une espèce de langage d'action, plus riche et plus varié, à cette époque, que cette parole informe dont les cris sont le seul élément.

Lorsque l'organe de la voix commence à se former, et que l'enfant devient capable de bégayer des mots articulés, une seconde période commence pour l'étude de la langue maternelle, une seconde voie d'instruction vient se joindre à la première.

Voici une troisième dispensation bienfaisante de la Providence en faveur de l'enfance, qui, parmi les nombreux avantages qu'elle doit lui procurer, va singulièrement accélérer ses progrès dans l'étude de la langue : c'est la faculté d'imitation dont l'enfant est doué, faculté qui est accompagnée d'un besoin instinctif, d'un secret plaisir ; faculté qui semble prédominer surtout dans l'enfance, comme en général à la première période du développement intellectuel.

Le jeune novice a remarqué les mots que sa mère lui adresse, soit quand elle lui désigne quelque objet, soit quand, dans une tendre sollicitude pour ses besoins, elle lui demande ou lui annonce une action, un événement qui le concerne. A son tour, il s'efforcera d'imiter les sons articulés qu'il a entendus, lorsqu'il voudra obtenir les mêmes objets, procurer ou éviter les mêmes actions et les mêmes événemens. Quelle ne sera pas sa joie, en apercevant qu'il a pu se faire comprendre, qu'en se faisant comprendre il a pu se faire obéir ! Quelle ne sera pas son ardeur pour acquérir la possession de nouveaux mots, et avec ces nouveaux mots, de nouveaux instrumens de puissance ! Pour cet effet, il devra, avant tout, écouter, observer avec un redoublement d'attention ; ce ne sera plus avec le seul mobile d'une oiseuse curiosité ; ce sera avec le vif intérêt de multiplier ses ressources réelles. Car la parole lui tient lieu de force, d'habileté, d'expérience, de tout ; puisqu'il dépend entièrement des autres hommes, et que, pour s'en faire aider, il est nécessaire qu'il puisse leur exprimer tout ce qu'il désire.

Mais, en s'essayant à répéter les mots qu'il avait entendus, il vérifiera s'il en avait bien compris le sens, parce qu'il remarquera s'il a réussi à se faire comprendre. C'est une nouvelle instruction donnée par l'expérience, qui servira de contre-épreuve à la précédente. Il apprendra, par ses mécomptes, à mieux écouter, à mieux observer en écoutant.

Bientôt notre enfant avance d'un pas, et com-

bien ce pas est important! déjà habile à balbutier
quelques mots, il va échanger ces paroles avec celles
de sa mère. Sa mère, réduite jusqu'alors à interroger ses regards, ses mouvemens, se hasarde à lui
faire une question simple : il répond; il interroge à
son tour, obtient une réponse. Quelle carrière lui
est ouverte ! comme il va s'y précipiter ! Il s'adresse
à tout le monde, il interroge tous ceux qu'il rencontre. Ne vous étonnez pas s'il vous accable sans
cesse de questions de tout genre : si ces questions
manquent souvent de sens! Ne vous impatientez
point, encore un coup, de son importunité; ne lui
répondez point à la légère, plutôt pour vous débarrasser de lui, que pour le satisfaire en l'instruisant!
Mais c'est de quoi on ne s'inquiète guère : on ne
s'attache nullement à lui faire des réponses justes;
bien moins encore à lui faire des réponses qui soient
à sa portée. Il prend pour bonnes toutes les explications jetées au hasard. Quelques unes viennent grossir le petit trésor de ses connaissances; les autres
sont ou fausses, ou imparfaites, ou même sans valeur. Souvent il se paie de mots, sans acquérir une
idée, traduisant des mots par des mots non encore
définis eux-mêmes, et roulant dans un cercle vicieux. La même interrogation, adressée à plusieurs
personnes, recevra autant de réponses diverses,
quelquefois des réponses contradictoires. Le sens
propre des mots sera sans cesse confondu avec le
sens figuré. Mais les entretiens se multiplient;

chacun d'eux devient une épreuve, un contrôle. Si le marmot répond mal, on le redresse, ou il cherche à se redresser lui-même. La réponse qu'il obtient lui montre également qu'il s'est trompé en interrogeant. Peu à peu il apprend à mieux déterminer, à restreindre davantage le sens des expressions de la langue.

C'est surtout avec les enfans de son âge, qu'il va engager un commerce assidu de paroles. Dans cet exercice continuel, chacun d'eux apporte, chaque jour, les mots dont il a découvert l'usage; chacun se familiarise avec leur emploi. L'enfant un peu plus âgé devient un maître de langue pour ses camarades, et leur enseigne en jouant avec eux.

Pendant long-temps l'enfant n'a donné aucune attention aux formes grammaticales; elles sont toutes indifférentes, et par conséquent égales à ses yeux; leur variété l'expose à de fréquentes méprises. Tantôt, c'est la même forme qu'il ne reconnaît pas, sous des modifications diverses; tantôt, en reconnaissant le même terme, il ne peut démêler le changement que ces modifications doivent apporter dans l'acception qui lui était connue. Ici, il lui faudra deviner encore, deviner par le concours des mêmes moyens, deviner souvent au hasard; c'est le sujet d'une étude de chaque instant, d'une étude inépuisable, d'une étude encore bien incomplète et bien incertaine.

C'est ainsi, par exemple, que les enfans en bas

âge se désignent toujours eux-mêmes par leur nom, et à la troisième personne : non qu'ils ne sachent fort bien distinguer leur *moi*, qui ne laisse pas d'être à leurs yeux d'une certaine importance; mais parce qu'ils ne peuvent saisir cette abstraction introduite dans la grammaire, en vertu de laquelle le pronom *je* désigne la personne qui parle : c'est ainsi encore qu'ils emploient fréquemment, comme le sauvage, le verbe à l'infinitif, sa forme la plus générale et la plus indéterminée. Le verbe *être* sera l'un de ceux qu'ils auront le plus de peine à comprendre, dans sa double valeur et grammaticale et métaphysique.

Dès que l'enfant s'est emparé d'un mot, il commence à lui donner la valeur la plus étendue dont il soit susceptible : la pauvreté de sa langue en est cause; il veut tirer tout le parti possible de l'instrument qu'il vient d'obtenir : le sens des mots ne se circonscrit et ne se restreint que par l'expérience d'un emploi répété. D'ailleurs, les objets eux-mêmes se confondent devant un regard encore novice comme devant un regard inattentif, de même que nous n'avons qu'un mot pour désigner toutes les feuilles d'un arbre, par exemple, et qu'elles se confondent, pour nous, par leur similitude, quoique différentes entre elles; c'est ainsi que d'abord l'enfant donne le nom de *papa* à tous les hommes. Il n'en faut pas conclure, comme l'ont fait à tort quelques philosophes, que l'enfant commence par avoir des notions générales; il a seulement des images vagues, indéterminées, confuses, parce qu'elles sont superficielles et incomplètes.

L'enfant sera presque toujours trompé par les expressions figurées; il les prendra à la lettre.

Ses discours seront singulièrement elliptiques, soit parce qu'il ne sent pas la nécessité des termes auxiliaires de la grammaire, soit parce qu'il n'est pas encore exercé à décomposer entièrement sa pensée.

Jusqu'où s'étendent alors ses acquisitions dans l'ordre des mots dont la valeur appartient au domaine intellectuel et moral?

Trop souvent, sans doute, il apprendra à répéter des mots qui appartiennent à cette branche d'expression, sans y attacher aucune valeur; trop souvent on applaudit à ces jeux indiscrets qui enflent la vanité de l'enfant, et lui préparent pour l'avenir de nombreuses erreurs.

Mais nous examinons ici quels sont ceux des mots de cet ordre auxquels il attache une vraie signification.

Ses acquisitions ne peuvent s'étendre au-delà des idées que sa faible raison peut concevoir, et sa réflexion est encore trop peu exercée, pour que le cercle de ses idées puisse être fort étendu pour lui. De plus, la signification des mots qui expriment ce genre de notions est fort difficile pour lui à acquérir, à vérifier, puisqu'elles n'ont point de type qui

tombe sous les sens. Toutefois il n'est pas aussi pauvre, sous ce rapport, qu'on l'imagine communément; et, si l'on peut être souvent trompé en lui
supposant des idées qu'il n'a pas, parce qu'il aura
répété des mots au hasard, sans leur attacher aucune valeur, on peut aussi lui prêter une ignorance et une incapacité plus grandes que celles
dans lesquelles il est encore retenu, faute d'avoir
bien observé ce qui se passe en lui.

Comment les enfans franchissent-ils les frontières
qui séparent la région sensible, de la région intellectuelle? S'en est-on jamais bien rendu compte?

L'enfant, même au berceau, s'aperçoit, de très
bonne heure, ainsi que nous l'avons remarqué ci-
dessus, des affections qu'on lui porte; il est très
intéressé à les étudier. D'abord, les seuls signes
qui les lui révèlent avec certitude, sont les effets
même que ces affections lui font sentir, ou la pantomime naturelle qui en accompagne le mouvement.
L'enfant ne manque pas de remarquer aussi, ou les
accès de diverses passions, ou divers actes de la volonté, comme la répugnance, le dégoût, la colère,
la joie, la tristesse, le désir, la prière, le consente-
ment, le refus, la résolution, etc.; il les remarque
à mesure qu'il les a lui-même ressentis, à mesure
qu'il a eu occasion d'en voir les effets, de les redouter ou de les souhaiter, par l'influence qu'ils
auront sur son propre bien-être; il les reconnaît
surtout aux traits du visage, aux gestes, aux ac-

tions. Cependant, certains mots viendront, plus fréquemment que les autres, escorter cette panto-mime naturelle; il associera ces mots à l'idée des accès de ces passions, ou des actes de sa volonté. Sans doute, il ne démêlera point encore une foule de nuances qui distinguent les divers sentimens, il n'attachera aux termes qu'une valeur bien obscure et fort incertaine; mais la frontière sera franchie. Il n'aura point, sans doute, la notion abstraite et générale des affections de l'âme; mais il en saura entrevoir l'effet dans les actions ou les situations extérieures et particulières qui en émanent, et par là même en portent l'empreinte.

La limite sera franchie de même pour les expressions qui désignent les principales opérations de l'esprit; seulement l'enfant arrivera à celles-ci plus difficilement et plus tard; car, les opérations de l'esprit exigent, pour être remarquées, une réflexion plus exercée et plus attentive : elles sont plus délicates; leurs effets extérieurs sont moins sensibles; les circonstances qui les accompagnent, plus calmes et moins saillantes. Cependant, l'enfant se trouve conduit, par l'intérêt de ses propres besoins, à porter le théâtre de ses observations encore timides, jusque dans la région des opérations intellectuelles. D'abord, il commencera par remarquer les opérations des sens, et dès-lors il apercevra un premier degré de l'activité intellectuelle, celui qui s'exerce par l'attention de l'esprit; car, il remarquera si on a, ou non, *entendu* la prière qu'il a faite; si l'on a *vu*, ou non, son geste ou l'objet qu'il veut désigner; et il s'apercevra que, pour entendre, il faut *écouter*; que, pour voir, il faut *regarder*. De même, il remarquera que, si on a entendu son discours, on ne l'a pas *compris*; que même, si on l'a *compris,* on ne l'a pas *cru*. C'est pour lui tout ensemble, et un désappointement pénible, et un utile avertissement. Il a un si grand intérêt à se faire comprendre, à se faire croire, que ces deux importans phénomènes de l'intelligence deviennent pour lui comme des points de mire pour l'observation, et qu'il s'empresse, dès qu'il le peut, à saisir les termes qui servent à les noter. Si on lui donne à choisir, il devra comparer; lorsqu'il interroge, il lui importe de discerner si on lui répond affirmativement ou négativement; quand on le questionne, il lui importe de ne pas confondre, en répondant, le *oui* et le *non;* enfin, il s'aperçoit si on lui répond par le doute; lui-même est le plus souvent réduit à cette réponse : le voilà donc initié aux opérations de la compréhension, du jugement; amené à distinguer l'ignorance de la connaissance, et en possession de quelques mots de la langue qui expriment ces diverses opérations avec plus ou moins de précision ou d'exactitude. Il en est de même de celles de la mémoire ou de l'imagination, quand on rappelle ou qu'on peint des faits passés, absens ou à venir : ici encore, il n'obtient ces notions, il n'acquiert l'emploi de ces mots, que dans des exemples particuliers, dans des explications déterminées, et non d'une manière abstraite ou théorique, et c'est cela même qui lui en permet l'accès. Il ne saura que dire, si vous lui demandez ce que c'est que *croire*; mais il vous répondra sans hésiter, lorsque vous lui demanderez s'il *croit que le soleil se couchera ce soir.*

Or, dès que l'élève est parvenu à posséder les notions des principales opérations de la volonté et de l'intelligence, à comprendre le sens des mots qui les expriment, on arrive facilement et graduellement aux notions des *qualités*, et à celles des *facultés* du même ordre, puisqu'elles ne sont que les habitudes et les capacités relatives à ces diverses espèces d'opérations.

Dès qu'un jeune cœur a senti la tendresse dont il est l'objet, dès qu'à son tour il a commencé à éprouver les émotions de la reconnaissance et de la bienveillance, il est déjà initié à ce qui est moralement bon ; car, quelle est la source la plus abondante et la plus pure du bon moral, si ce n'est l'amour? A mesure qu'il remarquera les libres déterminations de la volonté, chez les autres et en lui-même, et les effets ou funestes ou utiles qui en résultent, il commencera aussi à comprendre ce que c'est que la satisfaction intérieure ou le repentir; il sera, par conséquent, préparé à saisir la valeur des termes qui expriment le témoignage de la conscience, et, par suite, les notions du devoir.

Voilà notre jeune novice s'avançant dans la région des notions intellectuelles et morales; et, à chaque pas, il peut, en acquérant une de ces notions, grossir son dictionnaire, des termes de la langue qui les désignent. Pour que ces richesses soient de bon aloi, il faut que les deux acquisitions marchent de front, il faut aussi que les observations soient bien faites : car, s'il apprend les termes sans avoir observé, ou en observant mal les phénomènes de l'ordre moral ou intellectuel auxquels ils doivent servir de signes, il n'aura que des mots vides de sens, ou d'une fausse acception ; et l'inconvénient sera d'autant plus grand, qu'il croira avoir obtenu des idées, et des idées justes. Nous n'avons pas besoin de dire ce qui arrivera le plus souvent; chacun peut interroger ses propres souvenirs.

Il en est de même de toutes les notions abstraites de relations, auxquelles conduisent l'étude des phénomènes de l'univers, la succession des temps, l'enchaînement des causes, les dimensions de l'espace, les quantités, les grandeurs, etc. Le jeune élève s'exerce à observer, à comparer; chaque résultat de ses observations, de ses comparaisons, le conduit à un terme de la langue, et, réciproquement, l'explication du mot lui fournit l'occasion d'observer et de comparer. Mais, ces observations,

ces comparaisons seront-elles méthodiques, régulières? Mais, la plupart du temps, pourra-t-il les
exécuter lui-même? Mais, lorsqu'il ne pourra les entreprendre, les explications par lesquelles on voudra y suppléer seront-elles exactes? Mais, se don-
nera-t-on même la peine de lui offrir de vraies explications? Quelle est la mère qui songe à dresser,
pour son enfant, une série de définitions régulières
et systématiques, d'après l'enchaînement logique
des idées? quelle est même celle qui lui présente
des définitions exactes et précises, qui sait en quoi
consiste le mérite d'une définition? Ne faudra-t-il
pas qu'il devine encore au hasard ces interprétations, à l'aide des analogies que lui fournit le sens
général de la phrase? Une phrase sera composée
d'un certain nombre de mots déjà connus de lui,
et d'un certain nombre qui lui apparaissent pour
la première fois. Si les premiers suffisent pour
éveiller dans son esprit une image quelconque,
plus ou moins vague, il pourra entrevoir la signification des autres, à peu près comme les archi-
tectes restaurent un édifice en partie détruit,
d'après les débris qui sont debout, ou comme les
antiquaires recomposent une inscription, d'après
les fragmens conservés. Plus forte est la proportion des mots connus, aux mots nouveaux, et plus
sera facile, probable, pour notre élève, la solution
du problème. Mille fois ces essais se répéteront; le
même mot reparaîtra dans des phrases différentes;

la même phrase se modifiera par le changement de quelques mots. Cette variété, cette répétition des essais suppléeront en partie, avec le temps, à l'insuffisance des interprétations, serviront à rectifier ce qu'elles avaient de hasardé. Ce sera, pour l'élève, une dernière instruction, une instruction entièrement orale, la plus fréquente de toutes, la plus imparfaite, il faut l'avouer; mais, ici encore, il continuera à s'instruire lui-même, plutôt qu'à recevoir l'instruction; et, sous plusieurs rapports, ce serait un grand bien, s'il n'entendait pas habituellement, ou des discours qui sont hors de sa portée, ou, ce qui est pis, des discours qui outragent la logique et la raison.

Qu'on nous permette maintenant une supposition :

Supposons que la mère, la nourrice, n'adressassent jamais à l'enfant, ne prononçassent jamais devant lui, que des discours auxquels elles attacheraient elles-mêmes un sens clair et déterminé; que jamais elles ne lui fissent entendre une expression nouvelle, sans l'expliquer à l'aide d'expressions déjà bien connues de lui, ou sans qu'elle ne s'expliquât d'elle-même, par les circonstances dans lesquelles elle serait proférée;

Supposons encore, que toutes les personnes qui parlent en présence d'un enfant, voulussent s'assujettir à ne rien dire qui ne fût complétement à sa portée, et se prescrire les mêmes soins que nous venons d'indiquer pour la mère ou la nourrice;

En admettant une semblable hypothèse, il ne serait plus nécessaire que chaque terme fût reproduit à l'oreille de l'enfant un certain nombre de fois, pour lui devenir intelligible; il se ferait comprendre de lui dès la première fois, et bien mieux peut-être qu'il n'en est compris après avoir été souvent entendu.

Sans doute, il n'en saurait être ainsi, et l'enfant est inévitablement condamné à entendre des discours prononcés au hasard. Mais, il résulte de notre supposition deux corollaires essentiels et évidens :

1°. Selon que, dans cette espèce d'enseignement pratique qui naît de l'usage familier de la langue, on se sera rapproché des conditions que nous venons d'exprimer; selon qu'on se sera attaché à bien parler à l'enfant, et devant lui; selon qu'on se sera rapproché de l'ordre généalogique des idées, l'enfant à son tour obtiendra par là tout ensemble, et une connaissance plus rapide, et une connaissance plus exacte des valeurs de la langue; il aura donc besoin d'exercices moins variés et moins prolongés;

2°. Et, réciproquement, plus, dans les discours adressés à l'enfant ou prononcés devant lui, on se sera éloigné de ces mêmes conditions, et plus alors devront être prolongés et variés, pour lui, les exercices naissans de l'usage familier et du commerce de la vie.

Qu'on nous excuse si nous nous sommes appesanti quelque temps sur le détail de ces premiers exercices de l'enfance, lorsqu'à peine sait-elle encore balbutier quelques mots, peut-elle entrevoir confusément le sens qui doit leur être attaché. Mais, ce qui nous est le plus familier est souvent ce que nous savons moins bien observer; d'ailleurs, ces détails sont tous d'une extrême importance, dans leur application à l'art d'instruire le sourd-muet; car, ce qui paraît si difficile, quand il s'agit de l'exécuter pour le sourd-muet, avec réflexion et méthode, n'est autre chose que ce qui se fait sans réflexion, au hasard, et comme de soi-même, pour l'enfant ordinaire. Le passage des images sensibles aux idées intellectuelles et morales, par exemple, est le même pour le sourd-muet et pour l'enfant ordinaire; mais, faute de l'avoir remarqué chez ce dernier, on ne peut concevoir comment il est possible chez l'autre. Ces mêmes détails, cette histoire des premiers exercices par lesquels notre enfant a été introduit dans la possession de la langue, jetteraient aussi d'abondantes et précieuses lumières sur la source des nuages qui enveloppent notre esprit, sur l'imperfection de nos jugemens, sur la vanité de notre prétendu savoir, sur la frivolité de nos disputes, pendant le cours entier de notre vie.

Concluons que, pendant cette première instruction, l'enfant est plutôt encore l'élève des circonstances, que celui des personnes qui l'entourent.

L'explication des mots de la langue, à l'aide des mots déjà connus, est le mode d'instruction le plus tardif, le plus rare ; alors même qu'il est employé, il est employé sans suite, sans enchaînement et sans ordre. Concluons aussi que, si l'enfant sort de cette première instruction avec une provision de mots très abondante, il en sort possédant bien peu de mots dont le sens soit clairement, exactement, positivement déterminé pour lui, et, cependant, elle est l'instruction qui suffira au plus grand nombre ; et cependant, telle sera aussi l'instruction qui servira par la suite de base à toutes les autres : on emploiera, pour ses autres études, la langue qu'il s'est faite ; on ne songera point à la refaire.

## CHAPITRE III.

### De l'enseignement classique de la langue maternelle.

Nous venons de voir comment tous les enfans, quelle que soit leur condition, sont admis à l'usage de la langue maternelle, sans méthode, sans art, par le seul effet des circonstances, par leurs rapports avec les personnes qui les entourent, par leurs propres observations. Un second cours d'instruction s'ouvrira ensuite pour eux, mais sera réservé cependant à un certain nombre d'entre eux. Celui-ci, opposé en tout au précédent, sera absolument artificiel et méthodique; le plus souvent même, par un excès contraire, il s'éloignera trop des indications de la nature.

Ce second cours d'instruction se divise en quatre périodes : l'enseignement de la lecture et de l'écriture; celui de la grammaire; celui de la littérature; celui de la logique.

Quoique l'enseignement de la lecture et de l'écriture soit en quelque sorte purement mécanique, il concourt cependant, indirectement et de plusieurs manières, non seulement à confirmer et à compléter l'enseignement de la langue maternelle, mais même à confirmer et à compléter l'enseignement de la parole articulée.

Notre écriture alphabétique, en décomposant les élémens de la parole, les fait discerner et démêler à l'enfant; elle accoutume ainsi l'enfant à mieux écouter les autres, à parler plus distinctement, en s'écoutant parler lui-même.

L'écriture, en peignant la parole, en la peignant dans des caractères fixes, immobiles et très distincts entre eux, exerce l'enfant à comparer les mots de la langue, à mieux remarquer leurs analogies et leurs différences, à observer les formes qu'ils subissent, à fixer son attention sur quelques unes des parties du discours, qui peut-être lui avaient échappé jusqu'alors.

Le mot de la langue faisant une impression plus vive et plus nette, à l'aide de cette alliance qui s'établit entre la parole et l'écriture, l'idée qui lui correspond dans l'esprit se détache mieux aussi, et brille d'une plus grande lumière.

Lorsqu'on écrit, on parle tout bas, comme si l'on adressait la parole à quelqu'un ; lorsqu'on lit, on répète tout bas les paroles correspondantes, comme si on écoutait quelqu'un ; les mots de la langue articulée se retracent du moins à l'imagination. Avec quelle célérité ne se succèdent-ils pas ! Ainsi, pendant le cours de nos lectures, quel supplément aux entretiens ! combien de nouveaux termes s'offriront dans les livres ! Combien il sera plus facile d'en étudier la valeur, en s'arrêtant, en repassant plusieurs fois sur la phrase qui les contient! c'est surtout, en lisant, qu'un mot encore inconnu, jeté dans un discours, s'interprète par le sens général du discours lui-même, spécialement lorsqu'il se reproduit plusieurs fois dans des discours différens qu'on peut alors rapprocher et comparer entre eux. Quelle heureuse nécessité on s'impose aussi, en écrivant et en lisant ce qu'on écrit, de chercher à se comprendre soi-même et à rendre nettemeut sa pensée !

L'enfant qui apprend à lire se voit aussi, à chaque instant, dans le cas de demander à son maître la signification des mots qu'il n'entend pas, et en reçoit une définition telle, qu'en écrivant ces mots, il les grave dans sa mémoire.

Il fait ainsi une sorte de révision de son premier cours d'instruction, et il en étend la sphère.

Toutes ces observations sont entièrement spéciales à l'enfant qui entend et qui parle ; elles ne s'appliquent aucunement à l'enfant sourd-muet, même dans son instruction méthodique.

L'enfant en bas âge qui apprend, par l'usage seul, sa langue maternelle, fait, sans le soupçonner et sans que nous le soupçonnions nous-mêmes, de petits cours de grammaire, de littérature et de logique, tous confondus entre eux, et entièrement pratiques ; car il est obligé de suivre, comme il peut, les formes grammaticales, et, en s'exerçant à parler, il se fait sa petite littérature, sa petite logique à lui-même ; il veut plaire, persuader; il imagine, peint et raisonne à sa manière.

Mais, ces trois cours vont se séparer, pour l'élève plus avancé, en recevant chacun, et des maîtres qui les enseignent, et des principes qui les éclairent.

L'enseignement de la grammaire, pour l'enfant qui entend et qui parle, présente quatre caractères essentiels à remarquer, et qui également ne sauraient s'appliquer à l'élève sourd-muet, du moins de la même manière, et d'après les procédés en usage.

1°. Par l'étude de la grammaire, l'élève apprend en quelque sorte la langue maternelle une seconde fois, mais d'une manière diamétralement opposée à la première. Cette fois, on lui enseigne à répéter ou à rectifier, d'après les règles, ce qu'il avait appris par la routine de l'usage.

2°. Toutefois, l'enseignement de la grammaire ne sert point à compléter, réformer ou perfectionner cette partie essentielle de l'enseignement de la langue, qui avait pour objet de connaître et de déterminer la valeur des termes. La grammaire ne règle point la nomenclature de la langue. On peut n'avoir recueilli de l'étude de la grammaire, que le talent de parler plus correctement, sans parler plus juste, sans savoir même ce qu'on veut dire, sans cesser d'abuser du langage, et en prenant seulement plus de confiance en soi-même.

3°. Or, quel instrument le maître va-t-il employer, pour donner à l'élève ce nouvel enseignement de la langue maternelle? Il emploiera cette langue elle-même, telle qu'elle est déjà connue et pratiquée par l'enfant, en vertu de la seule instruction de l'usage.

Si le maître et l'élève n'avaient déjà en commun ce langage routinier, le premier serait fort embarrassé pour déployer aux yeux du second ses savantes démonstrations; il serait même hors d'état de lui enseigner quoi que ce soit; il ne pourrait s'en faire entendre.

La langue maternelle, telle que l'usage l'a donnée, sert donc, sous quelque rapport, dans cette étude, comme elle pourrait servir à enseigner une langue étrangère.

4°. Quel est ensuite le but que le maître se propose avec son élève? Précisément de reprendre en sous œuvre cette même langue usuelle, de lui faire remarquer la variété des formes qu'un même terme subit, le rang qu'il doit occuper dans l'ensemble du discours, d'après les fonctions qu'il remplit; les lois générales qui gouvernent ces formes, assignent ces rangs, ainsi que leurs exceptions; lois que l'élève observait déjà dans la pratique, sans les connaître en théorie, sans avoir remarqué leur existence. Il n'a donc qu'à ramener l'élève sur les traces de l'expérience passée, qu'à lui faire observer et enregistrer les usages dont il avait déjà contracté l'habitude, et auxquels il obéissait sans maître.

Il n'en est pas de même, quand on enseigne une langue étrangère : alors la grammaire de cette langue, ordinairement, se compose en grande partie d'usages encore inconnus. Toutefois, l'instituteur a ici l'avantage de pouvoir appeler à son secours la grammaire de la langue maternelle, d'y chercher des rapprochemens dont il puisse tirer parti, en signalant les analogies et les différences.

Maintenant, deux voies diverses s'ouvrent à l'instituteur qui prétend enseigner la grammaire de la langue maternelle :

La première, qui s'offre naturellement, consiste à exposer simplement les règles comme autant de conventions arbitrairement établies, et à en confier le dépôt à la mémoire ;

La seconde consiste à remonter à l'esprit qui a dicté ces règles, en faisant voir, dans le discours, le reflet et la peinture de la pensée, et à expliquer ainsi le motif des conventions à l'intelligence.

La première de ces deux voies semble rapide et facile ; mais elle est d'une singulière aridité.

La seconde exige qu'on remonte à la grammaire générale, pour l'exposition de la grammaire particulière : les principes de la grammaire générale ne peuvent, à leur tour, emprunter leur lumière qu'à cette métaphysique à laquelle appartient le privilége de décomposer la pensée, d'étudier la nature, les rapports des élémens dont la pensée se forme. Elle exige ainsi un ordre d'études presque inaccessible à l'enfance, et souvent inconnu du maître lui-même. Ces études, si elles sont mal faites, ne répandront que de fausses lumières. Mais enfin, si elles ont été convenablement approfondies, l'enseignement de la grammaire en recevra un haut degré d'utilité, de dignité et d'intérêt.

Cependant ces deux voies ne sont pas tellement distinctes qu'on puisse se renfermer exclusivement dans l'une ou dans l'autre.

L'élève ne saurait se guider dans l'application des règles conventionnelles, s'il n'avait saisi quelque aperçu des rapports qui unissent les idées dans le tableau de la pensée. Il faut bien qu'il discerne les sujets, de leurs qualités; l'action, de l'état; l'action produite, de l'action reçue. Mais, plus on se hâte de lui fournir cet aperçu, par quelque notion abstraite, incomplète, exprimée de la manière la plus générale, et sans le secours d'aucune exposition psychologique, plus on augmente encore la sécheresse de la leçon. Une mauvaise et obscure métaphysique vient, le plus souvent, achever d'abreuver le jeune novice, d'inévitables dégoûts.

La grammaire générale ne peut rendre compte de toutes les formes admises par les grammaires particulières. Il y a même, dans celles-ci, plusieurs espèces de signes qui n'ont par eux-mêmes aucune valeur pour l'entendement, et qui ne remplissent qu'un office auxiliaire, relatif à la langue elle-même. Tels sont, par exemple, les genres ( hors les cas où ils désignent les sexes ). Les grammaires particulières sont d'ailleurs pleines d'anomalies.

Nos langues se composent de trois ordres de signes : le premier comprend les mots qui représentent les élémens d'une pensée simple ; le second, ceux qui représentent les rapports de plusieurs idées dans le tableau d'une même pensée ; le dernier, ceux dont nous venons de parler, et dont l'office se borne aux rapports des mots eux-mêmes.

La pensée ne se montre vivante, que dans la proposition.

La proposition complexe exprime plusieurs pensées réunies en un même tableau, et subordonnées entre elles.

Vouloir isoler entièrement la syntaxe, en faire une division spéciale de la grammaire, réservée pour la fin de cette étude, c'est donc aller contre la nature des choses.

La pensée simple, s'offrant à nous dans la proposition simple, est le point de départ pour l'analyse.

L'analyse y démêle quatre espèces d'élémens, et ne peut en démêler davantage : ce sont, le *sujet*, l'*attribut*, le *fait* et le *rapport*, auxquels correspondent, dans le langage, le *substantif*, l'*adjectif*, le *verbe* et la *préposition*.

Mais, ces quatre élémens se réunissent souvent pour ne composer qu'une seule idée, et alors celui

I.

qui se trouve prédominant dans le point de vue de l'esprit, donne sa forme au groupe entier, dans l'esprit, comme dans le langage. C'est ainsi, par exemple, que l'adjectif, le verbe, etc., prennent la forme substantive.

Tel est le fondement de l'accord entre la métaphysique et la grammaire. C'est à le bien saisir, c'est à marquer les limites de son application, que consiste l'art du grammairien philosophe.

Dans le tableau de la pensée, l'idée qui frappe le plus vivement l'esprit, qui se fait remarquer la première, qu'on est le plus impatient d'exprimer, n'est pas toujours celle qui remplit la première fonction d'après l'enchaînement métaphysique. Les diverses idées ne tendent pas à se produire dans le discours, suivant le rang qu'elles occupent dans cet ordre abstrait. La manière habituelle de concevoir, propre à un certain degré de développement de l'esprit, à différens peuples, produit les différens génies des langues. La même cause aussi se manifeste dans la manière de parler propre à l'enfance, lorsqu'elle suit son impulsion naturelle. Ainsi, il arrive souvent que plus une règle de la syntaxe est fondée en logique, plus l'enfant est d'abord éloigné de l'employer et de la concevoir.

Les diverses et nombreuses difficultés que rencontre l'enseignement de la grammaire, pour les enfans entendant et parlant, et que nous venons de signaler, se reproduisent d'une manière encore plus sensible à l'égard des sourds-muets, et s'y trouvent plus compliquées, comme nous allons bientôt le voir.

Pour les enfans des conditions supérieures, admis dans la sphère des hautes études, il est encore deux ordres plus relevés d'exercices, qui achèvent et complètent l'instruction relative à la langue maternelle : c'est l'étude de la littérature et celle de la logique. L'une et l'autre ont lieu à l'aide de la langue maternelle, déjà communiquée par l'usage, dès le berceau, et rectifiée ensuite par les prescriptions grammaticales ; les premières instructions recueillies par l'usage sont le fonds commun sur lequel on peut toujours opérer.

De ces deux études, l'une enseigne non seulement à traduire la pensée avec élégance et fidélité, mais à découvrir, dans les tours du style, comme une sorte de langue nouvelle destinée à exprimer les nuances les plus variées, les plus fugitives, des idées, et à modifier en mille manières les impressions que le discours doit produire. La seconde devrait lui enseigner à revoir, à refaire sa langue, en l'exerçant à reconnaître, à déterminer la vraie acception des termes : car, c'est en cela que consiste essentiellement l'art de bien penser et de raisonner juste. Mais, quels sont, je ne dirai pas les élèves en philosophie, mais les philosophes, qui exécutent en effet cette grande réforme, qui reprennent en sous-œuvre la formation des nomenclatures, de manière à la régler sur la généalogie des idées? à peine quelques uns d'entre eux se rendront-ils compte d'un petit nombre d'acceptions, les corrigeront-ils au hasard et sans ordre. On répétera, sans doute, qu'il faut, avant tout, définir les termes; on dressera des définitions dans toutes les règles; mais les autres termes employés dans ces définitions seront-ils à l'abri de toute équivoque? auront-ils même toujours un sens?

Ainsi, ce grand travail méthodique, nécessaire pour fixer exactement le sens des mots, dans la nomenclature de nos langues, qui a été complétement négligé dans le premier enseignement de la langue maternelle, n'est pas même exécuté dans l'enseignement classique. Les nomenclatures restent formées à peu près au hasard, comme elles le furent à l'origine; la lacune continue à subsister.

Cette observation fondamentale recevra des applications importantes dans les considérations relatives à l'art d'instruire les sourds-muets; car, il est tel système d'enseignement pour les sourds-muets, qui ne doit procéder qu'en leur transmettant la nomenclature de nos langues, par un ordre méthodique; et ce système, comme on voit, ne trouve son modèle nulle part dans l'enseignement ordinaire de nos langues, pas même dans l'enseignement classique.

Lorsqu'il s'agit d'enseigner une langue étrangère ou une langue ancienne, c'est encore à la langue maternelle qu'on recourt. La nomenclature est expliquée à l'aide du dictionnaire, c'est-à-dire que le sens du mot de la langue nouvelle est expliqué par celui qui lui correspond dans la langue maternelle, ou plutôt que le premier de ces deux mots est associé au second pour le remplacer, sans qu'on demande, le plus souvent, si on a en effet une idée nette et juste du sens primitif : les règles des désinences et les lois de la syntaxe sont exposées dans les entretiens dont la langue maternelle fournit l'instrument; elles sont comparées aux règles, aux lois de celle-ci, et cette comparaison en rend l'étude plus facile. On continue de penser dans sa propre langue. Si nous savons déjà mal notre langue maternelle, ainsi qu'il est reconnu, nous saurons un peu plus mal encore la langue ancienne ou étrangère. Cependant l'étude d'une langue ancienne ou étrangère, la seconde surtout, nous aide à mieux étudier aussi la nôtre ; elle nous éclaire par d'utiles comparaisons ; souvent, en nous essayant à traduire, nous recevons de salutaires avertissemens sur l'incertitude ou le vide de sens que nous supposions être attaché aux termes dont nous nous servons chaque jour.

Que si l'on interdisait parmi nous, à un maître de latin ou d'anglais, par exemple, de se servir avec son élève d'aucun terme de la langue française, pour lui enseigner l'une des deux autres, comment s'y prendrait-il? il serait peut-être assez embarrassé. Cette obligation, toute singulière qu'elle paraît, rendrait cependant, sous un rapport philosophique, un assez grand service à l'élève et au maître lui-même. La position de ce maître ressemble à celle où nous nous trouvons aussi à l'égard des sourds-muets, avec cette différence, tout à l'avantage du maître dont nous parlons, que son élève a déjà des idées fort étendues, des facultés intellectuelles très développées, comparativement au sourd-muet; et que le premier possède, dans la langue maternelle, un type qui lui fournira bientôt mille analogies instructives avec la langue qu'il lui enseigne, rapprochemens qu'il fera de lui-même, quoiqu'il soit interdit à son maître de les lui présenter.

# CHAPITRE IV.

## *De l'état moral et intellectuel du sourd-muet, avant qu'il ait reçu l'instruction.*

Pour bien concevoir la carrière qui s'ouvre à l'instituteur, il faut, avant tout, bien déterminer le caractère, la capacité de l'élève, la condition dans laquelle il se trouve.

Examinons donc attentivement l'état du sourd-muet quand il arrive auprès de l'instituteur qui doit commencer son instruction. Sachons ce qui lui manque, pour combler le vide; ce qu'il possède, pour tirer parti de toutes les ressources.

On a commis à cet égard de graves erreurs; on s'est exagéré les difficultés à vaincre, en s'exagérant le malheur d'une condition déjà si déplorable. Nous avons peine à concevoir comment Condillac a pu commettre une méprise aussi singulière que celle de supposer que les sourds-muets de naissance sont privés de la mémoire et de la faculté de raisonner (1). Un philosophe de nos jours, plus guidé, il est vrai, par les idées spéculatives, que par l'esprit d'observation, leur a refusé le sentiment

(1) *Essai sur l'origine des connaissances humaines*, page 190.

moral du bien et du mal. Nous lisons dans des
ouvrages récens publiés par des hommes qui s'occupent de l'art d'instruire les sourds-muets, que
ces infortunés sont au-dessous des sauvages, au-
dessous même de la brute (1). Nous avons entendu
un célèbre instituteur dire, dans des cours publics,
qu'il ne s'agissait de rien moins que de *leur donner
une âme*. Les maîtres, préoccupés de leurs propres
idées, de la matière qu'ils veulent enseigner,
n'aperçoivent pas les dispositions réelles de leurs
élèves; et, négligeant de s'en rapprocher, prennent
la distance qu'ils ont établie eux-mêmes, pour la
mesure de l'incapacité véritable de ceux desquels
ils ne savent pas se faire entendre.

Il faudrait distinguer d'abord plusieurs espèces
de sourds-muets, dont la condition diffère d'une
manière essentielle.

Il y a des sourds-muets de naissance, c'est-à-dire
des enfans qui, étant sourds dès leur naissance,
sont demeurés muets dès leur naissance aussi, par
une conséquence inévitable. Il y a des sujets qui,
devenus sourds dans leur enfance, ont perdu, peu
à peu, par la suite, la faculté de parler, et ont fini
par devenir plus ou moins absolument muets.

---

(1) *Voyez* entre autres un article sur l'Établissement des
Sourds-Muets de Berlin, et sur l'instruction des Sourds-
Muets, dans l'*Almanach de l'Éducation en Prusse*, par Ro-
dolphe Beckedorff, 3e vol., 2e partie, n° 12. *Berlin*, 1825.

On comprend combien est différente la condition des uns et des autres. Celle des sourds-muets de la seconde classe varie à son tour considérablement, suivant l'âge auquel la surdité est survenue, et le développement que l'enfant avait à cet âge. Si l'enfant avait déjà acquis une connaissance à peu près entière et une pratique un peu prolongée de la langue articulée, on trouvera en lui une provision d'idées bien autrement étendue, et des facilités toutes particulières pour achever son instruction. Ces avantages seraient bien plus marqués encore, s'il avait déjà appris à lire et à écrire. Il n'est pas indifférent non plus, pour commencer l'éducation d'un élève placé dans cette situation, de savoir quel intervalle de temps s'est écoulé depuis qu'il a été atteint de surdité. Plus l'intervalle sera considérable, moins on tirera parti des avantages qui lui sont propres. L'enfant qui devient sourd continue encore à parler : mais, ne pouvant s'entendre parler, son langage s'altère bientôt progressivement ; l'enfant qui devient sourd conserve, pendant quelque temps, le souvenir des sons dont il ne peut plus avoir la sensation, et ce souvenir subsiste d'autant plus longtemps, qu'il a plus long-temps été en jouissance de l'ouïe.

Il y a des sourds qui sont absolument sourds, et d'autres qui ne le sont que d'une manière incomplète. Ceux-ci se divisent encore en plusieurs degrés :

les uns n'entendent que les bruits très marqués, et ne perçoivent point les sons de la voix humaine; d'autres perçoivent les sons de la voix humaine; mais, seulement, les intonations ne se distinguent point, chez eux, des articulations; d'autres ne distinguent que très imparfaitement les articulations entre elles; d'autres, enfin, perçoivent et distinguent plus ou moins nettement tous les sons de la voix humaine, mais seulement lorsqu'on élève beaucoup le ton sur lequel on les prononce, et qu'on s'approche de leur oreille. Le mutisme, dans ces divers degrés, se règle sur la surdité. L'enfant imite et répète ces sons, tels qu'il lui est possible de les entendre.

Il est à remarquer que la surdité de naissance se trouve assez souvent réunie à un état plus ou moins marqué d'infirmité et de débilité dans les organes du cerveau. L'apathie des facultés intellectuelles, qui résulte alors de cette dernière circonstance, ne doit point être confondue avec les effets propres à la surdité et au mutisme. (1)

Enfin, il n'est pas indifférent, pour commencer l'instruction d'un sourd-muet de naissance, qu'il soit plus ou moins avancé en âge. A proportion qu'il sera plus jeune, on trouvera les organes de ses sens, plus flexibles encore et plus dociles : il aura contracté moins d'habitudes vicieuses. A me-

---

(1) On sait qu'un grand nombre de Crétins sont sourds-muets.

sure qu'il sera plus avancé en âge, on trouvera en lui des facultés plus développées, sous quelques rapports.

Dans les considérations que nous allons essayer sur l'art d'instruire les sourds-muets, nous supposerons que le sujet auquel elles s'appliquent est sourd-muet de naissance; que sa surdité est complète; qu'il n'est atteint d'ailleurs d'aucune infirmité cérébrale; qu'enfin il a au moins six ou sept ans.

On nous a donné des descriptions très détaillées et très intéressantes des mœurs des divers peuples des sauvages; on nous a peint leur développement intellectuel, raconté leurs croyances et leurs préjugés, fait connaître leurs idiomes. Jusqu'à ce jour, on ne nous a donné aucune description semblable sur les sourds-muets. Elle serait cependant, non seulement fort curieuse, mais d'une grande utilité pour l'étude des sciences philosophiques.

Pour bien déterminer la condition d'un certain état intellectuel dans l'homme, il ne suffit pas d'examiner, comme on le fait communément, quelle est la sphère d'idées acquises dont il est en possession; il faut aussi considérer, ce qui est plus difficile, mais plus important, le degré de culture de ses facultés. Venu au monde avec les facultés intellectuelles communes à tous les hommes, quoique privé d'un sens et d'un organe, le sourd-muet est capable d'attention, de réflexion, d'imagination, de jugement et de mémoire. Il n'a pas les mêmes occasions pour exercer ces facultés, les mêmes secours pour en accélérer et en diriger le développement; il peut en être dédommagé sous quelques rapports.

L'enfant sourd-muet ne peut obtenir des autres hommes une assistance aussi continuelle, aussi étendue, que l'enfant doué de la parole et de l'ouïe; par cela même, il est forcé de mieux consulter et employer ses propres ressources : si son caractère, en croissant, devient moins sociable, parce qu'il ne s'entretient pas dans un échange aussi continu de services, il devient aussi plus indépendant, plus original, plus fort peut-être que celui des enfans ordinaires : il saura moins obéir, il saura mieux s'industrier. Quelque chose de semblable s'opérera également dans son esprit.

Privé du moyen général ordinaire de communication avec ses semblables, le sourd-muet de naissance ne peut acquérir d'eux le genre de connaissances qui se transmet par tradition; il ne peut rien apprendre d'autrui; il ne peut donc ni participer aux fruits de l'expérience passée, de l'expérience commune, acquises par la société, par la famille dans le sein de laquelle il vit, ni s'associer aux notions, aux théories formées et adoptées, lesquelles composent presque exclusivement l'instruction donnée à la jeunesse. Mais, réduit ainsi aux connaissances qu'il peut obtenir par ses seules

forces individuelles, s'il se trouve condamné par
là à une grande indigence intellectuelle, du moins,
sous un autre rapport, est-ce pour lui un précieux
avantage, que celui d'être uniquement redevable à
lui-même du peu qu'il possède. Ce qu'il a lui appartient en propre ; ce qu'il sait, il le sait mieux ;
son esprit s'industrie, s'applique à découvrir, à
prévoir ; il conserve une spontanéité plus active,
une marche plus originale. Là où les autres enfans
répètent, il invente ; car il est contraint d'inventer
pour apprendre.

Privé des lumières acquises par l'expérience générale et prolongée de la société humaine, privé des
connaissances scientifiques qui révèlent à l'homme
l'immense étendue de la chaîne par laquelle les
effets sont liés aux causes, le sourd-muet ne peut
avoir qu'une prévoyance très bornée ; il ne voit
que les détails ; les objets sont pour lui isolés,
détachés, sans liens. De là son extrême mobilité et son inconstance ; de là aussi l'extrême
vivacité qu'ont en lui toutes les impressions du
présent.

Ayant moins d'occasions et de moyens pour
demander et recevoir des services, n'entretenant
qu'un commerce bien plus froid et plus lointain
avec ses semblables, il sera plus personnel. Sen-
tant l'avantage que les autres hommes ont sur lui,
se voyant exclu en quelque sorte de leur société,
il sera plus défiant. Mais, cela même le tiendra

en éveil, excitera sa prévoyance, le conduira à réfléchir.

Privé de ces relations étroites que la parole établit, par lesquelles les âmes s'ouvrent et semblent se confondre dans le commerce de la société et de la famille; ne pouvant entrer dans une communication intime avec aucun de ses frères, n'ayant avec les autres hommes que des communications beaucoup plus rares, plus bornées; ses entretiens avec ses semblables n'embrassant qu'un certain nombre d'objets extérieurs, familiers, et les premiers besoins de la vie, il aura beaucoup moins occasion d'observer chez les autres, d'étudier en lui-même les phénomènes si nombreux et si délicats qui se passent dans le sanctuaire de l'âme : car ces deux ordres d'observations sont dans une étroite corrélation, et réagissent sans cesse l'un sur l'autre; ceux qui nous entourent sont comme autant de miroirs dans lesquels nous apprenons à voir ce qui se passe dans notre propre intérieur; c'est aussi, en cherchant à exprimer nos sentimens et nos pensées, que nous nous exerçons à les connaître. Mais, repoussé ainsi d'une région plus élevée, le sourd-muet se dirigera avec une ardeur plus constante et plus marquée vers les objets extérieurs qui composent son seul domaine, vers les objets qui se lient à ses premiers besoins; et, de même que les passions qui s'y rattachent pourront en lui être plus vives, de même aussi l'attention qu'il leur donnera sera plus forte.

Privé du sens de l'ouïe, il sera moins distrait dans l'exercice du sens de la vue ; ce sens prendra en lui plus d'essor, acquerra plus de perspicacité ; le sourd-muet deviendra aussi, ou pourra devenir plus adroit dans les mouvemens auxquels la vue sert exclusivement de régulateur.

Le sens de l'ouïe ne nous apporte qu'un très petit nombre de connaissances directes et positives sur les objets extérieurs ; c'est le sens de la vue qui presque toujours nous révèle leur présence, leur distance, leur situation, leurs mouvemens, leurs dimensions et proportions, leurs propriétés principales. Il n'est presque aucune indication apportée par l'ouïe sur ces divers sujets, que la vue ne fournisse avec plus de précision. Le sourd-muet recueillera donc abondamment toutes les connaissances immédiates que la seule inspection peut fournir sur les objets extérieurs ; souvent même il les verra mieux que nous. Mais ces notions, ou plutôt ces images, s'arrêteront à la superficie des choses : il n'aura ni occasions, ni motifs, pour prolonger ses observations avec suite, avec ordre ; pour établir des comparaisons régulières ; pour se créer des classifications : il ne considérera, dans chaque objet, que l'accident dont il sera frappé, ou le rapport momentané que cet objet pourra avoir avec son bien-être. Ainsi, son regard, quoique vif et pénétrant, ne sera point

dirigé par cette attention calme, persévérante,
méthodique, qui constitue essentiellement le véritable exercice de l'étude.

Le sourd-muet est privé de l'usage de nos
langues, de ce langage empreint d'un art si con-
sommé, qui se prête à l'inépuisable fécondité des
idées humaines, qui sert à les former, à les fixer,
comme à les transmettre. Cependant il a aussi son
langage. Ce langage est riche, expressif, éloquent
même, éminemment pittoresque : c'est le langage
d'action, la pantomime.

Mais, ce langage, le sourd-muet est obligé de
se le créer tout entier à lui-même, tandis que
nous recevons nos langues toutes faites de la société où nous sommes introduits. Il y a même
cela de remarquable, que le sourd-muet, bien
loin d'être guidé, assisté par ceux qui l'entourent,
dans cette création, leur enseigne au contraire le
langage qu'il s'est fait. Certes, un seul homme,
un enfant, ne peut en quelques années donner
à ce langage, fruit de son travail, ni une perfection, ni une étendue comparables à celles de ces
admirables langues élaborées par tant d'individus
et de générations ; mais, par cela même que la
langue du sourd-muet est son propre ouvrage,
elle aura nécessairement quelque précision et
quelque justesse ; elle a d'ailleurs l'avantage d'être
entièrement fondée sur l'analogie ; enfin, par la
nécessité où il est de la créer, elle le force d'ob-

server et de réfléchir sans cesse pour parvenir à s'exprimer et à se faire entendre.

Quelque pauvre qu'elle soit d'ailleurs chez l'enfant sourd-muet, cette langue est susceptible de recevoir un développement indéfini. Elle se développe chez le sourd-muet lui-même, à volonté, avec l'âge, et suivant les situations où il se trouve placé.

La manière dont le sourd-muet procède dans cette création est fort simple, quoique ingénieuse; elle est absolument la même que celle que nous suivons chaque fois que nous recourons au langage figuré, aux métaphores. Le sourd-muet saisit dans un objet le trait le plus saillant pour lui, celui qu'il lui est en même temps le plus facile d'imiter; il en fait, par l'imitation, le signe ou le nom de cet objet; il désigne de même la qualité, l'action, par leurs circonstances, par leurs effets, quelquefois par leurs causes, et suivant qu'il se trouve conduit à remarquer plus particulièrement, qu'il peut peindre plus rapidement cette portion du tableau présent à son regard ou à sa pensée. La langue qu'il s'est composée est donc comme un registre fidèle où se conservent inscrites les observations qu'il a faites. Il a d'abord quelque peine à se faire comprendre de ceux auxquels il s'adresse pour la première fois; car, entre tant de traits divers qu'on peut retrouver dans le tableau dont le signe doit être l'expression, la personne à laquelle le sourd-muet s'adresse

I.

n'aura pas remarqué d'une manière aussi distincte
le trait particulier dont ce dernier a fait choix ;
cependant, la pantomime du sourd-muet étant
fondée sur la nature et l'analogie, bientôt le spectateur sera mis sur la voie ; il reconnaîtra, du
moins approximativement, la physionomie de l'objet qu'on veut définir pour lui. Le sourd-muet
d'ailleurs ne reste point en arrière : s'il voit qu'on
hésite à le comprendre, il est prêt à inventer un
second, un troisième signe, qui reproduisent encore d'autres portions du tableau.

Si deux sourds-muets étaient élevés ensemble,
faisant les mêmes observations, se les transmettant sans cesse, ils auraient entre eux un langage
commun ; chaque jour même, ils pourraient en
simplifier les signes.

Lorsque deux sourds-muets qui ne se sont
point encore vus, se trouvent réunis, chacun apporte sa langue particulière. Ils ont quelques signes plus ou moins semblables, parce qu'il est
certaines circonstances qui se sont présentées les
mêmes pour eux, parce qu'il est certaines observations qui ont dû les frapper également ; mais
ils ont aussi un grand nombre de signes différens,
parce que, s'étant trouvés placés dans des situations
diverses, ils ont vu les objets sous d'autres rapports ; chacun d'ailleurs a suivi les impressions du
moment, ses dispositions, ses goûts, dans le choix
des traits caractéristiques auxquels il s'est attaché.

Mais ces sourds-muets ainsi réunis s'entendent bien plus rapidement entre eux, pour la valeur des signes qui leur sont spéciaux, qu'ils ne sont entendus des autres hommes; ces signes spéciaux leur deviennent bientôt communs par de mutuels échanges.

Si les sourds-muets se réunissaient entre eux pour former une société, chacun apportant ainsi son tribut à la masse commune, il se formerait naturellement, pour leur usage, une langue assez abondante, et cette langue irait croissant de jour en jour, à mesure que leur société se perfectionnerait. Ce n'est point ici une simple fiction : les seuls sourds-muets reçus dans nos institutions nous en offrent chaque jour l'exemple. Nous en trouvons un autre exemple fort curieux dans un récit de Pierre Desloges sourd-muet lui-même (1). « Lorsqu'un sourd-muet, dit-il, vient à rencon-
« trer d'autres sourds-muets plus instruits que lui,
« il apprend à combiner et à perfectionner ses si-
« gnes qui jusque-là étaient sans ordre et sans
« liaison. Il acquiert promptement dans le com-
« merce de ses camarades, l'art prétendu si dif-
« ficile de peindre et d'exprimer toutes ses pensées,
« même les plus indépendantes des sens, par le
« moyen des signes naturels, avec autant d'ordre et
« de précision que s'il avait la connaissance des

(1) *Observations d'un Sourd-Muet*, etc., page 11; *Amsterdam* et *Paris*, 1779.

« règles de la grammaire. » A mesure qu'un sourd-muet aurait occasion de multiplier ses observations sur les objets extérieurs et sur lui-même, de les comparer entre elles, il multiplierait ses signes, leur donnerait plus de précision. En le conduisant à observer et à réfléchir, on le conduirait donc à enrichir et à perfectionner sa langue.

Le sourd-muet a cependant des idées pour lesquelles il n'a pas institué de signes spéciaux dans son langage; et cette circonstance contribue encore à nous tromper dans les jugemens que nous portons sur lui. Cette assertion peut étonner au premier abord; elle est cependant très vraie. Dans un tableau sensible, dans un événement qui se passe sous ses yeux, le sourd-muet aperçoit les mêmes circonstances, les mêmes rapports que nous; il ne donne des noms qu'à celles dont il a besoin d'entretenir les autres hommes. Un édifice lui présente la même figure qu'à nous-mêmes : il y voit les trois dimensions, les angles, les lignes perpendiculaires, horizontales, parallèles, etc., tout comme nous; mais il ne nommera guère que la maison, la porte, les chambres et les fenêtres. Il en agit de même à l'égard des actions exécutées par les êtres intelligens et moraux; il voit l'acte extérieur, il entrevoit aussi les motifs; mais son langage ne donne point des noms à chacun de ces motifs. Il aperçoit les détails dans le groupe; mais il n'en fait pas une énumération détaillée.

Le sourd-muet n'a dans son langage aucune expression vide de sens ; et c'est un grand avantage qu'il a sur nous, en dédommagement de tant d'autres qui lui manquent. Dans son langage d'action, le sourd-muet ne se crée guère de signes dont l'unique fonction soit de représenter d'autres signes, comme nous avons, dans nos langues, tant de mots qui ne font que retracer d'autres mots. Les signes du sourd-muet expriment ordinairement pour lui des images actuellement présentes à son esprit. Il n'a pas l'idée, il n'éprouve pas le besoin de ces opérations de l'esprit qui, semblables aux calculs de l'algèbre, exigent un instrument de transformation ; il est toujours conduit par les impressions du moment ; il tend toujours à un but immédiat : toutes ses idées sont détachées les unes des autres ; toutes conservent une spécialité déterminée. Ainsi, il ne fait point de raisonnemens à la manière scolastique, par prémisses et conséquences ; mais, il tire des inductions rapides des faits et des apparences. Il saura tout aussi-bien qu'un autre si le temps menace de l'orage, quels effets il faut attendre du retour de chaque saison : mais il ne recourt point à ce principe, qu'*il n'y a pas d'effet sans cause.*

Le sourd-muet cherche naturellement à simplifier, à abréger le langage d'action, qui, dans son origine, est une peinture détaillée des objets ; il retranche successivement quelque trait de la panto-

mime, aussi long-temps qu'en faisant ce retran-
chement, il peut encore être compris de ceux
auxquels il s'adresse. De là naissent ces *signes de*
*réduction* qui prennent la place du langage d'action primitif. Ces signes de réduction sont difficilement compris de ceux qui n'ont point l'usage de
pratiquer les sourds-muets ; mais ils sont encore
intelligibles pour les personnes qui vivent avec
eux (1). Les sourds-muets, entre eux, poussent la
réduction plus loin encore ; ils s'attachent à n'avoir,
pour chaque objet, qu'un geste unique et simple :
ce geste est le trait le plus saillant de la pantomime complète qui serait nécessaire pour peindre
cet objet au regard.

Leur langage, en acquérant ainsi une précision
beaucoup plus marquée, prend aussi en partie une
sorte de caractère conventionnel. Chaque signe
réduit se compose de deux élémens, l'un emprunté

---

(1) « J'exprimais », dit Massieu dans un récit de sa propre
enfance écrit par lui-même, « j'exprimais mes idées par les
« signes manuels ou le geste. Les signes dont je me servais
« alors pour exprimer mes idées à mes parens et à mes frères
« et sœurs, étaient bien différens de ceux des sourds-muets
« instruits. Les étrangers ne nous comprenaient jamais quand
« nous exprimions par signes nos idées : mais nos voisins
« nous comprenaient. » (*Voyez* ce morceau, rapporté à la suite
de la *Théorie des Signes de l'abbé Sicard*, tome II, page 634.)
C'est au reste ce que nous observons, ce que chacun peut
observer tous les jours.

à l'analogie, l'autre arbitraire. Le signe mimique réduit a, en quelque sorte, son étymologie dans la peinture primitive dont il est l'abréviation; mais, à l'inverse du système suivi dans la formation de nos langues, le terme dérivé, loin d'être plus composé que sa racine, est au contraire plus simple.

A mesure que la langue mimique du sourd-muet s'enrichit, le besoin de ces réductions devient plus pressant.

Il n'est pas besoin de dire combien ce langage est nécessairement imparfait. Le sourd-muet ne peut choisir ses signes d'imitation, d'après les conditions constantes, essentielles, et vraiment caractéristiques des objets, conditions entièrement inconnues à sa profonde ignorance; il les choisit au hasard parmi les circonstances apparentes qui le frappent davantage, suivant la disposition du moment; circonstances le plus souvent variables, purement accessoires, et qui n'appartiennent qu'à quelque côté de ce même objet.

Les sourds-muets se composent aussi, entre eux, et avec réflexion, certains signes purement arbitraires et conventionnels. Dans notre Institut, ils s'en servent pour causer, sans que leurs maîtres puissent pénétrer le sujet de leur entretien.

Le sourd-muet conduira, par ses seuls efforts, la création de son langage, non seulement jusqu'au point nécessaire pour exprimer ses besoins ordinaires, et ce qui s'y rapporte d'une manière prochaine, mais pour raconter les actions dont il a été témoin, pour se faire entendre dans ce qui concerne l'exercice d'une profession mécanique, dans ce qui touche même aux principales relations avec sa famille, avec les autres hommes. Il pourra être utilement employé, comme ouvrier, dans tous les genres de métiers qui n'exigent pas la coopération combinée et simultanée de plusieurs hommes, et pour lesquels il suffit d'un travail à peu près solitaire. Il sera propre, en particulier, aux travaux des champs; il pourra même acquérir des notions suffisantes pour devenir habile à cultiver pour son propre compte, et à se diriger dans une petite exploitation rurale. Il ne sera point facile de le tromper sur ses intérêts, et il acquerra quelquefois une sagacité singulière pour toutes les combinaisons qui s'y rapportent.

Le langage d'action a ses avantages, ses inconvéniens (1); le sourd-muet peut profiter des uns, doit subir les autres. Le sourd-muet est loin cependant de pouvoir, à beaucoup près, donner à ce langage les développemens dont il serait susceptible. Le temps et les secours lui manquent pour cela : il a trop rarement occasion de l'employer; il est seul à l'exploiter.

Ce langage est original; il est mobile, comme il

(1) Nous les expliquerons dans le chapitre X ci-après.

est individuel; il est créé à chaque instant par la circonstance. Le sourd-muet, novice dans l'art d'observer, note les traits qui le frappent, quoique purement accidentels, néglige les traits vraiment caractéristiques, parce qu'il les ignore. Si le sourd-muet ne donne point à ses signes des formes déterminées, constantes, méthodiques, c'est qu'il n'a pas le loisir d'entreprendre un semblable travail, qu'il n'en sent pas le besoin, qu'il n'est pas assez exercé à réfléchir pour en concevoir le plan. Si le sourd-muet n'institue pas, en effet, des expressions pour les notions de l'ordre le plus relevé, ce n'est pas que le langage d'action s'y refuse, ce n'est pas que le sourd-muet en soit aucunement incapable; c'est que, ne recevant des autres hommes aucune notion toute faite, contraint de se former à lui-même chaque notion, en même temps qu'il institue chaque signe, il ne peut procéder dans ce grand travail avec assez de célérité; il manque d'occasions pour multiplier, étendre ses comparaisons, ses réflexions, de motifs pour les analyser plus profondément; c'est, en un mot, parce qu'il est réduit à ses seules forces. (1)

Le sourd-muet, laissé à lui-même, ne se crée aucun moyen de calcul : il ne peut compter qu'avec ses doigts; il ne peut embrasser un nombre plus considérable que celui qui peut être saisi par l'in-

---

(1) *Voyez* la note B, à la suite de ce chapitre.

tuition, exprimé par les doigts de la main, ou les multiples les plus simples de ce nombre, représentés par quelques signes analogues. (1)

Il est d'ailleurs bien moins séparé qu'on ne le croit communément, du domaine des notions générales, de la région intellectuelle et morale. Il est une foule de relations et de modes, qu'il aperçoit fort bien dans les cas particuliers, sans être capable de les en détacher sous une forme abstraite. Ainsi il ne créera pas de signes pour les notions de *durée* et de *grandeur*; mais on se tromperait étrangement, si l'on croyait que le sourd-muet n'a point l'idée distincte du passé, du présent et de l'avenir, qu'il ne sait pas évaluer les proportions, etc. Quelques instituteurs peuvent se faire illusion au point d'imaginer qu'ils ont enseigné au sourd-muet à discerner les temps divers, en leur donnant quelques signes nouveaux pour exprimer ces temps sous une formule générale; mais le sourd-muet ne confondait pas ce qu'il a éprouvé hier, avec ce qu'il voit en ce moment, et ce qu'il espère obtenir demain.

---

(1) « Je connaissais les nombres avant mon instruction », dit encore Massieu dans le récit déjà cité; « mes doigts me les « avaient appris. Je ne connaissais pas les chiffres, je comp- « tais sur mes doigts, et quand le nombre passait *dix*, je « faisais des hoches sur un bois. » (*Théorie des Signes*, p. 636.)

Nous ne citons encore cet exemple que pour représenter tous ceux qu'on pourrait rapporter, et qui sont conformes.

Le sourd-muet juge fort bien les sentimens qu'on lui porte; il y répond lui-même, non sans doute avec la délicatesse qu'on trouve chez un enfant bien élevé, mais du moins avec quelque énergie et une grande sincérité. Il a le sentiment du bien et du mal, quoique ce sentiment se développe chez lui avec beaucoup plus de lenteur et d'une manière beaucoup moins complète. Il juge qu'il est mal de nuire à autrui, qu'il est louable de lui faire du bien; il a quelque idée de la propriété et du respect qui lui est dû; il a la conscience d'être justement ou injustement puni; il avertit même son camarade prêt à faire une faute pour l'en garantir : chose remarquable ! chose même digne d'admiration ! Le sourd-muet, avant toute instruction, sait ce que c'est que de dire la vérité et de mentir; il attache à l'un le caractère d'un devoir, à l'autre la honte d'une mauvaise action; et cette grande notion morale, qui suppose aussi une réflexion assez profonde sur les opérations de l'esprit, est quelquefois l'une de celles qui se manifestent le plus vivement chez le sourd-muet non encore instruit.

Il ne faut certes pas s'attendre que le sourd-muet aille, dans son langage, débiter quelque précepte, quelque maxime de morale; il ne concevra pas même ces préceptes dans leur généralité : c'est à l'occasion d'actions particulières et déterminées qu'il éprouvera l'approbation ou la désapprobation intérieure, plus ou moins obscures ou confuses. La crainte d'être puni, l'espoir d'être récompensé, viendront s'y réunir, pourront exciter en lui plus fortement ce sentiment, quelquefois viendront aussi le remplacer, et l'observateur superficiel pourra confondre ces deux mobiles l'un avec l'autre. Mais ils n'en sont pas moins distincts en lui, quoique le second agisse avec beaucoup plus de force, et se montre d'une manière beaucoup plus sensible. (1)

Le sourd-muet, privé d'instruction, ne restera pas même étranger à tout sentiment religieux. Cette assertion peut étonner d'après les préventions généralement répandues sur ces infortunés; elle n'en est pas moins exacte et certaine. D'abord le sourd-muet, accoutumé à remarquer dans ce qui se passe autour de lui, les effets de certaines forces, rapportera à quelque force inconnue et invisible les effets dont il n'aperçoit pas la cause; le caractère de grandeur que ces effets présentent dans les principaux phénomènes de la nature, en frappant vivement ses regards, lui feront supposer aussi une immense énergie dans cette force mystérieuse. Ce ne sera encore en lui qu'une impression confuse et vague, mêlée de terreur plus que d'admiration; il concevra cette force, non comme créatrice, mais comme motrice ou productrice; il

(1) *Voyez* la note C, à la suite de ce chapitre.

la concevra seulement comme puissante, non comme accompagnée de sagesse, de bonté, ou de quelque attribut moral; il lui faudra des observations plus répétées, une réflexion plus profonde, pour remarquer l'ordre et la régularité des phénomènes, la prévoyance et la bienfaisance qui s'y manifestent, pour transporter par conséquent dans la notion d'une puissance suprême, celle d'une intelligence qui a droit à notre gratitude. Cependant il arrivera graduellement à entrevoir de loin cette idée sublime; il s'y élevera plus facilement si, placé au sein d'une famille pieuse, il la voit invoquer un être suprême, invisible, avec les démonstrations de la reconnaissance et du respect; il invoquera cet être invisible dans la dépendance duquel il se sera placé; il comprendra confusément que les exercices extérieurs du culte ont pour objet de l'honorer, d'en obtenir la protection; il s'y associera avec un intérêt marqué, sans comprendre expressément l'esprit et le but des cérémonies extérieures, peut-être même et probablement trompé par les images sensibles qu'elles lui présentent, et entraîné par là à quelques inductions superstitieuses.

Au reste, ces progrès du sourd-muet non instruit, dans la région morale, seront lents et très tardifs. La plupart du temps, lorsqu'on commence leur instruction méthodique, ils ne sont guère avancés encore dans cette carrière; ils y sont à peine entrés; ils sont, sous ce rapport, très inférieurs aux enfans ordinaires du même âge; et c'est pourquoi les instituteurs se hâtent quelquefois de conclure que le sourd-muet ne saurait s'élever aux premières notions morales et religieuses que par leur secours.

Par un contraste remarquable, pendant que, dans le commerce entre l'enfant ordinaire et ceux qui l'entourent, l'enfant a beaucoup plus occasion d'écouter que de parler, il en est tout le contraire du commerce du sourd-muet avec ceux qui l'environnent. Il s'adresse à eux, les interroge, leur raconte bien davantage qu'il ne reçoit d'eux, parce que le seul langage dont il puisse user avec eux lui est plus familier, plus facile. C'est lui qui fait, pour ainsi dire, toutes les avances et tous les frais de ces singuliers entretiens. Il s'en dédommage, il y supplée, en observant avec attention la physionomie, l'attitude, les mouvemens, les actions de ceux avec lesquels il vit, surtout quand il leur suppose quelque intention, quelque vue qui le concerne. Son regard alors est fixé sur vous, il étincelle. Le sourd-muet cherche à pénétrer votre pensée; il la surprend quelquefois en effet, et vous la lui révélez, sans le savoir, par des circonstances fugitives que les enfans ordinaires ne sauraient saisir ni interpréter.

Un dernier fait mérite de fixer l'attention des philosophes : la plupart des sourds-muets témoignent une avidité plus ou moins marquée pour l'instruction, sollicitent, aspirent avec ardeur, les connaissances qui sont à leur portée. On voit leur œil briller, leur physionomie s'animer, par le noble et vif instinct de la curiosité. (1)

Une étude approfondie de la condition intellectuelle et morale du sourd-muet et de la marche que suit son développement, serait certainement l'une des expériences les plus positives, les plus lumineuses, les plus étendues, pour la science de la

---

(1) Écoutons encore le récit naïf de Massieu sur les premières années de son enfance :

« Je demandais à mon père, les larmes aux yeux, la per-« mission d'aller à l'école; je prenais un livre, je l'ouvrais « de haut en bas pour marquer mon ignorance; je le mettais «sous mon bras, comme pour sortir; mais mon père me «refusait la permission que je lui demandais, en me faisant « signe que je ne pourrais jamais rien apprendre, parce que « j'étais sourd-muet.

« Alors je criai très haut; je pris encore les livres pour les «lire : mais je ne connaissais ni les phrases, ni les pério-« des..... Alors je me désolai; je sortis de la maison pater-« nelle, et j'allai à l'école sans le dire à mon père. Je me pré-« sentai au maître, en lui demandant par signes de m'ap-« prendre à écrire et à lire. Il me refusa durement et me « chassa de l'école. Cela me fit beaucoup pleurer, mais ne me « rebuta pas. Je pensais souvent à écrire et à lire. Alors j'avais douze ans; j'essayais tout seul à former, avec une plume, des signes d'écriture. » ( *Théorie des Signes*, tome II, pages 634 et 635. )

psychologie. J'avoue que j'en ai retiré personnellement une grande utilité dans mes recherches sur
cette science. Une série d'observations, aussi belle,
aussi neuve, aussi féconde, n'a point encore été
mise au jour. Elle est étrangère au sujet qui nous
occupe en ce moment; mais nous l'indiquerons, en
passant, aux réflexions des philosophes.

## NOTE B, *page* 89.

*Sur le langage mimique, propre aux Sourds-Muets; exemples des diverses espèces de signes qui le composent.*

On a beaucoup et souvent parlé du langage mimique que les sourds-muets se créent eux-mêmes; à peine a-t-on cité quelques exemples isolés des signes qui composent ce langage.

Rien, cependant, n'est plus curieux en soi que d'étudier ce langage original, naïf, que la nature inspire au sourd-muet pour exprimer ses impressions; c'est une langue pleine de vie, où se peignent, avec une vérité parfaite, les premières opérations de l'esprit humain; c'est un tableau de l'enfance de l'intelligence; et, lorsqu'on recueille avec tant de soin les informations relatives aux idiomes des peuples sauvages, serait-on plus indifférent pour la langue de ces infortunés qui vivent au milieu de nous? Cette langue est d'ailleurs la seule qui n'ait point été transmise par la tradition, la seule qui ait été instituée en entier par ceux qui la parlent.

Il est aussi d'un intérêt tout particulier pour nous, de connaître, avec quelque détail, le langage mimique apporté par le sourd-muet avant son instruction : ces exemples expliqueront et confirmeront ce que nous venons de dire dans le présent Chapitre, sur les caractères de ce langage. Ils montreront quels sont les premiers moyens de communication qui s'offrent entre l'élève sourd-muet et son maître, et quels secours celui-ci trouve dans le développement que celui-là a déjà

I.

reçu. On pourra enfin comparer ces signes propres au
sourd-muet, ces signes de sa création, avec les signes
méthodiques institués de concert entre le maître et
l'élève, tels qu'ils sont usités dans notre établissement,
d'après les exemples que nous donnerons de ceux-ci dans
le Chapitre IX de la II<sup>e</sup> Partie.

Nous avons donc cru devoir offrir ici quelques fragmens du dictionnaire de ce langage singulier, jusqu'à ce
jour inconnu : nous les avons distribués en plusieurs
classes.

Nous avons distingué d'abord les signes mimiques
que les jeunes sourds-muets instituent isolément, chacun
de son côté, avant de se trouver rapprochés les uns des
autres, signes qui sont ainsi entièrement individuels; et
ceux qu'ils instituent en commun quand ils se trouvent
réunis, par des concessions mutuelles, par des conventions tacites; ainsi que les réductions par lesquelles ils
simplifient aussi, d'un commun accord, les signes primitifs.

Dans la première classe, une seconde distinction se
présente : les sourds-muets vivant isolément, obéissant
chacun à leurs impressions personnelles, dominés par
les circonstances qui leur sont particulières, donnent
souvent, comme nous l'avons dit, un signe différent au
même objet; quelquefois, au contraire, recevant une
impression semblable, ils imposent au même objet le
même signe, et se rencontrent sans le savoir. Cette distinction donne lieu à une observation fort curieuse, et
qui excite autant d'intérêt que d'étonnement : c'est que
les signes qui diffèrent chez les sourds-muets, semblent
être de préférence ceux qui indiquent des objets maté-

riels, tandis que ceux qui le plus souvent se trouvent
les mêmes, sont, 1°. ceux des affections de l'âme;
2°. ceux du petit nombre des notions intellectuelles
qu'ils ont pu concevoir; 3°. ceux des actions ou des
états qui se rapportent aux besoins du corps et aux habitudes les plus communes à la vie; 4°. les objets qui
servent plus directement à l'usage de leur personne.

Il est également utile de connaître et ces signes qui
se trouvent communs, sans concert, et ces signes qui,
dans leur variété, nous représentent la variété des aspects
sous lesquels les mêmes choses s'offrent à divers esprits,
suivant la situation où ils sont placés.

Le nombre des signes qui se trouvent identiques,
chez les sourds-muets vivant séparés, est fort petit en
comparaison de celui des signes qui diffèrent. Mais, dès
l'instant où ils se trouvent réunis, les nouveaux venus
adoptent, avec une facilité et une rapidité singulière,
les signes déjà usités par les anciens. On peut donc dire,
en général, que ce que le langage mimique a de *commun*
entre les sourds-muets, est presque entièrement le produit d'une convention acceptée par eux, mais d'une
convention promptement et aisément établie.

C'est avec peine que l'on réussit à donner une description des signes mimiques employés par les sourds-muets;
ils se composent, dans leur exécution rapide comme
l'éclair, d'une extrême variété de mouvemens, de positions, soit des mains, soit des bras, soit des diverses parties
du corps, dont les modifications fugitives sont souvent
très difficiles à saisir et à expliquer, et surtout d'un jeu
de la physionomie singulièrement expressif, et que nos
langues ont peu de termes exacts pour faire bien com-

prendre. Les descriptions qui vont suivre ne doivent
donc être considérées que comme une sorte d'ébauche.

Voici d'abord un certain nombre de signes recueillis
sur des sourds-muets jusqu'alors privés d'instruction,
privés aussi de tout commerce avec d'autres sourds-
muets, signes qui diffèrent entre eux, quoique employés pour désigner le même objet :

*Enfant.* — La plupart font, pour le désigner, le signe
de *petit*, joint à celui d'*allaiter;* quelques uns, celui de
*bercer;* d'autres enfin imitent une personne qui en porte
un dans ses bras.

*Bœuf.* — Les uns le désignent en figurant ses cornes;
les autres, en désignant son emploi; ceux-ci, par sa
taille, sa force et sa couleur; ceux-là, par sa démarche
pesante et le mouvement qu'exécutent ses mâchoires
lorsqu'il rumine, etc.

*Cheval.* — Plusieurs veulent le caractériser par la
mobilité de ses oreilles; quelques uns, en mettant l'index et le médius de la main droite à chevauchons sur
l'index de l'autre main; un très petit nombre en mettant
un doigt dans la bouche, pour figurer un frein, en même
temps qu'ils imitent une personne qui s'agite et frappe
sa monture pour la faire avancer.

*Chien.* — Par le mouvement de sa tête lorsqu'il aboie,
ou en feignant d'en appeler un.

*Oiseau.* — En figurant le bec d'un oiseau avec les
deux premiers doigts de la main gauche, tandis que la
droite feint de lui donner la becquée, ou en faisant les
signes de prendre sa pâture et de s'envoler aux approches
de l'homme; ou bien encore, de monter sur un arbre, y

prendre un jeune oiseau, le mettre dans le sein, et témoigner la joie que cause cette conquête.

*Poisson.* — En figurant avec l'avant-bras ses mouvemens obliques, ou en mettant l'index dans la bouche, de manière à figurer l'hameçon qui accroche au palais le trop avide animal.

*Pain.* — Les uns représentent les diverses préparations qu'on fait subir au blé pour le transformer en pain; les autres font le signe d'*avoir faim*, joint à celui de *couper*, et de *porter à la bouche.*

*Eau.* — En montrant un peu de salive; en imitant un homme qui rame; en singeant un porteur d'eau; en figurant une personne qui fait jouer une pompe, etc. A chacune de ces pantomimes, ils ajoutent le signe de *boire.*

*Noix.* — Les uns imitent une personne qui en porte une entre les dents pour la casser; les autres feignent de les abattre et de les ramasser; plusieurs singent les marchandes qui les cassent et les épluchent dans les rues de Paris.

*Couteau.* — En figurant, avec les deux mains, l'articulation de la lame et du manche; en feignant d'en tenir un pour découper; ou en imitant une personne qui égorge un animal.

*Un Verre.* — Par les signes de *rincer et* de *boire;* ou par sa forme et sa transparence.

*Chaise.* — Par le signe de *paille,* et celui de *s'asseoir;* ou en décrivant sa forme avec les deux index et imitant ensuite une personne qui s'assied.

*Lettre* (missive). — Par les signes d'*écrire et* de *cacheter;* par ceux de *décacheter et* de *lire;* ou bien par sa forme carrée et sa suscription.

*Maison.* — Il en est qui font le signe en usage dans l'Institution; il se fait en plaçant, à plusieurs reprises, les mains l'une sur l'autre pour imiter une personne qui bâtit, et en les joignant ensuite de manière à figurer un toit; d'autres font le signe de *vaste*, puis celui d'ouvrir une porte, d'entrer, et de la refermer après soi; quelques uns n'ont d'autre moyen que d'en montrer une.

*Soleil.* — Ceux-ci font les signes d'*éclairer* et d'*échauffer*, en regardant le ciel; ceux-là figurent sa rondeur et son éloignement; d'autres regardent aussi le ciel, et feignent d'être éblouis.

*Bon.* — Il en est qui portent le dedans de la main à la bouche pour l'en éloigner aussitôt; d'autres qui passent doucement la main sur la poitrine, en aspirant et prenant un air satisfait.

*Vide, Plein.* — Quelques uns feignent de regarder dans un vase, et de n'y rien voir, d'autres de se fouiller et de retirer sa main vide pour exprimer le premier; et, pour le second, les uns imitent une personne qui, portant un vaisseau plein, prend beaucoup de peine, et regarde si elle ne laisse rien tomber; les autres feignent de mettre plusieurs choses dans la main gauche, et montrent qu'il ne peut plus y en entrer.

*Vieux.* — Le plus grand nombre prend l'attitude et imite la démarche chancelante d'un vieillard courbé péniblement sur son bâton; quelques uns font le signe de *chauve*; ils montrent pour cela la tête et le doigt de la main, et ajoutent ensuite d'autres signes plus ou moins confus par lesquels ils veulent faire entendre qu'il reste encore, sur le chef, quelques cheveux blanchis.

*Dormir.* — Quelques uns imitent une personne qui

laisse tomber en avant et sur l'épaule sa tête appesantie ; le plus grand nombre incline la tête sur une main en fermant les yeux.

*Être malade.* — Plusieurs prennent un air souffrant, et feignent de se tâter le pouls ; quelques uns penchent la tête, ferment les yeux à demi et jettent de petits cris ; un petit nombre font semblant de se coucher et de boire la tisane qu'on leur présente.

*Être bien portant.* — Le plus grand nombre fait le signe de *fort* ; c'est-à-dire qu'ils roidissent les muscles des bras, prennent une attitude hardie et une physionomie riante ; le plus petit nombre se tâte le pouls, ouvre bien les yeux et ajoute une marque d'approbation.

*Pour nier.* — Les uns secouent la tête ; les autres portent l'extrémité du pouce sous les incisives supérieures pour l'en retirer aussitôt ; ceux-ci écartent les mains ouvertes, en feignant de regarder et de ne rien voir ; ceux-là soufflent dans l'intérieur de la main, et prennent une physionomie semblable.

*Pour affirmer.* — Il en est qui joignent à un coup d'œil perçant un hochement de tête ; d'autres qui avancent la main droite avec un air d'assurance, comme pour frapper sur un objet placé à une petite distance et à la hauteur de l'estomac.

*Pour interroger.* — Plusieurs expriment deux propositions contradictoires, et regardent ensuite d'un air indécis la personne à laquelle ils s'adressent ; quelques uns se contentent d'exprimer deux des termes de la proposition, et de jeter sur vous un coup d'œil à la fois scrutateur et indécis.

*Pour indiquer le futur.* — Ceux-ci entr'ouvrent les yeux

et indiquent de la main un objet éloigné ; ceux-là font plusieurs fois le signe de se mettre au lit et de se relever.

*Savoir.* — Les uns frappent plusieurs fois du plat de la main sur le front, en faisant le signe d'affirmation ; les autres font celui du *passé* et de *se souvenir*.

Voici maintenant quelques exemples des signes avec lesquels les sourds-muets se rencontrent, sans s'être concertés ; qu'ils instituent chacun de leur côté, vivant isolés les uns des autres, et qui se trouvent semblables pour les mêmes idées. Ces signes, comme on le conçoit, sont bien moins nombreux que les précédens.

*Singe.* — En imitant ses grimaces et ses manières grotesques.

*Coq.* — En portant la main sur la tête, dans une position semblable à celle de la crête de cet animal, et prenant son air à la fois altier et jovial.

*Cordonnier, Menuisier.* — En singeant les mouvemens du premier, lorsqu'il coud ; du second, lorsqu'il scie ou qu'il varlope.

*Soupe.* — En disposant la main en forme de cuiller, et répétant les mouvemens d'une personne qui avale du bouillon à petites cuillerées.

*Raisin.* — En feignant d'en tenir un avec la main gauche, et de le manger grain à grain.

*Tabac.* — En singeant une personne qui prise ; quelques uns ajoutent le signe d'éternuer.

*Clef.* — En imitant le mouvement indispensable pour ouvrir ou fermer une serrure.

*Montre.* — En feignant d'en sortir une du gousset et de la porter *à l'oreille.*

*Livre.* — En portant les deux mains à la hauteur des yeux, dans une position semblable à celle d'un livre ouvert, et imitant les mouvemens de tête d'une personne qui lit.

*Fusil.* — En feignant de se servir de cette arme pour abattre un animal.

*Monnaie.* — En imitant une personne qui compte de l'argent; en même temps ils ouvrent de grands yeux, et hochent la tête pour exprimer l'importance qu'ils y attachent. S'ils veulent désigner la matière de la monnaie qu'ils ont en vue, ils en indiquent la couleur, en montrant une couleur semblable; et, pour en faire connaître la valeur, ils tâchent d'en indiquer le volume.

*Grand, Petit.* — Pour le premier, ils élèvent la main et regardent en haut; pour le second, ils la baissent vers la terre, et leur physionomie exprime ordinairement le dédain.

*Mauvais.* — Ils ont l'air de déguster quelque chose, et de faire la grimace en branlant la tête.

*Joli, Laid.* — Ils feignent de regarder fixement un objet, prennent un air satisfait et riant, et parcourent les côtés du visage avec la main, pour exprimer le premier; tandis que, pour le second, ils font une légère grimace, en détournant un peu la tête.

*Chaud, Froid.* — Pour l'un, en recevant son haleine dans la main, avec un air de satisfaction; pour l'autre, en soufflant sur les extrémités des doigts réunis, et en imitant une personne qui grelotte.

*Nombres.* — Ils montrent autant de doigts ouverts qu'ils veulent exprimer d'unités.

*En grand nombre.* — Ils ouvrent successivement tous les doigts, rapidement et à plusieurs reprises.

*Nuit, Jour.* — Ils croisent les mains en les passant devant les yeux qui se ferment en même temps; et, pour mieux exprimer leur pensée, il en est qui feignent de marcher à tâtons : c'est la nuit. Ils ouvrent de grands yeux, regardent autour d'eux avec un air de satisfaction et d'assurance : c'est le jour.

*Le passé.* — Tous jettent la main à plusieurs reprises par-dessus l'épaule.

*Jour* (durée d'une révolution terrestre). — En feignant de se coucher autant de fois qu'ils veulent exprimer cette période.

*Voir, regarder.* — Ils dirigent, en quelque sorte, le rayon visuel, au moyen de l'index et du médius, pour exprimer l'action de *regarder;* tandis que, pour celle de *voir,* les mêmes doigts partent de l'objet et se dirigent vers les yeux.

*Acheter.* — Ils feignent de compter de l'argent, puis de le donner d'une main, et de recevoir quelque chose de l'autre.

*Perdre.* — Ils feignent de laisser tomber un objet, et de le chercher vainement.

*Parler.* — Ils tâchent d'imiter les mouvemens d'une personne qui parle, et indiquent, par le mouvement de l'index placé à la hauteur du menton, qu'il sort quelque chose de la bouche.

*Entendre.* — Ils dirigent l'index vers l'oreille, et tressaillent, comme pour marquer que nous éprouvons une sensation.

*Avoir faim.* — Ils prennent un air défaillant, entr'ouvrent désagréablement la bouche, et peignent les tiraillemens de l'estomac, par les mouvemens des doigts, placés sur la partie inférieure de la poitrine.

*Être satisfait.* — Leur visage s'épanouit, et ils passent à plusieurs reprises la main ouverte, sur le cœur.

*Être affligé.* — Leur figure est triste, leur air abattu ; ils portent le poing droit sur le cœur, en aspirant fortement.

*Avoir oublié.* — Ils passent rapidement la main sur le front, haussent les épaules, et leur figure reste muette.

*Se souvenir.* — Ils prennent un air réfléchi, aspirent ensuite subitement, et portent l'index sur le front, de manière à l'y appuyer assez pour relever un peu la tête ; leur figure s'épanouit.

Prenons maintenant quelques exemples dans les observations faites sur les sourdes-muettes.

Les meubles et les ustensiles prêtent à une foule d'interprétations diverses, selon qu'ils sont considérés d'après leur forme, leur usage.

Pour représenter une *chaise,* les sourdes-muettes font le signe de s'asseoir, ou elles ajoutent celui de s'adosser, ou bien elles dessinent la forme en l'air, et y ajoutent celui de s'asseoir. Pour les meubles dont la forme est susceptible d'être changée, les signes diffèrent davantage ; chaque sourde-muette dessinera la forme qui lui sera connue, y joindra la couleur, qui varie encore : un secrétaire, par exemple, peut recevoir diverses configura-

tions dont chacune présentera une idée individuelle à
l'enfant qui sera tout étonnée lorsqu'elle apprendra qu'il
n'y a qu'un nom unique pour désigner des objets qui
lui avaient paru si distincts l'un de l'autre.

Pour présenter l'idée d'une *plume,* les sourdes-muettes
emploient des signes différens ; les unes se bornent à
imiter l'action d'écrire, d'autres y ajoutent la longueur
d'une plume, d'autres feignent d'en tremper une dans
une écritoire et d'écrire ; ou font l'action d'en tailler
une et d'écrire ensuite ; ou, enfin, exécutent tous ces
signes à la fois.

Les *végétaux* fournissent encore des signes différens
pour les mêmes objets. Un *arbre* est désigné, tantôt par
le signe d'un objet qui s'élève au-dessus de la terre à
une grande hauteur, et celui de cueillir du fruit ; tantôt
par son feuillage vert et les nombreuses branches qui
s'étendent, ou par l'ombre qu'elles répandent et par
l'action de s'y réfugier pour se mettre à l'abri des rayons
du soleil.

Une *pomme* est tantôt réprésentée par sa forme ronde
et l'action de la mordre, ou celle de la peler et de la
manger après ; tantôt par son coloris et son goût
agréable.

Pour désigner une *rose,* les unes font le signe de
cueillir une fleur, y ajoutent la couleur et le parfum
délicieux qu'elle exhale ; d'autres en indiquent la couleur, en dessinent la forme, font l'action de la cueillir,
d'en savourer l'odeur, de l'attacher à leurs vêtemens ;
tantôt elles font tous ces signes successivement.

Les *animaux* fournissent un plus grand nombre encore de signes divers.

Un *chien* est désigné tantôt par sa taille, sa forme, son habitude d'aboyer (que les sourds aperçoivent aisément au mouvement de la gueule : quelques uns en entendent même le bruit); tantôt par sa fidélité à suivre son maître, tantôt par sa manière de caresser, ou en lui faisant signe de venir, et en lui présentant la main comme pour lui donner à manger.

Un *chat*, par le signe de ses longues moustaches, ou celui de ses griffes et l'usage qu'il en fait, ou par sa forme gracieuse et la facilité qu'il possède de voûter son dos; ou bien elles le représentent guettant une souris, l'attrapant et la dévorant; ou, enfin, le portant sur les bras, le caressant et faisant jouer sa queue.

Le *cheval* est représenté, par les unes, en dessinant sa forme noble, sa crinière; par d'autres, en lui mettant une bride, l'attelant à une voiture qu'il traîne avec peine; d'autres font le signe de monter à califourchon et de galoper.

Signes par lesquels les sourdes-muettes, sans s'être concertées, se trouvent cependant d'accord pour désigner le même objet par la même expression :

*Aimer* est exprimé par toutes, en portant la main sur le cœur, le plaisir peint sur le visage, et en indiquant l'objet de leur affection.

*Ne pas aimer* (car la haine ne peut être connue de leur jeune cœur) est le même signe, en changeant l'expression de *plaisir* en celle du *déplaisir*, et en ajoutant le signe de la *négation* qui se fait, par toutes, en secouant la tête. Celui de l'*affirmation* se fait en inclinant la tête devant soi, et la remettant aussitôt dans la première position.

Le *contentement,* le *mécontentement,* se peignent suffisamment dans la physionomie ; elles n'ont pas besoin de signes secondaires pour se faire entendre, et l'expression plus ou moins forte indique si c'est de la joie ou un simple contentement, du chagrin ou du mécontentement.

Une sourde-muette veut-elle dire qu'elle *sait*, elle porte la main au front en exprimant la satisfaction ; qu'elle *ne sait pas*, elle portera tristement la main au front, avec un signe négatif. Veut-elle parler de la *réflexion*, elle porte encore la main au front, et reste quelques instans dans cette position, avec l'expression d'une personne qui réfléchit.

L'état de *sommeil* est marqué, par toutes, en fermant les yeux, et appuyant la tête sur une main, comme on l'appuie sur un oreiller : celui de la *fatigue*, en laissant tomber nonchalamment les bras le long du corps.

L'action de *marcher* est désignée par l'action elle-même ; celle de *manger*, en feignant de mettre quelque aliment dans la bouche, de mâcher et d'avaler ensuite ; celle de *jeter*, en répétant le mouvement que cette action fait faire.

Les observations d'après lesquelles ont été recueillis les signes dont nous venons de présenter les exemples, ont été faites sur les enfans amenés dans l'Institution de Paris. Les exemples qui suivent ont été pris, comparativement, le premier de chaque signe sur les sourds-muets de l'Institution de Paris, les deux autres sur des sourds-muets observés dans les départemens :

*Montagne.* — 1°. La main, la face palmaire en bas, exécute, d'arrière en avant et de bas en haut, un *S* italique en serpentant.

(Élève intelligent.) 2°. Les deux mains, la face palmaire en bas, se portent alternativement d'arrière en avant et de bas en haut; ensuite on semble regarder devant soi le haut, puis derrière soi le bas de la montagne.

(Élève moins intelligent.) 3°. Le même que le précédent.

*Poisson.* — 1°. La main, le bord extérieur en bas, s'avance horizontalement, dans le champ antérieur, en serpentant;

2°. On figure l'action de le saisir avec les deux mains, et de résister à ses efforts;

3°. Le même que le précédent.

*Oiseau.* — 1°. L'index et le pouce de la main gauche se touchent par leur extrémité, ensuite l'index de la droite soulève à plusieurs reprises celui de la gauche;

2°. On figure l'action de plumer, en faisant comme si l'on arrachait des plumes sur le dos de la main;

3°. On regarde en haut, et l'on imite, avec les lèvres, le mouvement que font pour l'appeler les personnes qui parlent.

*Arbre.* — 1°. Le coude du bras droit s'appuie sur la paume de la main gauche; son avant-bras est dans une position verticale; ensuite les doigts écartés se remuent, pour imiter l'agitation du vent;

2°. On représente l'action de l'embrasser, de grimper et de s'accrocher aux branches ;

3°. Les deux mains ouvertes en demi-cercle marquent, en s'élevant verticalement, la forme et la direction du tronc, ensuite elles s'éloignent l'une de l'autre; il en ré-sulte une attitude qui a du rapport avec celle de l'arbre; les bras représentent les branches, et le corps le tronc.

*Vin.* — 1°. La lettre initiale du mot *vin*, représentée par l'alphabet manuel, s'applique et tourne sur la joue, comme pour en emprunter la couleur;

2°. Une main semble ouvrir un robinet, l'autre ayant la forme d'un verre reçoit le liquide, puis le porte à la bouche comme pour le boire;

3°. On porte à la bouche la main arrondie en forme de verre, ensuite on représente l'ivresse.

*Cheval.* — 1°. Les deux mains, placées de chaque côté de la tête, se remuent d'arrière en avant pour imiter le mouvement de ses oreilles ;

2°. On lève un pied par-derrière, ensuite on figure l'action de donner dessus quelques coups de marteau;

3°. On représente le galop, par le moyen des deux mains, qui se portent à plusieurs reprises rapidement en avant.

*Chien.* — 1°. On se frappe plusieurs fois sur la cuisse avec la main, comme quand on l'appelle ou qu'on le caresse;

2°. On porte la main en avant, en faisant glisser le pouce sur les autres doigts, comme quand on lui donne quelque chose, et en imitant le mouvement de nos lèvres quand nous l'appelons;

3°. On remue les mâchoires pour imiter l'aboiement.

*Lait.* — 1°. Une main prend l'index de l'autre, ensuite elle la lâche après un léger effort;

2°. Les deux mains représentent l'action de traire;

3°. On représente l'action de boire une liqueur douce, et ensuite celle de donner de l'argent.

*Soleil.* — 1°. La main se porte au-dessus des deux yeux, comme quand on veut les garantir d'une lumière trop vive.

2°. Une main se dirige vers le ciel, et décrit un petit cercle, ensuite on affecte d'être ébloui.

3°. La main se dirige vers le ciel, et l'on regarde dans la même direction, les yeux à demi fermés.

*Lune.* — 1°. Le bord intérieur de la main descend depuis le front jusqu'au menton, ensuite l'index décrit un cercle autour du visage.

2°. La main, dirigée vers le ciel, décrit un petit cercle, ensuite la tête se penche de côté sur la main en fermant les yeux.

3°. La main se dirige vers le ciel, ensuite on tâtonne en fermant les yeux.

*Nuit.* — 1°. Les deux mains se croisent en passant devant les yeux.

2°. Semblable à la dernière partie du signe précédent, n°. 2.

3°. Semblable à la dernière partie du signe précédent, n°. 3.

*Noir.* — 1°. On passe le doigt sur le sourcil.

2°. On montre un objet noir.

3°. *Idem.*

*Rouge.* — 1°. On touche avec le doigt la lèvre inférieure.

1.

2°. On montre un objet rouge.

3°. *Idem.*

*Chaud.*— 1°. On reçoit l'haleine dans le creux de la main.

2°. On remue la main, comme quand on se brûle.

3°. *Idem.*

*Froid.* — 1°. On dirige le souffle sur la pointe des doigts réunis par leur extrémité.

2°. On grelotte.

3°. *Idem.*

*Miroir.* — 1°. On a l'air de se mirer dans une main.

2°. *Idem.*

3°. *Idem.*

*Penser.* — 1°. L'index exécute sur le milieu du front plusieurs petits cercles.

2°. et 3°. On n'ajoute aucun signe de la main à celui de la physionomie.

*Aimer.* — 1°. La main droite presse doucement l'endroit du cœur.

2°. et 3°. Même observation qu'au signe précédent.

*Actions.* — 1°. Chacune a son signe qui n'en est qu'une sorte de répétition.

2°. et 3°. Mêmes signes, mais moins exacts.

*Homme.* — 1°. Les deux mains ouvertes en demi-cercle descendent parallèlement et symétriquement le long des côtés.

2°. et 3°. Les deux sourds-muets articulent le mot *papa*, qu'ils donnent à tous les hommes.

Nous rapporterons ici un exemple curieux que nous trouvons dans Arnemann, *Kleine Beobachtungen über Taubstümme;* Berlin, 1799 (I Th., page 92); c'est

le seul que nous ayons pu rencontrer dans tous les ouvrages publiés sur l'éducation des sourds-muets, où se
trouvent reproduits les signes mimiques que ceux-ci instituent livrés à eux-mêmes. Arnemann avait eu successivement six élèves, et voici les signes employés par eux
pour trois expressions. « Première expression : Pour
« désigner l'*abeille*, Carle fait le signe de miel ; Jean-
« Carle - Vilh., celui de la cire qu'elle nous procure ;
« Jean-Carle-Frédéric Volsfram la désigne par la piqûre ;
« Carle-Ferdinand de S., au contraire, porte la main
« derrière l'oreille gauche, parce que cet insecte l'a une
« fois piqué à cet endroit. Pour indiquer le *Dimanche*,
« l'un tient les mains hautes ; le second les joint, le troi-
« sième tient les deux mains étendues l'une contre l'autre,
« et fait comme s'il lisait dans un livre, en remuant les
« lèvres ; le quatrième fait le signe d'une perruque ronde,
« d'une soutane et d'un collet ; le cinquième indique les
« ornemens pontificaux ; le sixième tient le chapeau de-
« vant le visage, et montre ainsi, comme l'appelle chaque
« garçon, la *mélodie du pater*, etc. Moi-même j'ai autant
« de signes différens que j'ai d'élèves : Carle me désigne
« par un emplâtre au cou, que j'avais lorsqu'il vint à l'In-
« stitution ; Frédéric, en ôtant le chapeau ; Ferdinand,
« par ma taille ; Wilhelm, par l'enseignement ; Hannchen,
« en appuyant la main gauche sur la hanche, attitude
« qui ne m'est pas propre du tout, que cependant, peut-
« être, j'ai tenue une fois à mon insu ; Valchen, en descen-
« dant l'index de la main droite le long du nez, sans doute
« parce que je n'ai pas un nez camus, mais un nez droit. »

Terminons par quelques exemples des signes que les

sourds-muets inventent entre eux, sans que le maître concoure à cette invention, c'est-à-dire que les sourds-muets nouvellement arrivés dans l'Institution de Paris, reçoivent de leurs compagnons d'infortune, comme tradition qu'ils conservent, et qu'ils ne tiennent pas de leurs maîtres.

A la naissance de l'établissement, les jeunes sourds-muets, à peine réunis, ont fait un échange mutuel de leurs signes; leur langage s'est enrichi du tribut de chacun; ils l'ont étendu entre eux, et les nouveaux signes ont été inventés sans le concours des maîtres; dans la suite, les nouveaux élèves, en entrant dans l'établissement, ont adopté le langage de leurs devanciers, et l'ont augmenté encore; aujourd'hui les sourds-muets recueillent ces signes, comme un héritage qui se transmet de génération en génération, pour le communiquer, à leur tour, à ceux qui viendront après eux; l'on ne peut donc plus observer, comme à l'origine de l'art, comment ils facilitent entre eux les moyens de communication, comment ils étendent leur langage, puisqu'ils en adoptent un tout fait; cependant, il est certain qu'il existe dans la maison une tradition de signes, qui est de l'invention des sourds-muets; ils en inventent même encore tous les jours, entre eux, qu'ils ne doivent pas aux leçons de leurs maîtres; c'est de ces signes que nous allons donner quelques exemples :

*Craie.* — L'index droit se tourne entre l'index et le médius qui le pressent.

*Bois.* — L'on fait semblant de scier du bois, et l'on fait le signe de feu, en imitant, par le mouvement des doigts des deux mains, la mobilité de la flamme.

*Copeau.* — Les deux mains concaves, les doigts réunis par le bout, se touchent par le bout des doigts et s'éloignent l'une de l'autre, comme si elles séparaient des copeaux.

*Charpente.* — Les deux mains étendues représentent une toiture, et imitent la jointure des pièces, en mettant le bout du médius droit entre l'index et le médius gauches, l'annulaire droit entre le médius et l'annulaire gauches, etc.

*Canne.* — La main droite, comme si elle tenait une canne, imite le mouvement qu'on exécute.

*Parapluie.* — Les deux mains semblent tenir un parapluie; puis la main droite fait le signe de la pluie, et se porte rapidement en dehors, la paume étant renversée, comme pour éloigner la pluie.

*Chaîne.* — L'index et le pouce de la droite forment, avec l'index et le pouce de la gauche, deux anneaux de chaîne qui se tiennent.

*Épingle.* — L'index de la droite, représentant une épingle, semble se piquer dans la manche du bras gauche.

*Étui.* — La main droite, les doigts collés, entoure l'index de la gauche, et imite l'action d'ouvrir un étui.

*Drap.* — Les deux mains se lèvent, comme pour prendre une pièce de drap, puis semblent le tâter pour en connaître la qualité.

*Chandelle.* — L'index droit se porte à la bouche qui souffle dessus, et imite l'action de descendre et de lever rapidement une chandelle qu'on vient d'éteindre, pour la rallumer.

*Chenet.* — Signe de fer, puis celui de lion (1), qui se fait en portant avec force les deux mains devant soi, la droite en avant de la gauche, les doigts en forme de griffes.

*Serviette.* — Les deux mains tenant la serviette semblent essuyer la bouche.

*Assiette.* — Signe de dur, signe de rond.

*Moutarde.* — Signe de jaune; la main droite, les doigts réunis par le bout, tourne autour de la bouche, comme pour marquer les picotemens de la moutarde.

*Oseille.* — L'index et le médius de la main droite, collés l'un contre l'autre, frottent les dents.     •

*Asperge.* — L'index de la main droite semble se tourner dans de la sauce, puis il se porte à la bouche et glisse entre les deux lèvres.

*Eau-de-vie.* — L'index de la droite gratte la gorge, pour indiquer les picotemens de cette liqueur spiritueuse.

*Jardin du Roi.* — Signe de jardin, et signe d'oiseau, en portant l'index droit à l'index gauche, comme lorsqu'on veut exciter un oiseau à ouvrir le bec. (2)

*Bouc.* — La main droite descend depuis le menton pour indiquer la barbe; puis, l'index et le médius écartés en forme de cornes, elle se porte au front.

*Loup.* — La main droite concave, avec les doigts un peu évasés vers la bouche, s'éloigne de la figure en réunissant les doigts en pointe, pour représenter le museau de cet animal.

---

(1) Du particulier au général; les élèves ont vu des chenets représentant des lions : c'est une particularité qui leur a servi de regard, de rappel.

(2) De la partie au tout.

Les deux mains, dans une position horizontale, l'index et le médius collés l'un contre l'autre, se portent tantôt à gauche, tantôt à droite ; la tête et tout le corps suit ce mouvement, pour imiter l'allure du loup.

*Éléphant.* — Le bras droit se porte en bas, en décrivant une spirale, et imite la trompe de l'éléphant, lorsqu'elle prend du foin, et le porte à la bouche.

*Prison.* — Signe de maison ; les deux poings se mettent en croix l'un au-dessus de l'autre, comme lorsqu'on a les mains liées ; les sourds-muets se bornent même à ce dernier signe.

*Bicêtre.* — La main droite, les doigts courbés, gratte le revers de la gauche étendue verticalement, les doigts à droite.

*Vernis.* — La main droite, les doigts réunis, se porte au nez, et de là au cœur, pour marquer que cette odeur soulève le cœur.

1, 2, 3, etc., *sous.* — On lève 1, 2, 3, etc., doigts, et on les courbe rapidement et à plusieurs reprises ; le poignet exécute un léger mouvement de rotation.

1, 2, 3 *louis.* — On lève 1, 2, 3 doigts, puis l'index et le pouce touchent le bout de l'oreille, en signe d'or.

*Serré.* — Les deux mains fermées se pressent l'une contre l'autre ; les coudes pressent les flancs ; la physionomie exprime la gêne.

*Seul.* — La main droite fermée, avec le pouce levé, se porte avec force de gauche à droite pour attirer l'attention.

*Égal.* — Les deux index se collent l'un contre l'autre.

*Différent.* — Les deux index, collés l'un contre l'autre, se séparent promptement.

*Malade.* — L'index et le médius de la main droite,

collés l'un contre l'autre, frappent à plusieurs reprises le pouls, pour marquer la fièvre; la figure exprime la langueur.

*Désobéissant.* — Le coude du bras droit se soulève rapidement, comme pour résister à une personne qui vous prend par le bras.

*En colère.* — La main droite ouverte, avec les doigts écartés, en crochets et tournés contre le cœur, exécute rapidement, et à plusieurs reprises, un mouvement de bas en haut, près du cœur, comme pour marquer le sang qui s'agite.

*Dur* (qui conçoit difficilement). — L'index se porte au front; puis, le second osselet du médius droit frappe sur un os de la main gauche.

*Faux.* — L'index droit passe transversalement devant la bouche.

*Jaloux.* — L'index droit se met entre les dents incisives; la physionomie exprime l'envie.

*Malin.* — L'index droit se porte au front, en y appliquant son extrémité, et tourne sur lui-même : les sourcils se contractent; les yeux demi-fermés expriment la malice.

*Prompt.* — La main droite courbée, avec les doigts collés, passe rapidement, et à plusieurs reprises, sous le menton.

*Neuf.* — La main droite s'élève rapidement derrière la gauche étendue verticalement, les doigts tournés à droite.

*Délicieux.* — Les doigts de la main droite passent devant la bouche, en remuant; la langue semble les lécher; puis la main se porte rapidement en l'air.

*Orgueilleux.* — La main droite, avec les doigts écartés, la paume en dehors, se lève le long du cœur; en même temps la tête se lève avec fierté.

*Gagner.* — La main droite ouverte se porte en avant, comme pour prendre quelque chose, se ferme et revient par une courbe, comme pour se mettre dans le gousset.

*Perdre.* — Les deux mains, fermées à la hauteur de la poitrine, se jettent en avant, en bas, en s'ouvrant.

*Acheter.* — La main droite donne de l'argent, tandis que la gauche se ferme, comme pour prendre quelque chose, et se retire.

*Vendre.* — Les deux mains, élevées à la hauteur de la tête, s'agitent comme font les marchands qui, tenant un mouchoir par les deux coins, le secouent pour attirer le public.

*Conduire.* — La main droite fermée, se porte horizontalement de droite en avant, comme si elle conduisait quelqu'un par le bras.

*Prêter.* — Les mains fermées, se portent alternativement en avant et en arrière.

*Avertir.* — La main droite touche plusieurs fois l'avant-bras gauche.

*Rester.* — Le pouce droit s'appuie transversalement sur le pouce gauche.

*Sortir.* — La main gauche étendue est dans une position verticale, la paume en dedans; la main droite, étendue aussi, s'applique contre la paume de la gauche; les doigts paraissent en dessous.

*Partir.* — Comme le précédent; mais le mouvement de la main droite est plus fort.

*S'enfuir.* — Comme celui de sortir ; mais la main s'applique, à plusieurs reprises, et avec vivacité ; la tête est tournée à droite, comme si elle regardait quelqu'un qui serait derrière elle ; la physionomie exprime la crainte.

*Finir.* — La main droite étendue, avec le revers en dehors, dans un plan vertical, se porte rapidement de haut en bas, derrière la main gauche, étendue aussi et dans une position semblable, les doigts dirigés seulement en sens contraire.

*Obéir.* — Les deux mains ouvertes, avec la paume en haut, les doigts étendus, se portent en avant en descendant ; en même temps le corps suit ce mouvement, et la tête s'incline.

*Oublier.* — La main droite étendue passe sur le front ; la physionomie exprime le vague.

*Se tromper.* — La main fermée, à l'exception du pouce et du petit doigt, se porte rapidement sous le nez, et la tête se porte en arrière.

*Se moquer.* — Les deux mains ouvertes, avec la paume en haut, les doigts écartés, l'une devant l'autre, se portent, à plusieurs reprises, en avant, en baissant. La physionomie exprime le dédain.

*Avoir honte.* — La main droite frotte la joue droite avec le revers, la tête est inclinée, et les yeux se baissent ; la physionomie exprime la confusion.

*Etre convaincu, de manière à ne plus avoir rien à répondre.* — La main droite, les doigts collés et courbés, à l'exception du pouce, qui est écarté des autres doigts, le revers en dehors, se porte avec force, de haut en bas, le long de la poitrine ; la bouche est à demi entr'ouverte ; la physionomie reste immobile d'étonnement.

*Etre surpris.* — La main droite s'applique à plat sur le bas de la poitrine; le corps se penche en avant, et la physionomie est la même que pour le signe précédent.

*Cela ne me regarde pas.* — Les deux mains, le revers en dehors, les doigts collés et tournés en bas, touchant la poitrine par le bout, s'en éloignent rapidement, en élevant le bas des mains, et en écartant les doigts, comme pour repousser quelque chose; les épaules se haussent légèrement; la physionomie exprime l'insouciance.

Lorsqu'un sourd-muet en tourmente un autre, qu'il s'acharne contre lui, et en dit du mal, celui-ci, en s'en plaignant au maître, ne manque jamais de lui faire ce signe : il dirige l'index vers celui dont il se plaint, puis il porte rapidement et à plusieurs reprises la main contre sa poitrine; ce signe répond, à peu près, à ces mots : *Il est toujours à ma poursuite, il me tourmente, il ne veut pas me laisser tranquille.*

*Pour témoigner du dégoût pour quelque chose.* — La bouche à demi ouverte; la langue, appuyée sur la lèvre inférieure, exprime la fadeur; en même temps, la main droite ouverte, les doigts écartés, le revers en dehors, porte l'index sous la lèvre inférieure, et de là se jette en avant, comme si on jetait de la salive sur quelque chose.

*Vous portez-vous bien ?* — La main droite tâte le pouls; puis elle s'applique sur la bouche, et s'en éloigne en baissant; la physionomie exprime le doute; les yeux regardent la personne à qui l'on s'adresse, comme pour attendre sa réponse.

*Nous deux ensemble.* — La main droite fermée, excepté le pouce et l'index, qui sont fortement écartés, dirige l'index vers la personne à qui l'on s'adresse, puis le pouce contre la poitrine de la personne qui parle; puis les deux pouces levés se collent l'un contre l'autre, et se portent en avant sur un plan horizontal.

*Pour peindre l'immobilité de quelqu'un.* — L'index s'applique verticalement sur la bouche entr'ouverte, la tête étant immobile.

*Pas encore.* — La main droite fermée, frappe à plusieurs reprises avec le pouce sur le menton.

Lorsqu'un élève est puni ou qu'il lui arrive quelque autre malheur, et qu'un de ses camarades se réjouit de ce qui lui est arrivé, ce dernier imite l'action de jouer du violon; ce signe répond à peu près à notre expression *c'est bien fait.*

Un élève voit-il un de ses camarades s'efforçant en vain de soulever un poids, ou de faire quelque autre chose, ou témoignant seulement l'intention de faire quelque chose au-dessus de ses forces, il lui fait le signe suivant : Il porte rapidement l'index à travers la bouche de droite à gauche, ce qui signifie : *Tu n'y peux rien.*

*Il n'y en a plus.* — La main gauche étendue est dans une position horizontale; la main droite étendue, à une certaine distance au-dessus de la gauche, le revers en haut, descend jusqu'à sur la gauche.

Nous verrons plus tard, dans la seconde Partie de cet ouvrage, comment ce premier langage mimique, entièrement institué par les sourds-muets eux-mêmes, ce langage naïf, irréfléchi, suggéré par les inspirations de la nature, d'abord divergent, puis ramené à des signes communs par une convention tacite, prend un caractère nouveau, lorsque, par la coopération réfléchie des instituteurs et des sourds-muets, il devient, dans l'enseignement, un langage artificiel et systématique, et, dans quelques parties, presque entièrement conventionnel et arbitraire.

## NOTE C, *page* 92.

*Sur la capacité qu'ont les sourds-muets, de discerner le bien et le mal, avant d'avoir reçu l'usage de nos langues.*

Est-il possible qu'un sourd-muet d'un âge mûr, traduit devant un tribunal pour avoir volé, ait été justifié sous le prétexte qu'à la privation de la parole est nécessairement liée une incapacité absolue de discerner le bien et le mal? Est-il possible qu'un avocat distingué par ses lumières et ses talens ait cru pouvoir soutenir une thèse semblable? qu'il ait trouvé, dans les systèmes d'un philosophe, une autorité sur laquelle il ait pu fonder un tel système de défense? qu'un tribunal entier l'ait accueilli? que cela se soit passé de nos jours et dans une ville qui renferme de nombreux sourds-muets, et un Institut où l'on peut observer toute l'histoire morale et intellectuelle de ces infortunés?

Lorsqu'une erreur aussi grave dans l'intérêt de l'humanité, de la philosophie, et nous ne craignons pas de le dire, dans l'intérêt de la morale elle-même, se trouve encore produite, accueillie, accréditée de nos jours, il est utile, pour la détruire sans retour, d'y opposer des faits authentiques. Il suffirait, sans doute, d'inviter ceux

qui, du fond de leur cabinet, ou du sein de leurs spéculations abstraites, portent contre les sourds-muets, ou
plutôt contre la nature humaine, cette terrible sentence,
en refusant au sourd-muet le sentiment moral, en faisant
dépendre ce sentiment de l'emploi des signes artificiels ;
de les inviter, dis-je, à observer par eux-mêmes quelques
uns de ces infortunés qu'ils condamnent sans les avoir
vus. Mais nous appellerons ici en témoignage des sourds-
muets eux-mêmes ; leurs récits ingénus et naïfs seront
lus avec intérêt ; on verra même avec une juste curiosité
l'histoire du développement moral et intellectuel qu'ils
avaient obtenu avant tout enseignement ; phénomène
entièrement nouveau et inconnu jusqu'à ce jour, si nous
ne nous trompons. Une jeune sourde-muette de Rennes,
instruite par le sourd-muet Saboureux, de Fontenay,
élève de Pereire, a rendu compte elle-même de sa propre
histoire, dans une lettre écrite à M. Le Bouvyer Desmortiers, le 26 janvier 1799 (1). Voici comment elle
s'exprime :

« Avant d'être instruite, c'est-à-dire avant de savoir
« lire, ma tante et ma gouvernante me disaient, par
« signes, à six ans, que le roi du ciel était plus beau et
« plus grand que le roi de la terre que je voyais ; que
« celui du ciel était éternel, et qu'il ne meurt jamais ;
« qu'il était seul maître et créateur du ciel, de la terre
« et du monde, et qu'il s'appelait *Dieu*. Je le respectais
« et l'aimais. Elles me disaient aussi que, si j'étais mé-

(1) *Mémoire ou Considérations sur les Sourds-Muets de naissance;*
par M. Le Bouvyer Desmortiers. Paris, an VIII. In-8°, page 216.

« chante, j'irais au feu qui ne s'éteindra jamais; je le
« croyais et le craignais. Quand je mentais, on me disait
« que c'était un grand mal, et que Dieu serait fâché
« contre moi; je m'affligeais : j'évitai depuis le men-
« songe. Quand on me corrigeait une fois, je ne com-
« mettais plus la même faute, par la crainte d'aller en
« en enfer, et de fâcher Dieu et ma tante.

   « Quant à la question que vous me faites, sur la vue
« du ciel et sur la parole, je pensais, dans le principe,
« c'est-à-dire dans ma plus grande enfance, que le soleil
« était un être supérieur aux autres, et que la lune était
« une femme souveraine : c'était la logique de mes sens.
« Je n'avais d'autre idée de la parole, que parce que je
« voyais que les autres s'entendaient entre eux, qu'ils
« n'avaient pas besoin de signes, et par là je conçus
« qu'ils jouissaient d'une faculté que je n'avais pas....

   « Oui, tout ce qui est nouveau et beau me cause de
« l'admiration, ainsi que des sentimens de plaisir et de
« joie. J'ai de l'amour pour la vertû. J'ai toujours aimé
« la beauté des divertissemens, promenades, plaisirs et
« jeux dès mon enfance, quoique sourde. J'aime beau-
« coup mes parens, comme le reste des enfans....

   « Quand on me disait, par signes, de garder un secret,
« je le comprenais, et je le gardais; et que le soleil était
« du feu, cela m'étonnait, et je le croyais. Quand je
« voyais quelque chose, je réfléchissais, et je jugeais. Je
« pensais que l'Être Suprême était grand et puissant, et
« qu'il faisait bien toutes sortes de choses, et j'admirais
« cela. Je disais que j'avais envie de le voir; on me ré-
« pondait, par signes, qu'il faudrait mourir pour le voir.
« J'allai plusieurs fois à Versailles, je voyais le Roi et la

« puissance qui l'environnait. On n'eut pas de peine à
« me faire concevoir que l'Être qui est au-dessus de nous
« était encore bien plus grand. Un signe me faisait en-
« tendre que le premier mourrait, et l'autre non : de là,
« l'idée de la Divinité.

« Je n'ai eu d'abord d'autre idée de la mort et de l'im-
« mortalité, que par la vue de différens animaux que je
« voyais périr. On me fit entendre, par signes, que Dieu
« n'éprouvait jamais cet état. De là, successivement on
« m'apprit que mon âme jouissait du même privilége,
« et qu'il resterait quelque chose de moi après ma mort.
« Le signe d'être jeté au feu quand j'avais mal fait, ce
« que je connaissais au visage de ceux qui me soignaient,
« me donna l'idée du juste et de l'injuste. Je n'aimais
« jamais le mal, ni à faire tort. Avant de savoir cela, on
« me demandait si je voulais voir tuer un animal, je
« criais que non. Je pleurais quand je voyais par hasard
« tuer un oiseau, et un chien mort. A cinq ou six ans,
« quand on battait un enfant, et quand on grondait ma
« tante, je l'empêchais avec des cris et vivacité.

« Lorsque je voyais, avant cinq ans, passer les hommes
« enchaînés, j'en étais émue de compassion. Je deman-
« dais à ma bonne : pourquoi cela? elle me répondait
« que c'était qu'ils volaient de l'argent, et qu'on allait
« les pendre. Cela me faisait bien de l'impression. On
« voulait me mener les voir pendre ; je répondais vive-
« ment que non, que je n'aimais point à voir mourir mes
« semblables. Je sentais que cela leur ferait du mal ;
« cela me faisait de la peine. Je blâmais une fille qui
« suivait les voleurs pour les voir supplicier. J'ai eu une
« idée que c'était une cruauté et l'effet d'un mauvais

« cœur; j'en ai eu aussi une, de la dureté, pour tout ce
« qui n'est pas tendre, ni sensible, ni mou; de la sévé-
« rité, pour tout ce qui n'est pas bon, ni doux; et du dan-
« ger, quand je voyais un chat noyé et un homme blessé
« dans un fossé. Je craignais et n'aimais point la mort.
« J'ai eu souvent des idées; il me serait difficile de vous
« en faire un détail. Elles étaient plusieurs fois bonnes
« et justes. Je retiens et vois mieux que les autres, à ce
« qu'on m'a assuré; j'ose vous le dire. Je racontais à ma
« tante ce que je voyais aux promenades et dans les
« maisons. Quand on me disait que j'étais méchante et
« entêtée, cela me donnait de la honte, et je me ca-
« chais. Je rougissais des sottises qu'on me disait. Je
« comprenais et devinais souvent ce qu'on pensait, dé-
« sirait, disait et voulait dire. Je m'impatientais quand
« je voyais qu'on se moquait de moi, et qu'on me trom-
« pait. Je ne croyais pas, depuis, toujours à ce qu'on me
« disait; je m'en défiais. Je n'aimais pas qu'on me flattât
« pour me tromper. Je suis née sensible, vive et douée
« de sentiment, quoique sourde de naissance. Par-
« don, etc. »

Dans une autre lettre, la même sourde-muette traite
plus directement encore le point qui nous occupe en ce
moment :

« Vous me surprenez, monsieur, écrit-elle à M. Le Bou-
« vyer Desmortiers (1), en me disant que je répondais, dans

---

(1) Lettre du 14 floréal an VII. — *Mémoire ou Considérations, etc.*,
page 241.

I.

9

« mes lettres, victorieusement et sans le savoir, au repro-
« che de l'abbé Sicard aux sourds-muets, de naître sans
« vertu ; je l'ai fait sans y penser. Je suis charmée que
« cela soit fait, puisque cela détruit les opinions, les
« jugemens injustes des hommes contre ces infortunés.
« Ils les croient sans vertus, ni sentimens ; ils se trom-
« pent. Je vais vous citer un paysan sourd-muet et une
« paysanne dénuée de deux sens comme lui, qui ne sa-
« vent point lire. L'un est âgé d'environ trente ans et
« l'autre de dix-neuf : ils n'ont jamais eu d'instruction ;
« mais ils se font parfaitement entendre par leur intelli-
« gence naturelle. Ils prient Dieu avec l'air dévot et re-
« cueilli. J'ai vu le premier dans notre paroisse et non
« pas l'autre. On vient de me parler de cette dernière :
« on m'a dit que soir et matin elle ne manque jamais de
« se mettre à genoux, et qu'elle a la plus grande atten-
« tion à ne pas se distraire. L'on peut juger que, dans ces
« démonstrations d'adoration, elle suit ce qu'elle voit
« faire à ceux avec qui elle est ; mais l'on a toujours re-
« marqué, lorsqu'elle voyait ses semblables approcher
« de la sainte table, que jamais elle n'en a suivi l'exem-
« ple : on m'a assuré qu'elle est fort intelligente. »

Le sourd-muet Desloges, dans l'opuscule déjà cité,
assure « qu'il ne se passe aucun événement à Paris, en
« France et dans les quatre parties du monde, qui ne
« fasse la matière des entretiens habituels des sourds-
« muets avec lesquels il est en relation, quoiqu'ils
« n'aient jamais eu d'instituteurs. Nous nous exprimons,
« dit-il, sur tous les sujets avec autant d'ordre, de pré-
« cision et de célérité, que si nous jouissions de la faculté

« de parler et d'entendre. » (*Observations d'un Sourd-Muet*, page 15.)

Parmi le grand nombre de faits authentiques parfaitement conformes, que nous pourrions citer ici, je me bornerai à en rapporter quelques uns que j'ai recueillis et constatés personnellement, dont deux sont pris parmi les sourds-muets arrivés à une instruction complète et se retraçant leurs propres souvenirs ; un autre, parmi les sourds-muets n'ayant reçu absolument aucune instruction, lesquels sont capables cependant, comme nous l'avons dit, de manifester leurs sentimens intérieurs par leur pantomime et surtout par leurs actions et l'expression de leur physionomie.

Dans un entretien avec le jeune et intéressant Lenoir, élève de notre Institution, et aujourd'hui l'un de nos répétiteurs sourds-muets, je l'engageai à descendre en lui-même pour chercher à se rappeler de ce qui se passait en lui avant l'époque à laquelle son éducation commença. Je lui adressai ensuite en détail diverses questions auxquelles il répondit en ces termes : « Qu'il « éprouvait, dès-lors, de la jouissance, quand il avait pu « faire du bien à quelqu'un, spécialement quand il avait « donné quelques secours aux pauvres, parce que c'était « une chose qui plaisait à ses parens ; qu'il savait distin- « guer le *tien* du *mien*, et qu'il sentait qu'il ne fallait « rien enlever à autrui ; qu'il sentait également que « c'était un devoir d'obéir à ses parens, et une faute de « mentir. » Il ajouta en terminant : « Nous portons tous la « loi naturelle en naissant ; cela suffit pour prouver que « je sentais bien le mal et le bien ; mais l'éducation m'a « encore perfectionné. » Sur quelques autres notions morales, Lenoir me répondit : « Je ne me le rappelle « que confusément. » Il avait neuf ans et demi quand il entra dans notre Institution pour y recevoir l'éducation; c'est, pour le sourd-muet, un âge encore bien peu avancé, relativement au développement intellectuel et moral.

Le sourd-muet Berthier, jeune homme plein de talent, et aujourd'hui l'un des répétiteurs de notre Institution, ayant commencé, à l'âge de huit ans et demi, à recevoir l'instruction, n'avait pas encore les idées formées sur l'*existence du moral* : ce sont ses expressions. « Mais il avait, dit-il, un sentiment au moins confus de « la propriété. Un sourd-muet sans éducation ne peut « pas ignorer qu'il ne faut pas ravir à autrui ce qui lui « appartient. Les sourds-muets ont un profond mépris « pour celui qui vole. »

Un jeune sourd-muet, nouvellement admis dans notre Institution, et qu'on a été sur le point d'en renvoyer, parce qu'il semblait frappé d'idiotisme et incapable de recevoir l'instruction, a cependant montré dernièrement un sentiment très vif du *tien* et du *mien*, quand son professeur (M. Valade) l'a soumis, sous ce rapport, à quelques épreuves.

J'ai eu occasion d'observer dernièrement un jeune sourd-muet, âgé de seize ans, né dans un village, de simples paysans, qui n'a jamais quitté le lieu de sa naissance, qui n'a reçu d'autres instructions que celles qu'ont pu lui transmettre ses parens, et qu'il a recueillies dans le commerce de ses frères et sœurs, ou de quelques autres enfans de son âge. Ce jeune homme s'est créé une pantomime à l'aide de laquelle il communique habituelle-

ment avec sa famille, et s'exprime sur tout ce qui intéresse ses besoins; il a le sentiment de ses devoirs; il
avertit même ses camarades, quand il leur voit faire
une faute; il comprend surtout fort bien le respect qui
est dû à la propriété; il connaît les affections, et juge
quand on est fâché contre lui; il a quelques idées religieuses, bien obscures, bien vagues, bien imparfaites sans doute; mais enfin, il prie en levant les mains
au ciel; il assiste avec empressement et recueillement
aux cérémonies du culte : l'exemple de ses parens lui a
servi d'enseignement; il apprend de son père la profession
de fabricant de bas au métier, et travaille déjà assez bien.

Ce n'est donc pas sans une extrême surprise qu'on
voit l'abbé Sicard appeler le sourd-muet de naissance
encore privé d'instruction, *un être parfaitement nul dans
la société, un automate vivant, une statue telle que la présentent Bonnet et Condillac;* déclarer que ce malheureux
est *borné aux seuls mouvemens physiques; qu'aucune idée
qui lui soit propre ne peut s'arrêter dans son esprit, et
qu'aucune idée étrangère ne peut arriver jusqu'à lui; qu'il
est seul dans la nature, sans aucun exercice possible de
ses facultés intellectuelles qui demeurent sans action et
sans vie, et finissent par s'éteindre en lui, à moins qu'une
main bienfaisante ne parvienne à le retirer de ce sommeil
de mort;* le mettre enfin non seulement *au-dessous du
sauvage,* mais aller jusqu'à voir en lui *une sorte de machine ambulante dans l'organisation, quant aux effets,
et inférieur à celle des animaux.* (1)

_____

(1) *Cours d'instruction d'un Sourd-Muet de naissance.* — Introduction, pages x et xij.

Mais plus tard, l'estimable instituteur s'est honoré, en rétractant une erreur aussi étonnante. (*Théorie des Signes*. Avertissement, page 67.)

Nous devons ajouter toutefois que quelques écrivains étrangers ont plus ou moins partagé les exagérations de l'abbé Sicard. Mais, il est digne de remarque, qu'il n'est pas un seul d'entre eux qui ait cité un fait à l'appui de son opinion, que tous se sont bornés à exprimer leur opinion elle-même; que tous ont pu être plus ou moins entraînés par la même cause qui avait dominé l'abbé Sicard, je veux dire, par la haute idée qu'ils avaient conçue du bienfait de l'enseignement donné aux sourds-muets, ce qui les a conduits à rabaisser, au-delà de toute mesure, la condition de ces infortunés, pour donner au bienfait la plus grande valeur. Ce n'est pas dans l'école où il entre, qu'on peut étudier le sourd-muet tel qu'il était jusqu'alors. C'est auprès de sa famille, au sein de ses habitudes, qu'il faut le voir, le suivre; c'est là seulement qu'il se découvre par ses actions, bien plus que par ses discours, et c'est encore une des causes qui a pu tromper sur leur compte plus d'un instituteur.

César, dans une introduction à l'ouvrage allemand de Raphel et de Petschke, dont nous parlerons dans la seconde partie (page 20); Eschke, dans Arnemann (*Observations sur les sourds-muets*, en allemand, pag. 36, 95, 98, 150); Arrowsmith (*The art of instr.*, etc., page 32), refusent plus ou moins au sourd-muet le discernement du bien et du mal moral, et leur opinion a malheureusement trop influé sur l'auteur de la savante dissertation inaugurale que nous avons déjà citée. (*Voyez* ci-devant, note A, à la suite du chapitre I^er, page 31.)

Il importe, au reste, de bien remarquer que le développement moral, comme le développement intellectuel, est beaucoup plus lent chez le sourd-muet laissé à lui-même, et sans instruction, que chez l'enfant ordinaire; que ce développement est encore plus lent et plus imparfait chez le sourd-muet placé dans des conditions défavorables, c'est-à-dire dans une famille appartenant aux conditions inférieures, laquelle possède elle-même peu d'instruction, et ne peut donner que peu de soins à cet infortuné. Il n'est donc pas étonnant que les sourds-muets appartenant à ces conditions, admis de bonne heure dans des instituts, n'aient paru avoir que des notions très confuses du bien et du mal. Il faut remarquer enfin que l'infirmité dont sont atteints les sourds-muets est souvent accompagnée d'un idiotisme plus ou moins prononcé.

La sentence contre laquelle nous protestons de toutes nos forces, au nom de l'expérience, au nom de la morale, au nom de l'humanité, est cette sentence absolue qui refuse le sentiment moral au sourd-muet, même à l'âge de l'adolescence et de la jeunesse, par cela seul qu'il est privé de la parole et du secours des langues artificielles.

# CHAPITRE V.

*Point de départ, dans l'éducation du sourd-muet.*

Ce qui importe avant tout, quand il s'agit de s'engager dans une carrière, et de tracer une route, c'est de marquer avec soin, et le point de départ, et le but auquel il s'agit d'atteindre.

Les observations renfermées dans le chapitre précédent nous laisseront peu à dire sur le premier de ces deux objets.

Dans tout enseignement, il est un point de départ fort essentiel, et qui détermine non seulement le succès, mais la possibilité même de la transmission de l'instruction; c'est le rapport de communication qui existe entre le maître et son élève : car tout dépend des moyens qu'ils ont de s'entendre entre eux.

Il ne suffit même pas, comme on le croit quelquefois, que le maître se fasse entendre de son élève; il faut aussi que son élève puisse être entendu de lui.

Un Français qui veut apprendre la langue anglaise, s'adresse à un maître qui possède à la fois la connaissance méthodique des deux langues. La langue française, déjà connue de tous deux, lui sert de moyen de communication, et il n'est plus question que de traduire.

Mais, que deux individus, l'un Français, l'autre Anglais, qui ne savent chacun que leur langue maternelle, se trouvent en présence : ils cherchent en vain un interprète ; comment pourront-ils converser entre eux ? comment l'un des deux parviendra-t-il à apprendre la langue de l'autre ? lequel des deux sera le maître ou le disciple ? sur quelle base établiront-ils leurs rapports ?

La même question se présenterait pour un voyageur errant seul dans un pays étranger dont il ignore la langue. Sans doute, avant tout, il désirerait obtenir cette connaissance. Mais, pour l'acquérir, il lui faut déjà un moyen de comprendre et d'être compris.

Cette situation et la nécessité qu'elle impose, nous présente déjà quelque analogie avec la position respective dans laquelle se trouvent l'élève sourd-muet, et celui qui entreprend de l'instruire. Ce dernier est comme le représentant de la société au sein de laquelle se trouverait jeté le voyageur étranger dont nous venons de parler.

Ces situations auront quelque ressemblance et quelque différence : elles ne présenteront pas les mêmes facilités à ceux qui s'y trouvent placés. Le sourd-muet aura des avantages et des désavantages, relativement au voyageur.

Qu'est-ce que s'entendre ? C'est avoir la même

idée, dans la même expression. Ainsi tout moyen de communication suppose une double condition : l'identité des signes, et celle des idées. Le sourd-muet et son instituteur ont un avantage marqué sous l'une de ces deux conditions, et un grand désavantage sous l'autre.

Le Français et l'Anglais, dans l'hypothèse que nous formions tout à l'heure, n'auraient guère qu'une seule ressource pour entrer en relation ; la nature l'indique, elle s'offre d'elle-même : c'est la pantomime : les accens de la voix sont sans valeur pour eux ; il ne leur reste que les gestes : les gestes seuls aussi viennent au secours du voyageur de notre dernier exemple. Mais elle serait pauvre et bornée pour les uns et les autres, peu exercés à l'employer ; du moins seraient-ils obligés de faire une première étude pour lui donner les développemens dont elle serait susceptible. Cependant, si c'étaient des acteurs dramatiques, ils s'entendraient beaucoup plus rapidement ; leur langue commune serait plus riche.

Voilà le truchement cherché, le truchement nécessaire, le seul truchement possible.

Tel est aussi l'interprète naturel qui vient au secours du sourd-muet et de l'instituteur. L'instituteur, il est vrai, est peut-être encore aussi peu familier avec la pantomime que notre Anglais, ou notre Français, ou notre voyageur. Mais le sourd-muet, du moins, fera les frais ; l'instituteur suivra

rapidement les indications de son élève; en peu de
temps ils auront une langue commune, beaucoup
plus étendue, sans comparaison, que celle dont les
précédens pourraient faire usage. Voilà l'avantage
dont jouit le sourd-muet, et qu'il s'agit de lui conserver.

La pantomime remplira donc, entre le sourd-
muet et son instituteur, à peu près le même office
que remplissait la langue française dans les leçons
du maître d'anglais de notre premier exemple, avec
cette grande différence, que les deux langues française et anglaise ont entre elles une étroite analogie, laquelle n'existe aucunement entre la pantomime du sourd-muet et la langue artificielle qu'il
s'agit de lui enseigner.

De là résulte un premier principe aussi évident
que simple : c'est que « toute méthode d'enseigne-
« ment pour les sourds-muets doit commencer
« par emprunter aux sourds-muets eux-mêmes la
« pantomime qu'ils se sont formée, dans toute l'é-
« tendue qu'elle peut avoir acquise, pour servir de
« lien de communication entre le maître et l'élève. »

Je dis « dans toute l'étendue qu'elle peut avoir
« acquise »; car, plus cet idiome commun aura, en
effet, d'étendue, plus la transmission de l'instruction, qui doit avoir lieu avec son secours, sera
rapide et facile.

Ainsi, l'instituteur commencera à se constituer
élève, et son habileté à s'emparer de l'instrument

que son élève lui présente, sera son premier talent.

Mais en continuant à comparer leur situation avec celles des autres exemples, une différence essentielle se manifeste, et ici notre sourd-muet et son instituteur vont perdre tous leurs avantages.

Reportons-nous à la seconde condition de toute communication : de même que pour communiquer et s'entendre, il ne suffit pas d'avoir les mêmes idées en commun, si on n'a aussi les mêmes signes pour les exprimer; il ne suffit pas non plus, pour s'entendre, d'avoir les mêmes signes en commun, si on n'a encore des idées semblables dans l'esprit. La mesure de l'utilité du moyen de communication réciproque est donc tout ensemble dans l'étendue de la double provision et d'idées, et de signes, que possèdent à la fois, et en commun, les deux interlocuteurs qui cherchent à s'entretenir.

Le Français et l'Anglais de notre second exemple, quoiqu'ils n'aient presque aucun signe commun, ont tous deux un système d'idées à peu près semblable, à peu près également développé. Quoique la langue maternelle de chacun d'eux soit inconnue à l'autre, toutes deux ont une étroite analogie; toutes deux ont servi à former et à fixer dans l'esprit de l'un et de l'autre des ordres d'idées qui se correspondent.

Il en est de même du voyageur jeté dans un pays étranger : quelle que soit la diversité des mœurs, il trouvera toujours une langue artificielle construite sur un plan plus ou moins semblable à sa langue maternelle, et un certain système d'idées plus ou moins étendu, déterminé en partie par les conditions de cette langue artificielle, en partie par l'état de la civilisation de la société où il se trouve jeté.

L'avantage qui résulte de cette communauté de la provision des idées, consiste en ce que, dès qu'on a trouvé un premier moyen de s'entendre, on parvient rapidement à avoir une langue commune, à l'aide des conventions qui s'établissent. Les idées sont là toutes prêtes, des deux côtés à la fois, qui attendent leurs noms, et n'ont plus à les recevoir que d'un seul des interlocuteurs.

Bien différente serait la position de ces interlocuteurs, même en possession des noms, si les idées qu'il s'agit d'en revêtir, manquaient à l'un d'entre eux.

Or, telle est précisément la position du sourd-muet en présence de son maître. Les idées qu'ils ont en commun sont en petit nombre, et ne se présentent pas d'ailleurs à tous deux sous le même aspect.

Le point de départ, sous ce rapport, est donc beaucoup plus reculé.

Sans doute il y a encore des différences immenses entre les individus qui, doués de l'audition, appartenant aux nations civilisées, parlent les langues artificielles, entre l'ignorant et le savant. Mais encore l'ignorant et le savant, en possession d'une même langue maternelle, ont en commun à peu près les idées exprimées par la portion de cette langue qu'ils parlent tous deux. Or, cette commune provision qui leur reste, surpasse à son tour, dans un degré peut-être égal, celle qui est commune au sourd-muet et à son instituteur, lorsqu'ils se rencontrent pour la première fois.

De là un second principe : C'est que « l'institu- « teur du sourd-muet doit reconnaître et déter- « miner avec soin jusqu'où s'étendent les idées de « son élève, sous quel aspect elles s'offrent à celui-ci, « pour y trouver la seconde des conditions essen- « tielles sur lesquelles reposent ses communications « avec lui; il doit en reconnaître l'étendue, pour « s'y appuyer; la limite, pour ne pas la dépasser. » Heureusement, le langage mimique est si vrai, si ingénu, si transparent (qu'on nous permette cette expression), qu'il sera facile à l'instituteur de découvrir ce territoire : il lui suffira de provoquer son élève à s'exprimer, et de l'observer avec attention, pour bien entrer dans sa pensée; ici encore, il jouera donc le rôle d'auditeur plus encore que celui de maître.

Le maître d'anglais qui enseigne la langue anglaise à un Français, donne seulement à celui-ci des noms anglais, pour les imposer à des idées que ce dernier possède déjà sous des expressions françaises.

L'instituteur du sourd-muet procédera de même pour toutes les idées que le sourd-muet peut déjà avoir acquises; il lui enseignera à leur imposer nos noms, à traduire ainsi, en notre langue, les mots de son langage mimique; mais, au-delà de ces confins, il faudra que l'instituteur du sourd-muet fasse plus : il faudra que, en offrant le nom de l'idée nouvelle, il suggère cette idée elle-même au sourd-muet qui ne la possède point encore, ou plutôt qu'il le conduise à la concevoir.

Ainsi, le point de départ n'est plus le même; les moyens de communication, sous le second rapport, n'ont plus la même étendue.

Cependant, ne nous effrayons point trop de ce désavantage; il a ses limites, il peut avoir ses compensations : c'est ce qui nous reste à montrer, et nous allons considérer, en le montrant, ce qu'il y a de plus important dans les fondemens de l'art d'instruire les sourds-muets. Que dis-je? peut-être dans les deux observations qui vont suivre, bien saisies et convenablement méditées, se trouve renfermé tout le secret de cet art, sinon tel qu'il existe aujourd'hui, du moins tel qu'il peut et doit être quelque jour.

Si le sourd-muet n'a pas en commun avec nous la même provision d'idées, il a du moins en commun avec nous les mêmes matériaux pour former cette provision.

Ces matériaux sont en partie extérieurs, en partie intérieurs. La première espèce comprend la scène de l'univers sensible; la seconde, celle de ce monde caché dont notre âme est le théâtre. Le sourd-muet est placé en présence du même univers; il est doué de la même intelligence; il éprouve les mêmes passions que nous; il peut observer, comme nous, cette double scène.

De là un troisième principe fondamental de l'art: « il faut s'emparer des matériaux que le sourd-muet «possède en commun avec nous, pour l'aider à con- «struire un système d'idée semblable au nôtre, tel «que celui qui est représenté dans nos langues »; c'est-à-dire, en d'autres termes, qu'ici l'instituteur doit moins enseigner lui-même, que faire agir son élève. Car, il s'agira de lui faire observer les phénomènes au-dehors et au-dedans de lui-même, et de le faire ensuite réfléchir sur les idées qu'il s'en sera faites : disons mieux : il faudra lui faire continuer méthodiquement ces observations et ces réflexions qu'il a déjà commencées de lui-même, mais qu'il a seulement ébauchées au hasard.

Ainsi les idées naîtront d'elles-mêmes, dans leur ordre successif et naturel, à mesure que les mots de la langue se présenteront pour les fixer, les représenter, les enregistrer, et nous offrirons les signes au sourd-muet au moment où l'idée qu'ils doivent exprimer sera prête à éclore.

Il est évident que, si l'ordre de génération de nos idées était bien déterminé et bien connu, ce travail s'exécuterait suivant des lois très précises et toutes naturelles. Le sourd-muet et son instituteur ressembleraient à deux individus qui auraient en commun une somme d'argent renfermée dans un sac, et dont l'un voudrait enseigner à l'autre à compter : tirant la somme du sac, le premier inviterait l'autre à en former des piles, à les distribuer et à les combiner, pour en former des sommes nouvelles.

Aussitôt que, à l'aide du langâge commun de la pantomime, et de la provision d'idées primitivement commune entre le sourd-muet et son instituteur, celui-là a commencé à provoquer de la part de celui-ci une nouvelle observation, et à revêtir d'un nom l'idée qui en est résultée, cette idée et ce nom entrent dans le réservoir où ils puisent tous deux des moyens de communication réciproque, et ce réservoir s'enrichit ainsi progressivement.

Toutes nos idées ne se composent que de deux sortes d'élémens : 1°. les observations que nous avons faites sur la double scène du monde extérieur et de la conscience intime, observations converties en images dans les souvenirs; 2°. ensuite, les opérations que nous avons faites sur ces mêmes images.

Or, les instrumens qui servent à exécuter ces opérations sont de deux sortes : les uns intérieurs, invisibles, appartiennent entièrement à notre esprit; ce sont ses facultés : les autres sont ex-

I.

térieurs et matériels ; ce sont les signes artificiels (1). Les sourds-muets ont été, comme nous,
dotés des premiers par la nature; nous serons en
mesure de leur fournir les seconds, au fur et à
mesure de leurs besoins.

Cependant, voici une différence essentielle
entre la situation où se trouvent réciproquement
le sourd-muet et son instituteur, et celle de nos
précédens exemples. Les signes artificiels de nos
langues, employés aux opérations de l'esprit, sont
empruntés à la parole. Comment les remplacer
pour les sourds-muets? Une observation très simple nous l'enseigne; mais ce qui nous est le plus
familier est souvent ce que nous voyons le moins
bien.

Les mots articulés, qui forment nos langues
parlées, n'ont par eux-mêmes aucune connexion
naturelle et nécessaire avec les idées qu'ils expriment; ils ne tiennent leurs valeurs, que de nos
conventions. De même que tel mot anglais, allemand, russe, arabe, est aussi propre à représenter une idée déterminée que le mot français;
de même que ce mot français a pu tout aussi bien
désigner une autre idée, et que souvent, en effet,
un même mot français, tel que *son,* par exemple,
désigne même à la·fois des choses fort diffé-

(1) Dans les chapitres VIII et IX ci-après, nous verrons
plus en détail en quoi consiste cette fonction des signes.

rentes ; de même aussi des signes qui appartien-
draient à tout autre sens qu'à celui de l'ouïe, peuvent être également revêtus des fonctions que nous
avons attribuées aux paroles articulées, pourvu
que les mêmes fonctions soient en effet attribuées
à ces signes par des conventions semblables.

Il importe, il est vrai, de donner au sourd-
muet un système de signes qui lui serve également
pour le commerce habituel et général avec les autres hommes, et par conséquent de le mettre en
possession de nos langues. Mais les termes de nos
langues peuvent être figurés, dessinés, tout aussi
bien qu'ils sont prononcés. Ne reçoivent-ils pas
en effet un corps matériel dans l'écriture ? Le
sourd-muet jouit, ainsi que nous, de l'organe de la
vue, de la disposition de ses mains ; il possède
même, comme nous, l'organe vocal, quoiqu'il ne
sache pas en user. Voilà donc encore une dernière
et précieuse ressource qui lui reste : nous avons
une matière suffisante pour lui transmettre le mécanisme de nos langues artificielles. De là le quatrième et dernier principe fondamental : « L'in-
« stituteur du sourd-muet offrira aux yeux de
« son élève, la langue que l'instituteur ordinaire
« fait entendre à l'oreille du sien ; il lui mon-
« trera notre langue sous la forme visible, et, sous
« cette forme, il lui enseignera à associer direc-
« tement ses termes aux idées qui leur corres-
« pondent. »

Avec les quatre moyens énoncés dans les quatre principes que nous venons d'établir, que manquerait-il à l'instituteur du sourd-muet et à son élève, pour donner à leurs communications réciproques toute l'étendue qu'ils pourront désirer?

Mais nous sommes tellement maîtrisés par nos habitudes, surtout lorsque leur origine se perd dans le premier âge de l'enfance, que nous avons la plus grande peine à nous figurer que les choses puissent avoir lieu d'une manière différente de celle à laquelle nous sommes accoutumés par notre propre expérience. Et si, enfin, nous parvenons à triompher de ce préjugé, alors, tombant dans un excès contraire, nous sommes portés à supposer que tout diffère dans une condition différente; nous sommes désorientés; nous ne savons plus retrouver les analogies que nous fournirait notre propre expérience acquise. De là deux écarts commis tour à tour par les instituteurs de sourds-muets qui ont, ou trop désespéré du succès de quelques méthodes, peut-être même du succès de l'enseignement, ou trop compliqué ses ressorts.

# CHAPITRE VI.

## *Du but qu'on doit se proposer, dans l'éducation du sourd-muet.*

C'est à dessein que nous employons ici le terme d'*éducation du sourd-muet*, de préférence à celui d'*instruction* : nous ne rappellerons point tout ce qu'ont déjà dit des esprits sages, pour montrer la nécessité de ne point séparer l'instruction proprement dite, de l'ensemble de l'éducation; cette vérité fondamentale est aujourd'hui reconnue, du moins en théorie, si son application est trop négligée dans la plupart des établissemens. Mais nous croyons devoir faire remarquer que cette importante maxime s'applique d'une manière toute spéciale au sourd-muet; car cet infortuné n'a pas été seulement privé de connaissances positives, il a manqué des secours nécessaires pour former son caractère et cultiver son entendement; c'est la vie morale tout entière qui est en lui demeurée assoupie; c'est son âme, en un mot, qui invoque et attend de favorables influences pour entrer en possession des dons que lui a destinés la bonté divine.

L'éducation comprend à la fois la culture des facultés morales, et celle des facultés intellectuelles. Ces deux ordres de culture, ét ɔitement liés, réagissent constamment l'un sur l'autre. L'instruction elle-même est, à son tour, une partie de l'éducation; elle profite à la fois de l'amélioration du caractère et du développement de l'esprit; elle contribue à tous les deux.

Tel est, je le crois, le véritable point de vue dans lequel nous devons nous placer pour déterminer le but auquel doivent se diriger nos vœux, nos pensées, nos efforts, dans les soins que le sourd-muet attend de nous. C'est de là que ce but nous apparaît dans toute son élévation, dans toute sa grandeur.

Sans doute, il s'agit de remplacer pour lui un instrument dont il a été privé. Mais cet instrument, comme l'annonce assez l'expression elle-même, n'est qu'un moyen. Cet instrument n'a de prix qu'à raison de l'ouvrage pour lequel il était nécessaire, et le prix est immense, parce que cet ouvrage consiste à remettre un homme en possession de toute la dignité de la nature humaine.

Ainsi, en lui restituant l'instrument, il faut le restituer propre à servir dans ce dessein; il faut, ou accomplir l'œuvre, ou en assurer l'accomplissement.

L'instrument qu'il s'agit de remplacer, la parole, avait un double office, servait de deux manières au but que nous venons de signaler:

D'une part, comme moyen universel et constant de communication avec les hommes, la parole servait à former, à entretenir les relations de la vie sociale, et à faire ainsi recueillir par l'individu tous les bienfaits qui en découlent;

D'un autre côté, comme moyen matériel et ordinaire des langues artificielles et systématiques, elle servait à l'individu, considéré même d'une manière isolée, pour l'aider à concevoir, à enregistrer ses propres idées, à exercer intérieurement les puissances de son intelligence.

Ne pouvant rendre la parole au sourd-muet, il faut la remplacer par un autre instrument qui remplisse à la fois aussi cette double condition au plus haut degré possible.

Sans doute, un instrument qui remplirait parfaitement la première des deux conditions ne pourrait guère manquer de rendre la seconde au moins possible, et de la conduire jusqu'à un certain degré; car on ne peut trouver un moyen complet de communication avec les autres hommes, que dans l'usage des langues généralement admises avec le système de combinaisons duquel résulte cette première éducation intellectuelle dont nous sommes redevables à leur emploi habituel. Cependant, nous aurons occasion de voir que les différentes espèces de moyens matériels auxquelles on peut recourir pour l'usage des langues, ne prêtent pas la même faveur aux opérations de l'entendement. Ainsi, la première condition pourrait se trouver entièrement remplie, lorsque la seconde ne le serait qu'imparfaitement.

Mais, d'un autre côté, on conçoit que la seconde condition pourrait se trouver accomplie, sans que la première le fût aucunement. Alors, il serait possible, facile même, d'instituer un autre système de signes, aussi parfait, plus parfait même que celui de nos langues, système qui serait à l'usage exclusif du sourd-muet, ou qui, du moins, serait réservé au commerce spécial qui s'établit entre son instituteur, ses parens et lui. En second lieu, on conçoit aussi qu'il serait facile et possible de le faire jouir du système de nos langues, par un moyen matériel qui suffirait à l'emploi individuel qu'il en voudrait faire, mais qui ne pourrait servir à des communications générales et constantes avec ses semblables.

Cependant un système de signes solitaires, quelque parfait qu'il soit en lui-même, ne peut remplir encore que d'une manière incomplète l'office essentiel par lequel nos langues concourent à l'éducation des facultés morales et intellectuelles de l'homme. Car la vie sociale est, dans les desseins de la Providence, indispensable pour leur entier développement. C'est dans le sein de la vie sociale que l'homme apprendra à connaître les affections et toute l'étendue de ses devoirs; c'est là qu'il entrera en participation de l'expérience commune et des traditions; c'est là qu'il trouvera les stimulans et les exemples. Les méditations de la solitude, si favorables aux études relevées, si fécondes

en découvertes, n'obtiennent ce privilége que lorsque l'homme a déjà reçu, du commerce de ses semblables, un premier degré de culture. C'est dans la
société qu'a pris sa racine cette plante qui, sous sa
forme originale, paraît s'en détacher, le génie; c'est
sur le sol de la société qu'elle vient éclore.

Au premier et grand principe exposé au commencement de ce chapitre viennent donc s'en
joindre deux autres, qui n'en sont que les corollaires, qu'on peut réduire en ces termes :

« Il s'agit de mettre le sourd-muet en possession
« de la langue usitée dans son pays, de telle sorte
« 1°. que le sourd-muet trouve, dans l'instrument
« qui lui sera donné, le moyen d'obtenir la cul-
« ture intellectuelle qui lui manque, au plus haut
« degré possible ; 2°. que cet instrument lui four-
« nisse aussi le moyen de communication le plus
« général et le plus constant avec ses semblables.

« D'où il suit que, en le mettant en possession de
« la langue usuelle de son pays, il faut aussi lui
« prêter, pour opérer avec cette langue, le moyen
« matériel qui est lui-même de l'emploi le plus
« universel et le plus familier. »

Déjà nous apercevons qu'il y a deux parties ou
deux degrés dans l'art qui va nous occuper.

Il est en effet deux instrumens divers dont le
sourd-muet attend le présent de nous :

L'un est l'instrument matériel employé pour la
forme de la langue;

L'autre est la langue elle-même.

Il y a donc deux ordres de travaux différens :

L'un, en quelque sorte mécanique, qui, cependant, peut offrir de grandes difficultés, donner lieu à un grand mérite d'invention et d'exécution, qui consiste à choisir, à trouver ou à créer, dans les autres organes de l'homme, quelque fonction à l'aide de laquelle les mots de nos langues puissent devenir sensibles et perceptibles aux sourds-muets, sous une forme différente de celle de la parole, et puissent aussi être répétés et produits par eux, sous une forme susceptible d'être perçue des autres hommes dans le commerce ordinaire de la vie ;

L'autre, en quelque sorte philosophique, qui consiste à donner l'intelligence de ces mêmes mots de la langue, sous la forme matérielle qu'ils auront reçue, de manière à ce qu'ils prêtent leur office au sourd-muet, soit pour toutes les opérations de l'esprit, soit pour l'entière traduction de la pensée.

Ce sont en quelque sorte deux arts distincts, subordonnés l'un à l'autre.

Déjà nous apercevons encore comment la carrière qui s'ouvre à l'instituteur des sourds-muets peut, dès l'origine, se partager en deux branches, suivant que l'instituteur se livrera plus spécialement, ou même exclusivement, à l'un ou l'autre de ces deux arts.

Le premier des deux a cela de particulier, qu'il
peut, sous un rapport, se suffire à lui-même, ou
du moins que le maître qui en fait le principal objet
de ses soins peut s'arrêter après y avoir satisfait,
si l'instrument matériel de communication qu'il a
rendu au sourd-muet est tel qu'il puisse procurer
à celui-ci un commerce général et habituel avec
ses semblables ; car alors le sourd-muet pourra se
livrer à ce commerce pour y obtenir, par l'usage
seul, comme l'enfant ordinaire, la connaissance de
la langue.

Le second, au contraire, présuppose nécessairement le premier. Mais l'instituteur, qui fait du
second son objet principal, peut adopter, pour
l'instrument matériel, un moyen qui soit exempt
de difficultés, et qui n'exige pas d'industrie particulière.

Arrêtons-nous un instant sur chacun de ces
deux élémens, ou de ces deux degrés de l'art.

En méditant sur le choix des moyens matériels
qui peuvent servir à rendre au sourd-muet les mots
de nos langues, sous une forme sensible et percep-
tible pour lui, on voit d'abord s'offrir naturellement l'écriture, moyen déjà institué et admis dans
le commerce de la société. Cet instrument est même
le seul qui reste en commun au sourd-muet et à
ceux qui entendent, parmi ceux qui sont déjà en
pratique. Il a l'avantage de ne demander à l'élève
aucun effort difficile ; au maître, aucune création,

aucune industrie. Dès que l'élève aura pu être mis en état de lire couramment les livres, il trouvera, dans l'exercice de la lecture, une sorte de communication qui remplacera à quelques égards, pour lui, le commerce journalier de la vie sociale; il y verra s'ouvrir une carrière d'instruction sans bornes : cet exercice suppléera, et au temps considérable qu'il a déjà perdu, avant de commencer son éducation, et à l'insuffisance des entretiens qu'il peut former avec ses semblables. La lecture lui tiendra lieu en quelque sorte de la conversation; ce sera une conversation plus méthodique et plus savante.

Mais l'écriture et la lecture, moyens de communication avec les absens et avec ceux qui ne sont plus, se prêtent mal aux entretiens familiers qui, en chaque lieu, à chaque instant, doivent s'établir rapidement entre les hommes. Il est donc à désirer aussi que le sourd-muet, indépendamment de cet instrument principal, obtienne le secours de ceux que l'art pourra lui créer pour prendre une part plus active à ces entretiens.

De là deux nouvelles maximes que nous pouvons joindre aux précédentes, pour déterminer le but que nous devons nous proposer :

« Ce but sera déjà en grande partie atteint, si le « sourd-muet est mis en état d'écrire et de suivre « couramment la lecture dans les livres.

« Toutefois il conviendra de créer aussi, pour le

« sourd-muet, quelque autre instrument qui soit
« d'un usage plus rapide et plus facile pour les
« relations ordinaires de la vie. »

En dirigeant ensuite nos méditations sur le second élément, sur le degré le plus relevé de l'art,
nous voyons se découvrir devant nous un horizon
sans bornes. Il s'agit d'introduire le sourd-muet
dans la connaissance de la langue elle-même, et,
par là, de le mettre en possession de l'héritage des
richesses intellectuelles.

La carrière qui se présente ici peut aussi se diviser en deux parties successives, si, comme dans
l'éducation ordinaire, l'élève est d'abord simplement admis à une connaissance pratique, obtenue
par l'usage, pour être ensuite initié à un enseignement méthodique et réfléchi.

Mais ces deux enseignemens peuvent aussi se
trouver à la fois réunis, ou par choix ou par nécessité.

Quelle que soit celle de ces deux marches que l'instituteur ait choisie, l'enseignement comprendra
nécessairement deux branches distinctes, quoique
parallèles : l'une logique, l'autre grammaticale;
l'une qui aura pour objet l'intelligence des valeurs
du discours, l'autre qui embrassera les règles de
la grammaire.

L'une et l'autre de ces deux branches se sous-
diviseront encore en deux autres :

La première comprendra l'intelligence de la nomenclature, et celle des jugemens exprimés par les propositions;

La seconde comprendra ce qui concerne les élémens du discours, et la syntaxe.

Tels sont les quatre objets que devra remplir la seconde partie de l'art, et le but sera atteint lorsqu'il y aura été satisfait de telle manière que ces connaissances soient transmises avec célérité, avec netteté, avec exactitude; que leur acquisition puisse être durable, et leur application facile et sûre.

Un grand nombre de méthodes s'offrent ici au choix de l'instituteur : elles peuvent être perfectionnées; il peut en être institué de nouvelles : il s'agira de discerner celles qui seront les plus capables de conduire au but. Mais, en discutant leur mérite, une observation fondamentale, trop peu connue ou trop négligée du moins, réclame toute notre attention, et nous ramène aux considérations qui commencent ce chapitre.

L'influence des méthodes d'enseignement ne se borne pas à faciliter et compléter plus ou moins l'acquisition des connaissances, elle agit aussi d'une manière indirecte, mais puissante, sur le développement des facultés de l'intelligence elle-même; elle en féconde, elle en contrarie quelquefois la culture; elle fortifie ou relâche le ressort de l'attention; elle éveille ou assoupit l'activité propre de la réflexion; elle étend ou restreint la portée de l'esprit; elle favorise ou paralyse le génie des combinaisons. Car l'emploi de toute méthode est un exercice, et tout exercice, suivant qu'il est dirigé, peut-être plus ou moins salutaire.

Cette considération acquiert, dans l'éducation du sourd-muet, d'autant plus d'importance, que son instituteur, le trouvant dans l'état d'une extrême indigence intellectuelle, ne pouvant, dans le peu de temps qui lui est accordé, transmettre à cet élève que des germes de connaissances, doit tendre surtout à le mettre en mesure d'apprendre ensuite par lui-même, et à lui donner plus encore des capacités qu'une instruction toute faite.

Enfin, cette éducation intellectuelle devra être soutenue de tous les secours d'une bonne éducation morale, qui développera, en la réglant, l'énergie de l'âme, qui secondera les opérations de l'étude par le sentiment et la pratique des devoirs, par les mobiles des affections louables, et par toutes les utiles habitudes de l'ordre.

Remarquons, au reste, qu'il y a, dans l'éducation des sourds-muets, un but absolu, universel, commun à tous, et un but spécial relatif à la situation particulière de chacun, aux circonstances dans lesquelles il est placé.

Il est, pour chacun des élèves sourds-muets, une première destination commune, celle qui est assignée à tous les hommes. Elle comprend surtout les belles prérogatives de notre nature, les affections de l'âme, de la raison, la conscience, le

culte religieux, et les nobles espérances qui s'y
rattachent. De là, aussi, une première éducation qui
doit être commune, égale, pour tous : celle qui doit
les mettre en possession de ce noble patrimoine de
l'humanité. Il n'est aucun sourd-muet auquel cette
première éducation ne soit indispensable. Nous ne
craindrons pas de le dire, c'est même un devoir,
un devoir sacré pour les gouvernemens, que de procurer, ou par eux-mêmes, ou d'une manière indirecte; mais de procurer, d'une manière quelconque, cette première assistance aux infortunés en
faveur desquels la religion, la morale, l'intérêt
public, la sollicitent à la fois. L'administration publique qui veille et procure à tous les citoyens les
subsistances, la salubrité, la sécurité, les premiers
bienfaits de l'instruction, pourrait-elle laisser avec
indifférence tant de milliers d'individus exclus en
quelque sorte des premiers fruits de la vie sociale,
des premières conditions de l'humanité ?

Il est ensuite une destination spéciale, déterminée par la condition sociale à laquelle le sourd-
muet appartient, et par la profession qui l'attend.
C'est ici qu'on doit se demander à laquelle les
deux fonctions du langage, celle qui sert au commerce social, celle qui sert au développement
intellectuel de l'individu, il conviendra d'accorder, pour chaque élève, une plus haute importance.
C'est ici qu'on doit se demander encore si
l'élève n'a besoin que d'obtenir l'emploi usuel de

la langue, ou s'il est nécessaire qu'il soit admis à l'enseignement classique de ses règles.

C'est ici, enfin, qu'on doit examiner quelle étendue il convient de donner à ses connaissances acquises. S'il est appelé à vivre dans la classe des simples ouvriers, on pourra se contenter de lui faire apprendre sa langue, comme l'apprennent seulement, par l'usage, les enfans du peuple; il deviendra inutile de se mettre en frais d'un enseignement compliqué qui lui déroberait beaucoup de temps, sans lui être d'aucune utilité par la suite, à moins qu'il n'annonce des talens extraordinaires dont la culture bien entendue le rendrait propre à une carrière plus distinguée. Il conviendra également, alors, de s'attacher de préférence à faire trouver à l'élève, dans sa langue maternelle, un moyen facile et prompt de commerce avec les autres hommes. Il en sera tout autrement pour les élèves des conditions aisées, qui auront le loisir et les moyens de cultiver les hautes études, et qui seront appelés à en faire l'application.

Par un motif semblable, il y aurait lieu peut-être à examiner si l'éducation des filles sourdes-muettes ne doit pas différer, à quelques égards, de celle des sourds-muets.

La marche à suivre peut varier ensuite, selon qu'il s'agira pour le sourd-muet, ou de l'éducation individuelle, ou de l'éducation commune; et cette

I.

distinction est aussi d'une grande importance. Les mêmes procédés ne sont pas également applicables dans les deux cas. La marche à suivre se modifiera même, dans le premier cas, suivant que l'instituteur pourra ou se dévouer exclusivement à son élève, ou lui donner seulement quelques leçons détachées ; elle pourra aussi se modifier, dans le second cas, suivant que l'établissement public destiné aux sourds-muets les recevra à demeure comme pensionnaires, ou n'aura pour objet que de leur donner l'instruction comme externes.

Enfin, en s'occupant de l'éducation intellectuelle du sourd-muet, il ne faut pas oublier qu'il est destiné à remplir aussi, dans la société, une profession utile. Le choix de cette profession est soumis, pour cet infortuné, à des conditions toutes particulières, qui méritent d'être examinées. Il faut ensuite combiner les exercices nécessaires pour préparer le sourd-muet à la profession qu'il doit embrasser, avec ceux que demandent son éducation intellectuelle.

Terminons par une dernière considération qui nous est spécialement propre. Parmi les établissemens destinés à recevoir et à élever les sourds-muets, ceux qui sont appelés à servir d'établissement modèle ou d'école normale, prennent un rang à part; ce qui suffirait aux autres ne leur suffit point. Non seulement un institut normal doit donner à l'éducation du sourd-muet tout le développement dont elle est susceptible; mais il doit, par sa constitution et sa nature, tendre sans cesse à un perfectionnement progressif.

Cette considération fixe le point de vue sous lequel nous devons envisager cet art, dans le travail qui nous occupe. Toutefois, il sera bien d'indiquer aussi comment il pourrait se modifier, pour être rendu applicable à l'éducation privée et domestique, et comment il pourrait recevoir, à cet effet, une simplicité qui n'est pas sans quelque prix, et qui paraît lui manquer encore.

Maintenant que nous avons essayé de reconnaître le but auquel nous devons tendre, recherchons les conditions nécessaires pour y parvenir : examinons donc quelles sont ces grandes fonctions par lesquelles le langage contribue à la formation des idées, et à la culture des facultés intellectuelles; comment ces fonctions peuvent se développer à l'aide d'une bonne méthode d'enseignement pour les langues : examinons aussi les propriétés diverses de chaque espèce de langage, les secours qu'elle peut nous offrir pour l'éducation du sourd-muet, les difficultés ou les inconvéniens qui peuvent lui être propres, et pénétrons ainsi progressivement dans les diverses branches de l'art.

# CHAPITRE VII.

## Du langage en général ; du langage des animaux, et du langage humain.

Puisque l'infériorité à laquelle les sourds-muets restent soumis, comparativement aux autres hommes, provient de ce qu'ils sont privés du langage qui sert au commerce ordinaire des hommes, le problème qui a pour objet leur éducation ne saurait être bien résolu que par l'examen des questions fondamentales qui se rapportent aux propriétés des diverses espèces du langage.

Car il s'agit de savoir quel langage peut suppléer, pour les sourds-muets, celui dont ils sont privés ; jusqu'à quel point l'un peut en effet suppléer à l'autre, et quels sont les moyens de leur procurer celui qui est le plus propre à remplir cet objet.

Qu'on nous permette donc de jeter un coup d'œil rapide sur ces questions fondamentales.

Les animaux ont déjà une sorte de langage. Mais, en comparant ce langage à celui de l'homme, on se trouve placé dans le point de vue qui fait le mieux connaître l'immense supériorité de l'intelligence humaine, et qui fait découvrir aussi, de la

manière la plus manifeste, la limite qui sépare
l'homme des animaux.

L'extrême infériorité des animaux n'est pas seulement la suite inévitable de l'extrême imperfection de leur langage, langage qui à peine en mérite
le nom ; elle provient surtout de ce que les animaux manquent de la faculté essentielle qui est
nécessaire pour être admis à la participation du
langage véritable.

Cette faculté, à laquelle Locke a donné le nom
de *réflexion,* consiste dans la *conscience que l'âme
humaine a d'elle-même et de ses propres opérations ;* en sorte que, non seulement elle se rend
compte de ce qu'elle éprouve, mais elle se voit agir
elle-même dans les actes de la volonté ou de l'entendement ; et, si l'on nous permet cette expression, elle se *comprend* elle-même.

L'animal est affecté par les organes des sens ; il en
reçoit des impressions agréables et désagréables ;
il a le sentiment de ces impressions, les compare,
se décide en conséquence ; il en conserve le souvenir ; ces souvenirs se lient entre eux ; les associations
formées par les souvenirs passés lui composent une
sorte de prévoyance de l'avenir ; enfin, il est doué
d'un instinct qui le guide aveuglément, quoique
avec une admirable exactitude, en beaucoup de
choses : mais il est privé de la faculté de réflexion,
telle que nous venons de la définir ; il ne se *comprend* pas lui-même, et voilà pourquoi il ne peut

se gouverner; il se trouve privé aussi de raison; il demeure exclu de la région intellectuelle et morale; c'est pourquoi les animaux ne peuvent instituer un langage proprement dit, ni même participer à son emploi.

Il est une sorte de langage dont les animaux usent entre eux : il est, en partie, le résultat de l'instinct; en partie, celui de l'habitude; mais il se borne à une association mécanique d'un certain signe et d'une action faite ou à faire : de même qu'une certaine odeur, un certain son, est pour eux le signe d'un objet à rechercher ou à éviter; le cri ou le mouvement d'un autre animal leur rappelle ce qu'ils doivent faire, ou ce dont ils doivent se garantir. Mais ils ne se comprennent point les uns les autres; car chacun d'eux ne se comprend point lui-même; il ne peut pénétrer dans son semblable plus avant qu'il ne pénètre dans son propre intérieur. De même que les animaux ne se comprennent pas réciproquement, ils n'ont pas l'idée de se faire comprendre; ils ne peuvent se créer un art pour se faire mieux comprendre encore, ni par conséquent instituer un langage conventionnel.

Chez les animaux apprivoisés, la faculté d'imitation se développe; mais c'est une imitation entièrement aveugle. L'animal apprivoisé voit agir l'homme; placé dans la dépendance de l'homme, il observe sans relâche les mouvemens de celui qui pourvoit à ses besoins, et décide de sa destinée; il s'exerce à prévoir ce que lui annoncent ces mouvemens; cette prévoyance s'attache aux accens de la voix humaine, comme aux autres actions de son maître; tous ces signes précurseurs se lient mécaniquement, dans les souvenirs de l'animal, à l'effet qui les accompagne : l'homme les multiplie à dessein; il y trouve un moyen facile de commander à l'animal. L'homme *comprend* l'animal; il aperçoit le mobile qui détermine l'animal à agir; mais l'animal ne *comprend* pas l'homme : il voit les actions sans en pénétrer les motifs. Ainsi, dans ce commerce, c'est l'homme qui institue les signes; l'homme commande, l'animal ne fait qu'obéir.

Deux hommes, placés en présence l'un de l'autre, se *comprennent* bientôt *réciproquement*; car chacun d'eux se *comprend soi-même*. Or, la similitude de leurs actions fournit à chacun le moyen naturel d'appliquer à son semblable ce qu'il sait de lui-même. C'est comme un miroir dans lequel il se retrouve. *Comprendre* un autre, c'est juger de lui d'après soi. Nous croyons lire en autrui; mais nous lisons dans notre propre intérieur, et nous prêtons à autrui ce que nous penserions à sa place.

Dès-lors, le langage de l'homme a une tout autre valeur : car il devient une manifestation de la pensée; dès-lors aussi, le langage de l'homme est susceptible d'acquérir un tout autre développement; car celui qui remarque qu'il a *compris* son semblable, et qui sait qu'il en a été *compris*, à son tour, se créera un art pour se faire toujours mieux *comprendre*.

Cette observation nous donne la clef de tous les phénomènes qui se rapportent à l'institution et à l'emploi du langage : elle nous explique comment deux ou plusieurs hommes qui n'auraient point encore de langage artificiel, parviendraient à s'en composer un, et comment un homme admis dans une société où il existe déjà un langage artificiel commun, parvient à s'y faire initier ; car ces deux résultats appartiennent au même principe.

Les actions, étant les conséquences et les effets de leurs motifs, deviennent naturellement, entre les hommes, les signes de ces motifs : elles composent ainsi, pour eux, un premier langage encore irréfléchi. Par exemple, la terreur s'exprime par la fuite ; le désir, par les bras qui s'étendent pour saisir, etc., etc. En voyant agir un autre animal, ou l'homme, l'animal ne peut que prévoir, en vertu des associations mécaniques qu'il s'est formées, ce qu'il peut espérer lui-même ou craindre des suites de cette action, et se diriger d'après cette indication ; mais, en voyant agir son semblable, l'homme pénètre les motifs de l'action, parce qu'il sait quels motifs la lui ont inspirée à lui-même, dans un cas analogue ; il reconnaît la terreur, le désir ; il les reconnaît chez son frère, tels qu'il les avait ressentis.

Il a *compris*, et cette découverte devient un motif nouveau qui lui suggère une nouvelle ac-

tion ; il défend celui qui est menacé, assiste celui
qui désire. Dans une situation analogue, il est également compris, protégé, aidé à son tour.

Or, il en est de ce second genre de motifs et
d'actions, comme du premier.

Par un second acte de la réflexion, l'homme qui
a *compris* son semblable se rend compte de la découverte qu'il a faite; *il voit qu'il a compris*; continuant à appliquer à son semblable les connaissances qu'il a de soi-même, il juge donc aussi qu'il
a été, à son tour, compris par son semblable. Il se
dira : *Je comprends et je suis compris.*

La découverte est consommée; les deux intelligences sont en rapport; l'homme ajoutera bientôt :
*Cherchons donc à nous faire comprendre encore.*
Ce vœu, ce dessein, seront partagés, seront réciproques; ils seront aussi mutuellement reconnus,
toujours en vertu du même principe : on sera d'accord pour les accomplir; et le langage, qui d'abord
était involontaire, deviendra réfléchi.

Laissons en présence l'un de l'autre, mettons
dans une dépendance réciproque pour leurs besoins, deux hommes qui viennent de faire les
observations, les réflexions que nous venons d'indiquer. Leur premier art consistera à répéter, avec
réflexion, les mêmes signes qui leur ont déjà procuré la découverte de leurs motifs réciproques.
Nous donnerons ici et nous réserverons à ces signes le titre de signes *naturels*, en ce sens qu'ils

n'étaient d'abord que l'*effet naturel* des motifs qu'ils ont servi à interpréter. C'est la première espèce de langage, langage énergique, mais très borné, et sujet à quelques méprises : car il peut arriver que l'action soit interprétée comme une action sérieuse et réelle, non comme un simple langage.

Mais, d'accord dans le besoin de se faire comprendre, nos deux interlocuteurs aperçoivent bientôt un moyen aussi simple que fécond : que l'image d'un objet, d'un événement quelconque, soit peinte, dessinée, imitée, avec une fidélité suffisante pour le retracer à la mémoire, chacun, à la vue de cette peinture, reconnaîtra et se rappellera l'original ; chacun jugera que son camarade fait le même rapprochement, jouit de la même reconnaissance ; voilà un moyen qui réveillera chez tous deux la même pensée à la fois ; tous deux s'entendent donc ; et, de même que l'individu pourrait employer cette peinture pour converser en quelque sorte avec lui-même, et pour fixer ses propres souvenirs, il l'emploiera vis-à-vis de son frère, pour réveiller les mêmes souvenirs chez celui-ci. Les voilà qui conversent entre eux. L'analogie les guide dans cette imitation plus ou moins imparfaite et rapide. Il suffit, puisqu'ils s'entendent, et qu'ils aperçoivent qu'ils se sont entendus ; tout ce dont ils disposent leur est bon pour cela. Voici donc un second langage : il est encore en partie fondé sur la nature, parce qu'il y a une ressemblance naturelle entre l'objet et le signe qui sert à le peindre, parce que la nature a suggéré l'idée de se prévaloir de cette ressemblance; mais il est aussi artificiel, institué, méthodique même : on l'appelle proprement *un langage d'analogie*.

On désire simplifier ces signes d'analogie, pour en rendre l'exécution plus facile et plus rapide. A mesure qu'on les réduit, on continue de s'entendre, à l'aide des habitudes contractées; peu à peu cependant, la réduction devient telle, que le caractère de l'analogie s'affaiblit, disparaît aux yeux de ceux qui ne seraient pas exercés par des habitudes semblables; les signes ne paraissent plus qu'arbitraires. C'est ce qui est arrivé, par exemple, aux hiéroglyphes, et même à plus d'un terme de nos langues articulées, en se transmettant de génération en génération.

Mais, rien n'empêche de convenir, en effet, de quelques signes entièrement arbitraires, si nos interlocuteurs les trouvent plus commodes et plus simples. Dès qu'ils communiqueront entre eux, ils établiront à cet égard tel pacte qui leur conviendra. Il leur suffira d'attacher ces signes nouveaux, ou bien aux objets qu'ils devront représenter, ou bien aux anciens signes naturels ou d'analogie qu'ils devront remplacer; ce sera le langage que nous appellons *arbitraire* ou *conventionnel*. Les signes de ce langage, qui, par eux-mêmes, n'avaient aucun

rapport direct avec les idées auxquelles on a jugé
à propos de les associer, leur seront unis par
l'habitude.

Ce langage conventionnel, on l'étendra ensuite,
selon son gré; on le soumettra à des formes; on
l'élaborera en mille manières; car il se prête à tout
ce qu'on lui demande. Telles sont nos langues.

Dans la création de ces langages successifs, nos
deux interlocuteurs mettent chacun leur part, et
coopèrent avec une égale émulation, avec d'égales
ressources.

Cette fiction, qui nous explique comment une
langue eût pu être instituée, nous explique comment, une fois instituée, elle peut se transmettre.

Mettons en présence, par exemple, un Français
et un Arabe, qui ne connaîtraient chacun de leur
côté que leur langue maternelle. Il ne servirait de
rien à l'un de savoir parfaitement l'arabe; à l'autre,
de parler le français avec autant de clarté que
d'élégance; car il n'est pas un mot de la langue
de l'un des deux interlocuteurs, qui ne soit complétement inintelligible pour l'autre. Où serait le
point de jonction dans lequel leurs deux intelligences viendraient pour la première fois se rencontrer, communiquer et s'entendre? Quel signe
aurait la même valeur pour tous deux? Il faudra
qu'ils recourent à des signes naturels, à des signes
d'analogie, pour se mettre en rapport. Cet idiome
primitif, par là même commun entre eux, leur

servira à fixer leurs conventions mutuelles; ils le traduiront ensuite en français ou en arabe, suivant que l'une ou l'autre de ces deux langues aura obtenu la préférence. Seulement ils procéderont avec beaucoup plus de célérité et d'habileté que les deux interlocuteurs de notre fiction, parce qu'ils ont déjà une abondante provision d'idées; parce que leurs facultés intellectuelles ont acquis un grand développement; parce que déjà ils ont, chacun dans leur pays, communiqué avec leurs concitoyens.

Il n'en est pas de même de l'enfant qui vient de naître, et de sa mère ou de sa nourrice. De ces deux interlocuteurs nouveaux, l'un, l'enfant au berceau, se trouve précisément dans le même cas que l'interlocuteur de notre première fiction; l'autre, la mère ou la nourrice, se trouve précisément dans le même cas que l'interlocuteur de notre seconde supposition (le Français ou l'Arabe).

C'est une troisième relation, inégale et mixte, qui tient à la fois des deux autres que nous venons d'exposer, mais qui va être également gouvernée par le même principe. Dans les mots que sa mère lui adresse, l'enfant ne voit d'abord qu'une action comme une autre, dont il ne saisit point les motifs. Il est des actions qui se font bien mieux comprendre à lui : le sourire, les caresses, le mouvement par lequel on éloigne de lui, ou par lequel on lui présente un objet. Sa réflexion s'exerce par tous

les degrés que nous avons décrits tout à l'heure ;
il faut, pour sa part, qu'à l'aide des lueurs qui
l'éclairent sur ses propres motifs, il pénètre graduellement dans les motifs de ceux qui s'adressent
à lui ; il ne concevra, de ce qui se passe en eux,
que ce qu'il connaît sur ce qui se passe en lui :
sa mère, sa nourrice se feront enfans avec lui et
pour lui, afin de se rendre intelligibles. Mais,
tandis que, dans les deux hypothèses précédentes,
les deux interlocuteurs marchaient de front, avan-
çaient ensemble, concouraient également à la création du langage, ici, l'un des deux interlocuteurs fera toutes les avances. La convention aura
encore lieu ; elle aura lieu sur la même base, mais
avec cette différence, que, des deux parties con-
tractantes, l'une, l'enfant, n'aura qu'à accepter
toujours la proposition faite ; l'autre, la mère,
proposera toujours le signe qui doit devenir commun : ce dernier interlocuteur n'aura pas la peine
de l'inventer, comme dans la première fiction ; il
n'aura qu'à le proposer tel qu'il l'a reçu. Les
choses marcheront beaucoup plus vite, sans doute,
que dans notre première fiction, mais beaucoup
moins vite que dans la seconde.

A la distinction fondamentale que nous venons
de rappeler entre les trois langages, naturel, d'analogie et conventionnel, distinction qui se réfère à
leur origine, il convient d'en joindre quelques
autres qui se rapportent, soit à l'opération intellec-

tuelle que l'esprit exécute en faisant usage des signes, soit au choix de la matière qui est employée, ou de l'instrument extérieur à l'aide duquel ce signe est exécuté.

Distinguons d'abord les signes *indicateurs* des signes de *rappels*. Les premiers s'adressent à la seule attention; les seconds s'adressent essentiellement à la mémoire : les premiers servent à faire remarquer et discerner les objets actuellement présens; les autres, à réveiller le souvenir des objets absens ou passés. Les premiers sont en très petit nombre; mais ils s'appliquent indifféremment à tous les objets : dans le langage d'action, ils consistent, par exemple, à montrer du doigt; dans nos langues, ils se bornent à peu près à ces mots : *voilà, voici, ceci, cela,* etc.; mais ils sont fixes, précis; ils servent d'introducteurs. Les seconds seuls reçoivent tout le développement de l'art du langage.

Distinguons ensuite les signes *propres* et *figurés.* Les premiers sont ceux qui éveillent directement une idée, n'éveillent qu'elle seule, l'éveillent en vertu d'une association immédiate. Les seconds sont ceux qui l'éveillent indirectement, à l'aide d'une autre idée auxiliaire et interposée, qui lui est unie dans l'esprit par les liens de l'habitude ou par les rapports de l'analogie. Plus le langage est pauvre encore, plus l'emploi du second genre de signes devra être fréquent. Mais le signe qui, d'abord, était figuré, devient propre avec le temps, lorsque, à force d'être employé dans ce sens détourné, il contracte avec l'idée une association immédiate.

Il y a, enfin, des signes qui ne représentent que d'autres signes, comme il en est qui réveillent des images. Tels sont ceux dont on convient pour représenter, d'une manière abrégée, une suite de signes qu'on n'a pas besoin toujours de reproduire en détail : les chiffres, les signes de l'algèbre expriment les quantités élevées, et en offrent un exemple sensible.

Sous le rapport de l'instrument matériel choisi pour le langage, on distingue le langage d'action, la parole et l'écriture. Les propriétés spéciales de chacun d'eux demandent à être retracées ici avec quelque détail.

Cependant nous devons, avant tout, exposer certaines propriétés générales de nos langues conventionnelles, qui appartiennent ou peuvent appartenir également à tous les trois.

# CHAPITRE VIII.

*Comment les langues artificielles contribuent au développement de l'intelligence humaine.*

Toutes les causes de l'infériorité morale et intellectuelle à laquelle l'infortuné sourd-muet paraît condamné, se rattachent, comme nous l'avons vu, à une principale circonstance : à ce qu'il est privé de l'usage de nos langues artificielles.

C'est déjà pour lui, sans doute, un préjudice immense, que de se trouver ainsi comme exilé de la société humaine, de ne pouvoir recueillir les secours, et goûter les jouissances que procure le commerce habituel des idées et des sentimens ; d'être privé des bienfaits que la Providence a fait dériver de la sociabilité pour la culture des affections morales. Mais il ne suffirait pas d'avoir rendu au sourd-muet un instrument à l'aide duquel il pût s'entretenir avec ses semblables, il faut encore le rendre capable de porter, en effet, dans ce commerce, sa part d'échanges ; car, nos langues artificielles remplissent à la fois cette double fonction, d'être un moyen général et réciproque de communication entre les hommes, et d'être aussi, pour chaque individu, pris isolément, un moyen puissant et indispensable de développement intellectuel.

Il est d'un grand intérêt, pour nous, de jeter un coup d'œil sur ce second genre d'influence, exercé par les langues artificielles. Car, nous pénétrerons par là plus avant dans la connaissance des obstacles qui arrêtent les progrès des sourds-muets, et nous jugerons mieux aussi de la nature et de l'étendue des secours qu'il s'agit de leur apporter.

Pour comprendre, d'un seul mot, l'immensité des services que les langues artificielles ont rendus à l'intelligence humaine, il suffirait de dire qu'elles ont introduit l'ordre dans les objets de nos connaissances et dans nos propres idées, et qu'elles seules pouvaient soumettre ce vaste domaine à l'empire des méthodes. Ne remarquons-nous pas chaque jour nous-mêmes, que, lorsque nous voulons tirer de la confusion et du chaos une masse d'objets réunis au hasard, nous sommes contraints d'imaginer certains signes pour les distinguer, les répartir, et les rendre accessibles à l'étude, par une distribution régulière? Or, l'ordre est la lumière de l'intelligence; c'est par l'ordre que l'intelligence connaît, crée, conserve, exécute; c'est par l'ordre qu'elle s'annonce; c'est par l'ordre qu'elle règne.

Les langues servent, sous un double rapport, aux progrès de l'intelligence humaine : elles la rendent habile à concevoir, à former une foule d'idées nouvelles, à opérer sur ces idées ; elles servent à l'éducation de ses facultés.

Il n'est pas exact de dire, comme on le fait or-dinairement, que, sans le secours de nos langues artificielles, l'esprit humain ne peut concevoir d'idées générales. Mais, les langues servent à les déterminer, à les fixer, à les détacher par l'abs-traction, à leur faire subir ensuite diverses opé-rations importantes ; enfin, à en multiplier le nombre, à les élever à un degré auquel jamais on ne pourrait parvenir sans leur assistance.

Il suffit de bien voir l'objet particulier, pour voir en lui les qualités, les rapports, les circon-stances quelconques qui deviendront l'objet d'une notion générale. Il suffit de comparer deux ou plusieurs objets, et de remarquer la propriété qui leur est commune, pour concevoir déjà cette pro-priété, avec un caractère de généralité plus ou moins étendu.

Le sourd-muet possède déjà, avant son instruc-tion, le germe de beaucoup d'idées générales : comme nous, par exemple, il range les arbres dans un genre, parce qu'il discerne un caractère com-mun dans ces productions de la nature ; aussi, a-t-il un signe commun pour les indiquer. Il classe de même, sous des genres, les fleurs, les fruits, etc.

Mais, ces généralisations sont nécessairement très imparfaites, parce que les comparaisons sur lesquelles elles reposent ont été très superficielles.

Souvent même le sourd-muet, comme l'enfant, lorsque nous croyons qu'ils généralisent, se bornent à confondre les objets : ils aperçoivent quelques similitudes apparentes, et ne démêlent pas les différences spécifiques.

La notion générale, vraiment constituée, est celle qui comprend toutes les conditions communes aux individus compris dans le genre, et qui se détache avec netteté des différences qui sont propres à chacun. Or, ce travail peut être fort étendu, soit qu'il embrasse un grand nombre d'individus, soit qu'il s'empare d'un grand nombre de propriétés; alors, l'intelligence a besoin d'instrumens qui lui servent à marquer les pas qu'elle fait, à se rendre compte de ses opérations. Autrement, elle s'égarerait dans un véritable labyrinthe. Les termes de la langue sont des signes d'annotation, qui se placent sur sa route. Sans doute, l'esprit aperçoit déjà, dans le fait particulier, le trait qui doit servir à former la notion générale; mais, il ne le voit point encore avec son caractère de généralité; ce trait, qui n'a point d'existence propre et isolée dans la réalité de l'objet, tend à se confondre avec ceux qui l'accompagnent; une sorte de vague et d'incertitude règne dans les vues de l'esprit, jusqu'à ce qu'il ait interposé un signe distinctif et caractéristique sur lequel il puisse s'appuyer pour exécuter cette abstraction. A l'aide d'une dénomination commune aux objets comparés, il voit se séparer, d'une manière plus sensible, plus tranchée, les propriétés qui leur sont communes également. C'est la borne placée à l'angle du champ.

Les termes des langues deviennent des instrumens de généralisation, parce que, semblables à ces inscriptions érigées dans nos jardins botaniques, ils sont des signaux de classification; ils font cesser la confusion, introduisent la symétrie, se placent à tous les embranchemens du grand arbre généalogique sur lequel sont distribués les espèces, les familles, les individus; ils marquent la suite et la gradation des comparaisons qui ont été exécutées. Les langues deviennent ainsi de véritables méthodes, méthodes d'autant plus parfaites, que les nomenclatures demeurent plus fidèles à l'analogie.

Or, si les généralisations sont extrêmement imparfaites et hasardées, pour l'individu privé du secours des langues artificielles, alors même qu'elles se bornent à détacher les propriétés sensibles d'un petit nombre d'objets familiers, elles lui deviendraient véritablement impossibles s'il fallait atteindre à des spéculations plus élevées, qui supposent des opérations plus nombreuses, plus délicates, et plusieurs degrés d'abstractions successives.

Cependant, les notions générales sont l'instrument indispensable pour mettre l'ordre dans nos connaissances, et même pour obtenir des connaissances qui en méritent véritablement le titre, c'est-à-dire qui jouissent de quelque étendue et de quelque utilité. Celui qui ne verrait que des cas particuliers, ne saurait former aucune induction. C'est à l'aide des notions générales que l'on peut conclure d'une circonstance à une autre, prévoir l'avenir d'après l'expérience du passé, et former la chaîne qui unit les effets aux causes. Toute formule générale exprimant les conditions comprises dans la notion sur laquelle elle repose, exprime par là même celles de tous les cas individuels auxquels cette notion appartient, et dispense ainsi de les vérifier un à un. C'est un vaste jugement collectif qui prononce sur des masses. Mais, l'abstraction qui a été opérée, dont les signes de nos langues ont été comme le scalpel, a pu seule permettre de tirer, de la notion générale, une semblable formule; cette abstraction était nécessaire, pour réduire la notion générale à sa simplicité, pour la dégager de toutes les conditions hétérogènes, et la réduire à celles qui lui sont essentielles et constitutives.

Rien n'est si dangereux, sans doute, que les généralisations mal faites et imprudemment appliquées. L'esprit humain, justement fier d'un instrument qui devient pour lui une si grande puissance, ne se livre que trop souvent à une ambition présomptueuse qui l'égare; il abuse de ce qui devait faire sa force, et ses erreurs en deviennent d'autant plus graves. Mais l'ignorance n'a-t-elle pas ses erreurs, et des erreurs plus invincibles? Celui qui est privé d'idées générales, ne pouvant emprunter ses inductions au flambeau de la théorie, les reçoit aveuglément de la routine; il assimile, au hasard, ce qu'il a confondu; il substitue les présages aux causes.

Condillac a montré avec une rare clarté comment nos langues sont des instrumens d'analyse; mais elles sont aussi des instrumens de synthèse ou de composition : car, nos langues artificielles sont aussi des méthodes d'association; et les services qu'elles rendent dans cette seconde fonction, ne sont pas d'un moindre prix. Déjà, les termes généraux, en même temps qu'ils servent à fixer le résultat des comparaisons, et à détacher la notion abstraite qu'ils expriment, ont aussi une valeur collective, en tant qu'ils servent à représenter une classe entière. Le même terme, *homme,* qui exprime les conditions essentielles à notre nature, et les sépare de celles qui appartiennent aux autres êtres vivans et animés, sert aussi à rappeler tous les individus qui appartiennent à la grande famille humaine. C'est encore ici une propriété de nos langues, comme moyens de classification. Classer, c'est rassembler les objets particuliers, en les distribuant d'après les caractères qui sont en eux, différens ou semblables.

Ce premier ordre de combinaisons offre un précieux avantage à l'esprit humain; par cela même que les alliances dont il se compose, sont toutes

fondées sur l'analogie. Le plus souvent, nous n'a-
vons besoin d'étudier les individus, que dans leurs
espèces. On peut comparer l'esprit humain, au
centre de ses connaissances, à un général qui, au
milieu de son armée, fait mouvoir les corps, commande aux masses, et dispose des lignes entières.
Les faisceaux composés ainsi, d'après les lois de
l'analogie, peuvent réunir beaucoup plus d'idées,
sans imposer un plus grand fardeau à l'esprit; car
on embrasse plus facilement un certain nombre
d'objets semblables, que d'objets disparates.

Il est, cependant aussi, un second ordre de combinaisons qui se forment, au contraire, des élémens
les plus variés, et qui ne sont pas moins nécessaires
au système de nos connaissances : tels sont d'abord
ceux qui représentent les êtres réels dans la nature;
combinaisons dont la notion de l'*univers* occupe le
sommet, que les investigations de la science et les
productions de l'industrie, que l'état de société,
la variété des institutions et des actions humaines
ont multipliées à l'infini. Ces objets, suivant les
apparences qu'ils nous offrent sur le théâtre de la
réalité, n'ont point en eux-mêmes cette unité que
nous leur prêtons dans le tableau de la pensée:
un édifice, dans la réalité, par exemple, n'a rien
d'individuel ; ce sont des pierres, des matériaux
divers, superposés, ou situés les uns à côté des
autres. Mais, notre esprit a besoin d'individualiser
tout ce qu'il conçoit, pour ne pas se perdre dans

la confusion des détails; d'imposer l'unité à un ensemble, pour en former un faisceau. Les termes des langues viennent lui apporter les pivots autour desquels il peut lier chaque faisceau, et par ce moyen donner à cet assemblage la solidité convenable. Bientôt, il se forme des combinaisons de second, de troisième degré, et ainsi de suite à l'infini. Ici, le secours des signes artificiels devient rigoureusement indispensable. Quels sont les nombres dont on pourrait se former l'idée, sans le secours des mots de la langue ou des chiffres de l'arithmétique? La langue des mots procède, pour les idées complexes de tout genre, en quelque sorte comme la langue du calcul pour les notions de nombre. Elle considère comme autant d'unités élémentaires, les idées déjà les plus compliquées, mais qui lui sont exprimées par un terme unique et simple, dès qu'elles entrent dans une combinaison d'un ordre supérieur. C'est ainsi qu'une chambre, une maison, un quartier, une ville, une province, un royaume, deviennent tour à tour autant d'unités factices, subordonnées les unes aux autres, que l'esprit emploie comme telles, ainsi qu'il en agit pour les dizaines, les centaines, les milliers, etc.

Ce n'est pas tout : sur le modèle des combinaisons réelles qu'il a formées, en observant les êtres sur le théâtre de la nature, l'esprit humain formera, à son tour, des combinaisons qui lui appartiendront en propre, dont il sera l'auteur; ce seront des fictions, ce seront des êtres hypothétiques, ce seront aussi des prévoyances; car, c'est avec des combinaisons de ce genre que l'esprit humain pénètre dans l'avenir, parcourt les espaces du possible : ce seront des types; car, c'est avec des combinaisons de ce genre que l'industrie, que tous les arts se tracent, à l'avance, l'idée d'un objet non encore existant, qu'ils cherchent à produire; ce sera le grand et admirable instrument de création, tel qu'il est accordé au génie de l'homme. Or, c'est encore autour des signes artificiels que se grouperont les assemblages de notre invention. Les termes de nos langues lui donneront une sorte de réalité d'emprunt. A l'aide des noms qu'ils auront reçus, ils seront enregistrés, ils subiront les diverses considérations auxquelles l'esprit humain aura besoin de les soumettre.

Les notions de rapport occupent un rang essentiel dans le système de nos connaissances; car elles en forment le lien. Elles sont en même temps très délicates à saisir et à fixer; car, les rapports n'existent pas, dans la nature, précisément tels que nous les concevons; ils n'existent point sans les termes sur lesquels ils s'appuient. La plupart des notions de rapport supposent d'ailleurs certaines vues de l'esprit sur les objets auxquels elles se réfèrent; il en est qui ne représentent même qu'une simple vue de l'esprit. Il est utile cependant, il est nécessaire à la marche de nos connaissances, de pouvoir séparer la notion du rapport, des termes entre lesquels elle s'interpose, pour la considérer en elle-même, et dans ses propriétés constitutives. Ici, encore, les langues artificielles viennent à notre secours, en nous offrant un ordre spécial de signes pour exprimer les relations, et les intercalant entre les noms, de la même manière que les relations s'interposent entre les choses.

Enfin, l'esprit humain trouve dans les signes artificiels de nos langues, un appui non moins . utile pour soutenir et mettre en lumière les idées qu'il conçoit de ses propres opérations et de tous les phénomènes qui appartiennent au domaine de la volonté. Les opérations de l'esprit ne peuvent s'exercer que sur un sujet particulier et déterminé; or, il faut, pour les concevoir avec netteté, les considérer séparément du sujet auquel elles s'appliquent : c'est à quoi servent merveilleusement les termes de nos langues ; car, ils peignent ces opérations elles-mêmes, en même temps qu'ils en désignent l'objet par des signes distincts ; ils subsistent ensuite comme une sorte de monument qui sert à les rappeler ; ils offrent, si l'on peut dire ainsi, la contre-épreuve et le relief de la pensée elle-même.

Toutes les passions, tous les mouvemens de la volonté sont également incorporés à leurs objets, et y adhèrent plus fortement encore. Les signes artificiels donnent des expressions distinctes aux objets eux-mêmes et aux modifications de la volonté qui s'y rapportent. Celles-ci subsistent, sont considérées en elles-mêmes, indépendamment de l'occasion particulière qui les a fait naître. Les notions morales reposent sur des idées dérivées de l'expérience intérieure appartenant au domaine de la volonté; elles ont aussi nécessairement un caractère de généralité : l'essence du devoir est d'être absolu, applicable à toutes les personnes, dans tous les temps, dans tous les lieux, dans toutes les circonstances. Les langues artificielles sont donc doublement utiles pour fixer ces notions et les faire concevoir avec netteté. D'une part, elles font mieux discerner les phénomènes de notre vie intérieure, auxquels ces règles s'appliquent; de l'autre, elles prêtent à ces règles les formules qui les expriment dans toute la rigueur et l'universalité de leurs applications. Ce serait une grave erreur de prétendre, comme on l'a fait quelquefois, que, privé des langues artificielles, l'homme serait privé en même temps des notions morales; sa conscience n'a pas besoin d'un semblable secours pour être avertie qu'une action est bonne ou mauvaise, quand il en est l'auteur ou le témoin : mais, sans le secours des langues artificielles, cette approbation ou ce reproche né s'adresserait jamais en effet qu'à une action particulière et déterminée : il en résulterait toutefois cette conséquence fâcheuse, que les notions de la morale ne pourraient être comparées, coordonnées entre elles, soumises à un système régulier qui permît d'en développer toutes les conséquences. La morale subsisterait comme une loi, mais ne pourrait devenir une science.

Ces notions de divers ordres, une fois établies et fixées, subiront à leur tour, et des abstractions, et des compositions, et des relations nouvelles; elles changeront de formes en mille manières. Parmi ces formes, il en est une qui atteste, d'une manière bien remarquable, les secours que nos langues portent aux opérations de l'esprit : c'est celle qui se présente dans le *substantif abstrait,* qui personnifie ainsi, en quelque manière, l'idée d'une qualité, d'une action, d'un état, d'un rapport; qui en constitue un objet détaché, comme subsistant par lui-même aux yeux de l'esprit, et pouvant à son tour recevoir les modifications, subir les rapports, jouer le rôle qui lui est propre.

Ainsi s'accumuleront ces admirables trésors qui composent l'héritage de la raison humaine, qu'elle fera fructifier dans les recherches de la science et dans les créations de l'art.

En même temps que les langues multiplient ainsi indéfiniment nos idées, elles nous donnent aussi des moyens très utiles pour en disposer, pour les élaborer en mille manières. Les signes sont bien plus dociles que la pensée : en opérant sur des signes extérieurs et matériels, nous contraignons nos idées les plus secrètes et les plus fugitives, à suivre le mouvement des signes qui les retracent. C'est ce qu'on peut remarquer dans le travail d'un auteur qui prépare son ouvrage, d'un mathématicien qui trace ses calculs, d'un musicien qui compose; ils essayent, ils corrigent, étendent, restreignent, à leur gré, la pensée qui les occupe, en travaillant sur son expression.

Nous avons signalé dans les langues un second ordre d'influences. Si elles apportent ainsi à l'esprit humain d'abondantes richesses, si elles les rendent plus disponibles pour lui, elles concourent aussi à l'accroissement de ses forces; résultat non moins important, et cependant bien moins connu.

Chacune de nos facultés intellectuelles reçoit de l'usage des langues artificielles une sorte de culture qui lui donne une vie nouvelle et une heureuse direction.

Les facultés se fortifient par l'exercice; elles acquièrent une plus grande aptitude à remplir leurs fonctions, en s'exerçant suivant un certain ordre conforme à leur destination. Or, tel est précisément le double service que leur rendent nos idiomes.

L'imagination et la mémoire, mises constamment en jeu par tant d'associations variées, tant de moyens de rappel, parcourent en tous sens un champ immense, et se reposent à volonté. Dans une intelligence privée des langues artificielles, ou peu accoutumée à en faire usage, l'alliance des images, des souvenirs, conserve une extrême énergie ; mais, elle n'embrasse que des faisceaux très limités. A l'aide des langues artificielles, il se forme dans l'esprit humain des séries d'idées d'une étendue prodigieuse.

L'intelligence privée des langues artificielles, ou peu accoutumée à leur usage, concevra peut-être des images plus vives des objets individuels, et surtout des objets sensibles. Nos langues voilent souvent les choses sous leurs signes, les dé-colorent quelquefois en les décomposant. Mais l'imagination s'exerce, par l'emploi des signes ar-tificiels, à un autre genre de puissance bien plus utile. C'est à l'aide de ces signes, comme nous venons de le voir, qu'elle conçoit des êtres de sa propre création : c'est donc ainsi qu'elle entre en possession d'un monde nouveau, qu'elle s'élance dans des régions inconnues, qu'elle pénètre dans les secrets du possible ; elle ne se borne plus aux fonc-tions de copiste, elle devient artiste ; elle invente.

Les inventions du génie humain sont toujours inspirées par l'analogie : tantôt, ce sont des con-ceptions harmonieuses, dont la beauté nous ravit d'une juste admiration ; tantôt, ce sont des coor-donnations habiles qui disposent de nombreux ressorts pour exécuter un ouvrage utile : les arts libéraux, comme les arts industriels, procèdent également par des comparaisons neuves et sa-

vantes. La faculté brillante et féconde qui produit
à son gré ces heureux rapprochemens, est favorisée tout à la fois et par les exercices multipliés
qui, dans l'emploi de nos langues, conduisent sans
cesse l'esprit humain par la voie des assimilations,
et par cette liberté que la pensée acquiert à l'aide
des nombreux instrumens qui sont mis à sa disposition, et souvent par l'harmonie elle-même des
expressions, ou par l'analogie dont elles conservent
l'empreinte. C'est ainsi que la poésie est redevable
au rhythme des vers, et les arts chimiques à la nomenclature qui éclaire tout le système de la science.

Les organes des sens peuvent atteindre chez
l'homme, dans l'état sauvage, à une plus grande
perspicacité que dans l'état de civilisation : et
rien ne montre mieux combien la vivacité des
sensations contribue peu à l'étendue réelle des
connaissances. Mais la faculté d'*attention*, celle
qui ouvre véritablement pour nous les portes
de la science, doit à l'emploi des signes artificiels
ce merveilleux pouvoir qui se déploie dans l'é-
tude, cette étendue du coup d'œil qui embrasse
à la fois un système entier d'objets, et atteint
les plus lointains rapprochemens; cette infatigable
persévérance qui poursuit indéfiniment les développemens d'une idée dominante; cette pénétration qui saisit et distingue les nuances les plus sub-
tiles des objets. Combien les peintres ne voient-ils
pas mieux que nous les choses dont ils reprodui-

sent l'image; ils y découvrent, dès le premier
coup d'œil, une foule de détails qui nous échappent. C'est ce qui arrive à l'intelligence humaine, en s'exerçant à peindre la pensée dans le
langage. Les signes reposent l'attention, en même
temps qu'ils la guident; ils prêtent une sorte
d'existence sensible aux notions les plus délicates;
ils sont comme autant d'avertissemens qui tiennent l'esprit en éveil. Si l'attention s'habitue à
mieux remarquer, dans les objets extérieurs, les
circonstances qui lui sont signalées par des indications distinctes, elle obtient surtout, dans l'usage
des langues artificielles, la plus précieuse de toutes
ses forces, celle qui la rend capable d'observer,
d'étudier, au fond de nous-mêmes, les phénomènes
renfermés dans l'enceinte de la conscience. Cette
attention, repliée sur notre intérieur, et à laquelle,
pour ce motif, on donne le nom de *réflexion*,
s'exerce également, soit qu'on parle, soit qu'on
écoute; elle s'exerce en parlant, par la nécessité de
se rendre compte de ce qu'on éprouve pour l'exprimer; en écoutant, parce qu'on ne peut lire dans
l'âme des autres hommes, que par une sorte de fiction appuyée sur ce qu'on a su remarquer en soi-
même. Nous avons vu que l'institution du langage
artificiel est un privilége réservé à la faculté de
réflexion (1). Cette faculté en reçoit, par un heu-

_____

(1) *Voyez* ci-devant Chapitre VII, page 165.

reux retour, autant qu'elle lui a donné : elle se cultive elle-même, en élaborant le langage. Plus tard, il arrivera un moment où les communications du langage deviendraient, pour l'intelligence, une distraction importune, dans les entretiens qu'elle veut avoir avec elle-même ; alors elle recherchera la solitude et le silence, pour se livrer avec plus de liberté aux méditations les plus profondes ; mais elle n'aura obtenu une semblable puissance, que parce que déjà elle aura acquis, à l'aide des langues artificielles, l'habitude de se livrer aux investigations du commerce intime qu'il lui est permis d'entretenir avec elle-même.

Le jugement se forme par l'habitude des comparaisons, et se perfectionne par les comparaisons méthodiques ; il devient d'autant plus sûr, que l'investigation de toutes les circonstances propres aux objets comparés, est plus complète et plus exacte. Or, les langues exercent incessamment l'esprit aux comparaisons : elles servent à les rendre régulières, à porter l'analyse dans les énumérations sur lesquelles repose la fidélité des rapprochemens. C'est avec les instrumens fournis par nos langues, que les jugemens s'enchaînent les uns aux autres, et forment ces vastes tissus de déductions qui constituent les connaissances théoriques.

Le jugement obtient ainsi une puissance de persévérance et d'étendue, qui lui était inconnue jusqu'alors. Quelle admirable vigueur ne suppose pas,

dans cette faculté, la construction des démonstrations géométriques! Mais, quelle vigueur, à son
tour, ce travail de l'intelligence confère à la faculté de déduire! C'est une vraie gymnastique qui
exerce les forces de l'esprit humain dans le grand
art de la recherche de la vérité.

On voit maintenant comment c'est par l'emploi
du langage artificiel, que commence nécessairement chez l'homme l'éducation de cette raison qui
forme le plus beau privilége de sa nature. Qu'est-
ce, en effet, que la raison? c'est la puissance qui
lui a été donnée de se gouverner d'après des règles
déterminées. La raison soustrait l'homme à la ser-
vitude des impressions extérieures ; elle constitue
l'autorité que l'homme exerce sur soi-même. Mais,
on ne peut se gouverner, d'abord, qu'après être devenu capable de se connaître, qu'en s'appliquant à
se connaître ; et nous venons de voir combien cette
difficile étude est favorisée par l'usage des langues.
En second lieu, il faut aussi, en même temps
qu'on se connaît, savoir disposer des ressorts secrets de ses propres déterminations ; or, l'un de
ces principaux ressorts sont nos conceptions ; maîtriser et diriger son esprit, est le premier moyen
de maîtriser et de diriger sa volonté; et nous avons
vu également quels secours l'intelligence humaine
reçoit des signes artificiels, pour disposer à son gré
de ses idées. Enfin, toute règle a nécessairement
un caractère de généralité plus ou moins étendu.

c'est parce qu'elle est prévoyante, qu'elle est impérative; et nous avons vu, encore, que nous empruntons aux signes artificiels le pouvoir de convertir les faits particuliers en vérités générales. L'ordre est la vie de la raison; elle agit et règne par l'ordre, comme c'est par l'ordre que toute autorité gouverne les choses humaines; et l'une des propriétés des signes artificiels consiste en ce qu'ils sont de grands moyens de coordination.

On voit aussi comment, quoique les langues artificielles n'exercent aucune influence directe sur les facultés morales de l'homme, ces facultés attendent, cependant, pour se déployer entièrement et atteindre leur maturité, que l'usage des langues soit devenu familier à l'homme : car, d'une part, c'est aux expressions de ces langues qu'il est redevable de pouvoir démêler avec netteté les notions de l'ordre moral, et les fixer avec exactitude; et, d'un autre côté, c'est dans les exercices occasionnés par l'usage des langues, qu'il acquiert l'habileté à s'étudier lui-même, et le pouvoir de se conduire.

Ainsi s'expliquent les graves, nombreux et tristes désavantages attachés à la condition du sourd-muet, par la seule conséquence de la privation à laquelle il est condamné aussi long-temps qu'il n'est point initié à nos langues.

# CHAPITRE IX.

*De l'intuition; des diverses méthodes propres à guider dans l'intelligence du sens de la langue.*

Qu'on nous permette de nous arrêter encore ici un instant, en présence de ce majestueux monument qu'ont élevé les langues artificielles, et de méditer quelques unes des considérations que fait naître ce spectacle, et qui peuvent éclairer la matière de nos recherches.

Il est, dans les opérations de l'esprit humain, un phénomène primitif et principal auquel se rattache tous les autres, et sur lequel la création et l'usage de nos langues exercent une influence considérable. Ce phénomène, que nous appellerons l'*intuition*, est proprement l'acte par lequel l'esprit voit les objets de ses connaissances. L'intuition est, pour l'intelligence humaine, la source unique de toute lumière.

Il y a deux sortes d'intuition : l'une, que nous appellerions *réelle*; l'autre, que nous appellerions *rationnelle*. Par la première, l'esprit aperçoit immédiatement et directement ce qui existe véritablement; c'est l'intuition des choses ou de leurs images. Par la seconde, l'esprit aperçoit les conditions, les rapports des notions qu'il s'est formées à lui-même; c'est une intuition logique et réfléchie, par laquelle l'esprit se rend compte de ce qu'il pense.

L'intuition des choses s'exerce à la fois, et sur les objets extérieurs, que nous appelons *sensibles*, et sur ceux du dedans qui appartiennent au domaine de la conscience, et que nous appelons *intellectuels* et *moraux*.

L'intuition rationnelle s'exerce sur la connexion qui existe entre les vérités, et qui fait voir les conséquences dans leurs principes.

Partout où existe l'intuition des choses, l'intuition rationnelle s'exerce d'elle-même; si la première pouvait se maintenir constamment pleine et entière, nous n'aurions pas besoin de construire des raisonnemens; chaque vérité brillerait de son propre éclat : il n'y aurait que des principes. C'est ainsi que l'Intelligence suprême embrasse toute la création dans un seul coup d'œil aussi pénétrant qu'étendu, aperçoit, tout à la fois, et l'ensemble de l'univers, et les moindres atomes.

Mais, cette vue immédiate et réelle des choses a, pour nous, d'étroites limites, qui nous sont imposées par la faiblesse de nos sens, et par celle de notre attention. Les signes de nos langues viennent à notre secours, pour nous fournir le moyen d'étendre encore nos connaissances au-delà de ces limites, et de conserver les priviléges de l'intuition rationnelle, alors même que la première intuition nous abandonne.

Lorsqu'on me présente ou lorsque je découvre une plante, un animal qui m'étaient jusqu'alors inconnus et dont j'ignore le nom, j'examine avec soin tous les détails qui leur sont propres; je cherche à m'en former une image et à la déposer dans ma mémoire : tant que leur nom me restera inconnu, c'est en me retraçant cette même image avec ses principaux caractères, que je me rappellerai l'animal ou la plante. Mais, si le nom m'est donné, ou si moi-même je leur donne un nom, je suis soulagé d'un poids sensible : c'est ce nom dont je m'empare; c'est sur lui que je me repose : il me semble qu'en acquérant un nom, je viens d'acquérir une connaissance. C'est que ce nom me tiendra lieu d'intuition, et, au besoin, me servira cependant à faire renaître l'intuition.

Ainsi les termes de la langue ont déjà l'avantage de nous dispenser de recourir à l'intuition détaillée d'un objet, chaque fois que nous nous occupons de cet objet. Mais, ils ont l'avantage bien plus considérable, sans comparaison, de nous permettre de former un objet de connaissance, de ce qui ne peut être l'objet d'une intuition immédiate et *réelle*.

Je m'interroge moi-même sur le sens que j'attache aux termes de la première proposition qui me passe par l'esprit; celle-ci, par exemple : *l'homme est un animal raisonnable*. Je me demande si, en concevant le sens de ces quatre termes, j'interprète chacun d'eux par une intuition immédiate et directe de l'objet de chacun d'eux. Ai-je présente à l'esprit l'image de l'homme, avec toutes les propriétés morales et physiques qui appartiennent à sa nature ? en ai-je une image réelle, claire, distincte ? ai-je même présente à l'esprit l'image d'un homme en particulier ? Cette image me fût-elle présente, je serais loin de la concevoir entière ; j'en concevrais une trop faible ou trop grande portion ; trop faible, si je n'y comprenais pas tout ce qui appartient à la nature humaine ; trop grande, si j'y comprenais tout ce qui n'appartient qu'à un ou plusieurs individus ; encore ce travail me demanderait-il beaucoup de temps. Il en est de même, et peut-être bien plus encore, des termes d'*animal* et de *raisonnable*. Quelle image réelle s'offre à ma pensée, au mot de *raison* ?

En continuant à m'interroger de la sorte sur les discours que je prononce, sur les propositions que je conçois, je serai surpris peut-être du petit nombre de termes qui s'interpréteront pour moi par l'image d'un objet que je voie et discerne réellement ; je m'étonnerai de découvrir que je parle et raisonne en l'absence des objets dont je m'occupe, que je crois connaître, et qui sont cependant voilés à mon regard.

Si, cependant, ces termes n'expriment plus une image réelle que puisse saisir immédiatement l'in-

tuition directe, que l'esprit puisse se représenter
distinctement, ils expriment cependant, ou peuvent exprimer du moins une connaissance exacte,
claire, positive. C'est un bienfait qui résulte de l'institution de nos langues.

Après avoir fixé et déterminé par des signes, un
premier ordre d'idées susceptibles d'être soumises
à l'intuition réelle, l'esprit s'empare de ces signes;
en opérant sur eux, il opère sur les idées qu'elles
expriment; il forme ainsi des notions nouvelles qui
reçoivent à leur tour des signes nouveaux. Ici, il a
encore l'intuition de ses propres opérations, et des
conditions sur lesquelles elles reposent; et cela lui
suffit. La valeur des signes nouveaux sera exactement fixée à son tour, et, quoiqu'elle ne puisse être
ramenée à ses élémens primitifs, par un seul acte
d'intuition, elle pourra y être rappelée graduellement, dès que l'esprit se rendra compte des opérations qu'il a exécutées.

Ces combinaisons se multiplieront à l'infini,
et, en s'étendant, s'éloigneront toujours plus du
théâtre de l'intuition primitive. Mais, s'il a été
bien procédé, la trace des opérations exécutées
sera une voie toujours ouverte pour revenir au
point de départ.

L'objet qui correspondra à l'une de ces combinaisons sera véritablement connu à l'aide du nom
qui l'exprime, quoique aucune image réelle et
distincte ne puisse se retracer à la pensée, parce

que l'esprit possède, avec le nom, toutes les conditions qui ont servi à former cette combinaison,
et peut ainsi, dès qu'il lui plaît, remonter à ses élémens, et en retrouver une énumération complète.

Ainsi, le service que nous rendent nos langues
consiste en ce qu'elles suppléent à l'impuissance
de l'intuition réelle des choses, à l'aide de l'intuition réfléchie ou rationnelle, en nous fournissant
le moyen d'opérer sur les signes et sur les valeurs
que nous leur avons attribuées, comme nous eussions opéré sur les objets eux-mêmes.

Le raisonnement n'est autre chose que ce travail
de l'esprit, par lequel, cherchant à comparer les
valeurs attribuées aux signes, il transforme ces
mêmes signes, en se retraçant les opérations
d'après lesquelles il les a institués, jusqu'à ce qu'il
les ait réduits à des termes élémentaires dont
l'identité puisse être reconnue d'un seul coup
d'œil.

C'est ce qu'on aperçoit d'une manière sensible
dans le calcul. Aucune intelligence humaine ne
saurait concevoir l'image d'un nombre au-dessus
de dix : mais, avec le secours des signes, on représente, d'une manière exacte, des quantités immenses; on opère avec une certitude entière sur
ces valeurs, parce qu'on reconnaît et que l'on suit
la trace des opérations par lesquelles ces valeurs
ont été fixées.

Il y a donc deux choses dans la science : l'insti-

tution des noms, et les opérations exécutées ensuite sur les valeurs des noms institués. De même
il y a deux choses dans l'enseignement de la
science : le maître guide son élève dans la formation de la langue donnée à la science, et dans
l'emploi de cette langue.

Ceci n'exclut point l'étude des faits, et ces
instructions premières, indispensables, que nous
puisons dans l'observation et l'expérience ; au
contraire : car, on ne peut observer les faits, les
classer, les confier à la mémoire qu'en leur imposant des noms; on ne peut déterminer la valeur
réelle des noms, qu'en faisant connaître les objets
qu'ils sont destinés à rappeler.

Ainsi, le principe fondamental sur lequel repose
le grand enseignement qui doit révéler l'intelligence de la langue, principe qu'on ne saurait
trop répéter et mettre en lumière, c'est que cet
enseignement doit reposer sur l'observation et
l'étude des objets réels, comme sur sa base; c'est
qu'il faut apprendre à voir et à réfléchir, pour
apprendre à parler; c'est que les mots ne doivent
se produire, que lorsqu'ils deviennent nécessaires
pour enregistrer les connaissances acquises.

Si, donc, on dit avec raison que, en enseignant la
nomenclature d'une langue, on enseigne la science
elle-même, c'est qu'en effet on ne peut asseoir la
nomenclature que sur les connaissances positives :
les nomenclatures ne sont qu'une contre-épreuve

qui reçoit l'empreinte des observations bien faites, et des classifications régulières.

Pour fixer l'acception des mots, il faut avoir les idées qu'ils expriment, et ces idées doivent être conformes aux choses. De là l'extrême importance de ces premiers exercices par lesquels l'enfant est initié à la nomenclature de sa langue maternelle. Sans doute la plupart des noms qu'on lui transmet ne se rapportent qu'à des notions familières; mais combien n'en est-il pas, cependant, qui appartiennent à la physique, à la morale, à la métaphysique, à la politique, qui seront un jour employés dans les ordres d'études ou de méditations les plus relevés, qui seront employés alors sans être revus, dans la confiance que la valeur en est bien connue, et qui seront encore tout empreints de l'ignorance grossière sous laquelle ils furent institués!

Le mérite des méthodes d'enseignement consiste donc à répandre, aussi abondamment qu'il est possible, la lumière de l'intuition, et à la conserver dans toute sa pureté.

A cet effet, elles s'attacheront d'abord à faire observer chaque objet avec le plus grand soin, à déterminer, avec un soin égal, l'idée qui doit le peindre, et la valeur du nom qui doit l'exprimer. Elles y parviendront, surtout, en établissant l'ordre le plus régulier et le plus simple dans la matière de l'étude, en classant les objets sous les caractères les plus essentiels, en faisant ressortir les différences par les contrastes. Elles étendront, autant qu'il leur sera possible, l'enceinte de cette première intuition immédiate qui embrasse la réalité des choses; elles conserveront, autant qu'il sera possible, dans la langue technique, l'empreinte des propriétés caractéristiques des objets; elles rameneront souvent l'élève à venir puiser à la source originelle, la lumière qui doit éclairer toutes les régions de la science, en faisant reparaître les choses elles-mêmes au travers des signes qui leur ont été substitués.

Ensuite, contraintes de s'éloigner de ces premières notions élémentaires, pour parcourir la région entière de la science, elles procéderont de comparaisons en comparaisons, de combinaisons en combinaisons, par une gradation rigoureuse, sans omettre aucun intermédiaire, n'instituant jamais une dénomination nouvelle, qu'à l'aide de celles qui sont déjà exactement connues et déterminées; de telle sorte que chaque notion, succédant immédiatement à celles qui servent à la former, s'explique d'elle-même par celles qui la précèdent.

Alors, pour établir les démonstrations qui fécondent la science, ces méthodes, toujours fidèles à l'intuition, interrogeront encore l'intelligence elle-même; elles ne lui imposeront aucune conviction aveugle; elles ne lui demanderont d'accueillir, de confiance, aucune vérité; elles ne lui traceront, d'autorité, aucun procédé; mais elles rendront raison de chaque théorème, de chaque précepte, en l'associant à la pensée qui les fit découvrir et instituer : elles ne se contenteront point de ces preuves qui établissent seulement que la chose ne peut être autrement sans absurdité; elles expliqueront pourquoi la chose doit être ainsi en effet; pour appliquer les notions, elles remonteront à leur origine : avec leur secours, en un mot, l'esprit humain, en opérant, apercevra toujours clairement la nature, le but, les élémens de ses propres opérations; il saura non seulement ce qu'il fait, mais comment il le fait. Avec leur secours, l'élève sera mis sur la voie des premiers inventeurs. L'instituteur fera agir l'élève plutôt qu'il ne l'instruira lui-même; il mettra l'élève en état de se passer de ses soins, le plus promptement possible.

Nous donnons le nom de méthodes *intuitives* à celles qui ont un tel caractère. Ces méthodes, auxquelles appartient une juste prééminence dans quelque ordre d'enseignement que ce soit, ont une utilité toute spéciale dans l'art d'instruire les sourds-muets; car, là où les moyens d'instruction sont lents, rares et difficiles, il importe de donner la plus grande énergie à ceux dont on conserve la disposition. Il y a d'ailleurs, dans l'instruction des sourds-muets, telle marche qui peut imposer l'heureuse nécessité d'emprunter les méthodes les plus parfaites de la science, comme nous aurons bientôt occasion de le voir.

Il semblerait qu'il ne peut y avoir d'autres véritables méthodes, que les méthodes intuitives. Cependant, il n'en est pas ainsi, et les signes artificiels donnent le moyen d'établir des méthodes où la vue des objets est remplacée par la seule appréciation de la convenance ou de la disconvenance des termes, qui n'en sont pas moins légitimes, qui n'en offrent pas moins de sûreté, dont l'usage est quelquefois plus facile et plus rapide, et qui même sont quelquefois la voie unique à la démonstration, dans l'état présent de nos connaissances. C'est ce qui arrive quand on opère exclusivement sur les signes eux-mêmes, en les traduisant les uns par les autres. Si ces traductions sont exactes, force est bien d'admettre et de supposer l'identité des notions dans un résultat qui donne l'identité des signes, et leur exclusion là où les signes s'excluent, sans qu'on puisse juger directement de la convenance ou de la disconvenance des idées entre elles. C'est ce dont nous avons un exemple sensible dans les démonstrations algébriques, où les opérations sont censées faites, sans avoir été exécutées; où, faisant subir des transformations semblables aux deux termes de l'équation, on est certain de rester fidèle à l'égalité primitive. C'est ce qu'on observe d'une manière

plus remarquable encore dans le calcul infinitésimal. Or, il en est de même d'un grand nombre
de démonstrations appartenant aux sciences abstraites, dans lesquelles les mots de nos langues
remplissent précisément le même office que les
signes de l'algèbre dans le calcul, avec cette différence que les valeurs des premiers n'ont pas été
déterminées avec la même rigueur.

Si les sciences mathématiques n'admettent point
de signes dont l'acception n'ait été fixée d'avance
avec une exacte précision ; si les sciences qui ont
l'avantage de se créer à elles-mêmes leur propre
langue s'attachent ordinairement à observer le
même soin, il n'en est pas de même des ordres
de connaissances qui empruntent leurs expressions au langage usuel, et qui opèrent ainsi sur
des termes dont elles supposent les valeurs déjà
antérieurement connues par le seul effet de l'éducation ordinaire et du commerce du monde. Ici,
trop souvent elles rencontrent des expressions
vides de sens ; ou bien, roulant dans un cercle
vicieux, les termes ne forment entre eux qu'une
véritable *tautologie*. On obtient ainsi des formules trompeuses, qui ont l'apparence de la
science, sans en avoir la réalité, qui séduisent et
aveuglent une vanité présomptueuse, et qu'on
emploie avec d'autant plus de confiance, qu'elles
sont moins sujettes à être contrôlées par l'analyse.
On prononce sans se comprendre soi-même ; on

se croit profond, parce qu'on est inintelligible; on peut raisonner ainsi à perte de vue sur des sujets qu'on ignore; on peut même faire illusion à des auditeurs superficiels, parce qu'on répète des maximes qui circulent dans le monde, comme une monnaie qui a cours. C'est ainsi que, à côté du secours le plus efficace, est toujours le danger de l'abus. L'algèbre a l'avantage, en faisant figurer l'inconnu dans ses calculs, de le représenter par un signe spécial qui rappelle constamment cette condition d'inconnu; elle ne se tient point satisfaite des équations où le $x$ figure à la fois dans les deux termes. Mais nous employons à chaque instant, dans nos langues, des expressions dont la valeur est à peu près pour nous ce que les inconnues sont au géomètre; nous avouons notre propre ignorance, et nous croyons avoir résolu la question que nous les faisons servir à expliquer, sans chercher à les expliquer elles-mêmes : c'est-à-dire que nous formons sans cesse des équations où les $x$ figurent comme les élémens des solutions du problème, et dont notre présomption se tient satisfaite.

L'institution des signes artificiels donne lieu à l'introduction d'un grand nombre de formules qui, accréditées par l'habitude, par l'imitation, viennent se ranger au nombre des maximes réelles, et usurpent l'autorité de la raison. Les associations des mots prennent la place de l'alliance des idées.

Alors même qu'elles furent, à leur origine, fondées sur la vérité, ces maximes, acceptées aveuglement, ne peuvent plus avoir d'applications sûres et fécondes. Une foule de gens raisonnent à peu près de la même manière qu'emploient pour calculer ces personnes qui ont appris les règles de l'arithmétique sans en connaître la raison : ils suivent les règles convenues, et ne les comprennent pas; ils font usage d'un procédé et non de leur jugement : c'est la machine de Pascal.

Ces considérations sont familières, sans doute, aux philosophes. Cependant, elles ont été plus d'une fois perdues de vue dans l'instruction des sourds-muets; plus d'une fois les instituteurs se sont fait illusion à eux-mêmes, sous ce rapport, dans les résultats qu'ils croyaient avoir obtenus. Il y a, d'ailleurs, dans l'art d'instruire des sourds-muets, telle méthode qui impose l'heureuse nécessité de rester fidèle à l'intuition, et de prévenir, dès leur origine même, ces associations aveugles et mécaniques du langage, qui tiennent la place des opérations réfléchies de l'esprit.

D'ailleurs les sourds-muets, quoi que l'on fasse, ne pourront jamais entrer, par la conversation, dans un commerce aussi assidu, aussi général avec les autres hommes, que les sujets qui conservent la faculté de l'audition, parce qu'ils n'auront jamais un instrument, pour les entretenir, aussi rapide, aussi commode, aussi facile, que la parole. Ils seront donc bien moins à portée, aussi, de rectifier les acceptions fausses qu'ils auront pu attacher aux termes, ou de reconnaître le vide d'acceptions qu'ils y ont pu laisser subsister, parce qu'ils seront privés de cette épreuve, répétée à chaque instant et en mille manières, qui résulte de l'essai tenté pour se faire comprendre, et de l'expérience des moyens employés par les autres hommes pour redire la même chose. Il est donc bien plus nécessaire encore de ne donner à ces élèves que des notions justes et réelles de la valeur des termes, en leur enseignant nos langues.

Lorsqu'on parle d'apprendre une langue, il faut bien distinguer s'il s'agit d'apprendre seulement une seconde, une troisième, etc., langue, ancienne ou étrangère, à l'aide de la langue maternelle, ou s'il s'agit d'apprendre sa propre langue maternelle.

Dans le premier cas, il suffit d'employer la traduction, de recourir à un dictionnaire ; il n'y a pas besoin de méthode pour apprendre la nomenclature ; on apprend aussi les formes grammaticales, par comparaison, avec celles de sa langue maternelle.

Dans le second cas, c'est tout autre chose : il s'agit véritablement de créer et de former la langue. Pour cela il existe deux sortes de matériaux, et il n'en existe que deux : la première sorte comprend les sujets mêmes de la pensée, que la langue est destinée à exprimer ; la seconde sorte consiste dans l'emploi des mots déjà connus, pour expliquer ceux qui ne le sont pas encore.

Le sujet de la pensée comprend : 1°. les objets extérieurs perçus par les sens ; 2°. les phénomènes de la conscience intérieure, révélés par la réflexion ; 3°. certaines vues de l'esprit sur ces deux ordres de tableaux.

Pour employer cette première sorte de matériaux, il faut donc faire observer les objets extérieurs, ou faire réfléchir sur les phénomènes intérieurs, ou faire naître les vues de l'esprit, de manière à déterminer le sujet de la pensée que l'expression de la langue doit représenter. Plus on avance dans la formation de la langue, plus on possède de mots déjà connus, pour expliquer ceux qui ne le sont pas encore. Ici se découvre, pour le remarquer en passant, le vice essentiel de la marche suivie ordinairement, en enseignant aux enfans leur langue maternelle, dans laquelle on se borne presque exclusivement à leur enseigner les mots par d'autres mots, sans se demander si ceux-ci sont mieux compris que les premiers.

Souvent, dans l'explication d'une expression nouvelle, on a occasion de combiner et d'employer à la fois les deux sortes de matériaux.

On conçoit que cette formation de la langue a un plan donné par la nature même des choses, et qui n'est autre que la suite des rapports par lesquels les idées s'enchaînent et dérivent les unes des autres. Si la philosophie avait mis ce plan à découvert, une route rapide et simple s'ouvrirait devant nous. Mais, c'est une sorte d'idéal dont nous ne pouvons que nous rapprocher plus ou moins, dans l'état actuel de nos connaissances; plus on aura le bonheur de s'en approcher, plus on en recueillera les avantages.

On peut diviser en deux classes les procédés de détail, employés comme moyen d'explication pour l'intelligence des langues : la première comprend ceux qu'on pourrait appeler *familiers*; la seconde, ceux qui méritent le titre de *méthodes philosophiques*.

Parmi les premiers, le plus direct, le plus sûr, le plus simple tout ensemble, est l'*indication* de l'objet lui-même : lorsqu'il est en effet présent, lorsqu'il appartient à la classe des objets sensibles, il suffit de diriger et de fixer convenablement l'attention; mais, encore, faut-il l'exercer à remarquer les traits caractéristiques. C'est par là qu'il faut nécessairement débuter. Du reste, le moyen ne s'applique qu'à un petit nombre d'objets, et ne s'étend point à ceux qui sont les plus instructifs.

Le second moyen consiste dans la *description* circonstanciée. Elle supplée à la présence de l'objet, lorsqu'il est éloigné des regards; elle exige, comme le précédent, que cet objet appartienne à la classe de ceux qui sont du domaine de nos sens. Son mérite consiste dans son exactitude, et dans l'ordre avec lequel les détails sont exposés. Elle suppose qu'un ensemble dont il s'agit de composer le tableau, s'il ne rappelle point un objet qu'on ait eu déjà l'occasion d'observer, soit formé d'images déjà connues, et que l'esprit puisse se représenter.

Il devient nécessaire de recourir à des moyens plus difficiles, plus délicats, lorsque la valeur des termes qu'il s'agit d'enseigner, sort du domaine des sens. Ici s'offrent plusieurs voies différentes.

La première voie qui s'est offerte à l'esprit humain, pour expliquer les notions de ce genre, a été celle des comparaisons ou des métaphores tirées des objets sensibles; ses traces sont encore toutes visibles dans la formation de nos langues. Elle a sans doute l'avantage de rapprocher de nous les idées difficiles à saisir, d'appeler l'imagination au secours de la réflexion; mais elle a de graves dangers : elle ne peut fournir d'interprétations exactes; elle peut en donner de fausses. Nous l'appellerions le *procédé figuratif* ou *symbolique*, car elle ne mérite pas encore le nom de *méthode*.

La seconde, qui a succédé de près à la première, dans la marche de l'esprit humain, est celle des *exemples*. Elle emprunte à la précédente l'avantage de rendre familier et accessible l'abord des notions d'un ordre relevé. Mais la notion qu'il s'agit d'indiquer se trouve, dans chaque exemple, entourée de circonstances étrangères, plus ou moins nombreuses : elle resterait confondue dans ce mélange. Les exemples doivent donc être choisis de telle sorte, que la notion ressorte de chacun d'eux, y brille avec un éclat particulier. Les exemples doivent, aussi, être tellement multipliés, que leur comparaison conduise à détacher et à éliminer tour à tour chacune des circonstances hétérogènes, afin de ne laisser subsister, en définitive, que les traits essentiels à la notion sur laquelle l'esprit doit se concentrer. Mais il est rare que ce choix, que cette accumulation des exemples, remplissent les conditions nécessaires. Il en résulte que les exemples, produits plus ou moins au hasard et en désordre, laissent régner dans les conceptions de l'esprit un certain vague, une incertitude plus ou moins grande.

En passant maintenant aux *méthodes philosophiques*, nous rencontrons d'abord celle des *définitions*, que nous pourrions appeler *à priori*. Elle s'attache à l'essence constitutive de l'idée, la range sous son genre, la spécifie par sa différence caractéristique.

Les définitions ont été soumises à un code de règles, par la logique des écoles ; elles ont reçu de ces règles une rigoureuse exactitude ; elles sont concises, et revêtent la forme des axiomes. Mais, comme elles remontent au genre, pour définir l'espèce, elles supposent le genre déjà connu ;

elles suivent donc un ordre inverse à celui de la marche de l'esprit humain, dans l'acquisition de ses connaissances; elles ne peuvent venir au secours de l'élève qui commence à s'instruire; elles violeraient, pour lui, la première de toutes les lois, celle qui prescrit de marcher du connu à l'inconnu. Les définitions de l'école dérivent des classifications établies; mais, introduire un élève à l'intelligence de la langue, c'est le conduire précisément à former ces mêmes classifications. D'ailleurs, par cela même que les définitions empruntent leurs élémens à des notions plus abstraites que celles qu'il s'agit de définir, elles ont, dans tous les cas, l'inconvénient d'être ordinairement ardues et obscures; elles ont un danger qui leur est propre, celui qui s'attache toujours à l'emploi des abstractions. Voyez, d'ailleurs, où cette marche entraîne! S'il faut définir l'espèce à l'aide du genre sous lequel elle est immédiatement placée, comment définira-t-on ce genre lui-même? Sans doute par le genre qui lui est à son tour immédiatement supérieur. Ici, la même question se renouvelle, la même réponse devient nécessaire; et ainsi, de proche en proche, pour avoir l'explication d'une notion rapprochée de nous, il faudra gravir l'échelle entière des abstractions, jusqu'à ce qu'on en ait atteint la sommité. Mais arrivé sur ces cimes presque inaccessibles, où ira-t-on emprunter la lumière? Les définitions sont donc bonnes seulement pour ceux qui savent déjà; elles sont autant de formules à l'aide desquelles ils peuvent se rendre compte de ce qu'ils savent, et le résumer.

Il est une méthode qui a quelques rapports avec la précédente, et qui, bien qu'elle soit peu connue et peu usitée, offre souvent assez de sûreté, et fait jaillir assez de lumière : c'est celle que nous appellerions des *exclusions* ou *définition indirecte;* elle consiste à déterminer une idée par celles qui la circonscrivent, qui lui sont adjacentes, qui la limitent. C'est ainsi, par exemple, qu'une notion moyenne est fixée par celles auxquelles elle sert d'intermédiaire; cette méthode tire surtout un heureux secours de l'emploi des contrastes. Elle ne peut être d'une application générale, parce qu'elle suppose déjà connues les idées voisines sur lesquelles elle s'appuie; supposition limitée à un certain nombre de cas, comme celle sur laquelle repose la méthode précédente.

Une troisième méthode vraiment logique, quoique peu connue et peu pratiquée, est celle que nous appellerions des *expositions* : elle procède *à posteriori;* elle a beaucoup de rapports avec celle à laquelle Condillac a donné le nom d'*analyse.* Elle consiste à exposer comment s'est formée la notion qu'il s'agit de fixer, à raconter son origine. En tant que cette notion est complexe, on énumérera ses élémens constitutifs; en tant que cette notion est abstraite, on rapprochera et comparera les idées dont elle a été détachée ; en tant qu'elle est relative, on mettra en présence les termes entre lesquels elle s'interpose.

Enfin, il est une quatrième et dernière méthode, que nous appellerions celle des *inductions*. Elle consiste à mettre en action ce que la précédente expose ; c'est-à-dire à rendre l'élève l'artisan de sa notion, le constructeur de sa langue ; à le placer, par conséquent, dans une situation telle, qu'il se trouve conduit de lui-même aux opérations nécessaires pour former ce sens qu'il est question d'expliquer.

On voit que ces deux dernières méthodes ont entre elles une étroite consanguinité ; ou plutôt, elles ne sont que la même méthode employée de deux manières : dans l'une, c'est l'instituteur qui figure ; dans l'autre, c'est l'élève. Toutes deux, au reste, se conforment fidèlement à la génération réelle des idées, à la marche naturelle de l'esprit humain ; toutes deux offrent, au plus haut degré, les trois avantages les plus désirables, la sécurité, la fécondité et la facilité. Toutefois, lorsque nous disons qu'elles sont faciles, nous voulons dire seulement que, une fois découvertes et tracées, elles sont faciles à suivre ; mais elles sont très difficiles à découvrir. Il en est d'elles comme de ces routes que nous admirons sur les sommets des Alpes. Plus le chemin qu'elles offrent au voyageur est commode, plus elles ont demandé de talent et d'efforts à ceux qui les ont conçues et exécutées.

En distinguant ici ce que nous appelons les *procédés familiers*, des *méthodes philosophiques*, et les diverses espèces dans chacune de ces deux classes, nous sommes loin de vouloir bannir les uns, recommander exclusivement les autres. Ces divers procédés, ces diverses méthodes peuvent, en certaines occasions, s'aider et se combiner utilement. Les deux premières espèces de procédés sont même d'un emploi nécessaire dans la formation des idées sensibles qui représentent les connaissances primitives.

# CHAPITRE X.

*Des arts d'imitation, de l'écriture symbolique, de la pantomime, et du parti qu'on en peut tirer pour l'instruction du sourd-muet.*

Les arts d'imitation sont de véritables langages, des langages d'analogie; leur prestige, le charme qui y est attaché, dépend de la fidélité de l'analogie, jointe à la surprise; car, si on veut que l'art peigne fidèlement le modèle, on exige impérieusement aussi que la peinture ne se confonde point avec l'original; la comparaison cesserait, et la surprise avec elle; les arts d'imitation manquent leur but, en le dépassant, s'ils veulent produire de véritables copies. Ce n'est pas assez qu'ils parlent à nos sens, il faut qu'ils parlent aussi à notre intelligence, et qu'ils l'exercent. (1)

Quelle n'est pas la richesse d'expressions qui appartient à l'harmonie! La musique n'imite pas seulement les objets sonores; elle saisit dans les sons une foule d'autres analogies délicates, plus

_____

(1) C'est pour cette cause qu'une figure en cire colorée déplaît, tandis que le buste de marbre fait naître une impression très agréable.

ou moins lointaines, et d'autant plus ravissantes ; elle a des signes pour rappeler divers phénomènes de la nature ; elle peint le mouvement, le choc, le désordre ; elle s'élève, s'abaisse à volonté ; elle a surtout d'admirables secrets pour exprimer les émotions de l'âme, et c'est en les exprimant, qu'elle est si puissante pour les faire naître, parce qu'elle semble en être une émanation toute vivante. Ce langage toutefois est vague, indéterminé, parce que ses analogies sont trop incomplètes ; mais ce vague même ajoute encore à l'empire qu'il exerce sur l'imagination.

Dans l'art de la parole, les mots articulés ne sont pas tout : le ton de la voix, les diverses inflexions qu'elle subit, composent comme un second langage, bien connu des orateurs, qui vient se joindre à la signification des mots, pour exprimer certains mouvemens de l'âme, et quelques nuances de nos manières de sentir, pour lesquelles il n'est point de mots ; il n'est fondé sur aucune convention, et c'est ce qui lui donne plus d'énergie.

Le dessin, la sculpture, la peinture peuvent imiter directement les objets et les qualités des objets qui sont visibles à l'œil, mais seulement dans l'état d'immobilité. Pour exprimer les mouvemens, ces trois arts sont déjà contraints de recourir à un second ordre d'analogies : ils peindront, ou la cause qui produit ces mouvemens, ou l'effet qui en résulte, et quelquefois tous deux ensemble. C'est en mettant l'homme en scène, qu'ils s'élèvent à toute leur dignité. Mais, en faisant revivre à nos yeux le plus bel ouvrage du Créateur, ce n'est pas l'homme matériel, inanimé, qu'ils nous présentent : il faut qu'ils sachent lui inspirer la vie, le sentiment, la pensée, lui prêter un dessein, remplir son âme d'émotions, de passions déterminées, et se faire comprendre sans hésitation. Où trouver un langage pour exprimer toutes ces choses, d'une manière aussi rapide que certaine? Dans les effets extérieurs qui accompagnent ces phénomènes cachés de notre nature, et qui, par là même, les annoncent.

L'allégorie ouvre encore aux arts du dessin une nouvelle carrière : elle personnifie les êtres moraux, leur prête une existence sensible ; elle donne une figure à la Prudence, à la Force, à la Science, à la Sagesse ; elle fait même apparaître l'Intelligence suprême et infinie sous une forme visible. Mais, ici, en même temps que sa puissance s'étend, sa témérité peut s'égarer ; ses expressions peuvent devenir incertaines, infidèles.

Les productions de ces arts, destinées à conserver la mémoire des événemens, l'image des lieux, ou à charmer nos sens par des tableaux variés, peuvent donc s'offrir à nous comme un moyen d'instruction préliminaire pour le sourdmuet : ils serviront à retracer l'image des objets passés ou absens qu'on voudra faire concevoir, et auxquels il s'agira de donner un nom ; ils seront une traduction visible de la pensée exprimée dans le discours. Si la peinture, la sculpture, reproduisant en général le tableau tout entier d'une scène plus ou moins étendue, n'offrent pas à notre élève un moyen d'instruction qui puisse le conduire fort loin dans les opérations de l'analyse, le dessin proprement dit, et la gravure, fourniront des ressources plus précieuses et plus étendues : car, le pur dessin se prête à une plus grande précision, à une plus sévère économie de moyens. On pourra de la sorte placer, sous les yeux du sourd-muet, presque tous les objets qui appartiennent aux trois règnes de la nature. Quant aux êtres intellectuels et moraux, et à leurs opérations, ils seront peints encore, mais, ou réunis dans un même tableau avec les scènes du monde sensible auxquelles se lient leurs manières d'être ou d'agir, ou bien seulement figurés dans un tableau allégorique. Dans le premier cas, ils ne conserveront point d'existence indépendante, isolée, dans la seule région intellectuelle ; dans le second cas, ils se trouveront revêtus d'un costume étranger et qui peut être trompeur.

Le domaine du dessin, dans l'emploi que cet art a reçu parmi nous, s'arrête à reproduire des êtres réels ou imaginaires dans un certain état ou une certaine action ; c'est-à-dire que chacune de ses productions reproduit ce que nos langues expriment par une proposition complète. Chaque dessin est une phrase. Mais, on conçoit facilement que cet art pourrait encore être amené à une analyse plus avancée, à fournir des signes distincts pour les élémens même du discours. Déjà nous avons des exemples de ce genre d'abstraction dans les figures de géométrie ; on peut même dire que chaque dessin d'un animal, d'une plante, est l'expression d'une idée générique, puisqu'il représente l'espèce et non l'individu. Avec des réductions convenues, on trouvera ainsi des noms pour les objets que représentent nos substantifs, et pour les qualités. On parviendra de même à dessiner, sous une forme générale, et une action, et un état, et les rapports qui naissent soit du concours des objets entre eux, soit des opérations de l'esprit sur ces objets, à peu près de la même manière qu'on y est parvenu à l'aide des gestes. Mais, astreint, pour un si grand nombre de tableaux, à des lignes immobiles, diversement tracées et combinées, quel emploi ne faudra-t-il pas faire de la métaphore pour obtenir des signes qui puissent exprimer les innombrables abstractions de l'esprit humain, et combien aussi se réduira progressivement l'analogie si nécessaire pour conserver sa force à un langage semblable ! Telle est l'origine de l'écriture symbolique, idéographique, hiéroglyphique, celle de l'écriture chinoise.

Telle est la source des moyens où elles puisent; telle est la cause des difficultés dans lesquelles elles s'engagent, des nuages qui finissent par les environner : plus elles seront diffuses, et plus, alors, leur emploi sera embarrassant; plus, au contraire, elles aspireront à être concises, et plus alors elles deviendront obscures et vagues.

Ainsi le dessin, considéré comme peinture des idées, et l'écriture symbolique ou idéographique, ne sont que deux degrés successifs d'un même langage d'analogie, qui, commençant à l'imitation descriptive des formes sensibles, s'élève progressivement à l'expression métaphorique des notions abstraites et intellectuelles, en devenant plus concis par la réduction.

Le dessin, considéré comme langage proprement dit, ne doit avoir qu'une seule expression pour chaque idée; car son effet doit être sûr, son intelligence rapide : mais l'écriture symbolique, à mesure qu'elle s'éloigne de la simple imitation, peut prendre des routes diverses, et adopter des systèmes d'expression très différens.

On retrouve encore, dans les trois écritures de l'ancienne Égypte, les écritures hiéroglyphique, hiératique et démotique, trois états successifs par lesquels a passé l'écriture symbolique primitive, en subissant des réductions qui tendaient à la simplifier toujours davantage.

A mesure que l'empreinte des analogies primi-

tives s'est affaiblie dans l'écriture symbolique ou
idéographique, le sens des expressions qui composent cette écriture est devenu plus vague et
plus incertain : il ne s'est plus expliqué de lui-
même; il a donc fallu y suppléer par des conventions, confier en partie à la mémoire des interprétations que la seule inspection des figures tracées
ne pouvait plus suggérer. En s'éloignant de l'imitation, cette écriture n'a pas obtenu immédiatement
les avantages qu'on peut retrouver dans des signes
entièrement arbitraires et librement institués : elle
n'a pas eu, comme l'écriture alphabétique, un
petit nombre de figures élémentaires, dont les
combinaisons pussent varier à l'infini; il lui restait presque autant de figures qu'elle avait d'idées
à exprimer. Une telle écriture ne pouvait donc plus
être d'un usage vulgaire. En subissant les premières
réductions qui commençaient à la dénaturer, elle
est facilement devenue le privilége exclusif d'une
classe de la société. Dès que l'écriture symbolique
cessait d'être intelligible à la simple vue, elle s'enveloppait d'un mystère favorable à ceux qui voulaient s'en réserver le monopole, et qui, à cet
effet, ont réservé pour eux-mêmes la tradition
des analogies primitives qui seules pouvaient en
donner la clef. Entre les mains des castes sacerdotales, elle est devenue une écriture sacrée; et
les prétentions de ces castes, leur désir d'écarter
le profane vulgaire, a contribué à rendre les allé-

gories plus difficiles, les analogies moins sensibles, la construction des signes plus arbitraire.

Les diverses espèces d'écritures secrètes, de chiffres de correspondance, imaginées dans le dessein d'établir une communication exclusive entre deux ou plusieurs personnes, en même temps qu'on serait impénétrable aux autres, combinaisons sur lesquelles certains esprits se sont tant exercés, dans les siècles derniers, d'une manière assez oiseuse, et dont la diplomatie européenne a fait, du moins, un emploi utile, ne diffèrent de l'écriture symbolique, que parce qu'elles sont entièrement conventionnelles, parce que les conventions en sont l'unique origine.

Enfin, l'écriture symbolique, à son tour, en achevant de perdre tout caractère d'imitation, en se transformant en langage purement arbitraire et conventionnel, a pu redevenir un langage vulgaire dès que les conventions ont été elles-mêmes généralement reconnues, et tel est le caractère de l'écriture chinoise, par exemple.

Le P. Kircher, Wilkins, et d'autres, ont essayé d'imaginer un système d'écriture purement idéographique; ils ont espéré pouvoir écrire ainsi une langue véritablement philosophique, et arriver par là à l'institution d'une langue universelle. Mais la nature des choses s'est refusée et se refusera obstinément au succès de toute tentative de ce genre. Les notions mathématiques se prêtent seules, par l'homogénéité de leurs élémens, par la régularité de leurs combinaisons, à recevoir des signes qui réunissent tout ensemble, et la fidélité des analogies, et la simplicité nécessaire. Les idées qui appartiennent aux autres ordres de nos connaissances, se composant d'élémens variés entre eux, les assemblant suivant les rapports les plus divers, renferment ainsi des conditions trop nombreuses pour pouvoir être retracées dans des figures simples. Ces prétendues écritures philosophiques, universelles, n'ont donc été, en réalité, que des systèmes de signes fondés en partie sur des analogies très imparfaites, et en très grande partie sur des conventions proposées par leurs auteurs, et justement rejetées par le public auquel ils étaient offerts.

L'écriture symbolique n'existe plus dans nos langues modernes : on pourrait la rétablir pour le sourd-muet, si on le jugeait utile.

Le langage d'action a une étroite affinité avec le dessin considéré comme langage : les observations que l'un suggère s'appliquent en grande partie à l'autre. Déjà, comme on l'a pu remarquer, les arts du dessin empruntent beaucoup au langage d'action ; car, ils sont contraints, pour exprimer les sentimens et les pensées de l'homme, de faire jouer à leurs figures une sorte de pantomime ; pantomime fixe et immobile, il est vrai, mais conçue dans les mêmes principes. Ils donnent à leurs personnages les mêmes attitudes ; ils leur font exécuter les mêmes gestes ; ils mettent surtout en œuvre ces expressions du regard, ce jeu de la physionomie, qui, dans le langage d'action, remplissent un rôle si considérable.

Réciproquement, le langage d'action, dans les ressources qu'il emploie, emprunte beaucoup aux procédés des arts du dessin. Non seulement il commence par dessiner lui-même, autant qu'il lui est possible, les formes extérieures des objets ; mais, comme la peinture et la sculpture, il décrit les divers phénomènes naturels, à l'aide des effets ou des causes que leur assignent les lois de l'univers, autant qu'il a pu les observer. Il a, sur les arts du dessin, l'avantage de pouvoir peindre le mouvement, par une imitation directe. Mais il a des moyens beaucoup plus imparfaits et plus bornés, pour décrire les objets extérieurs et leurs propriétés visibles, comme un édifice, la scène d'un paysage, etc. S'il s'agit de produire aux regards les secrets de l'âme, le langage d'action surpasse, à son tour, les arts du dessin : un grand acteur sur la scène nous offre précisément les mêmes expressions qu'un grand peintre pourra tracer sur la toile ; seulement le second est réduit à saisir un instant unique, est contraint de s'y arrêter ; tandis que le premier fait succéder avec rapidité des expressions diverses, et, de leur succession, fait sortir encore un autre tableau,

L'intelligence du langage qu'emploient les arts du dessin doit être aussi prompte qu'infaillible ; il ne faut pas que le spectateur hésite un instant sur la pensée du peintre. L'intelligence du langage d'action est souvent incertaine ou difficile ; elle est sujette à beaucoup d'équivoque ; elle demande des observations beaucoup plus délicates. Dans le langage d'action, la peinture peut quelquefois se confondre avec la réalité.

On peut distinguer, dans le langage d'action, quatre degrés successifs.

Au premier degré, la pantomime n'est point encore le produit de l'art et de la réflexion : l'attitude, les mouvemens, le regard, l'expression de la physionomie, tous les élémens qui la composent, ne sont encore que l'effet et la suite des impressions reçues, des émotions de l'âme, des préoccupations de l'esprit : c'est un langage véritablement naturel ; celui qui l'emploie exprime ses sentimens, ses pensées, sans le vouloir, sans le savoir peut-être ; ce langage est entendu, de tous ceux qui en sont témoins, d'une manière aussi prompte qu'infaillible. Cette première espèce de pantomime est à l'usage de tous les hommes.

Au second degré, la pantomime prend le caractère d'un art ; elle est le fruit de la réflexion. Mais, cet art ne consiste qu'à observer les rapports qui existent entre les élémens du langage d'action, et les pensées ou les sentimens qu'il s'agit d'exprimer ;

et cette réflexion a pour objet de reproduire à dessein les attitudes, les mouvemens, les regards, les expressions de la physionomie, qui réveilleront ou ces sentimens, ou ces pensées. En même temps, cette pantomime conserve aux yeux de tous les spectateurs une fidélité assez exacte, pour que son interprétation soit aussi facile que générale. Cette seconde espèce de pantomime est celle que les comédiens de l'antiquité, les Bathylle, les Pylade, avaient portée à une si haute perfection; que nous voyons encore exécuter quelquefois sur la scène moderne, et qui, pour se faire comprendre, n'a pas besoin du secours de la parole.

Au troisième degré, la pantomime ne possède déjà plus par elle-même une vertu suffisante pour se faire entendre toute seule; les analogies sur lesquelles elle s'appuie sont trop incomplètes et trop indéterminées. Mais, elle s'associe avec un rare bonheur aux accens de la parole; elle leur prête une singulière énergie; elle les commente; elle y ajoute ce que les mots ne sauraient dire. C'est encore un art, un art auxiliaire, mais puissant : c'est l'art des Garrick, des Talma; c'est celui des orateurs.

Enfin, la pantomime peut se fonder aussi, ou en partie, ou en totalité, sur des conventions; soit que les signes d'analogie dont elle se compose, perdant, par les réductions qui les simplifient, la fidélité d'une imitation, aient besoin d'une convention pour remplacer dans la mémoire les liens d'association qui n'existent plus, soit que les conventions expresses donnent, dès l'origine, à ces signes, un caractère entièrement arbitraire, pour satisfaire à quelques besoins spéciaux de ceux qui les emploient.

En passant successivement par ces quatre degrés, le langage d'action subit précisément les mêmes révolutions qui ont amené les arts du dessin à engendrer l'écriture idéographique.

Le langage d'action, comme l'écriture symbolique, est constamment figuré; il n'est pas un seul des tropes énumérés par la rhétorique, qui ne lui soit familier : il est fort elliptique; il fait supposer beaucoup plus de choses qu'il n'en dit : car il ne lui est donné de peindre qu'un fragment plus ou moins borné du tableau qu'il veut reproduire. Il n'a en son pouvoir que des mouvemens et des formes, et seulement un certain nombre de formes et de mouvemens. Les signes conventionnels sont les seuls qui puissent jouir d'un sens rigoureusement propre et déterminé. L'acception des signes du langage d'action, aussi long-temps qu'elle n'est pas fixée par des conventions expresses, dépend donc plus ou moins des dispositions d'esprit de celui qui les emploie et de celui qui en est témoin.

Dès-lors, le langage d'action doit jouir de tous les avantages qui appartiennent en général à un langage figuré ; il doit aussi en subir les inconvéniens. Il sera donc doué d'une grande énergie ; il régnera puissamment sur l'imagination ; il s'adressera avec éloquence aux passions de l'âme ; mais il manquera d'exactitude, de précision et de netteté. Les idées qu'il réveillera conserveront toujours quelque chose de flottant, de vague, d'indéfini dans leur contour, et cela même ajoutera encore au charme de ses effets, à son caractère poétique. Il suffira d'ailleurs qu'il excite des émotions plus vives, pour qu'il laisse à la réflexion moins de calme et de liberté.

La pantomime présente, à beaucoup d'égards, le caractère d'un langage constant et universel ; mais elle conserve aussi, avant d'être fixée par les conventions, quelque chose d'individuel et de mobile. Son langage est universel et constant, en tant qu'elle se fonde sur des analogies qui frappent également tous les hommes, qui se montrent également fidèles et saillantes dans tous les temps. Mais son langage, obéissant nécessairement aussi aux inspirations spontanées, reçoit l'empreinte des circonstances au milieu desquelles il est produit, subit l'influence des dispositions, des passions de celui qui l'emploie ; se modifie suivant le point de vue dans lequel cet individu est placé. On connaît le trait de ce roi de Pont qui, étant venu à Rome, et en ignorant la langue, comprit cependant en entier la pantomime d'un acteur qu'il vit sur la scène. Lorsqu'en 1815, le sourd-muet Clerc accompagnant l'abbé Sicard, parut au milieu de l'Institut des sourds-muets à Londres, quelques gestes qu'il adressa à ses compagnons d'infirmité, subitement compris de tous, produisaient sur eux un effet électrique. Cependant, combien de différences dans les mœurs, les situations, les conditions locales! et si les manières de voir varient, les peintures doivent varier comme elles. Les analogies seront donc nécessairement quelquefois incertaines. L'impossibilité de tout peindre les rendant nécessairement incomplètes, elles deviendront souvent obscures.

Les ressources de l'analogie se restreignent d'autant plus que l'objet dont il s'agit de reproduire la peinture est plus éloigné des sens, qu'il est plus compliqué, qu'il suppose, pour être conçu, des opérations de l'esprit plus réfléchies; elles se restreignent aussi, d'autant plus qu'on a besoin d'un signe plus simple; car l'analogie ne s'obtient guère que par une imitation un peu circonstanciée. Plus le signe employé par le langage d'action se rapproche de l'original, comme une copie fidèle, et plus il sera nécessairement développé; au contraire, à mesure qu'il se réduira, il s'éloignera davantage de l'original, et laissera plus à deviner. Si donc nous supposons le langage d'action toujours uniquement fondé sur l'analogie, et privé de conventions régulières, il ne pourra fournir de signes simples pour des notions un peu complexes, et pour des notions élaborées par une abstraction un peu étendue. Il lui faudra, pour atteindre aux premières, une suite de descriptions détaillées; il lui faudra, pour saisir les secondes, un travail bien plus long encore. Car le langage d'analogie ne peut conduire à une notion abstraite, qu'en la restituant, si l'on peut dire ainsi, à l'ordre des images sensibles, sans qu'elle puisse cependant se confondre avec elles, c'est-à-dire qu'en faisant parcourir de nouveau à l'esprit la route qu'il avait suivie pour s'élever à l'abstraction, en le faisant remonter aux idées particulières dont elle a été extraite, pour en faire détacher les caractères communs. Il suffit d'ouvrir le *Dictionnaire des Signes* de l'abbé Sicard, pour voir à quel prodigieux appareil de pantomime on est forcé de recourir pour exprimer les notions qui appartiennent à des combinaisons ou à des généralisations de quelque étendue : c'est en vain qu'on demanderait à un professeur d'exposer, par les moyens de son art, un théorème de géométrie, ou de traduire une phrase de quelqu'un des traités d'Aristote.

Le langage d'action, en tant qu'il reste renfermé dans l'enceinte de l'analogie, appartient nécessairement au domaine de l'intuition; il nous place toujours en présence des objets ou des images; il ne peut, dans le premier état où nous le considérons, offrir ce genre de signes, qui, comme ceux de l'algèbre, ne représentent que des signes qui subissent ensuite diverses transformations, qui résument ainsi des chaînes entières d'idées, et qui sont indispensables pour les théories scientifiques.

Nous avons un exemple familier et sensible de la puissance et de la richesse du langage d'action dans la pantomime exécutée sur nos théâtres, et qui ordinairement se combine dans les ballets avec la danse ; la danse est déjà par elle-même une sorte de pantomime imparfaite. Mais là, aussi, nous touchons au doigt les limites de ce langage, et nous expérimentons par nous-mêmes ce qu'il a de vague, ce qu'il peut avoir d'obscur, dès qu'il aspire à s'étendre. Aussi la pantomime est-elle généralement appelée à servir de compagne à la parole ; telle semble être sa vraie et naturelle destination. Alors elle s'explique pleinement par son concert avec le discours ; elle le confirme, le commente, lui prête toute l'énergie qui lui est propre : elle est l'art des grands acteurs. Plus on aspire à agir sur l'imagination, à produire des illusions, et plus on accordera de latitude à cette espèce d'accompagnement de la pantomime. Il faudra, au contraire, s'imposer, à cet égard, une sobriété d'autant plus sévère, qu'on s'adressera plus exclusivement à la raison et à la réflexion.

Quelle que soit l'habileté d'un acteur dans l'art de la pantomime, il sera dépassé de beaucoup par un sourd-muet de naissance, non dans l'expression des sentimens intimes de l'âme, mais dans la peinture des événemens extérieurs, et dans le talent de caractériser les propriétés visibles des objets.

Les peuples dont la civilisation est encore peu avancée, les individus des conditions inférieures de la société chez lesquels l'empire des sens conserve plus de force, dont les passions conservent plus de véhémence; les nations douées d'une imagination plus vive, comme celles qui habitent les climats méridionaux, font du langage d'action un emploi beaucoup plus abondant. Chacun de nous y recourt aussi davantage dans les momens où il éprouve des émotions profondes. Quelque part que nous apercevions ce langage, sous quelque point de vue que nous l'envisagions, il se montre donc à nous comme éminemment poétique, mais aussi comme bien moins propre à éclairer qu'à émouvoir.

Mais le langage d'action peut devenir aussi un langage conventionnel : alors il acquerra un nouveau caractère; il se revêtira de propriétés nouvelles, en perdant celles dont il jouissait précédemment. Alors, au lieu d'être, en chaque circonstance, le produit subit d'une inspiration toute spontanée, il obtiendra une stabilité qui lui était inconnue; il recevra des lois fixes; il aura son dictionnaire, sa syntaxe. Tout geste, toute disposition de la main et des doigts, peut recevoir une valeur entièrement arbitraire, par une convention expresse, et cette valeur, une fois convenue, sera maintenue par l'habitude. De même, aussi, ce qui manquait à des analogies trop incomplètes, pour rappeler, avec certitude, l'objet qu'il s'agissait d'exprimer, sera suppléé par la convention. Il y aura donc et des signes purement arbitraires, et des signes qui conserveront encore une empreinte plus ou moins légère des objets. Une fois entré dans cette carrière, le langage d'action pourra fournir, à volonté, suivant les conventions qui seront établies, des signes simples pour les idées les plus complexes, pour les notions les plus abstraites : il pourra fournir des signes destinés seulement à représenter d'autres signes; il suffira pour cela de suivre l'ordre généalogique de la formation de ces idées, de ces notions, ou bien de rattacher au signe nouveau *de la seconde puissance,* si l'on nous permet cette expression, les sujets d'intuition qu'il doit remplacer; on pourra également conférer ces valeurs nouvelles aux signes du langage d'action, par des traductions directement tirées de nos langues artificielles, si déjà on est en possession de ces langues. Mais il est évident que le langage d'action, à mesure qu'il s'avancera dans cette voie, perdra inévitablement et graduellement ce caractère d'analogie qui lui appartenait dans sa condition primitive. Plus il voudra emprunter les propriétés de nos langues artificielles, plus il sera contraint de recourir, comme elles, à des conventions arbitraires. S'il lui

reste encore quelque chose de cette analogie qui
autrefois en faisait une sorte de peinture, et lui
permettait de s'expliquer par lui-même, il n'en
jaillira plus qu'une faible lueur, bien plus propre à
égarer qu'à conduire dans l'intelligence du sens des
signes : ce serait se proposer un problème inso-
luble et contradictoire, que de prétendre conserver au langage d'action ce caractère qui se fondait sur l'imitation, et lui faire obtenir en même
temps les prérogatives dont les langues conventionnelles sont redevables à l'art qui régit leur
formation.

Le langage d'action, conduit par des réductions
successives à perdre le caractère d'analogie nécessaire pour qu'il puisse s'expliquer par lui-
même, et à emprunter ainsi le secours des conventions, ressemble à l'écriture idéographique lorsqu'elle a dégénéré et ne conserve plus la fidélité
du dessin ; le langage d'action, fondé sur les simples conventions, ressemble aux écritures secrètes,
aux chiffres de correspondance. La pantomime,
en cherchant à se simplifier, mais en cessant de
parler aux yeux, correspondrait véritablement à
l'écriture chinoise.

Nous n'hésiterions point à penser que s'il existait
un peuple de sourds-muets, dans un pays quelconque, ce peuple ne pût parvenir, de génération
en génération, à se composer un langage d'action
artificiel qui, avec le secours des conventions, em-

prunterait peu à peu les propriétés de nos langues.
Déjà nous avons remarqué que les sourds-muets
instituent entre eux un grand nombre de signes
conventionnels : ils font les premiers pas dans la
carrière ; avec le temps ils y avanceraient. Nous
avons cité l'exemple rapporté par Desloges ; s'il faut
en croire le témoignage de ce sourd-muet, « il y
« avait de son temps des sourds-muets de naissance,
« qui ne savaient ni lire, ni écrire, qui n'avaient
« jamais assisté aux leçons de l'abbé de l'Épée, les-
« quels avaient été trouvés si bien instruits de leur
« religion par la seule voie des signes, qu'on les a
« jugés dignes d'être admis aux sacremens de l'É-
« glise, même à ceux de l'eucharistie et du ma-
« riage (1) ». Du moins est-il certain qu'un maître
habile et instruit, mis en rapport avec un sourd-
muet de naissance, pourrait, de concert avec son
élève, construire toute une langue artificielle, avec
les gestes, sur le type de nos propres langues, sans
avoir besoin de lui enseigner celles-ci : il lui suffirait
d'ériger, de proche en proche, un signe emprunté
au langage d'action, par une convention formée
avec son élève, partout où nos langues ont pris
une expression dans la parole. Le maître ferait
surgir l'idée dans l'esprit de son élève, à l'aide des
signes déjà connus et communs entre eux, et cette

(1) *Observations d'un Sourd-Muet, etc.*, page 14.

idée, à son apparition, recevrait d'eux un nom dans la langue des gestes. Le dictionnaire de cette langue nouvelle serait calqué sur les nôtres. La phrase aussi se constituerait comme la nôtre, en tout ce qui ressort du moins des règles de la grammaire générale; mais les modes de sa construction et les formes que les termes doivent recevoir pour s'y plier, seraient, comme dans nos langues, l'objet de conventions spéciales qu'on serait libre d'emprunter à celles-ci, ou de rendre plus simples.

Il n'est pas douteux aussi que le sourd-muet, en possession d'un langage construit sur ce plan, et sans être aucunement initié à nos langues elles-mêmes, ne trouvât dans son langage nouveau, à peu près les mêmes ressources que nous offrent nos langues, pour la formation des idées et les diverses opérations de l'intelligence, du moins en tout ce qui concerne le travail solitaire de la pensée. Mais le second but essentiel qu'on se propose dans l'éducation du sourd-muet serait entièrement manqué : car, par ce langage artificiel, il ne pourrait communiquer qu'avec son maître seul, ou avec ceux qui auraient eu la patience d'apprendre aussi ce même langage; et quels seraient ceux qui se voueraient à une telle pratique, uniquement pour converser quelquefois avec un sourd-muet ? Il arriverait aussi de là, par contre-coup, que le premier but lui-même de l'instruction du sourd-muet ne se

1.

trouverait que bien imparfaitement rempli. Car
c'est surtout dans les entretiens prolongés avec les
autres hommes, soit à l'aide de la parole, soit dans
les livres, que s'exercent en nous les opérations de
l'intelligence : ils sont rares ceux qui se forment
eux-mêmes par la méditation solitaire, et le temps
qu'ils donnent à cette méditation est même, chez
la plupart, moins considérable que celui pendant
lequel ils profitent encore du commerce de leurs
semblables.

Il ne faut pas s'étonner, au surplus, si les hommes,
dans l'adoption d'un langage artificiel, ont préféré
les instrumens matériels que leur offrait la parole
et l'écriture, à ceux qu'ils pouvaient trouver dans
le langage d'action, et s'ils ont laissé à celui-ci le
rôle d'un simple auxiliaire : car, dans l'usage habituel, la parole et l'écriture ont, chacun de leur
côté, sur le langage d'action, des avantages sensibles.

La parole trouve l'organe de l'ouïe entièrement
libre ; la fonction principale et presque exclusive
de cet organe consiste à recueillir les sons que la
parole lui envoie ; l'ouïe les recueille, à chaque instant, dans l'obscurité comme dans le jour ; elle les
recueille même lorsqu'on ne peut voir celui qui
parle ; elle les recueille sans que le travail manuel
en soit interrompu, en conservant l'entière disposition de tous nos membres ; elle les recueille
sans que l'attention soit à la fois partagée par d'au-

tres sons. L'organe de la parole, aussi, semble n'avoir aucun autre office que celui de servir aux entretiens; il remplit cet office sans interrompre aucune occupation, aucun jeu des autres organes. Mais l'œil, auquel le langage d'action s'adresse, embrasse mille autres objets en même temps que les gestes; il en est distrait pour peu qu'il remarque ces objets; il peut être contraint à cette distraction. De même aussi les mains, l'ensemble même du corps, occupés au langage d'action, interrompent leurs occupations ordinaires, suspendent le travail; de tels exercices ne peuvent être continus, ne peuvent avoir lieu à chaque instant.

L'écriture alphabétique a, sur le langage d'action, l'avantage d'être fixe, de pouvoir se transmettre à travers la distance des temps et des lieux; et cet avantage est immense par ses suites. Elle se détache dans le cadre où elle est tracée. Celui qui écrit voit mieux que celui qui fait des gestes, les signes qu'il produit. Les caractères de l'écriture offrent un point de repos mieux marqué à l'attention.

Enfin, la parole et l'écriture alphabétique puisent un avantage considérable dans l'harmonie qui s'établit entre elles, et qui leur permet de se servir de miroir l'une à l'autre.

Mais une semblable harmonie ne pourrait-elle s'établir entre le langage d'action et l'écriture

symbolique? C'est ce que nous aurons occasion
d'examiner plus tard.

Nous supposions, il y a un instant, qu'un maître
instruit et habile avait aidé un sourd-muet à se
composer, avec des gestes, un langage artificiel
sur le modèle de nos langues; mais que ce maître,
tout en guidant son élève d'après l'exemple de
nos langues, n'avait aucunement fait connaître
ces langues elles-mêmes à l'élève. Imaginons maintenant une supposition toute contraire : supposons
que le maître dressât pour son élève un catalogue
plus ou moins étendu de mots écrits appartenant à nos langues; qu'il exerçât cet élève à lire
mécaniquement ces mots; qu'il l'exerçât aussi à
écrire et à reproduire ces mots par écrit, mais
sans lui en révéler la valeur dans la pensée; qu'en
même temps il attachât à chaque mot un signe
du langage d'action par une convention tout arbitraire. On conçoit qu'en répétant le geste convenu, l'élève montrerait le mot écrit, l'écrirait à
son tour, mais sans avoir toutefois aucune intelligence des mots qu'il aurait ainsi retracés sous
la dictée. Le maître pourrait en faire autant pour
les désinences, pour la construction, pour toutes
les règles de la syntaxe, attacher à chacune
un signe convenu. Alors il dicterait aussi des
phrases entières; l'élève les transcrirait fidèlement, mais sans attacher aucun sens à toute cette
opération.

Imaginons enfin une troisième et dernière supposition. Le maître, comme dans la première, aide son élève à se composer un langage d'action artificiel, sur le type de nos langues; comme dans la seconde, il offre à son élève le catalogue des mots de nos langues et les règles de notre syntaxe; mais il met en rapport ces deux systèmes de langage, par la valeur qui leur est commune dans la pensée; en sorte qu'une même idée, s'exprimant à la fois dans les deux systèmes, serve à les lier entre eux, et que ceux-ci deviennent la traduction l'un de l'autre. Le langage d'action deviendra alors, à notre langue écrite, pour le sourd-muet, ce que la langue maternelle est, pour un jeune enfant, à une langue étrangère qu'on veut lui faire apprendre aussi de très bonne heure.

Si l'élève sourd-muet ne possédait que son langage d'action, on n'aurait que les termes connus du langage d'action, pour former les conventions nouvelles; mais, à mesure qu'on lui aura enseigné aussi les termes de nos langues écrites, suivant la marche indiquée dans notre troisième supposition, on pourra également, pour chaque nouveau terme conventionnel qu'il s'agira, ou de créer dans son langage d'action, ou de lui enseigner dans nos langues écrites, expliquer le nouveau terme du langage conventionnel par les termes du même langage, ou par ceux de nos langues déjà connus; il en sera de même pour lui expli-

quer les termes nouveaux de nos langues écrites :
ces deux moyens s'aideront ou se suppléeront réciproquement.

Ces deux dernières suppositions trouveront bientôt leur application dans l'exposition des procédés
imaginés pour instruire les sourds - muets de
naissance.

# CHAPITRE XI.

*L'écriture alphabétique et la parole, comparées entre elles. — Application aux sourds-muets de naissance.*

Comme les arts d'imitation se sont naturellement divisés en deux branches, dont l'une s'adresse à l'ouie, et l'autre à la vue, le langage artificiel, dérivé en partie du même principe, s'est emparé aussi de deux instrumens, la parole et l'écriture.

La parole et l'écriture furent, dans l'origine, indépendantes l'une de l'autre ; chacune aspirait à représenter directement la pensée humaine. Alors l'écriture eut à sa disposition des analogies bien plus marquées, plus variées. La parole pouvait à peine emprunter quelques moyens d'imitation à la mélodie ; mais l'écriture était un véritable dessin, dessin grossier, il est vrai, parce qu'il avait besoin d'être rapidement exécuté.

Ne nous étonnons cependant point de la faveur prononcée qui fut dès-lors accordée à la parole, comme un moyen de communication sociale : elle seule n'avait besoin d'emprunter aucun instrument matériel extérieur ; elle seule était, en tout temps, en tous lieux, à la disposition de l'homme. Les deux organes destinés à son service, l'un

pour la produire, l'autre pour l'entendre, semblaient n'avoir pas d'autre office. Constamment
libres pour la servir, ils remplissaient leurs fonctions sans détourner l'homme d'aucun travail,
d'aucune action. Les élémens de la parole, simples, faciles à émettre, à saisir, se produisent et se
succèdent avec une rapidité singulière, et peuvent
former des combinaisons inépuisables. Si chaque
élément de la parole, pris isolément, est rarement
doué d'une propriété d'analogie qui lui permette
de peindre quelque élément de la pensée par la
puissance de l'imitation, les accens de la voix humaine ont, dans leur propriété commune, dans
leur suite et leur ensemble, une sympathie merveilleuse et cachée avec ce qu'il y a de plus intime
dans notre nature, ce qu'il y a de plus humain
dans l'homme, si l'on nous permet de dire ainsi.
Ils semblent partir du fond de l'âme, pénétrer
directement, et retentir au fond de l'âme. La parole reçoit, par le ton dont elle est prononcée,
par les inflexions qui l'accompagnent, diverses
modifications qui expriment aussi les nuances les
plus délicates de la manière d'être affecté. La parole est animée, vivante; tour à tour tendre, me-
naçante, impérieuse, légère, grave, gracieuse,
passionnée ou calme, elle propage, par une sorte
de talisman, les dispositions dont elle émane. Elle
a un charme qui lui est propre, une sorte même
d'éloquence naturelle; elle se rapproche plus ou

moins du chant, se confond à volonté avec lui, et, dans cette alliance, s'associe à tout ce que la mélodie a de puissance pour émouvoir, plaire et captiver; elle s'aide enfin de mille secours que lui prêtent, et le regard, et le jeu de la physionomie, et le débit, et la pantomime tout entière, qui peuvent l'environner comme un accompagnement d'une inépuisable variété, et se mettre dans une complète harmonie avec elle.

Nous avons vu, dans le Chapitre précédent, que les caractères de l'écriture idéographique, conservant encore dans leur fonction primitive, le privilége d'être une expression directe et immédiate de la pensée, avaient l'avantage de trouver dans les contours du dessin un moyen naturel d'imitation; mais ils ont dû perdre bientôt un avantage aussi précieux. L'art nécessaire pour leur conserver ces analogies exigeait une certaine habileté et quelque loisir. Pour les images les plus familières même et les plus sensibles, on ne pouvait s'arrêter à entreprendre un dessin régulier. A mesure que les idées devenaient plus complexes ou abstraites, il devenait plus difficile encore d'exécuter ces espèces d'esquisses, de leur conserver tout ensemble, et une certaine fidélité aux idées, et la simplicité nécessaire à un signe. Pour les notions de l'ordre intellectuel et moral, il fallait recourir à des allégories plus ou moins heureuses, mais toujours plus ou moins incertaines. Ainsi, l'écriture devint un langage symbolique. Plus l'usage de ce genre d'écriture devait être habituel et journalier, et plus on avait besoin d'en rendre l'emploi plus rapide, d'en rendre ainsi les signes plus simples, et par conséquent d'affaiblir les traits de l'analogie dont ils avaient reçu l'empreinte. L'art difficile d'exécuter promptement cette écriture dérivée du dessin, ne put être cultivé que par un petit nombre d'hommes; les traces de l'analogie, plus ou moins effacées, ne purent être reconnues aussi que par un petit nombre d'hommes très exercés à les étudier. Ces hommes suppléèrent entre eux, par des conventions expresses ou tacites, à l'imperfection de ces ébauches, et purent ainsi simplifier encore ce langage, mais en le rendant toujours moins intelligible pour le vulgaire. C'est ainsi qu'il devint une sorte de prérogative réservée aux lettrés, ou aux castes sacerdotales, là où elles conservaient le privilége de l'instruction. Les radicaux de l'écriture chinoise, dérivés du dessin, exprimaient primitivement les images sensibles, par une peinture informe, et les idées d'un ordre plus relevé, par des allégories : chaque mot de cette écriture est comme une sorte de définition qui, par la combinaison de ses radicaux, doit conduire l'esprit à reconnaître la classe, le genre, la spécialité de l'objet qu'il désigne. L'étude de cette écriture consomme la vie entière, c'est précisément parce qu'elle est très savante : apprendre à lire, pour un Chinois, c'est apprendre les choses. Les trois écritures primitives des Égyptiens semblent n'être, comme nous l'avons dit, que trois degrés successifs de réduction d'un dessin imparfait. Ce fut précisément le caractère d'imitation dont les signes de l'écriture semblaient jouir dans l'origine, et sur lequel on s'appuya pour les employer comme expression de la pensée, qui rendit leur emploi si incommode dans l'usage.

Une révolution complète s'opéra dans ce système de figures, par l'invention de l'écriture alphabétique. Cette révolution eut, entre autres, l'immense avantage d'enlever à une classe privilégiée le monopole du langage écrit, de rendre ce langage accessible au vulgaire, en le dépouillant de ses acceptions mystérieuses, pour le réduire à n'être que la peinture du langage articulé dont le vulgaire était en possession.

L'écriture, dans cette révolution, perdit beaucoup de sa dignité ; elle se trouva réduite à un rôle secondaire. La parole s'empara en quelque sorte de cette fixité qu'elle enviait jusqu'alors à sa rivale ; elle put franchir les limites des lieux et des temps.

Il est possible que l'on n'ait pas passé tout d'un coup de l'écriture symbolique à l'écriture alphabétique, et que des caractères syllabiques aient servi de transition de l'une à l'autre. Cette marche semble avoir dû s'offrir naturellement à l'esprit humain, et l'histoire de plusieurs langues donne, en effet, quelque probabilité à cette hypothèse. Fatigués de l'immense complication des signes introduits dans l'écriture symbolique, et les voyant chaque jour prendre un caractère plus arbitraire, les hommes les plus habiles envièrent à la parole l'extrême simplicité de ses élémens, et remarquant d'abord comment elle forme une foule de mots avec un nombre déterminé de syllabes, ayant déjà des caractères écrits qui correspondaient à certaines syllabes, dans l'expression des idées désignées par des mots monosyllabiques, ce qui s'appliquait à presque tous les radicaux de la langue, on n'eut besoin que de généraliser un moyen qui s'offrait de lui-même.

Ce premier pas une fois fait, le second devint facile : il ne s'agissait que de suivre les mêmes observations, et de les appliquer aux derniers élémens de la parole. Si, comme semblent l'annoncer les belles recherches de M. Champollion le jeune, les noms propres ont été, même dans quelques systèmes d'écriture symbolique, traduits par un alphabet phonétique, faute d'avoir des symboles reconnus pour les désigner, cet exemple encore aura mis sur la voie, et il aura suffi d'en faire une application générale.

Mais, lorsque cette révolution fut accomplie, il devint inutile de conserver aux caractères de l'écriture aucune analogie avec les objets qu'ils avaient primitivement exprimés. Ils n'eurent plus qu'un seul but : celui de se plier en tout aux besoins de la parole, et de suivre en tout les combinaisons que les élémens de la parole avaient formées.

Il est évident que, même dans cet état nouveau, les caractères de notre écriture alphabétique pourraient encore servir à représenter immédiatement la pensée, comme tous autres signes de convention, pourvu qu'on prît en effet la peine d'établir la suite de conventions qui serait nécessaire. Mais notre écriture présente, ayant été conçue uniquement dans le but de peindre la parole, n'a plus aucune des propriétés qu'elle possédait dans l'origine pour représenter les idées. Elle n'a plus rien de symbolique, de pittoresque. Ses élémens, les caractères isolés, sont sans aucune valeur relativement à la pensée; la plupart même de ses combinaisons, binaires ou ternaires, c'est-à-dire les plus simples, sont également sans valeur idéale. Quel prodigieux appareil de figures ne lui faut-il pas pour exprimer l'image la plus simple, celle d'une *prairie*, par exemple, celle d'un *ruisseau!* Ces appareils de signes n'ont plus d'analogie, ni avec les objets, ni entre eux. Aucun des sept ou huit caractères qui entrent dans la composition des mots *prairie* et *ruisseau* n'a le moindre rapport avec les élémens des images qui expriment ces deux termes. Ainsi, pour rendre à l'écriture alphabétique une valeur directement *idéographique*, on ne peut employer qu'une suite de conventions absolument arbitraires.

L'écriture, même en tant qu'écriture alphabétique et comme peignant la parole, est privée, dans l'usage habituel, de plusieurs avantages que nous avons remarqués dans la parole. Elle demande des instrumens extérieurs, une matière qu'on n'a pas toujours sous la main; elle demande, pour être tracée, beaucoup plus de temps; elle suppose aussi plus d'habileté et d'application; elle occupe à la fois et les yeux et les mains; elle retient le corps immobile; elle force ainsi de suspendre tout autre travail : elle absorbe entièrement l'attention de celui qui l'emploie; elle absorbe aussi celle du lecteur qui la déchiffre : c'est une affaire. Notre écriture alphabétique n'a rien d'ailleurs par elle-même qui flatte ou les sens ou l'imagination; elle est froide, aride; elle n'emprunte rien aux beaux-arts : on n'y recourt que lorsqu'on y est obligé.

Une autre circonstance procure à la parole une immense supériorité sur l'écriture, dans l'éducation de l'homme. L'enfant peut s'exercer, dès le berceau, à entendre, à parler la langue articulée; c'est sa première étude; et, comme elle est celle qui doit introduire à toutes les autres, elle est heureusement aussi celle dont il est le plus tôt capable. Il n'en est pas ainsi de l'écriture : il faut qu'il ait atteint déjà un certain âge, pour être capable de lire et d'écrire. Encore est-il heureux, pour lui enseigner à lire, que la langue articulée, déjà familière à son oreille, vienne lui aider à démêler ces figures bizarres qui composent nos mots écrits, à l'aide des rapports qui s'établissent entre l'un et l'autre. D'ailleurs, si, pour l'enfant, l'étude de la langue articulée est un exercice continuel autant que rapide, qui a lieu pour lui sans enseignement direct : la lecture, l'écriture, demandent au contraire un enseignement direct, *ex professo*, lent, interrompu. La parole se lie sans cesse à tout ce qu'il voit, à tout ce qui se passe autour de lui : l'écriture reste isolée, et ne se définit que par l'interprétation explicite. Les repas, les promenades, les plaisirs, le travail, tout se prête aux exercices de la parole et les commente au besoin; pour l'écriture, l'élève n'a que sa leçon. Un enfant passerait un siècle au sein de sa famille, qu'il n'aurait pas occasion d'acquérir, dans le commerce de ceux qui l'entourent, pour l'intelligence de l'écriture, l'expérience qu'il y acquiert en un mois pour l'intelligence de la parole.

L'écriture ne pouvant jouir pour le sourd-muet de la propriété nouvelle dont elle est investie dans nos sociétés présentes, ne pouvant servir à lui peindre cette parole qui n'existe point pour lui, on a dû concevoir l'idée simple et naturelle de res-

tituer du moins pour lui, à l'écriture, sa propriété
primitive, en la ramenant à représenter directement la pensée, comme elle en avait la prérogative
dans l'origine. Mais, comme il a fallu cependant
donner au sourd-muet notre écriture telle qu'elle
est, puisqu'il s'agissait de lui donner une langue
commune avec nous, dans l'étude et l'usage de cette
écriture, il subit tout à la fois et les inconvéniens
qui lui sont attachés, même pour nous qui enten-
dons et parlons, et ceux qui naissent de la circonstance particulière que nous venons d'exposer; en
sorte que pour lui, à cette infériorité dont l'écriture alphabétique était atteinte comparativement
à la parole, se trouve jointe l'incommodité d'un
ordre de signes qui avait été destiné à un autre
usage, institué pour peindre la parole, et non pour
peindre immédiatement la pensée humaine. N'ayant
pas d'autre moyen pour atteindre à la connaissance
de nos langues, il ne pourra y parvenir par la seule
influence des circonstances au sein de sa propre
famille, comme l'enfant qui entend et qui parle; la
seule marche qui lui reste possible, sera lente et
difficile.

En vain voudrions-nous, par un régime spécial,
donner, pour le sourd-muet, à l'exercice de la lecture et de l'écriture, la même continuité, la même
rapidité dont la parole jouit pour l'enfant ordinaire. Les signes de l'écriture sont compliqués;
l'exécution demande quelque soin; il faut avoir à

sa disposition une planche ou du papier, une ardoise, un crayon ou une plume : c'est peu encore : cet exercice occupe précisément l'œil et le bras, l'un qui dirige, l'autre qui exécute toutes nos actions ; il est donc incompatible avec toute autre occupation quelle qu'elle soit, même avec tout plaisir ; d'ailleurs cet exercice ne pourra commencer pour un enfant, qu'à un âge déjà un peu avancé ; enfin il n'aura guère lieu qu'avec le maître. Qui aura le loisir ou la patience d'être sans cesse armé d'une tablette, et de tout abandonner, pour s'entretenir avec un pauvre enfant, surtout quand son instruction étant seulement commencée, on aura beaucoup de peine à s'en faire entendre?

Cependant le langage tracé par écrit a aussi ses avantages qui lui sont propres, et le sourd-muet en pourra profiter, si l'on a réussi, en effet, à le mettre en possession de la langue, à l'aide de l'écriture. Grâces à cette stabilité, à cette immobilité qui lui est propre, l'écriture prête à l'attention de l'esprit l'appui le plus favorable. On juge beaucoup mieux sa pensée, lorsqu'on a essayé de l'écrire ; on la contemple à son aise ; on la retient présente ; on la réforme ; on l'essaie ; on se corrige ; on revient encore sur sa pensée, sur la suite de ses pensées, quelque temps après qu'elle avait été connue ; on la revoit dans des dispositions nouvelles, sous un autre point de vue ; on embrasse mieux l'ensemble et les rapports d'une combinaison d'idées ; on peut

I.

saisir la combinaison la plus vaste; on y porte plus
d'ordre; l'esprit acquiert plus d'étendue, en conservant plus de calme : écrire, c'est presque méditer
à son insu; rien du moins ne seconde mieux le
travail de la méditation. En lisant aussi, on est
moins facilement distrait qu'en écoutant; on lit
plus rapidement; mais on s'arrête à volonté; on
revient sur ce qu'on avait déjà lu; on compare.
On est condamné à subir les entretiens des personnes avec lesquelles on se trouve, quelque vides
et stériles qu'ils soient; mais on peut choisir ses
lectures; on entre ainsi dans une sorte d'entretien
et de commerce avec les esprits les plus distingués.
Une fois parvenu à certain degré d'instruction, on
acquiert beaucoup plus par l'étude des livres, que
par la conversation des autres hommes.

# CHAPITRE XII.

## *Des alphabets manuel, labial, guttural. — De quelques espèces de signes auxiliaires.*

Un simple jeu employé par nos écoliers pour s'entretenir en silence et à distance, est devenu, pour l'instruction des sourds-muets, un procédé si important, qu'il a été presque élevé à la dignité d'un art. On a donné le nom de *dactylologie* à l'alphabet manuel, qui a pour objet d'imiter plus ou moins fidèlement, par diverses positions de la main et des doigts, les différens caractères de l'écriture. On a soumis ce jeu à des règles; on en a fait le sujet d'ouvrages didactiques, et ces positions ont été peintes et fixées dans des gravures.

La dactylologie est, en effet, à l'écriture alphabétique, ce que celle-ci est à la parole. Calquée sur l'écriture, elle la représente précisément comme l'écriture représente la parole.

Mais, dans l'alliance entre la dactylologie et l'écriture, l'utilité réciproque de ces deux ordres de procédés, est en même temps l'inverse de celle que nous avons remarquée dans l'alliance entre l'écriture et la parole.

En effet, l'office de la dactylologie consiste à

rendre à l'écriture cette mobilité dont jouissait la
parole, et que la première a perdue en se fixant
dans les caractères peints. La dactylologie est une
écriture affranchie de l'appareil matériel et des
conditions nécessaires pour l'emploi de la plume
ou du crayon; l'on en porte tous les instrumens
avec soi. Elle se prête ainsi aux entretiens familiers;
elle offre son secours en tout temps, en tout lieu.

C'est pourquoi la dactylologie ne peut guère être
qu'un jeu pour ceux qui possèdent déjà, dans la
parole, un moyen de communication encore plus
facile et plus approprié à toutes les circonstances.
C'est pourquoi aussi elle devient une ressource essentielle à ceux qui sont privés de la parole : elle
leur rend une portion des avantages attachés à
celle-ci; elle supplée pour eux à l'écriture, lui
donne en quelque sorte une extension nouvelle.

Toutefois la dactylologie est bien loin d'offrir
tous les avantages dont la parole jouit; elle perd
en même temps une portion de ceux qui faisaient
le privilége de l'écriture. D'un côté, elle est bien
moins rapide que la parole; elle est dépourvue de
cette expression qui appartient à la voix humaine,
et de l'infinie fécondité que l'âme y trouve pour
peindre tous les sentimens qui l'affectent; elle n'a
rien de cette harmonie, de ce charme secret, de
cette puissance d'imitation dont la parole est pleine;
son emploi, d'ailleurs, force de suspendre presque
tout travail et toute action. D'un autre côté, elle

n'a point cette fixité qui rend l'écriture si favorable aux opérations de la réflexion ; elle ne peut
déployer ses signes que d'une manière successive ;
elle ne saurait composer, comme l'écriture, ces
vastes tableaux que l'attention embrasse simultanément et parcourt en tous sens avec une entière
liberté.

La dactylologie partage quelques uns des inconvéniens de la parole, et quelques uns de ceux de
l'écriture : fugitive, comme la première, elle est
compliquée dans ses formes, comme la seconde.

On conçoit que la dactylologie pourrait obtenir,
comme l'écriture, et au même titre, la fonction
de représenter directement la pensée, et devenir
*idéographique,* quoique sans être aucunement
symbolique. Il suffirait, dans l'instruction du
sourd-muet, ou de renverser l'ordre, et d'employer l'alphabet manuel le premier, pour le traduire ensuite en caractères écrits, ou même de
s'abstenir de l'usage de l'écriture. On associerait
directement les idées aux mots dactylologiques.
Mais cette manière de procéder présenterait quelques difficultés : l'attention aurait quelque peine
à donner aux mots dactylologiques, épelés nécessairement avec lenteur, cette unité simple et détachée qui doit servir de pivot à la pensée. D'un
autre côté cette manière de procéder serait peu
utile ; le ministère de l'écriture se prête bien mieux
au travail de l'enseignement des langues, comme

à l'interprétation des termes qui les composent.

Le mouvement des lèvres peut aussi, en partie
du moins, remplir, relativement à la parole, un
office analogue à celui que nous venons de considérer dans le mouvement de la main et des doigts.
Il peut, sinon figurer les élémens alphabétiques
de la parole et de l'écriture, du moins annoncer
et retracer le jeu d'une portion de l'organe vocal,
quand il profère ceux de la parole articulée. On a
vu souvent des personnes atteintes de surdité
s'appliquer à lire sur les lèvres des personnes avec
lesquelles elles s'entretenaient, sans pouvoir les
entendre. A force de soins et de persévérance,
elles s'étaient exercées à discerner habilement les
configurations aussi rapides que délicates, que reçoit cette portion de la physionomie humaine,
suivant les intonations ou les articulations qui
sont prononcées. Ces personnes s'étaient composé
de la sorte une nouvelle espèce d'alphabet, que
l'on pourrait appeler un *alphabet labial.* Zwinger
raconte qu'OEcolampade avait, à Bâle, un écolier
sourd qui le comprenait des yeux (1). Waller, dans
les *Transactions philosophiques* (2), raconte qu'un
frère et une sœur, devenus sourds tous les deux
dès l'enfance, habitant la même ville que lui,
connaissaient tout ce qu'on leur disait, d'après le

(1) *Physiol. méd.*, c. 25.
(2) N° 313.

mouvement des lèvres, et y répondaient exactement. L'évêque Burnet donne un récit semblable sur la fille de M. Goddy, ministre à Genève, et devenue sourde à l'âge de deux ans (1) : « Le « monde, dit le célèbre Lecat, est plein de sourds « à qui on fait entendre ce qu'on veut. Il y avait, « en 1700, une marchande à Amiens, qui compre- « nait tout ce qu'on lui disait, en regardant seule- « ment le mouvement des lèvres de celui qui lui « parlait; elle liait de cette façon les conversations « les plus suivies. Ces conversations étaient encore « moins fatigantes que les autres; car on pouvait « se dispenser d'articuler les sons : *il suffisait de* « *remuer les lèvres*, comme on le fait quand on « parle. » (2)

Toute personne atteinte de la surdité et déjà habituée au langage articulé, pourrait se créer la même ressource; elle y parviendrait bientôt en parlant toute seule devant un miroir.

D'un autre côté, on remarque aussi que les personnes atteintes de la surdité, à un certain âge, n'en conservent pas moins l'usage de la parole qu'elles avaient acquis, bien qu'elles ne puissent absolument entendre le son qu'elles profèrent. C'est que les mouvemens de l'organe vocal, nécessaires pour produire chaque mot de la langue ar-

(1) Burnet, *Lettre* IV, page 248.
(2) Lecat, *Traité des Sensations*, tome I, page 295.

ticulée, s'est tellement associé par l'habitude à l'idée que ce mot représente, qu'elles continuent à le répéter, lorsqu'il s'agit d'exprimer cette idée, quoique l'oreille ne puisse plus les accompagner de ses vérifications et contrôles. Nous n'en serons point surpris si nous faisons attention que, la plupart du temps, nous parlons nous-mêmes sans prêter l'oreille à nos propres discours. Cependant, il arrive aux personnes sourdes dont il s'agit ici, que, si les habitudes contractées par elles s'affaiblissent ou s'altèrent, elles ne savent guère s'en apercevoir; elles n'ont pas le même moyen que nous pour veiller à la fidélité et à la pureté de leur prononciation.

Cet exemple a dû suggérer l'idée de faire contracter artificiellement au sourd-muet de naissance une habitude du même genre, de l'exercer à disposer mécaniquement les diverses parties de son organe vocal, de la manière nécessaire pour produire certains sons, et à former ainsi certains mots articulés. Mais il était indispensable de réussir en même temps à lui faire discerner les diverses positions et les divers mouvemens de l'organe vocal, d'une manière assez certaine et assez rapide, pour qu'il ne les confondît point entre eux, qu'il pût attacher à chacun une valeur fixe et distincte. On devait arriver ainsi à lui créer un nouvel alphabet, correspondant à celui que nous nommions il y a un instant l'*alphabet labial,* et que nous pourrions nommer l'*alphabet guttural*. Les élémens de cet alphabet seront, pour le sourd-muet, ces sensations intérieures qu'il éprouve dans chacun des mouvemens de l'organe vocal, destinés à reproduire un certain son ou une certaine articulation ; sensations dont nous avons à peine une idée, mais qu'il aura appris à remarquer et à distinguer entre elles.

De la sorte, le sourd-muet de naissance se trouverait conduit à jouer, au sein de la société, précisément le même rôle qu'y joue une personne qui, après avoir long-temps usé de la parole et de l'ouïe, se trouve frappée de surdité.

Cette observation concourt à expliquer comment les *alphabets labial* et *guttural* ont été l'un des premiers moyens imaginés par ceux qui ont entrepris d'instruire des sourds-muets.

Les *alphabets labial* et *guttural* réunissent à peu près les inconvéniens et les avantages de l'*alphabet manuel*. Mais ils sont plus rapides que celui-ci : d'un autre côté, les signes qu'ils emploient sont moins distincts et plus fugitifs.

La peinture, la sculpture, le dessin, sont aux scènes du langage d'action primitif, dans le même rapport que l'écriture à la parole. Ils retracent en effet la pantomime naturelle, et c'est ainsi qu'ils font parler leurs personnages. Or, de même que la pantomime se développe et peut se développer indéfiniment par la création des

signes méthodiques, jusqu'au point de devenir
un véritable langage systématique, les figures tracées qui en représentent l'image peuvent aussi, en
se multipliant quant à leur nombre, en se simplifiant quant à leur forme, devenir une véritable
écriture. Si les sourds-muets se réunissaient et se
constituaient en société, ils ne manqueraient pas
d'imaginer une écriture de ce genre pour fixer
leur langage d'action, trop fugitif et trop mobile,
et pour avoir un moyen de correspondre avec
les absens. Ils institueraient des caractères qui
retraceraient, soit par la force de l'analogie, soit
en vertu des conventions, les divers élémens de
la pantomime, et, avec cette espèce d'alphabet,
ils décriraient toute espèce de scènes du langage
mimique. Cette écriture aurait, sur la nôtre, l'avantage d'entretenir des rapports plus étroits et plus
sensibles avec le langage qu'elle serait appelée à
fixer. Cependant on ne pourrait se flatter d'instituer une écriture mimique dont le trait pût rappeler, au premier coup d'œil, les mouvemens
expressifs des gestes avec quelque fidélité, sans
faire perdre aux caractères de cette écriture la
simplicité qui devrait être l'une de leurs conditions essentielles.

C'est ainsi que les trois langages principaux
dont l'homme jouit pour exprimer sa pensée ont
ou peuvent avoir chacun un système de signes
auxiliaires destinés à les représenter, qui sert

à étendre au besoin et à suppléer leur emploi. C'est ainsi que chacun de ces systèmes de signes auxiliaires peut avoir pour les sourds-muets une utilité spéciale.

Il est encore quelques autres espèces de signes secondaires ou supplémentaires, qui ont été appelées au secours de nos langues, dans différentes vues, qui presque toutes se rattachent à l'écriture, et qu'il n'est pas inutile d'étudier, dans l'espérance d'y découvrir quelques indications applicables à l'instruction des infortunés qui nous occupent.

Quelques uns de ces signes ont été imaginés dans l'intérêt de la science, et possèdent des propriétés philosophiques ; d'autres n'ont été conçus que dans quelque vue d'utilité pratique, et n'ont que des propriétés en quelque sorte mécaniques.

Les opérations les plus simples de l'arithmétique fussent demeurées inexécutables, s'il eût fallu opérer avec les mots employés dans nos langues, pour exprimer les différens nombres, soit de vive voix, soit par écrit : on a donc cherché à inventer un système de signes spécial pour la numération. Ici la dactylologie se présentait avec une prééminence marquée sur nos langues ; elle dut être le premier instrument de numération ; elle avait le précieux avantage de porter aussi loin qu'il était possible la lumière de l'intuition dans les opérations du calcul. Aussi quelques peuples de l'Asie ont-ils adopté et conservé un système de numération qui

consiste simplement à reproduire la numération
digitale, d'une manière indéfinie, sur des séries de
fiches ou de boules de diverses couleurs et grandeurs; et Pestalozzi, dans ses combinaisons ingénieuses pour fonder l'instruction sur la méthode
intuitive, a-t-il aussi adopté, pour le calcul, un
procédé du même genre.

C'est sur le modèle de la numération digitale,
et non sur celui des expressions usitées dans la
langue articulée, qu'ont été imaginés les chiffres
que nous employons en arithmétique : ils ont donc
été originairement une écriture idéographique.

Nous pourrions fort bien apprendre la valeur
des chiffres, et exécuter, avec leur secours, toutes
les opérations de l'arithmétique, sans connaître
les mots qui, dans notre langue, expriment les
mêmes valeurs. Nous avons, il est vrai, conservé
l'habitude de répéter tout bas ces mots en cal-
culant; mais cette espèce de marmotage routinier
ne nous aide en rien pour le calcul. —       -

La langue des chiffres nous vient d'un peuple
qui n'avait en commun avec nous ni la langue
articulée, ni l'écriture : elle est commune à toutes
les nations de l'Europe, qui usent cependant
d'idiomes différens.

Ici quelques réflexions viennent frapper notre
esprit, et jettent une lumière inattendue sur l'art
d'instruire les sourds-muets.

Le sourd-muet dépourvu d'instruction, ne peut

former aucun calcul; il est borné à juger des quantités par l'intuition. Le sourd-muet guidé par un maître, apprend facilement la valeur des chiffres, leur usage; il exécute les opérations de l'arithmétique avec facilité, exactitude; il se met promptement au niveau des autres hommes. Il n'est aucune partie de son instruction où il soit parti d'aussi loin, où il pût arriver aussi haut en aussi peu de temps, avec aussi peu de peine. Pourquoi semble-t-il plus difficile de lui enseigner les mots de la langue écrite? Serait-ce que la langue des chiffres est aussi bien faite que celle des mots l'est mal? S'il en était ainsi, y aurait-il un remède? Jusqu'à quel point ce remède serait-il possible? Aucune incertitude ne règne sur la valeur attribuée aux différens chiffres. Le point de départ et l'échelle graduée, suivant laquelle ces valeurs s'élèvent et viennent se combiner les unes dans les autres, sont clairement et exactement marqués. La langue des chiffres observe les lois d'une heureuse et savante analogie; les expressions par lesquelles elle désigne toutes les combinaisons sur lesquelles notre esprit opère, en indiquent fidèlement et la formation et les rapports.

Les signes de l'algèbre et ceux de l'algorithme infinitésimal, ainsi que nous avons eu déjà occasion de le remarquer, remplissent, vis-à-vis des chiffres de l'arithmétique, une fonction analogue à celle que remplissent dans nos langues les mots attachés aux notions relevées, dans l'ordre des combinaisons ou des abstractions.

La géométrie tout entière a, en quelque sorte, sa langue à part, qui peut être en effet enseignée séparément, dont les expressions sont toujours rigoureuses, parce qu'elles reposent sur des idées bien déterminées, et toujours claires, parce qu'elles peuvent être facilement ramenées à l'intuition. Un sourd-muet peut devenir aussi géomètre sans beaucoup d'efforts, et sa géométrie ne différera point de celle qui est généralement admise.

Les figures de géométrie sont, relativement aux formes et aux mouvemens des objets réels, une véritable écriture idéographique qui guide avec sûreté dans les abstractions les plus générales et dans les combinaisons les plus étendues. C'est que l'analogie dont elles s'appuient n'est point, comme celle du langage d'action, une suite de métaphores, mais bien une fidèle observance des conditions essentielles aux modèles dont elles font étudier les propriétés.

Les savans, en instituant leurs nomenclatures méthodiques, ont été maîtres de la création de leurs langues. Aussi leur ont-ils donné une précision parfaite, et les ont-ils soumises aux lois d'une analogie régulière. Pour fixer la valeur des termes, ils ont eu recours bien plus encore aux descriptions qu'aux définitions proprement dites ; ils ne se sont pas aidés seulement des expressions de la langue usuelle, ils ont eu recours au dessin ; ils ont établi aussi, au besoin, certains signes conventionnels.

Les procédés qu'a suivis la science seront médités par l'instituteur des sourds-muets qui voudra enseigner la langue usuelle à son élève, suivre une voie philosophique, c'est-à-dire qui voudra le conduire aux mots par les idées. (1)

On fait aujourd'hui, et avec succès, un grand

---

(1) Il a été un temps où l'espoir de créer une langue universelle occupait fortement quelques esprits. Le grand Leibnitz s'en était flatté, et il avait cru qu'une telle langue pourrait avoir en même temps un caractère éminemment philosophique. Cette idée a pu se présenter aussi à quelques uns de ceux qui ont médité sur l'art d'instruire les sourds-muets, comme se rattachant à l'objet de leur étude. Mais il est démontré aujourd'hui que si nos langues conventionnelles étaient susceptibles d'être ramenées à une analogie plus ou moins sévère, cette analogie resterait nécessairement très imparfaite. Aucune langue ne pourait devenir universelle que par l'effet d'une convention générale. Toutes celles qui ont été proposées jusqu'à ce jour n'ont obtenu d'autre assentiment que celui de leur auteur.

C'est ce que je crois avoir suffisamment montré dans une autre occasion (des Signes et de l'Art de penser, 2ᵉ Partie, sect. 1ʳᵉ, Chap. XV ; sect. 2ᵉ, Chap. X). Quant à ce qui concerne l'éducation du sourd-muet, comme il s'agit essentiellement de le rendre au commerce de la société, et par conséquent de lui procurer un moyen usuel de communication avec tous les autres hommes, on ne peut se flatter d'arriver, par la recherche d'une langue universelle, à aucun résultat qui lui soit utile.

usage des tableaux synoptiques dans l'enseignement des sciences. Ils sont éminemment propres
à faire embrasser d'un coup d'œil l'ensemble et
les rapports des faits et des idées. Cette méthode
peut être étendue avec le même avantage aux explications familières qui ont pour objet l'interprétation des mots de nos langues, et servir à faire
embrasser aussi d'un coup d'œil au sourd-muet la
génération des notions qu'on cherche à lui expliquer, en la lui rendant plus sensible. Les signes
divers qui accompagnent ou peuvent accompagner
la formation des tableaux synoptiques, en figurant
tour à tour, ou la combinaison, ou la décomposition, ou l'analogie, ou le contraste des idées, deviennent comme une sorte de peinture des opérations de l'esprit.

Il est une autre espèce de signes dont on a fait
des essais très variés, qui a un objet beaucoup
moins relevé, qui se propose seulement de faciliter,
dans la pratique usuelle, l'emploi de nos langues,
mais qui peut avoir pour l'instruction des sourds-
muets une utilité toute spéciale. Je veux parler
des procédés désignés sous le nom de *tachygraphie, sténographie, okygraphie,* etc., qui ont pour
objet de rendre à l'écriture la rapidité qui lui
manque. L'écriture étant le refuge du sourd-muet,
il est d'un grand prix pour lui de délivrer cet instrument, de l'un de ses inconvéniens les plus
gênans dans l'usage.

On a cherché dans tous les temps à remédier à la lenteur et à la complication de l'écriture, par des procédés d'abréviations et d'annotations. Cet art, déjà connu des Romains, a reçu de nombreux perfectionnemens dans ces derniers temps. On est presque parvenu à suivre, en écrivant, la rapidité de la parole. Si l'écriture, au lieu d'être alphabétique, était syllabique, elle n'aurait besoin que d'un signe unique pour la plupart des radicaux des mots de la langue, comme pour les termes monosyllabiques. Un semblable mode d'écriture présenterait, sous ce rapport, une extrême simplicité, et tel est, en effet, le principe auquel ont plus ou moins recouru les principaux systèmes de tachygraphie. Mais, ce mode d'écriture perd en simplicité, sous un autre rapport, ce qu'il gagne sous celui-ci; car, les élémens de la parole, pris dans les syllabes, sont extrêmement nombreux, tandis que ceux qui sont pris dans les lettres alphabétiques, se renferment dans un nombre très limité. Une semblable écriture exigera donc un nombre considérable de signes élémentaires, et ce sera un grand travail pour l'attention, comme pour la mémoire, que de bien retenir et reconnaître la figure et la valeur de chacun d'eux. De plus, ou l'on voudra les distinguer entre eux par des différences perceptibles, et alors, pour réussir à distinguer en effet une nomenclature de caractères si étendus, il faudra

donner à chacun une forme assez développée et
assez compliquée ; alors, aussi, on retombera dans
l'inconvénient auquel on voulait se soustraire ; ou
bien, au contraire, les différences seront peu marquées, et les caractères se confondront facilement
les uns avec les autres. Toute tentative de ce genre
rencontre donc deux difficultés opposées, et ne
peut éviter l'une, sans se heurter contre l'autre.
Remarquons, encore, que tout système de signes
dont on ne fait pas un usage très assidu, et qui n'emprunte pas ainsi de l'habitude une sûreté entière,
une célérité convenable pour le réveil des idées,
perd la propriété la plus essentielle de nos langues.

On peut remplacer de mille manières les termes
de nos langues, par des conventions nouvelles, à
l'aide de signes qui retracent ou les mots eux-
mêmes, ou leurs élémens. C'est de la sorte qu'on
a imaginé les chiffres qui servent à envelopper
d'un mystère impénétrable le contenu des dé-
pêches diplomatiques, et les signaux employés
dans les correspondances télégraphiques et mari-
times. On connaît les immenses travaux qui ont été
exécutés depuis le quinzième siècle, pour créer
et perfectionner les systèmes d'écriture secrète.

Les notes de musique nous donnent l'exemple
d'un système de signes écrits, propre à exprimer
distinctement un ordre de sensations ou d'idées,
simple et régulier, en marquant, par l'analogie, les
rapports et les proportions qui existent entre elles.

La dactylologie, image mobile de l'écriture, peut recevoir, comme elle, certains modes d'abréviation : elle peut avoir aussi sa sténographie; elle peut ainsi devenir syllabique, au lieu de demeurer alphabétique, et acquérir de la sorte une réduction très notable.

Mais, soit dans l'emploi des signes auxiliaires, soit, en général, quand il s'agit de multiplier les systèmes de signes mis à la disposition de l'intelligence, il est deux considérations qui demandent à être méditées.

D'un côté, il est certainement utile à l'esprit humain d'avoir à sa disposition plusieurs ordres de signes, s'ils ne sont point trop multipliés, et s'ils conservent entre eux quelque analogie. C'est ainsi que l'intelligence humaine a recueilli un grand avantage de l'emploi simultané de la parole et de l'écriture; c'est ainsi que les hommes qui ont acquis la connaissance et l'usage de deux langues, s'exerçant avec fruit et en mille manières, par les parallèles qu'ils établissent entre elles, sont conduits par le travail des traductions, à se mieux rendre compte de leurs pensées, à envisager souvent les choses sous des points de vue différens, obtiennent une plus grande flexibilité dans l'esprit, et connaissent même mieux toutes les ressources de leur propre langue.

D'un autre côté, si l'on multiplie trop les différentes espèces de signes employés pour la même provision d'idées, on charge l'intelligence d'un fardeau inutile, on embarrasse ses mouvemens dans un appareil trop compliqué, surtout s'il s'agit d'une intelligence faible encore et peu exercée.

L'inconvénient que nous signalons devient particulièrement sensible dans l'emploi de ces signes secondaires qui ne servent qu'à remplacer les instrumens ordinaires du langage, tels que ceux de la dactylologie et de la sténographie, par exemple; car, pour l'ordinaire, les signes de ce genre ne disent rien à l'esprit; ils ne réveillent pas les idées d'une manière immédiate et directe; souvent ils laissent entre eux et les idées, plusieurs chaînons intermédiaires : le réveil des idées s'opère donc avec moins de certitude et de netteté.

Nous nous sommes borné à indiquer ici les principales espèces de signes secondaires qui ont été imaginés et mis en usage. On conçoit qu'il serait possible de les varier, de les multiplier de bien des manières. Quels que soient ceux que l'on emploie, il ne faut jamais oublier qu'avant tout ils doivent être essentiellement simples, précis, faciles cependant à distinguer, d'un usage commode, et surtout aussi fidèles qu'il est possible aux lois de l'analogie. Telles sont les conditions générales et fondamentales que doivent remplir les élémens matériels de toute espèce de langage.

# CHAPITRE XIII.

*Résumé et conclusion de cette première Partie. —*
*Principe de classification pour les procédés et*
*les méthodes qui peuvent être appliqués à l'édu-*
*cation des sourds-muets.*

En résumant maintenant les considérations qui
nous ont occupé jusqu'à ce moment, nous voyons
s'ouvrir devant nous, et se séparer à leurs divers
embranchemens, les différentes routes qui peuvent conduire l'instituteur dans l'éducation du
sourd-muet. Tous les procédés, toutes les méthodes possibles, viennent se rattacher à un petit
nombre de principes qui en déterminent les conditions et le caractère ; ils viennent se ranger dans
un cadre simple, où se montrent à la fois leurs
analogies et leurs différences : leur classification
va se trouver ainsi tracée d'elle-même.

Nous avons vu que l'art a deux parties essentielles, ou deux degrés distincts : le choix de l'instrument matériel qui doit remplacer la parole ; l'enseignement qui donne l'intelligence de la langue.

Si nous nous attachons d'abord au choix des
instrumens matériels auxquels il est possible de

recourir pour remplacer celui de la parole, cinq moyens principaux se présentent à nous : le *dessin*, avec sa conversion en *écriture symbolique*; le *langage d'action*, avec sa conversion en *signes méthodiques*; l'*écriture alphabétique*; l'*alphabet manuel* ou la *dactylologie*; enfin l'*alphabet labial*, accompagné de la *prononciation artificielle*.

Ces divers instrumens se partagent en deux classes essentiellement distinctes.

L'enseignement de la langue comprend deux élémens, les idées et les mots; il a pour objet d'associer la pensée à son expression. Or, les deux premiers instrumens, le dessin et le langage d'action ou mimique, se rapportent plus particulièrement aux idées; les trois autres aux mots. Les deux premiers sont employés pour rapprocher la pensée, la rendre plus accessible, et faciliter ainsi son association aux termes de la langue; ils pourraient constituer par eux-mêmes un langage spécial, suppléer ainsi à nos langues artificielles, les remplacer; l'un et l'autre ont pour fondement l'imitation et l'analogie; tous deux peuvent être employés comme auxiliaires, soit en préparant, soit en accompagnant l'interprétation des termes de la langue usuelle. Les trois autres, au contraire, ont pour objet de remplacer, sous une forme visible à l'œil ou sensible au tact, les mêmes termes de nos langues qui, dans la parole, sont le produit des organes de la voix, et sont recueillis par l'ouïe.

Les expressions de nos langues peuvent être comparées à des pièces de monnaie, dont les mots forment la matière, dont les idées sont l'empreinte.
Les deux premiers procédés, le dessin et le langage mimique, sont comme des instrumens destinés à frapper les pièces de monnaie, avec plus de
force et de rapidité; ce sont des espèces de coins.
Les trois autres procédés sont comme autant de
métaux destinés à tenir lieu de celui dont l'usage
est interdit au sourd-muet.

1°. Le dessin, ainsi que nous l'avons vu, se
présentant naturellement, à l'origine, comme une
imitation descriptive des objets sensibles, et sous
ce rapport fournissant des expressions pleines de
vérité, se convertit insensiblement en écriture
symbolique ou idéographique, à mesure que l'on
sent le besoin de réduire les signes, et de leur
donner en même temps plus de rapidité et de concision. Dès-lors, aussi, il s'éloigne des analogies
primitives; il recourt aux allégories, aux métaphores; il devient vague, énigmatique, et, prenant un caractère toujours plus arbitraire, cesse
enfin d'être un art d'imitation, pour devenir une
sorte de langage conventionnel.

En tant qu'il resterait renfermé dans les limites
d'un art d'imitation, ses limites, comme langage,
seraient très restreintes; de plus, son exécution
exigerait un talent exercé, des circonstances, des
moyens matériels qui ne sont pas toujours à notre

disposition : facilement intelligible pour l'enfance, il serait difficilement reproduit par elle.

En tant qu'il deviendrait une véritable *écriture idéographique*, il serait le moyen naturel, direct et simple de l'instruction des sourds-muets, chez une nation qui posséderait un semblable genre d'écriture (1); il dispenserait d'instituer un art spécial. Mais, chez les nations modernes, privées d'écritures semblables, ce moyen devrait d'abord être créé par l'instituteur; il ne servirait ensuite exclusivement qu'à l'instituteur et à ses élèves.

2°. Le langage d'action, espèce de dessin vivant et mobile, fondé d'abord, comme le dessin, sur une imitation directe des formes sensibles et du mouvement, subit également d'une part, dans la composition de ses signes, des réductions qui tendent à le simplifier, et d'un autre côté, dans son application aux notions qui s'éloignent des sens, une extension fondée sur divers genres de métaphores. Dans ce double progrès, il se trouve, nécessairement aussi, soumis à des conventions expresses ou tacites, ne trouvant plus dans la seule analogie des expressions assez certaines. Il devient alors, comme l'écriture symbolique, une sorte de langage mixte; il peut être soumis à une élaboration en quelque sorte indéfinie. Mais, plus il aspirera, et à la simplicité des formes dans les signes qu'il

_____

(1) *Voyez* ci-devant, Chapitre Iᵉʳ, page 13.

emploie, et à la faculté d'exprimer les notions les plus relevées, et plus aussi il verra s'affaiblir en lui la trace des analogies primitives, et s'accroître la part qui, dans sa formation, est réservée à des conventions arbitraires.

La pantomime, naturelle à l'homme, est spécialement naturelle au sourd-muet; elle est son refuge; il en est le créateur; il porte, dans sa création, un génie infatigable : il en tire d'incroyables ressources. L'art de l'instituteur consiste à apprendre d'abord cette langue de son élève; mais l'instituteur peut ensuite s'entendre avec son élève pour la perfectionner, la régulariser, la développer encore; il peut la ramener à suivre le plan de nos langues artificielles.

S'il existait un peuple de sourds-muets, ou si les sourds-muets étaient réunis entre eux pour former une société particulière, les deux premiers moyens de communication dont nous venons de parler, leur conviendraient à merveille, leur suffiraient pleinement, recevraient d'eux un haut degré de perfection et de richesse; il est même probable que ces deux moyens de communication seraient mis bientôt en rapport; l'un remplacerait la parole pour le peuple sourd-muet, et l'autre lui servirait d'écriture.

Mais, les sourds-muets, jetés au milieu de nos sociétés, ont besoin d'entretenir un commerce habituel avec les autres hommes. La complaisance d'un maître, de quelques parens, de quelques amis, peut fort bien aller jusqu'à emprunter d'eux la langue qui leur est propre ; mais il leur devient indispensable, pour communiquer avec les autres hommes, d'entrer en participation de nos langues artificielles, et de recourir, pour l'emploi de ces langues, à quelqu'un des instrumens matériels qui sont généralement en usage.

C'est ici que commence la seconde espèce de procédés.

3°. L'idée la plus naturelle et la plus simple, à laquelle on se trouve conduit en réfléchissant sur ce problème, c'est de recourir à l'écriture alphabétique, qui, en possession de retracer et de conserver les mots de nos langues artificielles, les reproduira au sourd-muet sous une forme visible, et qui est reçue dans le commerce général de la société. Il suffira d'investir, pour le sourd-muet, l'écriture alphabétique, de la propriété dont jouit la parole, de celle dont avait joui l'écriture symbolique, en lui conférant l'office de représenter directement la pensée, en associant immédiatement les idées aux tableaux formés par des combinaisons de caractères écrits. Le sourd-muet se servira ainsi des mêmes signes que nous ; mais, tandis que pour nous ces signes ne sont qu'une image de la parole, ils seront, pour le sourd-muet, l'image de la pensée elle-même.

Cependant, l'écriture ne peut être employée

vis-à-vis de tous les hommes, dans tous les lieux, dans tous les instans ; elle est d'une exécution lente ; elle laisse donc beaucoup encore à désirer pour les entretiens familiers. Divers procédés secondaires pourront servir à lui donner plus de célérité.

4°. L'alphabet manuel, ou la *dactylologie*, servira à reproduire des figures semblables aux caractères de l'écriture alphabétique. Une certaine disposition convenue, des doigts de la main, tiendra lieu d'écriture pour les entretiens familiers ; on lira sur ce nouvel instrument, comme sur un livre ou sur le papier. L'alphabet manuel devient le complément naturel de la lecture tracée ; il la remplace dans les circonstances très nombreuses où les interlocuteurs n'ont pas à leur disposition l'appareil que celle-ci exige ; alors, il rappelle à la mémoire les mots de la langue écrite ; il en rend ainsi l'usage plus familier. On conçoit, cependant, qu'il serait possible d'employer encore le même instrument avec un élève qui ne saurait tenir la plume ou le crayon. Avec l'alphabet manuel, on composerait des mots auxquels on attacherait directement le sens des termes de nos langues. Cependant, il en coûte si peu pour joindre l'écriture tracée à l'usage de l'alphabet manuel, on y trouve un si grand avantage, ces deux exercices se lient si bien entre eux par l'analogie, qu'ils seront ordinairement réunis.

Les mouvemens de la main et des doigts qui composent la dactylologie, peuvent varier au gré de l'instituteur, suivant qu'il emploie ou les deux mains, ou une seule, et suivant qu'il juge à propos de les modifier pour la facilité, la rapidité de l'exécution, ou la fidélité de l'analogie.

La dactylologie pourra emprunter aussi quelques uns des moyens d'abréviation employés pour l'écriture. .

5°. Enfin, quoique le sourd-muet ne puisse entendre les paroles qui sont prononcées en sa présence, il aperçoit du moins le mouvement des lèvres sur la bouche de celui qui parle. Voici encore une sorte d'alphabet, que nous avons appelé l'*alphabet labial*. Il a ses élémens qui correspondent en effet à ceux de l'alphabet articulé. Avec ces élémens on peut former des mots; à ces mots on attachera les idées, comme on les associe aux mots qu'on entend. Ces figures variées, qui se dessinent sur la physionomie d'un interlocuteur, sont, il est vrai, rapides et fugitives; il faudra les discerner avec soin, les caractériser, les classer.

Quoique le sourd-muet ne puisse entendre les sons qu'il profère, il n'est point privé de la faculté de proférer les sons. S'il n'articule point comme nous, c'est qu'il n'a point, comme nous, dans le sens de l'ouïe, le régulateur qui eût pu le guider dans cet exercice. Mais, un autre régulateur mécanique pourra être mis en œuvre : le sourd-muet sera mis en état de prononcer comme nous ; mais, il est vrai, sans le savoir ; toutefois, il se fera entendre de ceux qui l'entourent, si sa prononciation est régulière. L'art nécessaire pour lui restituer cette voix, en quelque sorte artificielle, est difficile, sans doute ; il exige des combinaisons ingénieuses ; il demande beaucoup de temps et de soins dans l'exécution ; mais il a l'avantage, en cas de succès, de rendre au sourd-muet l'instrument le plus rapide et le plus universellement employé dans la société.

Mais, comme le sourd-muet, n'entendant point les sons qu'il profère, ne pourra, comme nous, leur associer ses idées, il faudra qu'il démêle dans son organe vocal un ordre de sensations qui nous est inconnu, ou que du moins nous avons constamment négligé d'observer ; savoir : les sensations qui naissent du jeu, de la pression des diverses parties de cet organe, pendant l'émission de la parole. Ces sensations deviendront, pour le sourd-muet, une dernière espèce d'alphabet ; chacune d'elles fera pour lui l'office d'une consonne ou d'une voyelle ; il faudra qu'il en compose des mots, et ces mots représenteront pour lui ceux de notre langue.

Cette espèce d'*alphabet guttural,* si l'on peut dire ainsi, qui accompagne chez le sourd-muet la prononciation artificielle, n'a point, avec l'*alphabet labial* qui lui sert à entendre les autres, le rapport étroit qui existe pour nous entre la parole émise et la parole entendue, qui sont les mêmes. Il faut donc un troisième travail pour mettre ces deux alphabets en harmonie, et les faire rapporter par le sourd-muet à la même langue.

Il n'est aucun des cinq instrumens que nous venons de rappeler, qui puisse être employé exclusivement seul dans l'éducation des sourds-muets ; ils peuvent s'associer tous ensemble ; ils ont besoin de s'associer d'une manière plus ou moins complète. Ainsi, il n'est aucun des deux langages d'analogie compris dans la première espèce, qui puisse suffire sans le concours de l'un des alphabets qui appartiennent à la seconde espèce, auxquels est réservé de servir à l'emploi de nos langues ; et réciproquement, les trois instrumens appartenant à la seconde espèce, ont besoin d'être aidés par le concours du langage d'analogie. L'alphabet manuel, à son tour, tend à se rattacher, ou à l'écriture, ou à la prononciation artificielle. Les méthodes adoptées pour instruire les sourds-muets consistent donc dans une certaine combinaison de ces moyens divers, et dans l'art de les faire concourir ensemble. Si donc elles se distinguent entre elles sous ce premier rapport, ce n'est point par l'adoption exclusive qu'elles feraient de l'un ou l'autre de ces instrumens matériels ; c'est seulement par la prééminence qu'elles lui accorderaient, en lui faisant jouer le rôle principal.

En arrivant à la seconde partie ou au second degré de l'art, l'enseignement qui a pour objet l'intelligence de la langue, deux manières de procéder essentiellement distinctes se présentent dans l'instruction du sourd-muet.

La première consiste à se rapprocher, autant qu'il est possible, de la marche suivie dans l'éducation ordinaire. Elle divise donc l'enseignement de la langue en deux périodes séparées et successives : l'une, pendant laquelle cet enseignement est abandonné aux leçons résultant de l'usage pratique, qui crée ainsi un premier moyen familier, quoique imparfait, de communication ; et l'autre qui, plus tard, à l'aide de ce moyen de communication, vient donner une instruction classique.

La seconde consiste à réunir, au contraire, en un seul, ces deux enseignemens, à introduire le sourd-muet dans l'intelligence de la langue, par les voies de l'intuition et de la logique, à instituer ainsi pour lui une méthode entièrement spéciale, à l'aide de laquelle la langue soit comprise de lui, parce qu'elle a été raisonnée.

L'instituteur de sourds-muets qui donne la préférence à la première manière de procéder, pourrait considérer, à la rigueur, sa tâche comme à peu près remplie, dès qu'il a fourni à son élève l'instrument matériel du langage, du moins en tant qu'il s'agit de donner au sourd-muet des soins d'une nature particulière. Il n'aura plus besoin de créer un art nouveau pour l'instruction proprement dite.

L'instituteur qui aura adopté la seconde manière de procéder, aura conçu une grande entreprise, belle sans doute, mais vaste et d'une haute portée. Aux yeux de celui-ci, la première partie de l'art, la création d'un simple instrument matériel, sera peu de chose; ce ne sera qu'une simple préparation. La méthode spéciale nécessaire pour enseigner l'intelligence de la langue, formera l'essence de l'éducation du sourd-muet, en constituant sa vraie dignité.

C'est ainsi, comme nous l'avions prévu, que les méthodes suivies pour l'éducation des sourds-muets se diviseront en deux grandes branches; les unes qui s'occuperont essentiellement du choix et de la création de l'instrument matériel, les autres qui dirigeront toute leur attention vers l'enseignement philosophique de la langue.

Mais l'option entre les deux systèmes n'est pas entièrement laissée, comme on pourrait le croire, à l'arbitraire de l'instituteur, lorsqu'une fois il a accordé la préférence à l'un des instrumens matériels entre lesquels il peut choisir. Ceci mérite toute notre attention.

En nous reportant aux observations qui termi-

nent le Chapitre II (1), nous concevons que l'instruction acquise par l'usage seul, relativement à
l'intelligence de la langue, exigeant un commerce
habituel, varié, long-temps prolongé, avec les autres hommes, on ne peut recourir à ce mode d'instruction pour le sourd-muet, qu'autant qu'on
lui aura procuré, en effet, un instrument à l'aide
duquel il pourra entretenir un pareil commerce
avec ses semblables.

L'instituteur, suivant le but auquel il croit devoir plus particulièrement s'attacher dans l'éducation du sourd-muet, peut accorder une préférence plus ou moins marquée aux moyens de
rendre en effet ces relations plus faciles et plus
fréquentes. Et ici se reproduisent les considérations exposées aux Chapitres V et VI. (2)

Si donc, désirant surtout rendre au sourd-
muet les moyens les plus familiers pour s'entretenir avec les autres, l'instituteur a donné la préférence à l'alphabet labial et guttural, il en résultera pour lui deux conséquences :

D'une part, la création de ces deux moyens
artificiels exigera du temps, des efforts de la part
du maître et de l'élève ; ce sera la création d'un
art nouveau ; ce sera un exercice organique qui
aura ses difficultés et ses lenteurs, et qui prendra

---

(1) *Voyez* ci-devant, page 53.
(2) *Ibid.*, pages 147, 153.

I.

une part considérable dans l'éducation du sourd-muet;

D'un autre côté, le sourd-muet qui sera parvenu en effet à employer avec aisance ce double alphabet, aura l'avantage de pouvoir profiter d'une partie des entretiens qui auront lieu en sa présence, de pouvoir communiquer en tout temps, en tous lieux, avec rapidité : il pourra rentrer au sein de la société. L'usage, les circonstances lui apporteront donc les enseignemens indirects qui révèlent à l'enfant l'intelligence du discours.

Si, au contraire, se proposant surtout le développement intellectuel de son élève, aspirant à porter la lumière dans son esprit par les moyens les plus directs, l'instituteur s'attache de préférence à l'écriture alphabétique, s'il croit pouvoir se passer de l'alphabet labial et guttural, il va en résulter pour lui deux conséquences opposées :

D'une part, il n'a plus d'art mécanique à créer; les faciles exercices de la lecture, de l'écriture, s'accomplissant par des procédés connus, n'attirent pas même son attention; il entre immédiatement dans la seconde partie de l'éducation qui lui est confiée : dès le premier jour, il exerce son élève avec les mots et les idées, pour lui en montrer les rapports; l'enseignement philosophique de la valeur de nos langues est l'objet exclusif de ses méditations et de ses soins;

D'un autre côté, réduit à un moyen de commu-

nication lent et rare par lui-même, l'élève ne peut
plus prendre part aux conversations générales,
profiter des entretiens qui ont lieu autour de lui,
et s'entretenir habituellement avec tous ceux qu'il
rencontre. Les instructions recueillies par l'usage
seraient donc pour lui à peu près nulles, et l'instituteur se trouvera contraint à lui enseigner la
langue par une méthode raisonnée; heureuse nécessité, si l'instituteur, en effet, sait l'accepter et
se montre capable d'y répondre!

D'ailleurs, les procédés de la première classe,
ceux qui emploient le dessin et le langage mimique, se placent immédiatement, comme nous
l'avons vu, au service de l'intelligence; ils s'attachent aux idées mêmes; ils les traduisent en les
imitant; ils ne peuvent les imiter qu'en les étu-
diant : ils conduisent donc naturellement à une
étude logique et réfléchie, à l'analyse de la pensée.
La seconde classe de procédés s'attachant essentiellement aux mots dont la valeur est arbitraire,
ne fait que préparer la matière des conventions;
elle n'apporte par elle-même aucune lumière;
elle ne constitue point par elle-même une véritable instruction; mais elle rend possible une
instruction qui ne l'était pas jusqu'alors; elle
permet à la langue du pays qu'habite le sourd-
muet de devenir sa langue maternelle, comme elle
est celle de tous ses concitoyens, et par des moyens
semblables.

Voilà les deux grands et principaux systèmes qui peuvent se partager, et qui se sont partagé, en effet, le champ de l'éducation des sourds-muets.

Cependant, leur séparation n'est pas aussi entière qu'elle le paraît au premier abord, et la condition imposée ou permise à chaque système, n'est pas aussi absolue qu'on pourrait le supposer.

Quelque favorable que soit la position du sourd-muet doté du double alphabet labial et guttural, pour le commerce ordinaire de la vie, le sourd-muet qui a reçu cet instrument ne se trouve pas replacé dans la condition de l'enfant au berceau, et ne peut pas, comme celui-ci, attendre paisiblement, des circonstances seules, l'enseignement qui doit lui révéler l'intelligence de la langue. Déjà plusieurs années se sont écoulées, et ce sont celles précisément pendant lesquelles l'enfant oisif, dépendant, avait le loisir, sentait le besoin d'acquérir parmi les essais répétés cette longue instruction. Le sourd-muet est appelé à embrasser une profession; il entre dans la vie active; le temps presse. Il faudra donc abréger pour lui ce noviciat; on ne pourra l'abréger qu'en régularisant, du moins jusqu'à un certain point, les exercices qui, chez l'enfant, sont abandonnés au hasard. D'ailleurs, l'instituteur du sourd-muet pourrait-il se flatter d'avoir réellement accompli l'honorable mission que l'humanité lui confie, lorsqu'il n'a encore fait présent à son élève que d'un simple instrument matériel? Consentira-t-il à s'arrêter à l'entrée de la région intellectuelle et morale, au moment où il remet à son élève la clef qui doit l'y introduire? Négligera-t-il l'heureuse occasion qui lui est offerte, de simplifier, d'éclairer pour son élève la route dans laquelle l'enfant ordinaire erre si long-temps sans guide? Voudra-t-il exposer son élève à tous les inconvéniens d'une langue mal faite, lorsqu'il était en son pouvoir de l'y soustraire et de lui faire le plus précieux de tous les dons, celui d'un bon instrument de la pensée? Ne serait-ce pas abdiquer la fonction d'instituteur? Sans doute, dès qu'il commence à voir le sourd-muet en état de discerner quelques mots, de les répéter, il ne laissera pas apparaître et fuir ces expressions de nos langues, sans les charger des idées dont elles devront être dépositaires; et, cherchant à les expliquer, il s'attachera à suivre une méthode qui rende ses explications plus exactes et plus claires.

L'instituteur qui a fait son but essentiel de l'enseignement logique et raisonné de la langue, aura-t-il, en effet, le bonheur de rencontrer une méthode tellement parfaite, que tous les termes de la langue se trouvent expliqués les uns par les autres, par le seul enchaînement systématique établi entre eux, conformément à celui de la génération des idées? Une méthode aussi rigoureuse, aussi complète, existe-t-elle? L'instituteur peut-il se flatter de la créer? N'est-elle pas une sorte d'idéal auquel on doit tendre, duquel on peut se rapprocher; auquel on ne saurait guère parvenir? Et alors cet instituteur lui-même ne s'aidera-t-il pas autant qu'il lui sera possible, et des circonstances, et de l'usage borné que l'élève peut faire du moyen de communication dont il est pourvu? N'aura-t-il pas des entretiens par écrit? et la lecture ne viendra-t-elle pas remplacer la conversation?

Ainsi, l'un des deux instituteurs s'étudiera à porter quelque méthode dans l'instruction usuelle, et l'autre à aider la méthode par le secours de l'instruction usuelle.

Nous avons rattaché ces deux grandes branches de systèmes aux deux principaux procédés, dont l'un emploie l'alphabet labial et guttural, l'autre les signes et l'écriture alphabétique. L'alphabet manuel se ralliant naturellement ou à l'un ou à l'autre de ces deux procédés, l'emploi qui en est fait n'exerce pas une influence propre et directe sur la marche de l'enseignement; il se prête à peu près également aux deux systèmes. Cependant, comme l'alphabet manuel a plus de rapidité que l'écriture, qu'il peut être employé à volonté en divers lieux, en diverses circonstances, il emprunte plus spécialement ses propriétés à la parole, et semble destiné à servir de supplément à l'écriture.

Hâtons-nous maintenant de porter nos recherches sur l'histoire de l'art dont nous venons d'ex-
plorer les principes. Nous y trouverons l'application des vues que nous venons d'exposer ; ces vues,
à leur tour, recevront une nouvelle lumière des
exemples ; elles subiront l'épreuve de l'expérience.

FIN DE LA PREMIÈRE PARTIE.

# SECONDE PARTIE.

RECHERCHES HISTORIQUES SUR L'ART D'INSTRUIRE LES SOURDS-MUETS.

## CHAPITRE PREMIER.

*Première origine de l'art. — D. Pedro de Ponce et Juan Pueblo Bonet, en Espagne.*

L'HISTOIRE de l'art d'instruire les sourds-muets semble se partager elle-même en deux périodes distinctes, dont l'une commence aux premiers essais tentés dans cette vue, dont l'autre commence à l'abbé de l'Épée. Elles sont très inégales en durée : la première comprend près de deux siècles ; la seconde ne comprend guère au-delà d'un demi-siècle ; mais la seconde est beaucoup plus abondante en faits. La première peut exciter une plus vive curiosité ; la seconde nous fournit plus de données expérimentales sur le mérite respectif des diverses méthodes.

La première fait passer successivement en revue, sous nos yeux, la plupart des inventeurs qui ont, les premiers, ou proposé, ou mis en œuvre, différentes manières de procéder dans l'éducation des sourds-muets; la seconde voit ces procédés se développer, se compléter, se perfectionner, s'appliquer sur un théâtre plus étendu.

Pendant le cours de la première période, on s'occupe essentiellement de la première partie de l'art, de celle qui a pour objet de remplacer, pour le sourd-muet, l'instrument mécanique de la parole. Pendant le cours de la seconde période, on s'adonne, d'une manière plus marquée et plus approfondie, à la seconde partie de l'art, à celle qui a pour objet l'enseignement logique de la langue.(1)

Pendant le cours de la première période, l'alphabet manuel, l'alphabet labial et l'articulation artificielle, sont les principaux moyens qui viennent se joindre à l'écriture et à la lecture, pour rendre au sourd-muet un instrument du langage artificiel. Avec la seconde période commence la création et l'emploi des signes méthodiques, ou de la pantomime artificielle, comme moyen de traduction pour introduire le sourd-muet à la connaissance et à la pratique de nos langues.

L'éducation du sourd-muet conserve presque généralement, pendant la première période, le caractère d'une éducation individuelle. C'est la seconde période qui voit naître, ou du moins se multiplier et s'étendre les institutions destinées à donner aux sourds-muets une éducation collec-

(1) *Voyez* ci-devant, 1ʳᵉ Partie, Chap. VI, page 154.

tive, et les gouvernemens commencent à mettre ces institutions au rang des établissemens publics.

L'art d'instruire les sourds-muets demeure presque enveloppé d'une sorte de mystère, pendant la première période; plusieurs instituteurs en font même un secret dont ils se montrent jaloux. Avec la seconde période, l'art est traduit sur la scène; mis en présence du public; il commence enfin à inspirer un intérêt général; il excite cependant plutôt la surprise ou la curiosité, par ses résultats, qu'il n'appelle l'attention sur les principes qui le constituent.

Les instituteurs de sourds–muets semblent presque ignorer, pendant la durée de la première période, leurs efforts et leurs travaux respectifs; chacun opère isolément. C'est la seconde période qui voit éclore, et les communications, et surtout les rivalités, les discussions : la théorie est éclairée par un plus grand nombre d'ouvrages.

En parcourant la première période, nous visiterons successivement les divers théâtres sur lesquels se sont produits les inventeurs, presque toujours inconnus les uns aux autres. Nous les verrons, quoique employant à peu près les mêmes moyens, en faire cependant chacun la découverte, et nous examinerons sous quel point de vue particulier la découverte s'est offerte à eux, ou l'application spéciale qu'ils en ont faite.

La seconde période nous présentera trois divisions principales : la première comprend l'abbé de l'Épée et son école, école nombreuse et qui s'est répandue dans toute l'Europe ; elle comprend ainsi proprement le tableau de l'invention, du développement et de l'application des signes méthodiques : la seconde comprend les perfectionnemens ajoutés, les modifications apportées en divers pays, aux méthodes déjà découvertes, ou les combinaisons qui les unissent entre elles : la troisième, enfin, se compose du tableau des institutions de sourds-muets actuellement existans, et, si l'on peut dire ainsi, la statistique de ce genre d'établissemens.

C'est d'après ces divisions naturelles que notre marche va se diriger. Il n'était pas possible de suivre séparément, et tour à tour, la naissance et les progrès de l'art chez les diverses nations, pendant le cours des deux périodes. Car, à la seconde période, les méthodes se trouvent en présence, luttent ou s'unissent, s'éclairent et se modifient réciproquement, et il importe d'observer comment elles influent les unes sur les autres, ou par leurs emprunts ou par leurs rivalités. On désirerait pouvoir suivre de préférence l'histoire de chaque méthode en particulier, depuis sa naissance jusqu'à son dernier développement ; mais les différentes méthodes proposées ou employées ne se prêtent pas aussi facilement qu'on le croirait au premier abord, à cette séparation ; non seulement elles ne se distinguent pas par des caractères tranchés

d'une manière absolue, mais elles conservent presque toujours entre elles des liens étroits de consanguinité ; elles emploient toutes à peu près les
mêmes moyens ; elles ne diffèrent guère que par
le degré d'importance qu'elles attachent, par la
prééminence qu'elles accordent aux uns ou aux
autres, comme nous allons bientôt le voir : leurs
analogies sont encore plus nombreuses et plus
intimes, que leurs contrastes ne sont frappans.
Si nous n'avons pu, par ce motif, donner à chacune de ces méthodes son histoire particulière,
du moins le point de vue dominant sous lequel
nous considérerons l'histoire de l'art, se dirigera-
t-il constamment à observer ces analogies et ces
contrastes, à découvrir les centres de rencontre,
comme les divergences, de manière à recueillir
d'une expérience comparée tous les résultats qui
peuvent conduire, soit à faire apprécier le mérite
respectif des différens modes d'enseignement, soit
à préparer pour chacun d'eux les perfectionnemens qu'il invoque.

Essayons d'abord de remonter à l'origine de l'art,
au travers des ténèbres qui la couvrent encore.

Les recherches relatives à l'origine et aux progrès de l'art d'instruire les sourds-muets, ont
exercé quelques érudits. L'infatigable Morhoff ne
pouvait négliger un sujet aussi curieux et aussi
analogue à ceux sur lesquels il a accumulé tant
d'annotations historiques. Il a recueilli avec soin

les témoignages relatifs aux premiers inventeurs
de l'art, en Espagne; sur ceux qui l'ont perfectionné tour à tour en Angleterre, en Hollande; il
a recueilli les exemples épars des sourds-muets
instruits par différens moyens. Lui-même a présenté ses propres vues sur cette matière (1). Un
anonyme a publié à Leipsick, en 1793, une relation historique sur l'art d'instruire les sourds-
muets et les aveugles (2); l'abbé D. Juan Andrès,
Espagnol, l'auteur d'une histoire générale de la
littérature, qui a eu quelque célébrité, a publié
aussi, vers la même époque, des lettres sur l'origine et les progrès de cet art (3). Trois Hollandais,
MM. Letterbode, Feith et Lulofs (4), ont résumé

---

(1) *Polyhistor.*, tome I, Lib. II, cap. 13, §. 13 et seq.;
Lib. IV, cap. 1, §. 5 et seq.; — tome II, Lib. I, §. 14. —
*Dissert. de Paradoxis sensuum.*

(2) *Historiche Nachriche von des Unterricht der Taub-
stummen und blinden.* 1 vol. in-8°.

(3) Cet ouvrage est indiqué comme ayant paru à Vienne
en 1793. Mais, c'est en vain qu'on a fait, à Vienne, pour
le découvrir, toutes les recherches possibles, par l'obli-
geante invitation de LL. Exc. MM. le ministre secrétaire
d'État au département des affaires étrangères, et l'ambassadeur de S. M. On n'a pu l'y découvrir, et le directeur de
l'Institution impériale qui existe dans cette capitale a déclaré
n'en avoir aucune connaissance. Il paraîtrait que l'écrit de
l'abbé D. Juan Andrès aurait été imprimé à Turin ou à Venise.

(4) *Bijdrage tot de geschiedenis van het Onderwijs aan
Doof-Stommen (Alg. Kunsten).* 1812, 2e Partie, p. 66. =

les principaux traits de son histoire. L'abbé Ziegenbein a donné en Allemagne un aperçu semblable, mais fort restreint (1). M. l'abbé Jamet, M. Bébian, ont fourni à la France quelques notices sur ce sujet, mais encore incomplètes. Les autres documens restent disséminés çà et là dans diverses collections scientifiques, ou dans des productions périodiques, particulièrement dans celles que possède l'Allemagne. Une véritable histoire de l'art est encore à désirer. Nous n'avons garde de l'entreprendre ici, quoique nous eussions aimé, nous l'avouons, à l'exécuter, si la chose nous eût été possible. Ce serait un sujet aussi neuf qu'intéressant. Mais, nous ne devons point perdre de vue l'objet qui nous est proposé. Nous ne nous sommes point proposé un travail d'érudition; nous ne sommes point appelé à écrire ici la biographie des inventeurs, des principaux fondateurs d'institutions, ni à composer une bibliographie exacte des écrits donnés au public, ni à fixer les dates précises, à discuter les droits de chaque auteur à la priorité, comme l'a fait l'abbé D. Juan Andrès. Ce sont les procédés et les méthodes que nous devons nous attacher à faire connaître, dont nous devons déterminer les caractères; nous devons

---

*Redevoeringen dichteregelen, etc. Over Doof-Stommen, onderwijs, etc.* Groningue, 1819.

(1) *Historiche Pœdagogische Blicke anf den Taubstummen-Unterricht and die Taubstummen-Institut.* Brunswick, 1823.

recueillir les faits qui peuvent servir à en montrer
ou les imperfections ou le mérite, entrer dans
la pensée des inventeurs des institutions, nous pénétrer de leurs vues. C'est la théorie de l'art lui-
même qui est le sujet de notre étude; c'est son
perfectionnement qui est notre but. Toutefois, nous
nous féliciterons aussi de trouver l'occasion d'acquitter envers des bienfaiteurs de l'humanité, un
juste hommage de reconnaissance; nous aimerons
à suivre les traces du génie des inventions, lorsque,
conduit par une inspiration généreuse, il s'est consacré au service du malheur, il a accepté la noble
mission de rendre à la société une classe entière
d'individus qui était comme exilée de son sein.

En général, il est peu de sujets plus dignes d'exciter la curiosité que les recherches relatives à
l'origine des arts; on aime à voir par quel concours de circonstances, par quelle suite d'idées
les inventeurs ont été conduits à ces découvertes.
Mais ces recherches acquièrent encore un bien plus
haut degré d'intérêt, lorsque ces arts ont un caractère de haute utilité morale; alors, en nous aidant
à retrouver les noms des bienfaiteurs de l'humanité,
elles nous permettent de les signaler au respect de
la postérité, et d'acquitter envers leur mémoire
le tribut de la reconnaissance. Combien cet intérêt
ne doit-il donc pas s'attacher aux investigations
relatives à l'origine des méthodes d'éducation,
pour cette classe d'infortunés si long-temps dés-

hérités de tous les avantages de la vie sociale!
C'est avec un soin en quelque sorte religieux que
nous avons essayé de découvrir et de réunir toutes
les indications qui s'y rapportent.

Si l'on voulait reconnaître l'origine de l'art dans
les essais tentés même avec succès, pour l'éducation d'un sourd-muet isolé, il serait assez difficile
d'assigner une époque précise à cette invention; 
car plusieurs éducations isolées de ce genre peuvent avoir eu lieu et être restées ignorées des contemporains, et surtout de la postérité. C'est à une
sorte de hasard que nous devons l'exemple cité
par Rodolphe Agricola :

« J'ai vu, dit-il, un individu sourd dès le ber-
« ceau, et par conséquent muet, qui avait appris
« à comprendre tout ce qui était écrit par d'autres
« personnes, et qui lui-même exprimait par écrit
« toutes ses pensées, comme s'il eût eu l'usage de
« la parole » (1); mais ce fait fut révoqué en doute
par Louis Vivès. (2)

---

(1) *De Inventione dialectica*, Liv. III, Chap. dernier, à la
fin, folio 227, au verso. Cet ouvrage a été imprimé à Paris
en 1539, in-4°. On sait que Rodolphe Agricola, né en 1443,
mourut en 1485.

Nous ne savons pourquoi quelques écrivains récens ont
supposé « qu'Agricola traite ce fait de miraculeux, et le range
« dans les cas de conscience. » Nous venons de citer mot pour
mot le texte d'Agricola, qui ne dit rien de semblable.

(2) *De Animâ*, Lib. II, cap. *de Discendi Ratione*.

D'autres exemples du même genre peuvent avoir eu lieu en d'autres pays, à d'autres époques, sans trouver un Agricola pour les observer et nous les redire.

S'il fallait reconnaître l'origine de l'art dans l'exposition faite, pour la première fois, du principe théorique sur lequel repose l'art d'élever les sourds-muets, l'honneur de cette découverte appartiendrait à un philosophe italien, à Jérôme Cardan (1), et Pavie eût été le berceau de l'art. Esprit ardent, investigateur infatigable, bizarre, superstitieux et audacieux tour à tour; entraîné par son imagination à des spéculations mystiques, jetant quelquefois sur la nature et sur l'homme un regard observateur et pénétrant, Jérôme Cardan cultiva à la fois la médecine, les mathématiques, presque toutes les branches des connaissances humaines, sema dans chacune des germes féconds, sans prendre le soin de les cultiver, et mérita de prendre rang parmi les modernes réformateurs de la philosophie. Il avait associé l'étude de la psychologie à celle de la physiologie, et avait donné une attention particulière aux organes des sens et à leurs fonctions; il s'était beaucoup occupé aussi des écritures secrètes ou abrégées. A l'occasion du passage de Rodolphe Agricola, que nous venons de citer, il jeta en passant, sur l'art d'instruire les

_____

(1) Jérôme Cardan, né en 15o4, mourut en 1576.

I.

20

sourds-muets, quelques vues rapides qui en saisis-
sent cependant les véritables principes. « Nous
« pouvons donc, dit-il, mettre un sourd-muet en
« état d'entendre en lisant, et de parler en écri-
« vant. Le sourd-muet conçoit par la pensée que
« le mot *pain,* par exemple, tel qu'il est écrit,
« signifie cet objet qui lui est montré en même
« temps; sa mémoire retient cette signification;
« il contemple dans son esprit les images des
« choses : de même que, d'après le souvenir d'une
« peinture que l'on a vue, on peut exécuter un
« tableau qui la représente, on peut aussi peindre
« sa pensée dans les caractères de l'écriture; et de
« même que les divers sons émis par la voix hu-
« maine ont reçu, des conventions établies, une
« signification déterminée, les divers caractères
« tracés par écrit peuvent recevoir aussi par des
« conventions une valeur semblable (1). Le sourd-
« muet, dit-il ailleurs, doit apprendre à lire et à
« écrire; car il le peut aussi-bien que l'aveugle,
« comme nous l'avons montré ailleurs. L'entreprise
« est difficile, sans doute, mais elle est possible
« cependant pour le sourd-muet. On peut exprimer
« un grand nombre d'idées par des signes.... Les
« mimes romains en sont un exemple. On sait
« qu'un roi Barbare, frappé de la vérité de leur

---

(1) Jérôme Cardan ; *Paralipomenon,* Lib. III, cap. 3;
tome XVI de la collection de ses œuvres, page 462.

« langage par gestes, demanda à l'empereur d'en
« emmener deux dans ses états.... L'écriture s'as-
« socie à la parole, et par la parole à la pensée ;
« mais elle peut aussi retracer directement la pen-
« sée, sans l'intermédiaire de la parole, témoins les
« écritures hiéroglyphiques, dont le caractère est
« entièrement idéographique.... Les sourds-muets,
« dit-il encore, connaissent et honorent Dieu; puis-
« qu'ils ont une âme intelligente, rien n'empêche
« qu'ils ne cultivent les arts, qu'ils exécutent même
« des ouvrages plus achevés » (1). Jérôme Cardan
avait également entrevu qu'on peut conduire les
aveugles à lire par le tact, et il cite à cette occasion quelques faits rapportés par Érasme (2). Mais
après avoir jeté, comme au hasard, des indications qui promettaient des conséquences dignes
de tant d'attention, et qui demandaient un développement propre à les rendre applicables, il
s'arrête, suivant son usage, pour passer à d'autres
sujets, cherchant partout des aperçus, sans s'occuper de les faire fructifier. (3)

---

(1) *De Utilitate ex adversis capienda*, Lib. II, cap. 7 ;
tome II de ses œuvres, page 73. — *De Subtilitate*, Lib. XIV,
page 425. (Édition de Bâle, 1622.)

(2) *Ibid.*, Lib. XVII, page 506.

(3) Dans les passages qui viennent d'être cités, nous ne
voyons rien qui autorise la supposition par laquelle on a
prêté à Jérôme Cardan l'opinion que l'instruction des sourds-

Mais, nous ne pouvons reconnaître la véritable origine de l'art que dans les travaux des hommes qui ont légué leurs découvertes à des successeurs, et fait ainsi jouir la société du bienfait dû à leur génie.

C'est à Pierre de Ponce, bénédictin à Oña, mort en 1584, qu'appartient la gloire d'avoir créé l'art d'instruire les sourds-muets de naissance. Nous n'avons rien de lui, mais heureusement deux de ses contemporains nous ont transmis sur son compte des indications d'un grand prix. L'un est François Vallès, auteur d'une *Philosophie sacrée*. Voici comment il s'exprime : (1)

« Pierre Ponce, moine de Saint-Benoît, mon
« ami ; chose admirable ! enseignait aux sourds-
« muets de naissance, à parler ; il n'employait à
« cet effet d'autre moyen qu'en leur apprenant
« d'abord à écrire, en leur montrant du doigt des
« objets qui étaient exprimés par des caractères
« écrits ; ensuite, en les exerçant à répéter par l'or-
« gane vocal les mots qui correspondent à ces ca-
« ractères. »

---

muets était une sorte d'opération magique ; il l'explique, au contraire, comme on vient de le voir, d'une manière aussi naturelle que philosophique.

(1) Nous n'avons point en France l'ouvrage de Vallès ; mais le passage est rapporté par Paul Zachias, dans ses *Questions médico-légales*, Liv. II, titre 2, Quest. VIII, n° 7 ; et par Morhoff, dans son *Polyhistor.*, Liv. II, ch. III, §. 13.

Ambroise Moralès, dans ses *Antiquités d'Es-pagne* (1), nous apprend qu'il a été lui-même témoin des succès de Pierre de Ponce : « Pedro de « Ponce enseigna aux sourds-muets à parler avec « une perfection rare. Il est l'inventeur de cet art. « Il a déjà instruit de cette manière deux frères et « une sœur du connétable, et s'occupe actuelle-« ment de l'instruction du fils du gouverneur « d'Aragon, sourd-muet de naissance comme les « précédens. Ce qu'il y a de plus surprenant dans « son art, c'est que ses élèves, tout en restant « sourds-muets, parlent, écrivent et raisonnent « très bien. Je conserve de l'un d'eux, don Pedro « de Velasco, frère du connétable, un écrit dans « lequel il me dit que c'est au père Ponce qu'il a « l'obligation de savoir parler. »

Nous sommes redevables des détails suivans sur Pierre Ponce, à M. Ferdinand Nunès de Taboada, espagnol distingué par ses connaissances : (2)

« Le registre des décès du monastère des Béné-« dictins de San-Salvador de Oña, s'exprime en « ces termes : L'an 1584, au mois d'août, s'endor-« mit dans le Seigneur le frère Pierre de Ponce,

---

(1) *Descriptio Hispanica*, fol. 38. (*Voyez* aussi Morhoff, *Polyhistor.*, tome II, Lib. I, cap. 1, §. 14.)

(2) Ils sont consignés dans une note communiquée à M. le docteur Gall, et rapportée par celui-ci dans son *Anatomie et Physiologie du système nerveux*, vol. I<sup>er</sup>; Préface, p. xj.

« bienfaiteur de cette maison, qui, distingué par
« d'éminentes vertus, excella principalement et
« obtint dans tout l'univers une juste célébrité, en
« enseignant aux sourds-muets à parler.

« Dans les archives de ce même couvent, on
« trouve l'acte d'une fondation d'une chapelle, fait
« consigné par Pedro de Ponce, lequel atteste que
« les sourds-muets ses élèves, parlaient, écrivaient,
« calculaient, priaient à haute voix, servaient la
« messe, se confessaient, parlaient le grec, le latin,
« l'italien, et raisonnaient très bien sur la phy-
« sique et l'astronomie. Quelques uns sont même
« devenus d'habiles historiens. Ils se sont, dit
« quelque part Pedro Ponce, tellement distingués
« dans les sciences, qu'ils eussent passé pour des
« gens de talent aux yeux d'Aristote.

« Castaniza, auteur d'une vie de saint Benoît,
« qui parut à Salamanque en 1588, par conséquent
« trente-deux ans avant la publication de l'ouvrage
« de Bonet, parle en plusieurs endroits de la mé-
« thode de Ponce, pour rendre aux sourds-muets
« l'usage de la parole ». (1)

Le père D. Fr. Feijoo (2), Ant. Perezias (3),

---

(1) Castaniza, *Vita S. Benedicti.* Salamanque, 1588.

(2) D. Fr. Benite Geronymo Feijoo, *Theatro critico uni-
versal. — Cartas eruditas.*

(3) Ant. Perezias, *Censura artis loquendi mutos Boneti.*

D. Nicolas Antonio (1), confirment encore ces succès, par leur témoignage unanime. (2)

Jean-Paul Bonet fut conduit, d'après ce qu'il raconte lui-même (3), à s'occuper de l'art d'in-

---

(1) D. Nicol. Antonius, *Bibliotheca Hispanica*, p. 181.

(2) M. Bébian assure que le manuscrit où D. Pedro de Ponce avait consigné sa méthode, était conservé encore avant l'invasion de l'Espagne, dans un couvent d'Oña, où mourut l'inventeur (*Journal de l'Institution des Sourds-Muets*, N° 3, page 126). Il ajoute en preuve, que « M. le docteur Gall en « cite un passage qui lui fut communiqué par M. Emmanuel « Nunez de Taboada. » Mais il y a ici évidemment erreur. M. le docteur Gall ne cite nulle part un passage de Pedro de Ponce; il rapporte seulement la note de M. Nunez de Taboada, que nous venons d'extraire. Loin que M. Nunez y cite lui-même aucun passage de D. Pedro de Ponce, il a déclaré expressément ailleurs, dans l'article sur ce Bénédictin espagnol, inséré dans la *Biographie universelle* de M. Michaud, et dont il est l'auteur, que D. Pedro de Ponce n'a laissé aucun manuscrit. J'ai eu l'avantage d'avoir sur ce sujet plusieurs entretiens avec M. Nunez, qui m'a confirmé de vive voix cette circonstance. Il a eu l'obligeance d'écrire au P. abbé du monastère d'Oña, avec lequel il est lié, pour le prier de faire faire, dans les archives de ce monastère, les recherches qui pourraient nous conduire à quelque découverte, et de nous procurer les renseignemens qu'il posséderait sur ce sujet. Jusqu'à ce moment les recherches n'ont encore produit aucun résultat. Morhoff pense aussi que D. Pedro de Ponce n'a rien écrit sur sa méthode. (*Polyhistor.*, tom. II, Lib. II, cap. 1, §. 12.)

(3) *Reduccion de las Letras*, etc. Prologue.

struire les sourds-muets par l'affection qu'il por-
tait au connétable de Castille, dont il était le secrétaire (1), et par le désir de donner des soins au
frère de ce connétable, qui était sourd-muet depuis
l'âge de deux ans. Il n'annonce nulle part avoir eu
connaissance des essais de Pierre Ponce; il se
présente comme l'inventeur des procédés qu'il
décrit (2). Son idée fondamentale consiste à mettre
le sourd-muet en état de discerner et de reproduire les lettres de l'alphabet. Dans cette vue, il
s'occupe d'abord de réduire les lettres à leurs
élémens les plus simples. C'est l'objet du premier
Livre de son ouvrage.

Au second Livre, Bonet s'occupe du sourd-

---

(1) Il était aussi attaché au *service secret* du roi, et à la
*personne du capitaine-général de l'artillerie.*

(2) On a discuté la question de savoir si Bonet était réellement inventeur, ou s'il n'avait fait que recueillir et appliquer la découverte de D. Pedro de Ponce. Il est certain que
D. Pedro de Ponce a eu la priorité dans cette découverte,
puisqu'il a précédé Bonet de plus d'un demi-siècle. Mais ce
dernier peut avoir ignoré les méthodes imaginées par son
prédécesseur, et avoir cru de très bonne foi être le premier
auteur de celles qu'il a employées lui-même; nous sommes,
d'ailleurs, hors d'état de juger si elles étaient en effet semblables. Nous remarquons qu'il n'est point question d'alphabet manuel dans ce qu'on nous raconte du Bénédictin d'Oña.
Cependant, suivant Nicolas Antonio, Bonet n'aurait fait que
publier la découverte de son prédécesseur.

muet et des moyens de l'instruire (1). « Le sourd-
« muet n'est ordinairement muet, que parce qu'il
« est sourd ; c'est en vain qu'on s'efforcerait de
« lui rendre, par des moyens violens, une faculté
« d'audition dont il a été malheureusement privé.
« Mais on peut lui restituer par le sens de la vue
« les connaissances qui ne peuvent lui parvenir
« par celui de l'ouïe. Cette voie est indiquée par la
« nature. Le langage d'action est une langue na-
« turelle ; des sourds-muets qui ne se seraient ja-
« mais vus, s'entendraient entre eux s'ils se trou-
« vaient réunis, en usant des mêmes signes. (2)

« Les sourds-muets ont une extrême habileté à
« saisir tout enseignement qui leur est donné à
« l'aide de la vue, et à y chercher les moyens de
« suppléer au défaut de l'audition ; c'est de cet in-
« strument qu'il faut s'emparer, pour leur ensei-
« gnement, en remplaçant le son que les lettres
« expriment par leur forme ».

---

(1) Nous avons pensé qu'on serait bien aise d'avoir une
idée de cet ouvrage, le premier de ceux qui aient été composés sur cette matière. Il est, d'ailleurs, extrêmement rare ;
et ceux qui l'ont cité nous paraissent ne l'avoir pas bien
connu ; il porte pour titre : *Reduccion de las Letras, y arte
para enseiñar a hablar los mudos*, et a été imprimé à Madrid
en 1620. In-4°.

(2) *Reduccion de las Letras*, Liv. II, chap. II, pages 123
et 124.

A cet effet, Bonet fait concourir deux moyens
à la fois, la prononciation artificielle et l'alphabet
manuel. «Pour obtenir la première, on exerce le
« sourd-muet à disposer sa langue, ses dents, ses
« lèvres, dans la situation convenable pour l'émis-
« sion de chaque lettre, et on lui fait ensuite ex-
« haler le souffle nécessaire pour produire la voix.
« Quant à l'alphabet manuel, déjà connu des an-
« ciens, son emploi est aussi simple que facile. »
Celui que Bonet propose est à peu près celui qui
a été adopté par l'abbé de l'Épée. « Ces deux alpha-
« bets seront mis en rapport de manière à ce que
« le sourd-muet sache prononcer la lettre que la
« main lui montre, et désigner avec la main la
« lettre proférée. Il sera facile alors au sourd-muet
« d'apprendre à lire : on lui montrera du doigt la
« lettre écrite, qui correspond à celle de l'alphabet
« manuel et de la prononciation artificielle. Ces
« divers exercices se serviront mutuellement d'é-
« preuves. Les personnes qui vivent avec le sourd-
« muet apprendront l'alphabet manuel pour s'en-
« tretenir avec lui, pour le questionner. On réfor-
« mera sa prononciation quand elle sera vicieuse;
« on lui fera retrouver sur un livre les mêmes ca-
« ractères qu'il prononce, et qu'il figure avec ses
« doigts. » (1)

A son alphabet manuel Bonet joint donc une

_____

(1) *Reduccion de làs Letras*, chap. III, pag. 126 et suiv.

description des positions et des mouvemens de l'organe vocal, nécessaires pour la prononciation de chaque lettre. Il a soin de prévenir que cet exercice présente de nombreuses difficultés, exige une extrême patience. Il indique à l'instituteur les moyens qu'il doit prendre, soit en montrant à l'élève sa propre bouche ouverte, quand il pronnonce, soit en faisant subir à une langue artificielle de cuir les inflexions que doît imiter celle de l'élève. Pour former les lettres, il trace en détail le procédé qui doit être employé pour chaque lettre en particulier. C'est à peu près la marche qu'ont suivie plus tard Wallis et Amman, et dont on les considérait comme les inventeurs. (1)

Bonet recommande d'attendre, pour enseigner à l'élève cet alphabet guttural, qu'il soit bien familier avec l'alphabet manuel. Après l'avoir muni de cet instrument, il s'occupe de lui donner l'intelligence de la langue castillane, et de lui enseigner les règles de la grammaire.

Il réduit à trois genres principaux les élémens du discours : les *noms*, c'est-à-dire les mots qui reçoivent un genre et un nombre; les *verbes*, c'est-à-dire ceux qui reçoivent des modifications de personnes, de temps et de nombres, et les *conjonctions* ou ceux qui ne reçoivent aucune espèce de modification.

_____

(1) *Reduccion de las Letras*, chap. V et VI.

« Les noms des objets réels, extérieurs, sen-
« sibles, qui affectent la vue, s'enseigneront en
« montrant ces objets eux-mêmes, et exécutant
« en même temps les mots qui les expriment.
« Quant aux noms des objets qui ne peuvent se
« montrer à la vue, à l'exception de ceux qui appar-
« tiennent à l'ordre moral et aux affections de
« l'âme, le maître en fera comprendre la valeur,
« à l'aide des signes du langage d'action, les plus
« capables de les expliquer par l'analogie. C'est à
« la sagacité du maître que doit être abandonné le
« choix de ces pantomimes. Mais, tout ce qui
« appartient à l'ordre des idées morales et reli-
« gieuses, demande un soin plus particulier et une
« exposition plus rigoureuse. Pour lui enseigner
« les noms des diverses passions et des mouvemens
« de l'âme, on attendra qu'il les éprouve lui-même,
« ou bien l'on essayera de les lui faire éprouver, lors-
« qu'on pourra le faire sans danger; et on lui fera
« remarquer alors ce qu'il ressent en lui-même » (1).

C'est à l'usage répété, mais à un usage dirigé
avec attention, que Bonet recourt pour enseigner
au sourd-muet l'emploi de ce qu'il appelle les
*conjonctions,* c'est-à-dire les *conjonctions* proprement dites, les *prépositions,* les *adverbes,* les *interjections;* il suppose, que des entretiens dans lesquels le sourd-muet sera interrogé, dans lesquels

_____

(1) *Reduccion de las Letras,* chap. IX.

on répondra avec précision et justesse à ses questions, et que l'exercice de la lecture, suffiront pour le mettre en état d'employer toujours cet élément du discours d'une manière convenable (1). C'est encore à l'usage répété et bien dirigé qu'il se confie pour enseigner les genres, les nombres, ainsi que les terminaisons dont ils affectent les noms; mais en appliquant toujours les exemples à des objets déjà connus de l'élève, et les retraçant sous ses yeux.

« Les verbes désignent des actions qui s'exécu-
« tent par une ou plusieurs personnes, qui ont
« lieu dans le temps passé, présent ou à venir. Pour
« faire connaître au sourd-muet l'action que le
« verbe exprime, on l'imitera en sa présence, si
« elle appartient à l'ordre des choses visibles; on
« s'adressera à sa propre expérience intérieure, si
« elle est du ressort de l'ordre moral. Du reste, les
« conjugaisons s'enseigneront à peu près en la
« manière usitée par les grammairiens (2). Les
« temps seront d'abord rapportés aux trois temps
« absolus, dont la notion peut être donnée avec
« précision et certitude. A cet effet, on recourra
« à la distinction des jours qui composent la se-
« maine; on lui montrera le contraste du jour et

(1) *Reduccion de las Letras*, chap. X.
(2) *Ibid.*, chap. XIII.

« de la nuit; on lui fera remarquer les journées
« qui s'écoulent et se succèdent; plus tard, le
« sourd-muet apprendra par l'usage l'emploi des
« divers temps secondaires ou relatifs qui viennent
« se joindre aux premiers. Le temps futur se dé-
« signe en projetant la main en avant. Les pronoms
« s'enseignent en indiquant du doigt les interlocu-
« teurs, les auteurs, les témoins de l'action. Le
« verbe *être* exige une démonstration particulière
« dans laquelle le maître, son élève et les per-
« sonnes présentes jouent un rôle, en faisant re-
« marquer leur présence. » (1)

Bonet enseigne aussi à son élève les notions
des nombres et la valeur des signes qui les expriment. Il recourt à cet effet au procédé le plus
simple : il place sous les yeux du sourd-muet des
groupes d'objets semblables, lui fait remarquer
la composition de ces groupes, et leur associe les
termes ou le chiffre qui les représentent.

On regrette de voir Bonet remplir son livre de
tableaux d'adverbes, de prépositions, de verbes;
reproduire les conjugaisons et la série des nombres naturels, lorsqu'il nous indique à peine
les procédés et les méthodes qui appartiennent
à l'essence de l'art. Cependant, les trois derniers chapitres offrent un véritable intérêt, et
quelques vues philosophiques dignes d'attention.

_____

(1) *Reduccion de las Letras*, chap. XIV, XIX.

Ils renferment des vues trop négligées aujour-
d'hui même de quelques instituteurs. L'auteur
castillan montre comment l'élève doit être exercé,
par une suite de comparaisons méthodiques, à remarquer exactement les différences et les analogies des objets, de manière à les faire ressortir par
le contraste, à les classer avec ordre, à se faire des
idées justes et exactes des termes qui les expriment. Il recommande d'interroger chaque soir le
sourd-muet sur ce qu'il a fait et vu dans la journée,
de puiser ainsi dans sa propre expérience, dans
son expérience récente, les notions qu'on veut lui
apprendre à fixer; de l'interroger aussi sur ce qu'il
se propose de faire; de l'accoutumer à se rendre
compte de ce qu'il pense, de ce qu'il éprouve;
enfin de lui faire saisir, par des rapprochemens
bien entendus, les nuances souvent délicates qui
distinguent entre elles les valeurs des expressions
analogues ou réputées synonymes. Il prescrit l'exercice de la lecture, en indiquant comment le choix
des livres doit être gradué suivant la capacité et
les progrès de l'élève; et comment le maître doit
venir à son secours, en lui expliquant les passages
qu'il ne pouvait comprendre; enfin il veut aussi
qu'on applique l'élève à écrire, qu'on lui fasse
répéter par écrit les exercices des questions et des
réponses; il va jusqu'à prendre soin de marquer
comment on doit lui rendre la formation des caractères de l'écriture, plus faciles et plus simples,

en la rappelant à quelques formes élémentaires. (1)

L'ouvrage de Bonet ne contient que des germes; mais il contient les germes des principaux procédés qui plus tard ont été développés, régularisés. Il a mis en œuvre et les signes du langage d'action, et l'écriture alphabétique, et la dactylologie, et l'alphabet guttural; il a ébauché l'enseignement grammatical d'après une méthode inductive; il a ébauché l'enseignement philosophique qui conduit de l'intelligence à la langue (2). Le seul procédé qu'il n'ait point admis, est celui auquel nous avons donné le nom d'alphabet labial. Il s'est demandé, toutefois, s'il ne conviendrait pas de mettre le sourd-muet en état de lire la parole sur les lèvres de celui qui parle; mais ce moyen lui paraît peu nécessaire, incertain et douteux dans ses effets. «Le mouvement des lèvres, «dit-il, ne suffit pas pour révéler tout l'ensemble «des mouvemens de l'organe vocal, qui s'exécu- «tent dans l'intérieur de la bouche et du gosier «de celui qui parle, et cependant toutes ces cir- «constances seraient indispensables à apprécier

---

(1) *Reduccion de las Letras,* chap. XXI à XXIII, p. 264 et suiv.

(2) L'abbé de l'Épée avait vu l'ouvrage de Bonet; il avait même appris l'espagnol, tout exprès pour le pouvoir lire; il lui avait, à ce qu'il nous apprend, emprunté l'alphabet manuel. Comment n'y a-t-il vu que le seul alphabet manuel?

« pour reconnaître les lettres que cette personne
« prononce ». Il estime donc que le maître ne saurait donner à cet égard de règle positive; qu'il doit
abandonner le sourd-muet à sa sagacité, sagacité
qui suffira toutefois en quelques occasions à celui-
ci, pour deviner les discours d'après les mouvemens
des lèvres, par une attention très active, par une
longue habitude, et à l'aide des circonstances extérieures et accessoires qui servent ordinairement
de commentaire à nos discours. (1)

Nous trouvons dans le *Traité de la Nature des
corps,* du chevalier Kenelm Digby, un récit fort
intéressant, et qui se rapporte évidemment à la
méthode de Bonet. Il raconte, en effet (2), « qu'il
« avait eu occasion de voir en Espagne un sourd-
« muet de naissance atteint d'une surdité tellement
« absolue, qu'il n'entendait pas même un coup de
« canon, qui, cependant, savait fort bien discer-
« ner par la vue seule les paroles des personnes
« qui s'entretenaient en sa présence, et que lui-
« même avait appris à prononcer distinctement.
« Ce sourd-muet, dit-il, était le frère cadet du
« connétable de Castille, doué d'un esprit naturel.
« Les médecins et les chirurgiens avaient épuisé
« inutilement sur lui tous les genres de remèdes,

_____

(1) *Reduccion de las Letras,* chap. XXIII, page 273.
(2) *Tract. de Naturâ corporum,* chap. XXVIII, §. 8.

I.

« lorsqu'un prêtre promit de lui enseigner à com-
« prendre les discours, à parler lui-même, et tint
« parole. On n'avait pas voulu le croire d'abord;
« quand il eut réussi, on cria au miracle. » Le
chevalier Digby eut occasion de s'entretenir plusieurs fois avec ce jeune homme, en présence du
prince de Galles. La prononciation de l'élève
manquait seulement de mesure et d'uniformité.
D'après le désir du prince de Galles, on pro-
nonça, en présence de l'élève, quelques mots en
langue anglaise, d'autres même dans le dialecte
gallois, et celui-ci les répéta exactement. « Son in-
« stituteur, ajoute Digby, avouait que son art ne
« s'étendait pas jusqu'à pouvoir donner des règles
« certaines et positives pour apprendre à lire ainsi
« sur les lèvres d'autrui. » Le chevalier Digby ignorait la méthode suivie par le prêtre espagnol, pour
un enseignement aussi merveilleux; mais il renvoie son lecteur à un ouvrage en langue espagnole composé par celui-ci, et qui doit être l'écrit
dont nous venons de rendre compte. En trouvant
dans ce récit la confirmation du succès obtenu par
Bonet, nous y découvririons, si je ne me trompe,
que, depuis la publication de son ouvrage, Bonet
s'était plus particulièrement appliqué au procédé qui consiste à faire lire sur les lèvres, et
que, sans lui donner des préceptes plus fixes, il
avait pu en perfectionner l'usage, en retirer plus
d'utilité qu'il ne l'avait soupçonné d'abord.

D. Nicolas Antonio (1), malgré le juste hommage qu'il a rendu à la mémoire de D. Pedro de Ponce, en le proclamant l'inventeur de l'art, décerne encore le même titre à un autre Espagnol, postérieur à de Ponce, et à Bonet lui-même; il le décerne à un muet de naissance, Ramirez de Carion, auteur d'un ouvrage où ses procédés paraissent avoir été indiqués, sinon décrits (2). Ramirez aussi enseignait aux sourds-muets à lire et à prononcer quelques mots. Morhoff nous apprend que cet instituteur avait eu pour élève Emmanuel Philibert, prince de Carignan; que le prince sourd-muet, lequel vivait de son temps, écrivait et parlait quatre langues. (3)

L'Italie, à l'époque de sa gloire, lorsque la littérature et les arts dont elle avait été le berceau pour l'Europe moderne, répandaient sur elle un si vif éclat, ne resta point étrangère à un art qui se liait d'un côté à la théorie du langage, de l'autre à l'histoire naturelle de l'homme. Déjà nous avons vu que Jérôme Cardan avait en quelque sorte prédit la naissance de cet art, et lui avait d'avance tracé son but et ses moyens. Au commen-

---

(1) Dans sa *Bibliotheca Hisp. Nov.* ( *Voyez* aussi Morhoff, *Polyhistor.*, tome Ier, Lib. IV, cap. 1, §. 6. )

(2) *Maravillas de naturaleza, en qua se contienen dos mil secretos de cosas naturales.* 1629.

(3) Voyez *Polyhistor.* à l'endroit cité.

cement du dix-septième siècle, Affinate, dit-on, publia un traité sur la manière de faire parler les sourds-muets. Vers le même temps, un célèbre professeur de l'université de Padoue, Fabrizio d'Acquapendente, décrivit les phénomènes de la vision, de la voix, de l'ouïe (1), traita de la parole et de ses instrumens (2), et à cette occasion présenta aussi des vues sur le même sujet. Vers 1670, P. Fr. Lana-Terzi, jésuite de Brescia, professeur de rhétorique à Terni (3), produisit sur l'art d'instruire les sourds-muets quelques vues sommaires, rapides, mais assez justes, et qui pouvaient être fructueuses. Ardent investigateur des secrets de la nature, empressé à recueillir, dans ses actives recherches, toutes les découvertes obtenues, jaloux d'en augmenter le nombre par ses tentatives multipliées en tout genre et souvent téméraires, le P. Lana avait tout ensemble et indiqué la possibilité pour l'homme de s'élever dans les airs,

---

(1) *De Visione, Voce, Auditu*. Cet ouvrage a eu quatre éditions : *Venise, 1600, in-fol.; Padoue, 1603; Francfort, 1605, 1613.*

(2) *De Locutione et ejus Instrumentis*. Venise, 1603. Jérôme Fabrizio a publié aussi une dissertation latine sur le *Langage des bêtes*. Padoue, 1603, 1623, in-fol.

(3) Le P. Lana-Terzi, né en 1631, mourut en 1687. Il s'était beaucoup occupé de physique, de chimie, de mécanique, d'histoire naturelle.

et cherché diverses solutions de la quadrature du cercle, et espéré trouver la pierre philosophale. Il s'occupa tour à tour, dans son *Arte Maestra* (1), des écritures en chiffres (2), des moyens à employer pour apprendre aux aveugles à lire et à écrire (3), de ceux qui peuvent servir pour établir des correspondances à distance (4), et se trouva conduit à exposer aussi ceux qu'on peut faire servir à instruire les sourds-muets (5); apprendre à examiner les situations et le jeu des diverses parties de l'organe, dans la formation de chaque intonation ou de chaque articulation, à les imiter ensuite, à les reconnaître chez les autres par la disposition et le mouvement des lèvres; exercer d'abord le sourd-muet à proférer séparément chaque lettre, à la lire sur les lèvres d'autrui; lui faire assembler ensuite ces lettres en mots; enseigner enfin la signification de ces mots,

---

(1) *Prodromo ovvero Saggio di alcune invenzioni nuove, premesso all' Arte Maestra.* Brescia, 1670, petit in-fol. Cet ouvrage n'est que le programme d'un vaste travail, que le P. Lana se proposait de publier, et qui devait avoir 9 vol. in-fol. Il n'a eu que le temps de donner les trois premiers sous le titre de *Magisterium naturæ et artis, etc.* Brescia, 1684, 1684, et Parme, 1692.

(2) *Prodromo, etc.*, cap. I.

(3) *Ibid.*, cap. II.

(4) *Ibid.*, cap. III.

(5) *Ibid.*, cap. IV.

en montrant les objets qu'ils sont destinés à représenter ; parcourir graduellement les significa-
tions qui appartiennent aux fonctions des sens, aux
arts, à l'entendement, à la volonté ; telle est, suivant le P. Lana, la substance de l'art. «Quelles que
«soient les difficultés que semblent offrir les exer-
«cices sur lesquels il repose, elles seront surmon-
«tées par le sourd-muet d'une manière qui nous
«étonnera ; car la privation d'un sens donne aux
«autres une sagacité toute nouvelle et singulière.»

Malgré les indications de ces deux auteurs, il
ne paraît pas que l'Italie, à cette époque, ait vu
étudier l'art d'instruire les sourds-muets autrement
que dans ses principes théoriques ; du moins, le
seul exemple d'application qui nous soit connu
est-il celui que nous offre Pierre de Castro, premier
médecin du duc de Mantoue, qui instruisit, dit-
on, le fils du prince Thomas de Savoie. Du reste,
Pierre de Castro n'a point donné à connaître les
procédés dont il faisait usage. (1)

On a plusieurs fois cité l'ouvrage de Jean Bonifacio, comme l'un de ceux qui avaient les premiers traité de l'art d'instruire les sourds-muets ;
mais on a sans doute été induit en erreur par son
titre : *De l'Art des Signes, à l'aide duquel la pa-*

_____

(1) Il a publié deux ouvrages sur des matières médicales ;
mais il n'a rien écrit sur l'art d'instruire les sourds-muets. Il
est mort en 1663.

*role se rend visible* (1); car, cet ouvrage n'a, avec l'art dont nous nous occupons, qu'un rapport indirect. Bonifacio n'a point recherché les moyens d'enseigner nos langues artificielles aux sourds-muets ; il ne s'est pas même occupé de l'éducation de ces infortunés. Il a seulement traité du langage d'action ; il a voulu en montrer la richesse ; il a voulu indiquer les services utiles qu'on en peut tirer. Il a remarqué, il est vrai, jusqu'à quel point ce langage est développé par le sourd-muet livré à lui-même (2) ; mais, le sourd-muet ne figure ici que comme un exemple ; il n'est point un but pour l'auteur. Ce que nos instituteurs auraient à puiser dans ce volumineux traité, se borne donc aux lumières qu'ils y recueilleraient sur l'étendue des ressources que peut offrir la pantomime, en tant qu'ils l'emploient comme auxiliaire de leur enseignement. Cependant, Bonifacio n'a guère étudié les développemens que le langage d'action peut recevoir

---

(1) *Dell' Arte de' Cenni*, etc. Vienne, 1616. Il est antérieur de quatre ans au traité de Bonet ; mais ces deux ouvrages n'ont aucun rapport entre eux. Le premier étant extrêmement rare, il ne faut point s'étonner si ceux qui l'ont cité n'en ont guère connu que le titre.

Jean Bonifacio était jurisconsulte, et a publié quelques autres écrits.

(2) *Dell' Arte de' Cenni*, etc. Liv. Ier, chap. IV, p. 12.

de l'art et de la réflexion ; il s'est borné à décrire
avec détail chacun des élémens qui composent ce
langage, et les circonstances même les plus involontaires, qui, dans notre extérieur, deviennent
une expression de nos sentimens ou de nos pensées. Bonifacio a conçu les *signes* dans leur acception la plus générale, en tant, toutefois, qu'ils ont
leur siége dans l'homme ; mais il énumère confusément, et ceux que la nature elle-même a revêtus
de la fonction d'indicateurs, même indépendamment de notre propre volonté, et ceux qui tiennent plus ou moins cette fonction de la volonté et
de la réflexion. Dans quarante-neuf chapitres, il
parcourt et signale toutes les circonstances qui
peuvent servir, suivant lui, à faire connaître ou
la pensée, ou le caractère de l'homme, à commencer par les formes des diverses parties du
visage, et sans oublier même celles qui concer-
nent les cheveux et la barbe ; tous les mouvemens
que peuvent exécuter la tête, les yeux, les divers
membres, l'ensemble du corps ; il trouve un langage jusque dans l'habillement et le costume.

L'auteur semble avoir épuisé ce sujet singulier ;
il a rassemblé, suivant l'usage de son temps, une
foule de passages des écrivains de tous les siècles,
sur la matière qu'il traite, et son travail, sous ce
double rapport, devient assez curieux. Dans son
enthousiasme pour l'art des signes, non seulement
il le met au niveau de la parole, mais il va jusqu'à

le considérer comme plus riche et plus éloquent ;
il en indique toutes les applications aux sciences
et aux arts : la parole elle-même lui paraît n'être
qu'une branche du langage d'action. A cette occasion, il observe que les sourds savent lire les paroles par le mouvement des lèvres ; il rappelle
l'exemple d'un nommé Nello de' Gabriello, cité
par Bartole, qui avait acquis cette faculté. (1)

Nous ne nous arrêterons point ici à rappeler les
travaux des nombreux investigateurs qui, à la
suite des abbés Trithème, des P. Kirker, etc., ont
cherché à inventer des écritures symboliques ou
des écritures secrètes ; nous nous bornerons à remarquer avec surprise, que pas un seul parmi
eux n'a eu l'idée de s'occuper un instant de l'instruction des sourds-muets, quoiqu'ils parcourus-
sent une carrière aussi voisine de cet art. Croirait-
on, par exemple, qu'un P. Alphonse Costadeau,
qui a pris la peine d'écrire en douze volumes un
*Traité historique et critique des principaux Signes*
*qui servent à manifester les pensées ou le com-*
*merce des esprits* (2), n'a pas paru soupçonner
qu'il existe des sourds-muets, qu'ils instituent
entre eux des signes mimiques, et que divers
ordres de signes peuvent servir à les instruire ?

(1) *Dell' Arte de' Cenni*, Liv. II, chap. VII, page 542.
(2) *Lyon*, 1724. In-12.

## CHAPITRE II.

*Naissance de l'art en Angleterre et en Hollande.*
*Wallis, Vanhelmont, Amman.*

On a généralement attribué au docteur Wallis le mérite d'avoir, le premier, conçu en Angleterre les moyens de procurer aux sourds-muets le bienfait de l'instruction ; lui-même, dans la Préface de sa *Grammaire anglaise,* publiée en 1753, et qui renferme un aperçu de son procédé d'articulation artificielle à l'usage des sourds-muets, déclare « qu'il « croit exécuter un travail qui n'a été encore tenté « par aucune autre personne, du moins à sa con- « naissance. » Dans une lettre à Amman (1), Wallis rapporte aux années 1660 et 1661, les premières applications qu'il fit de son procédé à deux sourds-muets. Cependant, Jean Bulwer avait déjà publié à Londres, dès l'année 1648, son *Philosophe,* ou *l'Ami des Sourds-Muets.* (2)

(1) Cette lettre, qui paraît être de l'année 1700, a été insérée par Amman dans la Préface de sa *Dissertation sur la Parole.*

(2) Bulwer (John), *Philosophies, or the deaf and dumb-mans friend, exhibiting the philosophical verity of that which may able one with an observant eye to heare what any man speaks by the moving of his lips.* London, 1648. In-8°.

Ceci s'explique, si nous ne nous trompons, en considérant que Wallis est en effet le premier, en Angleterre, qui ait exposé et pratiqué les procédés à l'aide desquels on enseigne au sourd-muet à proférer des paroles articulées, et que pendant long-temps, le préjugé généralement établi a fait considérer ces procédés comme le moyen naturel et indispensable d'instruire le sourd-muet de naissance. Car Bulwer n'employait pas d'autres moyens que les signes mimiques, l'alphabet manuel et l'attention donnée au mouvement des lèvres (1). Il avait déjà préludé à ces recherches par deux ouvrages qui en sont comme l'introduction, et qui font avec elles un seul système, la *Chironomia* ou l'*Art de la rhétorique manuelle*, et la *Chirologia* ou le *Langage naturel de la main* (2). Il serait assez curieux de connaître jusqu'à quel point il avait porté le développement de la pantomine artificielle (3). On peut, du moins, considérer Bulwer comme le premier qui ait conçu, indiqué, proposé le moyen d'instruire le sourd-muet par le secours des signes. Du reste, quoi qu'il

---

(1) *Voyez* Morhoff, *Polyhistor.*, tome I<sup>er</sup>, Liv. II, cap. 13, S. 24.

(2) Nous avons fait vainement chercher cet ouvrage à Londres ; on nous a assuré qu'il était impossible de l'y trouver.

(3) *Londres*, 1644. In-8°.

en soit de la nature et du mérite des procédés qu'il a employés, rien n'indique que Bulwer en ait fait aucune application, et qu'on ait pu ainsi les apprécier par le résultat.

Il n'en est pas de même de Wallis, qui, comme nous venons de le voir, réussit à instruire deux sourds-muets dès l'année 1660 ou 1661. Dans sa Lettre n° 29, insérée au troisième volume de ses œuvres mathématiques, Wallis annonce qu'il a plus tard procuré le même bienfait à plusieurs autres. Son *Traité grammatico-physique de la Parole,* ou *de la Formation des sons vocaux,* mis à la tête de la *Grammaire anglaise,* et réimprimé plusieurs fois depuis (1), le seul écrit dans lequel il ait donné quelques détails relatifs à ce genre d'enseignement, a fait supposer qu'il faisait consister essentiellement l'art dans les procédés mécaniques de la prononciation artificielle. Cependant, la Préface même de la *Grammaire anglaise,* publiée en 1753, devait prévenir cette erreur; car Wallis y dit expressément : « Je n'ai pas appris « seulement à ces deux sourds-muets à prononcer « distinctement; mais encore (ce qui est étranger « au sujet que je traite ici) à exprimer les pensées « de leur esprit, par la parole ou par écrit, à lire

_____

(1) Notamment à la suite du *Surdus loquens,* d'Amman, sous le titre latin de : *De Loquelá, sive de sonorum formatione, etc.* Lugd. Batav., 1727 et 1740.

« et à comprendre ce qui était écrit par les au-
« tres. » Dans sa Lettre n° 29, déjà citée, Wallis
nous fournit des indications plus développées, et
qui, dans leur brièveté, ont pour nous un grand
prix (1). Après avoir rappelé son *Traité de la
Parole*, et les procédés qui y sont développés,
Wallis ajoute : « Voilà la partie la plus facile de la
« tâche, bien que ce soit celle qu'on regarde com-
« munément comme la plus admirable. Prononcer
« des mots comme des perroquets, sans connaître
« leur signification, de quelle utilité serait-ce dans
« le commerce de la vie ? » Il y a plus, et après
avoir enseigné à Pophas et à Whaley l'articulation
mécanique, Wallis instruisit d'autres sourds-muets,
sans s'aider de ce procédé. « Je leur ai seulement
« appris, dit-il, à comprendre ce qu'on leur écri-
« vait, et à exprimer passablement leurs pensées
« par écrit. »

Sa méthode se composait de quatre élémens :
l'*écriture* et la *lecture*, l'*alphabet manuel*, l'*induction logique*, aidée des exemples, et les *gestes*,
mais seulement les gestes empruntés au sourd-
muet lui-même.

---

(2) M. Bébian a traduit cette lettre à la suite de son *Essai
sur les Sourds-Muets*. Paris, 1817. Le premier, il a eu le mérite
de faire remarquer l'erreur où l'on était tombé relativement
à la méthode de Wallis; mais il nous paraît avoir ensuite
tiré de cette même lettre des conséquences inexactes.

Il commence par l'exercice de l'écriture : c'est
la base de son enseignement; un alphabet manuel
quelconque est, à ses yeux, un procédé auxiliaire
utile pour suppléer l'écriture.

« Il faut ensuite, ajoute Wallis, apprendre au
« sourd-muet à s'exprimer, de la même manière
« que les enfans apprennent leur langue (ce à quoi
« on fait généralement à peine attention), avec
« cette différence, que les enfans apprennent les
« sons par les oreilles, et que le muet apprend
« par les yeux les signes (1) qui représentent les
« mêmes sons. Or, les sons et les signes peuvent
« représenter à volonté les mêmes choses et les
« mêmes idées. »

Wallis, au reste, s'est bien gardé d'imiter l'a-
veugle routine qu'on suit ordinairement, en laissant apprendre aux enfans leur langue maternelle:
et voici, à nos yeux, le vrai mérite de sa méthode;
mérite d'autant plus remarquable, qu'on en rencontre, même après lui, bien peu d'exemples. En
montrant à son élève les objets auxquels les noms
correspondent, il les « classe dans un ordre com-
« mode, sous différens titres, rangés par colonnes,
« ou par d'autres distributions, *de manière que*

_____

(1) Par l'expression *signes*, Wallis entend seulement ici
les caractères de l'écriture, ou les mouvemens des doigts,
dans l'alphabet manuel, qui, figurant les mots, remplacent
les sons et les représentent dans le langage articulé.

« *leur position indique à l'œil les rapports qu'ont* « *entre eux les objets désignés par ces noms.* Par « exemple, les contraires et les corrélatifs en oppo- « sition ; les subordonnés sous leurs chefs, etc. » Wallis donne, dans une suite de tableaux synoptiques, les exemples de ces constructions, et forme ainsi une nomenclature véritablement méthodique. Il a soin de s'élever du particulier au général, du simple au composé, de l'unité à la collection ; il suit l'ordre généalogique des idées ; il fait composer à son élève des cahiers dans lesquels celui-ci s'exerce à reproduire ces tableaux généalogiques.

Ses indications sur la marche qu'il suivait, relativement à l'enseignement de la syntaxe, sont beaucoup plus concises et plus vagues; cependant, le même esprit paraît encore l'avoir dirigé. C'est en réunissant les mots épars dans ces tableaux, qu'à l'aide des rapports déjà aperçus entre eux, il fait jaillir en quelque sorte la proposition simple, naturellement et comme d'elle-même. Du reste, dans l'enseignement de la syntaxe, il s'aide beaucoup des exemples.

Wallis a cru devoir séparer l'une de l'autre la nomenclature et la syntaxe, et familiariser son élève avec la première, avant de passer à la seconde.

Il conseille « d'avoir toujours à sa disposition « une plume et du papier, pour traduire par des

« mots ce que le sourd-muet indique par ses gestes,
« ou pour lui faire écrire ce qu'il donne à entendre
« par ses signes. » Il remarque que « les muets
« sont extrêmement habiles à exprimer leurs pen-
« sées par signes. Il est extrêmement utile, ajoute-
« t-il, que nous apprenions cette espèce de langue,
« pour leur enseigner la nôtre, en leur montrant
« que les mots répondent à tels ou tels signes.
« L'instituteur leur écrira d'abord, et leur expli-
« quera ensuite par signes, quelques phrases ana-
« logues, bien claires, pour leur donner l'intelli-
« gence des propositions simples. » On voit qu'il
n'est question ici que des signes mimiques déjà
connus du sourd-muet, employés par lui ; qu'il ne
s'agit pas de faire créer et instituer par le maître
un nouveau système de signes qui vienne combler
les immenses lacunes du premier ; que ces signes
sont employés comme moyen naturel d'explication. Ils reçoivent de Wallis précisément le même
usage qu'ils ont généralement obtenu des instituteurs de sourds-muets, ainsi que l'histoire
de l'art le démontre, et qu'ils en obtiendront toujours, on peut dire nécessairement, comme le
moyen auxiliaire qui s'offre de lui-même pour les
explications des idées les plus simples.

On ne peut assez déplorer que Wallis se soit
borné à indiquer ainsi, par quelques aperçus rapides, ce qui formait l'essence de sa méthode,
tandis qu'il a pris la peine de traiter en détail un

procédé qui n'en est que l'accessoire. C'est pour ce motif que nous avons rassemblé du moins avec soin tous les passages qui peuvent être des traits de lumière à l'égard de cette méthode, qui eût si bien mérité d'être l'objet de nos études.

Le *Traité de la Parole* ou *de la Formation des Sons*, est fort succinct, et ne contient que trente-quatre pages; mais il est en même temps aussi substantiel que méthodique. Wallis classe les voyelles et les consonnes, d'après les positions et les mouvemens des diverses parties de l'organe vocal, et les analogies qui en résultent; il en dresse un tableau synoptique; il détermine les conditions nécessaires pour produire exactement et clairement chacun des élémens de la parole. Il ne se propose pas seulement, dans ce travail, de prêter au sourd-muet le secours d'une articulation mécanique, il a en même temps pour but de fournir un moyen pour rectifier les vices de prononciation, auxquels sont sujets ceux qui entendent et qui parlent. Aussi nous apprend-il lui-même qu'il a réussi de cette manière, soit « à apprendre à plusieurs per-« sonnes qui hésitaient en parlant, ou qui balbu-« tiaient, à articuler distinctement les mots qu'elles « ne prononçaient auparavant que très imparfai-« tement, soit à enseigner à des étrangers à pro-« noncer en même temps des mots anglais, ce « qu'ils avaient regardé jusqu'alors comme impos-

I

« sible » (1). Du reste, ce traité est spécialement applicable, en effet, à la prononciation usitée en Angleterre.

Le fruit de cet exercice était durable chez les personnes jouissant de l'ouïe. Mais Wallis fait observer que « si le sourd-muet qui parle n'a pas « habituellement quelqu'un qui relève et corrige « les fautes qui lui échappent, l'usage qu'il a de la « parole s'altérera peu à peu, et se perdra par le « défaut de soin. » (2)

On ne voit nulle part que Wallis ait exercé ses sourds-muets à lire sur les lèvres, ni que cette idée se soit même présentée à sa pensée; car il n'en discute point le mérite.

La priorité de l'invention fut cependant disputée au docteur Wallis par William Holder (3). Il est certain que le sourd-muet Pophas avait déjà appris à parler, par les soins de Holder, à Blechington, dont cet ecclésiastique était recteur, et que c'est seulement après avoir perdu l'usage de cette parole artificielle, qu'il la recouvra auprès

---

(1) *Voyez* la *Lettre à Amman*, et la Préface de la *Grammaire anglaise*.

(2) *Lettre au Docteur Thomas Beverly*, dans le 3e volume de ses œuvres mathématiques.

(3) *Voyez* le *Supplément aux transactions philosophiques*, de juillet 1670, avec une Lettre du docteur Wallis. 1778, in-4°.

du docteur Wallis. D'un autre côté, l'ouvrage de Holder ne vit le jour qu'en 1669 (1). Du reste, le recteur de Blechington ne paraît pas s'être livré à une étude sérieuse et approfondie de ce que nous considérons comme l'essence de l'art, et nous ignorons s'il a eu occasion de l'appliquer.

Vers le même temps, Londres vit encore sortir de ses presses l'ouvrage de Sibscota, sous le titre de *Discours d'un Sourd-Muet* (2), ouvrage sur lequel nous n'avons pu nous procurer aucun détail, et qui ne paraît pas avoir laissé de traces remarquables dans l'histoire de l'art. (3)

Le premier signal en Hollande semblerait avoir été donné par Pierre Montans, si, comme on l'assure dans un traité sur le langage (4), il a présenté des vues sur l'enseignement que les sourds-muets peuvent recevoir (5). Mais assurément, ce

---

(1) *Elements of speech*, etc. Un Appendice concernant les sourds-muets. *Londres*, 1669, in-8°. Il a été traduit en latin et en allemand.

(2) Sibscota (G.), *Deaf and dumb man's discourse concerning those who are born deaf and dumb, etc.* London, 1770, in-8°.

(3) Il est cité par Morhoff dans son *Polyhistor.*, Liv. II, chap. III, §. 13.

(4) *Bericht van eene nieuwe konst, genaemt de spreeckonst.* Delft., 1635.

(5) Morhoff, *Polyhistor.*, tome II, Lib. Ier, cap. Ier, §. 14.

ne fut point à Montans que Van Helmont emprunta l'idée bizarre qui le conduisit à ouvrir une voie pour l'instruction du sourd-muet.

Fr. Mercure Van Helmont, dont l'esprit investigateur eût pu recueillir quelques fruits utiles, si, dans ses infatigables recherches, il n'eût été entraîné par la passion pour les sciences occultes et pour le merveilleux, et s'il n'eût suivi et presque surpassé en cela l'exemple de son père. Van Helmont s'était persuadé qu'il existe une langue naturelle aux hommes; que cette langue est, et doit être la langue hébraïque; que les formes des caractères de cette langue sont, en effet, la peinture des modifications qu'éprouve l'organe vocal, lorsqu'on prononce les lettres qui leur correspondent; que cet alphabet est ainsi donné par les lois même de la parole, telle qu'elle est émise par la voix humaine, et instituée par Dieu même (1). Les sourds-muets de naissance servirent d'occasion, plutôt que de but, à l'exposition du système. « Les sourds-

---

(1) *Alphabeti vere naturalis hebraïci brevissima delineatio, quæ simul methodum suppeditat juxta quam qui surdi nati sunt sic informari possunt, ut non alios saltem loquentes intelligant, sed et ipsi ad sermonis usum veniant.* = A F. Ch. B. Ab Helmont. *Sulzbach,* 1667. Cet opuscule n'a qu'un petit nombre de pages in-16. M. l'abbé Jamet ( premier Mémoire, page 8) en fait un livre assez volumineux, et suppose que Van Helmont y décrit sa méthode ; cependant à peine y est-elle indiquée.

« muets, dit Van Helmont, suppléent à l'ouïe par
« la vue, sens qui acquiert en eux une extrême
« perspicacité; ils parviennent à lire sur les lèvres
« de ceux qui leur parlent, à observer les situa-
« tions et les mouvemens de l'organe vocal, et à
« pénétrer ainsi dans la pensée de ceux qui leur
« parlent; ils s'exercent à les reproduire à leur
« tour » (1). Van Helmont prétend être parvenu en
trois semaines à mettre un sourd-muet en état de
répondre ainsi aux questions qu'on lui adressait;
mais il était nécessaire qu'on lui parlât lentement
et la bouche ouverte. « Ce sourd-muet, ajoute-t-il,
« apprit ensuite en peu de temps la langue hé-
« braïque, par ses seuls efforts et sans maître,
« après avoir appris, par la méthode indiquée, à
« lire et à combiner les lettres, et en comparant
« le texte hébreux de la Bible avec une traduction
« allemande. » Van Helmont a joint à son ouvrage
une suite de gravures où les diverses positions de
l'organe vocal sont représentées et mises en rapport avec les figures qui représentent son alphabet
naturel. Il ne s'est point occupé, d'ailleurs, de l'enseignement qui aurait pour objet l'intelligence de la
langue; il n'en aurait même guère senti le besoin.
Égaré dans ses vaines spéculations, il allait jusqu'à
supposer une sympathie naturelle entre l'idée ex-

(1) Ibid., *Colloquium primum.*

primée par actions ou par paroles, et son exemplaire invisible. (1)

Le docteur Jean Conrad Amman, médecin, né à Schaffouse, mais qui exerçait à Amsterdam, avait déjà commencé à instruire les sourds-muets, lorsqu'il eut connaissance, d'abord de l'écrit de Van Helmont (2), et plus tard des travaux de Wallis, et plus tard encore des découvertes faites en Espagne par Pedro de Ponce, mais seulement d'après le passage de Paul Zachias. S'il se rencontra à peu près avec Van Helmont, dans la découverte du procédé de l'articulation artificielle, il partagea aussi avec lui la préoccupation d'idées qui leur fit considérer à tous deux l'emploi de ce procédé comme la voie essentielle et nécessaire pour conduire le sourd-muet à l'instruction. Ce n'est pas un simple moyen de communication générale fondé sur l'association conventionnelle des mots articulés avec les idées, qu'Amman, à l'exemple de Van Helmont, aperçoit dans ce procédé mécanique; il y voit la

---

(1) *Colloquium V*, §. 9.

(2) Je ne sais sur quel fondement M. l'abbé Jamet (premier Mémoire, pages 6 et 7) a fait figurer le docteur Amman avant Van Helmont, dans l'histoire de l'art. Amman convient lui-même, dans la Préface de sa *Dissertation sur la Parole*, que Van Helmont avait déjà publié son écrit plusieurs années auparavant. Van Helmont, né en 1618, mourut en 1693; le docteur Amman, né en 1669, mourut en 1724.

restitution d'un privilége mystérieux et sacré, de cette voix, « dans laquelle réside principalement « cet esprit de vie qui nous anime, et dont elle « transmet au-dehors les rayons; qui est l'inter- « prète naturelle du cœur; qui soulage l'âme du « fardeau dont elle est accablée ; qui est une vive « émanation de cet esprit immortel de vie que « Dieu souffle dans le corps de l'homme en le « créant : instrument que les sourds-muets eux- « mêmes, à leur insu, sont contraints d'employer « dans les vastes émotions de l'âme » (1). Il prétend, enfin, tirer de la nature de Dieu même la néces- sité de la parole dans les créatures formées à son image, « lesquelles doivent exprimer en quelque « sorte, par un semblable moyen, cette ressem- « blance avec l'auteur de leur être. » (2)

« L'homme jouit donc de la faculté de lancer, « pour ainsi dire, les rayons de cette vie qui sur- « abonde chez lui, par la parole, sur les créatures « qui lui sont soumises; et, de même que le Tout- « Puissant crée par sa seule parole, ainsi il a été « donné à l'homme, non seulement de contempler « les choses dans son Créateur, de les exprimer « en son honneur par un langage convenable, mais « encore de produire, en parlant, tout ce qu'il

_____

(1) *Dissertation sur la Parole*, trad. de Beauvais de Préau, pages 230 à 235.

(2) *Ibid.*, page 237.

« voudrait, conformément aux lois de sa créa-
« tion. » (1)

Amman reconnaît cependant que « les langues
« variées dont se servent aujourd'hui les diverses
« nations ne sont plus que l'ombre de cette langue
« primitive dont le premier homme fut doté, et
« qu'il n'a pas transmise à ses descendans. » Il n'en
a pas moins résolu de faire des recherches sur
l'origine de ces deux espèces de langage, et de
montrer les différences qui les séparent (2). « La
« première était une langue tout intellectuelle,
« et, en la perdant, les descendans d'Adam ont
« perdu les véritables idées des choses ; de façon
« qu'ils ne parlent plus d'après les inspirations de
« leur esprit (3). » La prononciation même des lettres lui paraît un don du Créateur ; « ce sont,
« suivant lui, les seuls vestiges de la langue natu-
« relle que nous avons perdue ; vestiges qui se
« sont conservés dans la mémoire des descendans
« de notre premier père. » (4)

Nous ne devons donc point être surpris d'entendre Amman s'écrier, en parlant des sourds-
muets : « Quelle stupidité dans la plupart de ces

(1) *Dissertation sur la Parole*, trad. de Beauvais de Préau,
page 239.

(2) *Ibid.*, page 235.

(3) *Ibid.*, page 278.

(4) *Ibid.*, page 269.

« êtres disgraciés ! combien peu ils diffèrent des
« animaux ! (1) » Il ne faut pas s'étonner de lui
entendre affirmer que « les hommes qui n'au-
« raient pas appris à parler, par la tradition, ren-
« draient nécessairement des sons que leurs sem-
« blables ne pourraient imiter, ou tout au moins
« comprendre ; qu'ils ne pourraient convenir entre
« eux de la nomination qu'ils voudraient donner
« aux choses, puisqu'ils ne pourraient s'entendre
« entre eux ; qu'en supposant même qu'ils se fus-
« sent accordés sur les choses qui tombent sous les
« sens, ils n'auraient pu trouver le moyen de se
« découvrir mutuellement les idées les plus abs-
« traites de leur esprit, les mouvemens les plus
« secrets de leur cœur ; qu'ils seraient donc réduits
« à former une langue un peu moins imparfaite
« que celle des animaux. » Il ne faut pas nous
étonner enfin s'il déclare que « les sourds ne pour-
« raient entre eux instituer aucune langue. » (2)

Amman était donc enveloppé précisément des
mêmes préjugés que nous avons signalés (3)
comme ayant si long-temps fait croire à l'impossibilité d'une instruction pour les sourds - muets.
C'est sous l'empire de ces préjugés qu'il a cherché

_____

(1) *Dissertation sur la Parole*, trad. de Beauvais de Préau,
page 226.

(2) *Ibid.*, pages 269, 270.

(3) *Voyez* ci-devant, 1re Partie, chap. Ier.

à résoudre cependant le problème de leur éducation. Mais, placé dans ce point de vue, il devait
chercher dans les procédés mécaniques de l'articulation artificielle, le moyen radical de solution.
Combien ses idées, sa marche, diffèrent de celles
du judicieux Wallis, avec lequel cependant on l'a
comparé, en le mettant presque sur la même ligne!
Van Helmont et Amman sont les véritables chefs
de cette école d'écrivains qui, en traitant de
l'éducation des sourds-muets, en ont fait consister
l'essence dans la restitution artificielle de l'usage
de la voix.

Amman, toutefois, ne s'est pas borné à l'emploi
de ce procédé : il exerçait ses élèves à lire et à
écrire ; il leur dictait des mots ; il leur faisait peindre, par écrit, les termes dont ils avaient les idées,
et insistait beaucoup sur ces exercices (1). Il donnait à ses élèves à lire dans un livre qu'il refermait
lorsqu'ils en avaient parcouru une ligne : alors,
leur prescrivant d'avoir les yeux attachés sur lui,
tandis qu'il prononçait les mots de la phrase qu'ils
avaient lue, il les leur faisait répéter après lui,
s'efforçant ainsi d'associer étroitement la lecture à
l'articulation artificielle (2). Il prétend avoir réussi,
par cette méthode, à montrer en un mois, à un

---

(1) *Dissertation sur la Parole*, page 339.
(2) *Ibid.*, page 337.

enfant de la ville de Harlem dont l'esprit était lent et borné, la prononciation exacte des lettres, à laquelle il joignait la lecture et l'écriture, dans un degré trop médiocre à la vérité. (1)

Il enseignait aussi à ses élèves à lire sur les lèvres des personnes qui les entouraient. Il assure que, « s'étant rendu à Harlem, auprès de l'un de « ses amis qui avait une fille sourde-muette, dans « le dessein de l'instruire, le succès surpassa son « attente ; que cette charmante jeune personne, « en deux mois de temps, non seulement lisait avec « une articulation assez distincte, mais mettait par « écrit ce qu'on prononçait devant elle avec lenteur ; « elle parlait sur tous les sujets avec sens ; elle écou- « tait avec ses yeux, quoique sourde, ceux qui « parlaient, et répondait exactement aux questions « qu'on lui adressait. » (2) Il reconnaissait que « le « sourd, dont les oreilles sont dans les yeux, n'a « l'intelligence des paroles qu'on profère devant « lui, que par une sorte de lecture. » (3) Il ne s'apercevait pas que cette simple observation détruisait la base de son système sur le privilége de la voix humaine.

---

(1) *Dissertation sur la Parole*, page 339.

(2) *Lettre d'Amman* à Jean Hudde, consul d'Amsterdam, en tête de l'édition de 1727 du *Surdus loquens*. Lugd. Batav., in-12.

(3) *Dissertation sur la Parole*, page 341.

Amman ne négligeait pas sans doute d'expliquer
à ses élèves la valeur des termes qu'il les exerçait
à prononcer, mais il ne s'était guère mis en peine
de chercher, pour cette portion de l'enseignement,
des méthodes philosophiques ; il en parle comme
d'une chose toute simple : « Dès que j'ai mis un
« de mes élèves en état de lire et d'imiter un peu
« les paroles que je prononce devant lui, je dirige
« mon instruction sur ce principe, que j'ai à faire
« à un nouvel habitant du monde où nous vivons,
« et dont l'esprit, semblable à une table rase, est
« susceptible de recevoir toutes les connaissances.
« Je commence par lui apprendre les noms, tant
« substantifs qu'adjectifs des choses les plus com-
« munes ; j'y joins les verbes et adverbes nécessaires,
« avec quelques conjonctions : je passe ensuite aux
« déclinaisons et conjugaisons particulières, en la
« syntaxe de sa langue. J'ai soin de mêler, dans
« mes leçons, des exemples qui joignent l'agréa-
« ble à l'utile ; j'insiste beaucoup sur la manière
« d'exprimer les demandes des choses nécessaires
« à la vie, sur le respect dont ils doivent être pé-
« nétrés pour la Divinité et pour leurs parens,
« sur les principes de la justice, de la poli-
« tesse, etc. » (1) Voilà tout ce qu'il nous apprend
sur une branche aussi essentielle de l'éducation
des sourds-muets. Amman faisait un grand usage

---

(1) *Dissertation sur la Parole*, page 342.

des cercles mobiles qu'il avait trouvés dans *les Délices des Mathématiques*, par Schwenter; cercles qu'il avait encore perfectionnés, et dont les mouvemens produisaient une variété infinie de combinaisons de lettres.

Son traité, ou *Dissertation sur la Parole* (1), repose d'ailleurs à peu près sur les mêmes bases que l'ouvrage de Wallis; le mécanisme de la parole y est analysé dans le même esprit; les principales différences se rattachent à celle des langues auxquelles les deux auteurs appliquaient leurs observations, et à la manière de prononcer particulière aux deux nations. Il serait, du reste, inutile d'exposer ici en détail cette décomposition anatomique des organes de la voix, cette description du jeu des organes, cette classification des tons et articulations reproduits par chaque auteur. (2)

_____

(1) Le *Surdus loquens* n'est autre chose que la *Dissertation sur la Parole*, quoique le même ouvrage ait paru sous les deux titres séparément. On en compte cinq éditions : *Amsterdam*, 1692; *Harlem*, id.; *Londres*, 1604; *Amsterdam*, 1702; *La Haye*, 1717; et deux traductions : l'une en allemand, *Breslau* et *Leipsick*, 1747, et l'autre en français, que nous avons citée.

(2) L'abbé de l'Épée a résumé tous les travaux de Bonet, Wallis et Amman, dans son *Art de Parler*; et notre Administration venant de faire réimprimer cet opuscule à la suite du *Manuel d'Enseignement pratique*, rédigé par M. Bébian, nous sommes dispensé de présenter ici la description de ces procédés, qui se répètent à peu près les uns les autres.

On cherche en Hollande des disciples, des successeurs à Amman; et c'est avec surprise que la tradition de ses exemples semble perdue, que ses écrits semblent stériles, pendant près d'un siècle, dans le pays qui avait recueilli ce bienfait, jusqu'au moment où l'art bienfaisant dont il avait tracé les linéamens, y a été renouvelé par M. Guyot, d'une manière si utile et si honorable.

# CHAPITRE III.

*Origine et premiers développemens de l'art en Allemagne ; Kerger, Raphel, Lasius, Arnoldi, Heinicke.*

L'héritage que la Hollande semblait avoir négligé, fut recueilli par l'Allemagne, et fructifia sur cette terre féconde en travaux utiles. Déjà un médecin célèbre, Jean Rodolphe Camerarius (1), avait même, en passant, rappelé les faits et les témoignages qui annonçaient la possibilité de rendre à la société les sujets privés de l'ouïe et de la parole, auxquels son petit-fils, plus tard, apporta un autre genre de secours, en s'occupant de la cure de la surdité. (2)

Le P. Gaspard Schott, jésuite allemand, ami et émule du P. Kircher, qui, dans ses nombreux et singuliers ouvrages, en explorant toutes les branches de la physique et des arts, a rassemblé quel-

---

(1) *Sylloge memorabilium naturæ, medicinæ, et memorab. nat. Arcan. : centuriæ XII.* Cet ouvrage a eu trois éditions : deux à *Strasbourg,* 1624 et 1630 ; une à *Tubingen,* 1683.

(2) Rodolphe-Jacques Camerarius, *Dissertatio de Vernæ auribus excussis.* Tubingue, 1721.

ques faits curieux sur une foule de sujets, nous en a transmis aussi sur les sourds-muets, qui ne sont pas sans intérêt. Il nous apprend, dans sa *Physique curieuse* (1), qu'il avait vu ou recueilli de nombreux exemples de sourds-muets qui avaient appris à lire sur les lèvres de ceux qui parlent. Il cite, entre autres, un Jésuite très savant, qu'il avait eu occasion de connaître, et qui s'entretenait sur tous les sujets, à l'aide de ce moyen et de la prononciation artificielle. Il cite aussi Paul Layman, homme instruit et pieux, mais qui était devenu sourd accidentellement. Le P. Schott s'était beaucoup occupé des écritures secrètes; en traitant ce sujet dans sa *Sténographie* (2), il y trouve l'occasion de s'occuper encore des sourds-muets : il reproduit le récit du chevalier Digby (3); il avoue qu'il ne connaît point l'ouvrage du prêtre espagnol, cité par celui-ci; mais il cherche à s'expliquer quels sont les procédés que ce prêtre a pu employer; il suppose, en s'appuyant sur les exemples des sourds dont nous venons de parler, que ces procédés consistaient à faire observer au sourd-muet le mouvement de la langue et des

(1) *Physica curiosa, seu Mirabilia naturæ et artis*, etc. Herbipoli, 1642, in-4°., Liv. III, chap. XXXIII, §. 3.

(2) *Schola stenographiæ*, etc. Haremberg, 1665, in-4°.

(3) *Voyez* ci-devant, 2ᵉ Partie, chap. Iᵉʳ, page 321.

lèvres chez ceux qui parlent, afin de s'exercer par là à les imiter, et qu'il s'aidait ensuite d'un vocabulaire approprié aux besoins de son élève. Ainsi le sourd-muet « se serait composé à lui-« même une prononciation artificielle, sur le mo-« dèle de cet alphabet labial dont une expérience « assidue lui aurait appris à discerner les carac-« tères, et il serait ensuite parvenu à connaître la « signification des mots par une longue habitude « de les voir employés dans la conversation. » (1)

Il répète encore les mêmes choses, presque dans les mêmes termes, dans un autre ouvrage (2) qui ne porte point son nom, qui porte même, dans quelques exemplaires, le nom de *Coramuel*, mais dont il était certainement l'auteur. (3)

---

(1) *Schola steganographica*, Classis VIII, Cent. XVIII.

(2) *Joco-Seriorum naturæ et artis, sive magiæ naturalis centuriæ tres.* In-4°. Centuriæ IIᵉ, Propositione prima, page 102.

(3) Aux preuves qu'en a données l'abbé de Saint-Léger (Mercier) dans la *Notice raisonnée des ouvrages de Gaspard Schott* (Paris, 1785, in-12), nous en pouvons joindre une qui est sans réplique : C'est que, non seulement le passage que nous rappelons ici est à peu près textuellement le même dans les deux écrits, comme nous venons de le lire, mais au commencement même du chapitre de la *Schola Stegano-graphica*, qui traite de ce sujet, le P. Schott a soin de nous dire lui-même qu'il a déjà exposé le même récit dans les

Les premiers travaux exécutés en divers pays,
dans le but de parvenir à instruire les sourds-
muets, furent, du reste, connus presque immédiatement en Allemagne. Déjà nous avons eu
occasion de voir (1) que le traité de Fabrizio
d'Aquapendente, sur la vision, la voix et l'ouïe,
avait été imprimé à Francfort dès 1605 et 1613.
Ce savant professeur avait, à Padoue, des Alle-
mands, parmi ses élèves ; car, on raconte qu'en
1586 ils désertèrent tous à la fois son école, parce
que l'auteur du *Traité de la Parole* avait tourné
leur prononciation en ridicule. La méthode pro-
posée par Bulwer pour instruire le sourd-muet par
la voie des signes et de l'alphabet manuel, avait
été exposée dans les extraits qu'en avait donnés
Haerfdorffer (2) ; les *élémens de la langue* de
Holder avaient été traduits et publiés en Allemagne, l'année même où ils virent le jour en Angleterre (3). Morhoff avait présenté en substance,

---

*Joco-Seria,* « lesquels ne sont pas encore imprimés », et il
renvoie précisément à la seconde centurie et à la première
proposition , page 340.

Le P. Schott, né en 1608, mourut en 1666.

(1) *Voyez* ci-devant, 2ᵉ Partie , chap. Iᵉʳ, page 324.

(2) Dans son *Gesprachspiel,* et dans le *Deutsches secre-
tarius.* ( *Voyez* Morhoff, *Polyhistor.,* tom. I, Lib. IV, cap. I,
§. 7.)

(3) *W. Holder, anfangsgründe des sprechens, etc.* 1669.

et l'histoire de l'art, et les principes sur lesquels se fonde sa théorie. (1)

On peut considérer aussi Mallinkrot comme ayant préparé les voies, sous quelques rapports, à la partie mécanique de cet art. (2)

Il restait à en essayer les applications dans la pratique : Kerger, dès le commencement du dix-huitième siècle, en donna l'exemple à Liegnitz, en Silésie, comme nous le voyons par sa lettre à Ettmuller (3). Sa sœur s'associa à son entreprise, et, s'il faut l'en croire, avec plus de succès encore. Loin de chercher à s'attribuer le mérite de l'invention, Kerger s'étonne que le professeur Ettmuller ait fait connaître au public, dans les *Acta curiosorum*, les soins qu'il donne à l'éducation d'une sourde-muette, lorsque d'autres déjà avant lui se sont occupés du même objet; et il rappelle à cette occasion les travaux de D. Pedro de Ponce, de Bonet, de Wallis, de Van Helmont, de Holder, de Sibscota, du P. Lana et d'Amman. «Personne ne saurait révoquer en doute », dit Kerger, en rappelant le fait rapporté par Ro-

_____

(1) *Voyez* ci-devant, 2ᵉ Partie, chap. Iᵉʳ, page 301.

(2) *De Naturâ et Usis litterarum.* Munster, 1638, 1642.

(3) *Kergeri* (L. W.) *Littera ad Ettmullerum de Curd surdorum mutorumque.* 1704. = Elle a été réimprimée en allemand, à la suite de l'ouvrage de Raphel. *Leipsig,* 1801. Elle est datée de Liegnitz, 5 avril 1704.

dolphe Agricola, et les principes émis par Jérôme
Cardan, « que, tout sourd-muet, réduit au sens
« de la vue, mais doué de l'intelligence naturelle,
« ne puisse être mis en état d'écrire et de com-
« prendre le sens de ce qu'il lit, alors même qu'on
« ne lui enseignerait pas à parler. Cette entreprise
« exige moins de patience de la part du maître,
« moins d'exercice de la part de l'élève, qu'il n'en
« faut pour apprendre à celui-ci à prononcer les
« mots et à les lire sur les lèvres des personnes
« qui lui parlent» (1). Il avoue qu'il a eu lui-même
beaucoup de peine à donner ce dernier genre
d'instrument à son élève, et qu'il n'y a réussi que
par une longue persévérance. Il se plaint des difficultés particulières à la langue allemande, relativement à la prononciation; il indique les procédés
qu'il a employés pour les surmonter.

Kerger ne trouve pas moins difficile d'enseigner
au sourd-muet à comprendre le sens des mots
écrits ou prononcés, à cause des expressions su-
perflues ou dépourvues de valeur propre, qui se
rencontrent dans nos langues. Voici les principes
qui lui ont été, pour cet enseignement, suggérés
par sa propre expérience :

1°. Meubler d'abord la mémoire du sourd-muet
d'un grand nombre de termes exprimant les ob-

_____

(1) *Lettre de Kerger*, à la suite de l'ouvrage de Raphel,
page 122.

jets sensibles ; ne lui présenter les noms des êtres rationnels qui ne tombent point sous les sens, que lorsqu'il est en état de comprendre les notions intellectuelles, et les lui expliquer alors par les rapports, les contrastes, les négations, les comparaisons et les autres circonstances propres à y porter la lumière ;

2°. Enseigner la nomenclature des substantifs les plus usuels, soit en les désignant, soit à l'aide de l'*Orbis pictus,* soit par des dessins et gravures;

3°. Enseigner la valeur des participes, avec le secours des noms des objets auxquels ces qualités appartiennent plus en propre;

4°. Enseigner la signification des adjectifs et des verbes les plus familiers, et celle des verbes auxiliaires, à l'aide des gestes qui sont, dit-il, le moyen le plus efficace pour ce genre de démonstration;

5°. Recourir à la synonymie, c'est-à-dire à des expressions ou à des tournures équivalentes, pour faire concevoir le sens ou l'emploi des pronoms, des adverbes, des prépositions, des conjonctions, des interjections, autant du moins qu'on y peut réussir avec le secours des exemples ;

6°. Quant à la construction, à la syntaxe, à la proposition, Kerger préfère les exemples et un exercice répété, à toutes les règles. (1)

___

(1) *Lettre de Kerger,* à la suite de l'ouvrage de Raphel, pages 129 et 130.

On voit que Kerger employait à la fois comme instrumens pour le langage, l'écriture et la lecture, la prononciation artificielle et l'alphabet labial, le dessin; enfin la pantomime, en accordant la prééminence au premier. Il ne parle point de l'alphabet manuel. On voit aussi que, pour l'interprétation logique des langues, il faisait valoir à la fois les signes indicateurs, l'usage, les comparaisons, les exemples, et les deux méthodes que nous avons appelées celle de la *définition indirecte*, et celle de l'*induction*.

Il annonce, dans sa *Lettre à Ettmuller*, qu'il aurait beaucoup à dire sur la pantomime, dont il pense qu'on pourrait tirer une langue universelle, dont l'emploi lui a fait éprouver beaucoup de satisfaction, et a beaucoup soulagé ses efforts (1). Il semblerait donc avoir pressenti les vues qui, de nos jours, ont occupé les abbés de l'Épée et Sicard. Il se proposait de faire l'investigation et de dresser le tableau des idées naturelles aux sourds-muets, ou, pour nous servir de son expression, des idées qui sont *innées* aux sourds-muets, et des signes mimiques qui leur sont propres. Il avait le projet de rédiger et de publier un ouvrage développé, où il aurait exposé tous

---

(1) *Lettre de Kerger*, à la suite de l'ouvrage de Raphel, page 131. Il raconte que sa sœur avait réussi beaucoup mieux que lui dans l'usage de la pantomime.

les détails de sa méthode. Ayant remarqué que l'infirmité à laquelle il voulait apporter cette assistance, est proportionnellement beaucoup plus commune dans les classes inférieures de la société et dans les conditions pauvres, qu'elle y a aussi des conséquences plus funestes, « parce que « dans les conditions aisées, dit-il, on peut re- « courir aux livres publiés sur ce sujet, et décou- « vrir par ses propres méditations la marche à « suivre », il voulait faire en sorte que les procédés à employer pour l'instruction du sourd-muet devinssent d'un usage aussi facile que général (1). Mais il paraît que le loisir lui a malheureusement manqué pour exécuter son dessein (2); du moins, communiqua-t-il le mode d'enseignement dont il avait fait usage, à plusieurs personnes qui étaient dans l'intention de l'imiter. (3)

La méthode d'Amman passa jusqu'en Livonie, où elle fut appliquée par le professeur Jacques Wild et par le pasteur Niederoff. Le professeur Wild racontait qu'il avait engagé un célèbre mécanicien-géomètre de Francfort, Henri-Louis Muth, à exécuter une machine propre à imiter tous les mouvemens de l'organe vocal humain,

_____

(1) *Lettre de Kerger*, à la suite de l'ouvrage de Raphel, pages 103 et 132.

(2) Voir la remarque de Petschke, au bas de la page 132.

(3) *Ibid.*, page 131.

afin que la vue de cette machine enseignât au sourd-muet, mieux encore que le miroir, à reproduire ces mouvemens (1). Georges Pasch, de Dantzig, savant philologue et professeur distingué de philosophie morale à Kiel, avait également signalé un exemple de sourd-muet dont l'instruction avait été entreprise avec succès. (2)

Vers la même époque, en 1711, le professeur Élie Schulze, annonça, dans la *Gazette de Dresde*, qu'il avait réussi à instruire, en un an de temps, un sourd-muet de naissance. On citait également un négociant de Hambourg qui avait lui-même appris à son fils sourd-muet, à lire, à écrire et à parler. (3)

La tendresse paternelle suscita bientôt aussi, dans Raphel, un successeur ou un émule à Kerger.

M. Georges Raphel (4), compatriote de Kerger, professeur à Rostock, ensuite recteur, pasteur et

---

(1) *Voyez* la Préface de l'ouvrage d'Arnoldi, par Erich Christian Klevesahl, pages 6 et 7.

(2) *Tractatus de novis inventis quorum accuratiori cultui facem prœtulit antiquitas.* Leipsick, 2e édition, 1700.

(3) *Voyez* l'ouvrage de Raphel, intitulé *Kunst Taube und Stumme reden zu lehren.* Leipsick, 1801. Introduction, page 43.

(4) Né à Luben en Silésie, le 10 septembre 1673, mort à Lunébourg, le 5 juin 1740.

surintendant de l'église de Saint-Nicolas, à Lunébourg, helléniste distingué, avait six enfans, et, dans
leur nombre, trois filles sourdes-muettes; il voulut
être lui-même leur instituteur, et rien n'est plus touchant que le tableau qu'il trace des vives sollicitudes
qui le préoccupaient sur la situation de ses filles ché-
ries. L'écrit qu'il nous a laissé, et que M. Petschke
nous a rendu le service de tirer de l'oubli (1), est le
résumé des procédés qu'il a suivis pour l'instruction
de l'aînée. Cette jeune personne mourut à vingt
ans. Mais déjà elle avait appris si parfaitement à
prononcer, qu'elle ne se distinguait presque point
des autres personnes en parlant; elle lisait couramment les livres imprimés et les écrits tracés à
la main; elle eût pu fort bien composer elle-même
par écrit : ses connaissances en fait de religion exci-
taient l'admiration générale, et à peine, dans la
société, s'apercevait-on de l'infirmité dont elle
était atteinte (2). Après avoir réussi au-delà de
ses espérances, cet homme de bien voulut faire
partager aux pères de famille atteints du même
malheur que lui, les ressources qui l'en avaient
consolé. Comme Kerger, Raphel a pris Amman
pour guide; il s'est borné à modifier les procédés
de ce dernier, pour les rendre applicables aux

(1) L'ouvrage de Raphel fut publié, pour la première fois,
à Lunébourg en 1718.

(2) Préface de Petschke, à l'ouvrage de Raphel, p. xxxvj.

formes spéciales de la langue allemande ; il avoue
qu'il lui a fallu plus de temps qu'à Amman et à
Schulze ; mais, absorbé par de nombreux devoirs,
il ne pouvait donner à sa fille que des momens
dérobés. Il n'a garde de donner sa méthode comme
un modèle ; il ne prétend qu'à rendre un compte
fidèle de la marche qu'il a suivie. Il fait observer
que l'instituteur doit, avant tout, étudier les dispositions de son élève, s'y conformer ; qu'il doit
modifier sa manière de procéder, lorsque ses premiers essais n'ont pas réussi : il recommande
cependant de ne pas se laisser décourager par
les nombreux obstacles qu'on rencontre en commençant.

L'ouvrage de Raphel, aussi simple que concis,
ne renferme guère que la description des moyens
propres à procurer au sourd - muet la prononciation artificielle. Il commence par faire émettre
les voyelles à son élève ; il lui fait ensuite proférer
les consonnes, mais unies aux voyelles déjà connues ; il enseigne en même temps à lire les lettres
correspondantes. Il ne fait donc point épeler ; il fait
assembler les syllabes dès le début, et l'expérience
lui a appris que, de cette manière, le sourd-muet
apprend à lire les mots entiers beaucoup plus rapidement que les autres enfans ne l'apprennent
par la marche ordinairement suivie. (1)

_____

(1) *Voyez* l'ouvrage de Raphel, Introduction, page 47.

C'est dans la quatrième partie seulement, ou la conclusion, que Raphel aborde la portion philosophique de l'instruction du sourd-muet, celle qui concerne l'intelligence de la langue. Il a senti cependant que celle-ci était la plus difficile et la plus importante tout ensemble. Comme Kerger, il la fait commencer avec les exercices de prononciation et de lecture. Il s'attache à observer comment les enfans doués de l'audition parviennent à comprendre le sens des mots; il cherche à imiter la manière dont ils procèdent, mais en la simplifiant. C'est ainsi qu'après avoir imposé des noms aux objets qui peuvent être désignés à la vue, il tente de faire saisir la valeur des termes exprimant des idées à l'égard desquelles cette désignation n'est pas possible, par le rapport et la liaison qui existent entre ces termes nouveaux et ceux qui étaient déjà connus. Il présente à son élève une suite de questions composant comme de petits problèmes dans lesquels figuraient, comme autant de données, les circonstances de la chose dont il voulait faire éclore l'idée, pour la revêtir de son expression. Il a dû, d'après ce qu'il nous annonce, renoncer bientôt à l'essai qu'il avait tenté de faire conjuguer régulièrement les verbes. Il n'appelle la grammaire à son secours que lorsque l'enseignement pratique donné par l'usage ne peut lui suffire. (1)

--------------------------------------------

(1) *Voyez* l'ouvrage de Raphel, Introduction, page 105

L'enseignement religieux était le premier objet des sollicitudes du pieux instituteur; il déplorait de voir sa fille empêchée, par la privation de l'ouïe, d'obtenir ce bienfait; préoccupé de l'idée que la parole est le moyen ordinaire employé par la Providence, pour faire arriver à la raison et au cœur de l'homme les vérités d'un ordre supérieur, il ne pouvait s'empêcher de désirer vivement que sa fille pût recouvrer la faculté d'audition, pour acquérir la certitude que ces vérités divines arriveraient jusqu'à elle. Il s'applaudit et s'étonna peut-être de découvrir que bientôt ces lumières lui parvenaient, du moins en partie, par le mode d'instruction qu'il avait adopté. Raphel, comme nous l'avons vu, croyait à des connaissances innées dans l'intelligence des enfans; il aimait surtout à ranger, au nombre de ces connaissances, celle de la Divinité; il observa avec soin ce qui se dévoilerait dans l'âme de sa fille, lorsque, pour la première fois, le nom du Bienfaiteur suprême lui serait présenté, ce qui eut lieu à la fin de sa huitième année, ou au commencement de la neuvième; il vit avec joie qu'elle avait déjà quelque idée ou quelque sentiment de l'auguste pensée que ce nom sacré devait exprimer (1). Il suppose du moins que, lorsque l'image de la Divinité est offerte au sourd-

_____

(1) *Voyez* l'ouvrage de Raphel, Introduction, p. 110, 111.

muet, elle se montre à lui comme tellement conforme à sa nature, qu'elle ne peut donner lieu
au moindre doute ; que, sans voir l'Auteur invisible de toutes choses, le sourd-muet croit dès-
lors en lui pleinement et sans effort; et, qu'avec le
temps, il fût même parvenu, sans aucun secours
étranger, à la conviction de l'existence de la
Divinité.

Comme Kerger, enfin, Raphel s'aidait aussi des
gestes pour rendre ses explications plus sensibles. Il désapprouvait fortement d'ailleurs l'emploi des figures pour l'enseignement des vérités
religieuses.

Pendant tout le cours du dix-huitième siècle,
une succession non interrompue d'écrivains continua à répandre ou à perfectionner la théorie et
la pratique de l'art d'instruire les sourds-muets;
Lichwitz (1), marchant sur les traces de Wallis et
d'Amman, s'occupa de rendre au sourd-muet
la parole artificielle ; Buchner (2), Baumer (3),

---

(1) *Dissertatio de voce et loquelâ.* 1719, in-4°.

(2) Jean-André-Élie Buchner, qui enseigna successivement la médecine à Erfurt et à Halle, etc., parmi un grand
nombre d'ouvrages relatifs à l'art de guérir, a publié en 1757
une dissertation sous ce titre : *Dissertatio sistens novæ methodi surdos reddendi audientes physicas et medicas rationes.*

(3) *Prodromus novæ methodi surdos a nativitate reddendi
audientes.* Erfurt, 1749, in-4°.

Jorisson (1), traitèrent la question sous le point
de vue médical, et cherchèrent de nouvelles méthodes pour rendre l'ouïe au sourd-muet. Jean-
David Solrig, pasteur dans la Vieille-Marche (2),
et André Weber, prédicateur à Arnstadt (3), ren-
dirent compte de l'éducation procurée à divers
enfans sourds-muets. Enfin Lasius, Arnoldi et
Heinicke, essayèrent de perfectionner, par de
nouveaux procédés, ce genre d'enseignement.

Othon Benj. Lasius, supérieur ecclésiastique à
Burgdorff, dans la principauté de Zell, a publié (4), comme Solrig et Weber, le récit d'une
éducation particulière; celle de mademoiselle de
Meding, sourde-muette de naissance. Ce qui caractérise essentiellement la méthode de cet instituteur, c'est qu'il semble avoir réduit l'art d'instruire les sourds-muets à son expression la plus
simple : il s'est contenté d'enseigner à son élève

---

(1) *Dissertatio sistens novæ methodi surdos reddendi audientes, etc.* Halle, 1759.

(2) Solrig a publié à Salzweder, en 1727, ce récit qui a
été imprimé de nouveau à la suite de l'ouvrage de Lasius.

(3) En 1747.

(4) *Ausfurliche nachricht, etc.* Leipsick, 1775, in-8°,
avec figures. On y a joint une traduction en allemand de
l'ouvrage de W. Band de Saint-Emond's Bary, intitulé *Le
Philosophe naturel, etc.*, avec un précis de la vie de M. Ducan
Cambell, sourd-muet, publié à Londres en 1720, et un por-
trait de Wallis.

à lire, à écrire, et à comprendre le sens des mots et des phrases, par une association directe des idées aux figures composées par l'assemblage des caractères de l'écriture. Il a ainsi adopté le même mode de procéder auquel Wallis s'était définitivement arrêté. Il a joint à son ouvrage une sorte d'alphabet manuel, composé de signes exécutés avec les doigts; mais il déclare lui-même n'en avoir fait aucun usage. Sa jeune élève, après deux ans d'instruction, avait fait des progrès assez marqués pour qu'on pût s'entretenir avec elle par écrit, et elle répondait aux questions les plus importantes sur les matières religieuses (1). Cet écrit obtint, dans le temps, les suffrages du public éclairé de l'Allemagne (2). Il ne paraît cependant pas que la méthode qui y est exposée ait été adoptée par d'autres instituteurs, ni qu'elle ait porté les fruits qu'on avait droit d'en attendre.

Le pasteur Arnoldi fut appelé auprès d'un seigneur hessois qui avait un fils sourd-muet fort intéressant, dont l'esprit naturel et le caractère aimable donnaient de grandes espérances; il entreprit l'éducation de ce jeune homme, avec un zèle animé par l'affection; et, après l'avoir ter-

---

(1) *Voyez* la Préface à l'ouvrage d'Arnoldi; par Klevesahl, page 11.

(2) Ibid., *Praktische Unterweissung, etc.*, page 19.

minée en deux années, avec un succès complet (1),
il se chargea d'élever, pendant l'exercice de ses
fonctions évangéliques, quelques enfans sourds-
muets qui lui furent confiés. Klesewahl atteste (2)
que deux jeunes sourdes-muettes suisses, dont
cet ecclésiastique s'était chargé, apprenaient déjà
à écrire, à prononcer, avec une ardeur étonnante;
qu'elles avaient déjà fait des progrès remarquables,
quoique leur instituteur ne les eût auprès de lui
que depuis peu de temps; que surtout, l'œil dirigé avec la plus vive attention sur le visage de
leur maître, elles devinaient ses pensées au moindre mouvement de ses lèvres.

Arnoldi a exposé avec simplicité le mode qu'il
avait suivi (3). Son écrit renferme en même temps
quelques observations judicieuses sur les dispositions naturelles aux sourds-muets, et de sages
conseils pour ceux qui entreprennent leur éducation.

---

(1) *Voyez*, dans l'ouvrage d'Arnoldi, le témoignage rendu
le 12 juin 1775, par le général-major de Rabeneau, père du
jeune homme, page 30.

(2) Préface de l'ouvrage d'Arnoldi, page 12. (Cette Préface est datée du 1ᵉʳ juillet 1776.)

(3) *Joh. Ludwig Ferdinand Arnoldi Pfarrers zu Grossen-
linden, bey Giessen, praktische Unterweissung Taub-Stumme
personnen reden und schreiben zu lehren.* Giessen, 1777,
in-8°, en deux Parties.

Ce qui caractérise proprement la méthode de ce pasteur, c'est l'emploi qu'il a fait du dessin, suivant en cela l'exemple de Kerger, et peut-être donnant encore plus d'extension à ce moyen d'explication pour les valeurs de la langue. C'est par une suite de figures qu'il représente à son élève les images des objets absens, en leur imposant les noms qu'ils doivent porter; c'est avec des dessins qu'il exprime une proposition (1); il remarque, toutefois, qu'il n'est pas aisé de représenter exactement dans un dessin le sens d'une proposition tout entière (2). C'est encore avec une suite de cent cinquante dessins qu'il a cru pouvoir commencer l'enseignement religieux (3). Toutefois, ce n'est point par une image sensible qu'il a essayé de faire concevoir à son élève l'auguste notion de l'Auteur invisible de toutes choses (4). C'est en présence des bienfaits de Dieu, des magnifiques témoignages de sa sagesse et de sa bonté, répandus dans tout l'univers, que l'instituteur conduisit son élève à cette majestueuse pensée; il vit avec joie qu'elle s'introduisait naturellement dans son âme, et que le nom de Dieu réveillait toujours dans

---

(1) *Arnoldi, Praktische Unterweissung, etc.*, 1re Partie, page 15.

(2) *Ibid.*, page 21.

(3) *Ibid.*, page 40.

(4) *Ibid.*, page 22.

le cœur du sourd-muet les émotions les plus profondes (1). C'est donc plutôt l'histoire de l'Ancien
et du Nouveau Testament, qu'Arnoldi exposait
dans une suite de figures ; il se proposait d'appeler
auprès de lui, et d'associer à ses travaux un des-
sinateur habile, pour donner un plus haut degré
de développement et de perfection à ce mode d'enseignement. (2)

Arnoldi faisait concourir, avec le dessin, les
signes mimiques, l'enseignement de la lecture et
de l'écriture, et l'articulation artificielle.

Il tirait un grand secours de la pantomime, mais
seulement de celle qui est l'ouvrage du sourd-
muet lui-même, telle qu'elle a été déjà inventée
avant le commencement de l'instruction, et telle
que l'élève continue à la produire lui-même pendant le cours de cette instruction, pour exprimer
les nouvelles idées qu'il acquiert. L'instituteur, à
cet égard, devient le véritable disciple; Arnoldi
recommande fortement, avant tout, à celui qui se
charge des fonctions de l'enseignement, le soin
d'apprendre le langage mimique du sourd-muet,
tout entier; de se l'approprier, non seulement
comme un moyen de rendre cet enseignement
plus lumineux et plus facile, mais aussi comme un

_____

(1) *Arnoldi*, *Praktische Unterweissung*, etc., 1ʳᵉ Partie,
page 75.

(2) *Ibid.*, page 71.

moyen de captiver la confiance de l'élève (1). Mais
il remarque avec raison qu'on ne peut se contenter de cet instrument, quelque utile qu'il soit,
parce qu'il ne suffit pas pour introduire le sourd-
muet dans le commerce général de la société, par
des relations habituelles avec les autres hommes. (2)

C'est par des descriptions mimiques qu'Arnoldi
supplée à l'insuffisance des dessins, pour expliquer le passage d'un auteur, dans les exercices de
la lecture. Lorsqu'il veut apprendre au sourd-
muet le sens d'un verbe, c'est par des mouvemens,
des actions réelles, qu'il le met en scène sous ses
yeux. (3)

Malgré l'autorité de Lasius et le succès obtenu
par cet instituteur, Arnoldi a peine à croire qu'on
puisse réussir à procurer au sourd-muet une instruction complète, avec le seul secours de la lecture et de l'écriture (4). Du moins, il conseille de
ne se restreindre à ce moyen unique, que lorsque
quelque vice dans l'organe vocal empêche le sourd-
muet de pouvoir être formé à la prononciation
artificielle. Lui-même avoue ailleurs avoir eu une
élève qui montrait beaucoup plus d'aptitude à

---

(1) *Arnoldi, Praktische Unterweissung*, etc., 1ʳᵉ Partie,
page 71.

(2) *Ibid.*, page 16.

(3) *Ibid.*, pages 13, 46.

(4) *Ibid.*, page 49.

apprendre l'emploi de la lecture et de l'écriture, que celui de la parole artificielle ; il a donné pour elle la préférence à l'instrument qui lui convenait davantage, et il a eu lieu de se féliciter du succès (1). Du reste, il pose en principe que le but essentiel auquel il faut tendre, dans l'éducation donnée à ces infortunés, c'est de les mettre le plus tôt possible en état de lire des livres, afin qu'ils puissent ainsi achever par eux-mêmes leur instruction, et lui donner l'étendue comme la solidité convenable. (2)

Arnoldi semble n'avoir point connu les procédés de Wallis et d'Amman, ce qui serait assez étonnant ; et, dans les exercices de la prononciation artificielle, il n'expose que ses propres tentatives (3). Il a remarqué avec quel plaisir le sourd-muet s'empare des noms ainsi prononcés, dès qu'il s'aperçoit qu'ils sont compris par les autres hommes. Il a remarqué également que les sourds-muets, une fois dotés de cet instrument, parlent souvent tout seuls, et parlent aussi pendant leurs songes. (4)

---

(1) *Arnoldi, Praktische Unterweissung, etc.*, 1re Partie, page 54.

(2) *Ibid.*, page 40.

(3) *Ibid.*, page 11.

(4) *Ibid.*, page 43.

Au reste, ces quatre ordres d'exercices marchaient de front et dans un parfait accord.

Arnoldi avait composé une petite Grammaire, spécialement applicable à sa méthode d'enseignement (1); il évitait de se confier trop à la mémoire (2). Cependant, c'était à l'usage et aux exemples répétés qu'il recourait pour enseigner les temps des verbes, par les exemples. (3)

Il exerçait continuellement l'activité de son élève, lui faisant répéter souvent les mêmes choses, pour les graver dans son esprit, le faisait écrire, cherchait avec lui, l'excitait à chercher par lui-même (4). Il s'appliquait, avant toutes choses, à s'emparer de l'attention de son élève, à la fixer et à l'affranchir des distractions (5). Il conduisait son élève à la promenade, dans les lieux publics, en société, partout où il y avait pour lui des objets nouveaux à observer, pour les lui faire remarquer, pour lui apprendre à les exprimer; il lui montrait des tableaux, des gravures, et la récréation devenait aussi instructive que les heures même de la classe. (6)

---

(1) *Arnoldi, Praktische Unterweissung, etc.*, 1ʳᵉ Partie, page 14.

(2) *Ibid.*, page 27.

(3) *Ibid.*, pages 13 et 14.

(4) *Ibid.*, page 15.

(5) *Ibid.*, page 16.

(6) *Ibid.*, pages 40, 47, 48.

Il estimait que, dès l'âge de quatre à cinq ans, on peut commencer avec fruit l'éducation d'un sourd-muet. Du moins cet âge est-il le plus favorable pour former ses organes encore délicats à l'articulation artificielle (1). Mais le développement des idées et les progrès de la raison y sont moins rapides; c'est entre dix et quatorze ans que cette autre partie de l'éducation s'exécute avec plus de succès.

Arnoldi tenait un journal (2) où il notait journellement les observations dont ses élèves lui fournissaient le sujet. « L'humeur des sourds-muets « dit-il, est naturellement colère, parce qu'on les « comprend difficilement; qu'on ne peut s'en faire « comprendre que plus difficilement encore, et « qu'ainsi on a peine à les convaincre de la légi-« timité des motifs qui commandent la résis-« tance qu'on leur oppose, ou la contrainte qu'on « veut leur imposer. Ils se figurent que leurs « signes sont aussi intelligibles pour nous, que « notre propre langue maternelle. Leur irrita-« tion s'accroît en raison de la dureté avec la-« quelle on les traite, parce que, ne pouvant se « justifier à leurs yeux, elle ne leur paraît plus « que de la violence » (3). Aussi conseille-t-il de ne

_____

(1) *Arnoldi, Praktische Unterweissung, etc.*, 1re Partie, page 66.

(2) *Ibid.*, page 24.

(3) *Ibid.*, pages 37, 38.

rien négliger pour obtenir la confiance et l'affection du sourd-muet, pour pénétrer jusqu'à son intelligence, d'user envers lui d'indulgence et de douceur, et d'une inaltérable patience (1). Il joignait, au reste, l'exemple au conseil, et son écrit tout entier respire la bonté la plus touchante.

Arnoldi a joint à son ouvrage un recueil de lettres écrites par ses élèves. Elles se composent de phrases très courtes et détachées ; elles respirent en général un sentiment aimable. L'affection des élèves pour leur ancien maître répond à celle qu'il leur montra, et le récompense. Mais ces lettres roulent presque exclusivement sur des objets familiers et sensibles. On y reconnaît l'éloignement ou l'indifférence que les sourds-muets ont en général pour l'emploi des articles, des conjonctions, de tous les termes auxiliaires qu'on désigne sous le nom de *particules*. Toutefois, Arnoldi a soin de faire remarquer que tous ses élèves lui ont été retirés par leurs parens, avant que leur éducation eût été entièrement achevée.

On cite encore une méthode dans laquelle le dessin aurait seul concouru avec l'écriture, pour l'enseignement du sourd-mnet, et qui a été em-

_____

(1) *Arnoldi, Praktische Unterweissung, etc.,* 2ᵉ Partie, Introduction, page VII.

ployée par Schweinhagen. Mais, nous n'en connaissons qu'une vague indication donnée par Paulmann (1), et un résultat fort remarquable, il est vrai, dans les réponses de son élève Klingesporn, si toutefois ces réponses n'ont pas été une simple répétition mécanique, fondée uniquement sur des exercices de la mémoire, comme le pense Eschke. (2)

Samuel Heinicke, Saxon, d'abord cultivateur, puis militaire, puis instituteur, devenu chantre à Eppendorff près de Hambourg, annonça dans les papiers publics que, dans le cours de six semaines, il avait mis un sourd-muet en état de répondre par écrit à toutes les questions qu'on lui proposait. Arnoldi ne put s'empêcher de témoigner qu'un semblable résultat lui semblait absolument incompréhensible; que la possibilité d'un succès aussi rapide était démentie par sa propre expérience (3). Cependant, Heinicke donna bientôt des preuves assez convaincantes de son talent dans ce genre d'enseignement; il obtint une réputation assez

(1) *Paulmann (J. L.) Heilige Unterhandlungen bey der confirmation, etc., der Taub-Stumme gebohren J. C. Klingesporn.* Brunswick, 1777.

(2) *Kleine Beobachtungen über Taub-Stumme, etc.,* page 43.

(3) *Arnoldi, Praktische Unterweissung, etc.,* 1re Partie, page 50.

distinguée pour attirer l'attention de l'électeur de Saxe.

Ce prince eut l'honneur de fonder en 1778 le premier institut de sourds-muets qui ait été établi par un gouvernement : Leipsick en fut le siége, Heinicke le directeur. Les succès d'Heinicke, dans l'accomplissement de cette mission, sont attestés par des témoignages unanimes. Il avait sans doute profondément médité et étudié la théorie qu'il fut appelé à appliquer; il s'annonça même comme un inventeur, et parut avoir une haute idée de sa découverte vraie ou prétendue. Mais nous cherchons vainement en quoi peut consister précisément l'invention qu'il a voulu s'attribuer. Il faisait concourir avec la lecture et l'écriture, la prononciation artificielle et l'alphabet manuel, comme la plupart de ses prédécesseurs. On ne peut donc attacher le mérite de la découverte qu'à certains procédés de détail, tels que les deux instrumens mécaniques qu'il plaçait tour à tour dans la bouche de ses élèves, afin de plier l'organe vocal aux situations ou aux mouvemens nécessaires pour émettre successivement les voyelles et les consonnes; ou peut-être encore dans ce secret purement médical au moyen duquel, s'il faut l'en croire, il parvenait à faire naître de ces modifications de l'organe vocal, certaines sensations de saveur, qui leur correspondaient, servaient à les distinguer, et remplaçaient pour le sourd-muet les sensations de

l'ouïe (1). Étaient-ce bien, en effet, des sensations
de saveur, que Heinicke parvenait à exciter chez
ses élèves? Ne donnait-il point ce nom à des sensations purement tactiles qui se produisent, il est
vrai, dans le siége ordinaire de celles du goût,
mais qui ne consistent que dans la perception du
jeu et de la pression des diverses parties de l'organe, les unes sur les autres? C'est ce que nous
ne saurions décider, c'est ce que rend peut-être
impossible à connaître le mystère dont il se plaisait à envelopper ses procédés.

Heinicke se prononçait de la manière la plus
absolue pour la nécessité de l'articulation artificielle, dans l'instruction du sourd-muet. La lecture
et l'écriture étaient, à ses yeux, des instrumens
insuffisans pour atteindre au but. « Les sons que
« le sourd-muet vient à émettre de la sorte s'u-
« nissent bientôt, dit-il, à la chaîne des idées. Il
« s'écoule peu de temps avant que le jeu de sa
« pensée s'exécute sur ces signes nouveaux : bien-
« tôt son organe vocal se met dans un continuel
« mouvement intérieur, quoiqu'il garde le silence,

---

(1) *Voyez* l'ouvrage de Heinicke, intitulé *Beobachtungen
über Stumme und über die Menschliche sprache*, en forme de
lettres. *Hambourg*, 1778, in-8°, pages 61 et 95. = *Voyez*
aussi la Lettre de Heinicke à l'abbé de L'Épée, à la suite de
l'ouvrage de ce dernier, intitulé *La véritable manière d'instruire les Sourds-Muets*, page 276.

« parce qu'il conçoit ses propres idées unies aux
« mots, aux phrases, que composent pour lui les
« diverses combinaisons de ce mouvement, *comme*
« *s'il pensait en mâchant.* On doit laisser con-
« tracter, pendant quelque temps, à l'élève, l'ha-
« bitude d'exécuter ce mouvement qui offre au
« spectateur le même effet que si le sourd-muet
« mâchait réellement, jusqu'à ce qu'il ait acquis,
« et des idées assez nombreuses, et une assez
« grande habileté ; mais on l'en affranchira faci-
« lement par la suite. Aussitôt que, d'après ma
« méthode, le sourd-muet commence à étendre
« le cercle de sa nomenclature, il commence aussi
« à parler pendant son sommeil, et dès-lors on est
« assuré que chez lui la faculté de penser avec des
« noms a jeté ses racines. » (1)

On s'accorde à reconnaître dans Heinicke, avec
un rare talent pour l'instruction des sourds-muets,
un esprit actif, infatigable. Indépendamment de
ses *Observations sur les Muets et sur la Parole*,
il a discuté le mérite des diverses manières
d'instruire les sourds-muets, en les comparant
à celles qu'il avait imaginées (2) ; il a décrit la
manière de penser propre aux sourds-muets, et
signalé les écarts que l'on peut commettre par

---

(1) *Beobachtungen über Stumme, etc.*, 1re Partie, page 104.
(2) *Uber die Verschiedenen lehrarten der Taub-Stummen, etc.* Leipsig, 1783.

de fausses directions, dans la manière de traiter leur infirmité ou de les instruire (1); il a dressé un nouvel alphabet pour ses élèves, accompagné de quelques sujets de lecture (2); il a mis à leur portée l'Histoire de l'Ancien Testament (3) : il a eu le mérite d'être ainsi le premier à composer, pour ces infortunés, des livres appropriés à leur condition. On peut joindre à ce tableau de ses productions relatives à l'art qui nous occupe, celle qui roule sur le *Traité des Découvertes importantes en Psychologie, et sur le Langage humain* (4). Enfin, il a inséré un grand nombre d'articles sur ce sujet dans les journaux scientifiques et littéraires de l'Allemagne. Il s'était réuni avec Wittenberg, éditeur de la *Gazette d'Altona,* pour rédiger l'*Instruction sur la manière d'insinuer aux Sourds-Muets les idées abstraites, et de leur apprendre, en très peu de temps, à lire et à parler à haute voix,* qu'a publié *le Magasin hanovrien.* (5)

_____

(1) *Uber die Denkart der Taub-Stummen, und die Mishandlungen, etc.* Leipsig, 1780.

(2) *Neues A. B. C., Sylben, und Lesebuch, etc.* Leipsig, 1780.

(3) *Biblische geschichte der altem. Testaments, zum unterrichte Taub-Stummen personen.* Hambourg, 1776.

(4) *Leipsig,* 1783.

(5) En 1773, page 1485.

Heinicke avait adopté les systèmes philosophiques de Kant, et a publié aussi quelques écrits qui s'y rapportent.

Son humeur susceptible, son caractère fâcheux, ses manières rudes et brusques ne se faisaient que trop sentir à ses élèves : on l'a accusé de les traiter avec une extrême dureté, et cette circonstance a beaucoup nui à la considération qu'il méritait d'ailleurs par ses utiles travaux. Les mêmes dispositions ne se sont que trop montrées aussi dans les démêlés qu'il a eus avec ses rivaux, et dans les invectives qu'il a dirigées contre les auteurs de son temps. A la publication de l'ouvrage de Lasius, il demanda à cet instituteur la communication de sa méthode, et ses demandes allaient toujours en croissant; mais enfin, d'après ce que Lasius donne à entendre, ses procédés détournèrent celui-ci de continuer cette généreuse correspondance. Il eut aussi, avec l'abbé de l'Épée, une controverse qui lui fit peu d'honneur, du moins en ce qui concerne les formes de la discussion. Mais, pour exposer les détails de cette controverse célèbre, nous devons maintenant revenir en France, y considérer la naissance et les progrès de l'art. .

La veuve d'Heinicke (1) continua, après lui, de

---

(1) Heinicke, né en 1723, mourut en 1790.

diriger avec succès l'institut de Leipsick; elle y eut pour aide M. le professeur Petchke. De son école sortit aussi M. Eschke, auquel a été confiée la direction de l'institut de Berlin. Nous aurons bientôt occasion de faire connaître les travaux de ces estimables instituteurs.

En résumant, nous remarquons que, pendant le cours de ce siècle, l'Allemagne a vu successivement proposer et appliquer les diverses méthodes plus ou moins combinées entre elles. Tous les instituteurs ont recouru à l'instrument de l'écriture alphabétique : Lasius a cru pouvoir s'en contenter; Kerger a employé le langage mimique, mais seulement avec le développement qu'il peut recevoir du sourd-muet lui-même : Arnoldi a fait un grand usage du dessin; presque tous ont cru nécessaire de procurer à l'élève l'articulation artificielle; et quelques uns, pour y parvenir, ont, comme Heinicke, mis en œuvre des espèces de mécaniques; Heinicke enfin a demandé à la médecine des moyens secrets; il a, comme plusieurs autres, associé l'alphabet manuel aux autres procédés, mais seulement comme un auxiliaire.

~~~~~~~~~~~~~~~~~~~~~~~~~~~~~~~~~~~~~~~~~~~

# CHAPITRE IV.

*Premiers essais tentés en France, dans l'art d'instruire les sourds-muets; Péreire.*

La France, nous le reconnaissons avec regret, avec surprise, fut la dernière à voir l'attention publique se diriger sur l'art d'instruire les sourds-muets. Non seulement un sujet aussi digne d'intérêt ne donna le jour, parmi nous, à aucun ouvrage, jusque vers la fin du siècle dernier, mais on ne parut pas même connaître les nombreux ouvrages successivement publiés, sur cette matière, en Espagne, en Angleterre, en Hollande, en Allemagne. Au commencement du dix-septième siècle, P. Dumoulin (1) allait jusqu'à nier encore la possibilité d'instruire les sourds-muets; et si Casaubon (2) émettait une opinion contraire, c'était sans citer les exemples, sans exposer les principes qui pouvaient la justifier.

Il est certain, toutefois, que si la théorie de

---

(1) *Voyez* sa *Physique*, Lib. VIII, chap. XIV.

(2) *Traité de l'Enthousiasme*, page 93.

l'art ne fut point traitée en France dans des ouvrages didactiques, sa pratique y fut connue,
exercée depuis un temps beaucoup plus reculé
qu'on ne serait porté à le supposer. Un arrêt
du Parlement de Toulouse, du 6 août 1679,
nous apprend que le nommé Guibal, sourd-
muet de naissance, avait appris à écrire, et
avait tracé son testament de sa propre main.
L'héritier institué avait offert de prouver que
*Guibal*, quoique sourd-muet de naissance, avait
fait divers écrits; qu'il avait transcrit ou composé
des pièces ou des remarques, soit sur la peinture,
soit sur d'autres objets; qu'il allait dans les bou-
tiques, et marchandait, *par écrit*, le prix des
choses qu'il voulait acheter : qu'enfin il écrivait
à ses amis et à plusieurs personnes de condition.
L'héritier institué fut admis à faire la preuve de
ces faits : la preuve fut complète et concluante; et,
par l'arrêt précité, le testament fut confirmé (1).
Ce sourd-muet avait été instruit, comme on voit,
par le seul instrument de la lecture et de l'écriture. Quel avait été son instituteur? et comment
cet instituteur avait-il réussi à porter l'art à ce
degré de simplicité, que nous appellerions aussi
un degré de perfection, et dont Wallis et Lasius
ont seuls donné l'exemple?

---

(1) *Voyez* Sirey, tome XV, page 263.

En 1746, un simple entrepreneur de bâtimens, à Ganges, nommé Lucas, avait commencé l'éducation du jeune Saboureux de Fontenai (1). Il y avait, vers le même temps, à Amiens, un vieux sourd-muet fort instruit qui donna des leçons au jeune d'Etavigny (2). On ne nous dit point si ce sourd-muet était atteint de cette infirmité dès sa naissance, ni comment il avait acquis les nombreuses connaissances dont son esprit était doué. Ernaud raconte qu'un M. Rossel, de la Suisse française, à Lausanne, et un M. Rousset, aux environs de Nismes, avaient chez eux des jeunes sourds-muets dont ils faisaient l'éducation (3). Mais, quoiqu'il paraisse avoir eu connaissance de ces deux établissemens, il ne nous indique point la nature des procédés qui y étaient employés. Nous n'avons d'ailleurs, sur l'un et l'autre, aucune autre espèce de renseignement. Notre illustre géomètre de Mairan avait donné lui-même, avec succès, quelques instructions à un sourd-muet de naissance. Ces exemples épars suffisent pour faire supposer que, dans des temps

---

(1) Voir la lettre de ce sourd-muet, note E, à la suite de ce Chapitre.

(2) *Journal des Savans*, juillet 1747, page 435.

(3) *Mémoire des Savans étrangers*, présentés à l'Académie des Sciences, tome V, année 1768, page 235.

I.

antérieurs, de semblables essais aient pu être tentés et soient restés inconnus. Il est si naturel à ceux qui font le bien d'éviter les regards des hommes! les regards frivoles du public vont si peu chercher à découvrir les germes des entreprises utiles!

Nous n'avons, sur le P. Vanin lui-même, qui cependant avait élevé des sourds-muets à Paris, peu de temps avant Péreire et l'abbé de l'Épée, que quelques indications vagues, qui nous sont fournies par le rapport des commissaires de l'Académie des Sciences, au sujet de Péreire, rapport dans lequel son nom est seulement cité par la lettre du sourd - muet Saboureux de Fontenai, qu'on trouvera à la fin de ce Chapitre, et par l'*Institution des Sourds - Muets* de l'abbé de l'Épée, qui se borne à dire que le P. Vanin enseignait à l'aide des estampes. Il eût été cependant d'autant plus curieux de connaître, avec quelque détail, les procédés du P. Vanin, qu'il est le seul, en France, si nous ne nous trompons, qui ait employé ce moyen. Nous pouvons découvrir, toutefois, par les indications que fournit la lettre de Saboureux de Fontenai, que le procédé du P. Vanin consistait à employer ses estampes, et comme expression directe, pour la peinture des objets sensibles, et comme expression indirecte et symbolique, en cherchant dans les mêmes peintures les allégories et les métaphores propres à figurer les notions abstraites et intellectuelles. Mais il paraît

que le P. Vanin avait considéré comme une méthode essentielle et principale, ce qui ne peut être
qu'un moyen auxiliaire ; qu'il en avait fait un emploi exclusif. Il avait subi les inconvéniens de cette
erreur ; et ses estampes ne donnaient à ses élèves
que des notions imparfaites et fausses sur les
objets relevés, qu'il les avait crues propres à enseigner.

Nous en savons bien moins encore sur madame
de Sainte-Rose, religieuse de la Croix, faubourg
Saint-Antoine à Paris, qui, d'après ce que nous
raconte l'abbé de l'Épée (1), avait formé une
élève sourde-muette, par le moyen de l'alphabet
manuel. Avait-elle conçu cette idée elle-même ?
ou, si elle en avait reçu la tradition, par qui avait-
elle été dirigée ? Quel était cet alphabet manuel ?
était-il semblable à celui de nos écoliers, ou
abrégé, comme celui de Péreire ? Voilà ce qu'aujourd'hui nous chercherions en vain à découvrir.

Pendant que ces humbles travaux, et d'autres
sans doute dont il n'est pas même resté de traces,
demeuraient à peu près inconnus, un étranger
vint le premier en France exciter la curiosité publique sur l'art d'instruire les sourds-muets ; il
vint l'exciter, plutôt que la satisfaire. Cet étranger
était Rodrigue Pereira ou Péreire, portugais. Il

_____

(1) *Institution des Sourds-Muets, etc.*, édition de 1776,
page 6.

sollicita et obtint le suffrage de l'Académie des
Sciences. Cependant, il avait offert de publier son
procédé, si le ministre eût voulu mettre un prix
convenable à cette découverte. Il enveloppait son
art du mystère le plus profond. Il s'était flatté que
le suffrage de l'Académie des Sciences lui obtien-
drait une récompense avantageuse; il se trompa :
le ministre se contenta, commé il est assez d'usage,
de lui adresser des paroles flatteuses. Nous devons
déplorer sans doute que le gouvernement n'ait
pas fait le sacrifice nécessaire pour faire jouir de
cette invention la classe nombreuse de la société
qu'elle intéressait; mais nous ne pouvons assez
déplorer aussi que l'inventeur ait laissé ensevelir
dans sa tombe le bienfait qu'il eût pu répandre
et faire fructifier.

La tradition de sa méthode a été en effet perdue
avec lui (1). Cependant, en réunissant toutes les
circonstances, il ne nous sera pas difficile de
percer, du moins en partie, ce mystère, par des
inductions fondées, assez du moins pour caractériser sa méthode; et il est d'un grand intérêt de
la pouvoir caractériser en effet; car il y a un fait
certain, c'est que, dans les résultats de cette méthode, son succès était aussi complet qu'on eût pu
le désirer.

Ce fut le 11 juin 1749, que Péreire obtint d'être

_____

(1) *Voyez* la Note D, à la suite de ce Chapitre.

introduit à l'Académie des Sciences, de lire un mémoire sur sa méthode, et de lui présenter son élève, le jeune d'Azy d'Étavigny (1). Le mémoire ne renfermait, comme on pense bien, que des vues générales sur sa manière de procéder. Le rapport des commissaires de l'Académie constate aussi plutôt les succès obtenus par l'instituteur, qu'il ne juge le mérite de la méthode en elle-même. « M. Péreire, disent-ils, a fait voir à l'Aca-« démie deux sourds-muets de naissance, qu'il a « instruits à concevoir ce qu'on veut leur faire « entendre, soit au moyen de l'écriture, soit par « des signes dont il se sert avec eux, et à y ré-« pondre de vive voix et par écrit; ils lisent et « prononcent distinctement toutes sortes d'expres-« sions françaises; ils donnent des réponses très « sensées à toutes les questions qu'on leur fait; « ils exécutent promptement ce qu'on leur pro-« pose de faire; ils donnent aux noms le genre « et le cas qui leur conviennent; conjuguent les « verbes, font l'usage propre des pronoms et des « adverbes, des prépositions et des conjonctions; « ils savent les règles de l'arithmétique, et con-« naissent sur la carte les quatre parties du monde; « les royaumes, les capitales, etc. Enfin, il paraît

---

(1) *Voyez* le *Journal des Savans*, juillet 1747, page 430 : le *Mercure*, août 1749, page 141; l'*Histoire de l'Académie des Sciences*, année 1749.

« que M. Péreire leur a donné, avec la parole, la
« faculté d'acquérir les idées abstraites dont ils
« avaient été privés jusque-là.

« Il se sert, comme nous l'avons dit, pour leur
« communiquer ses pensées, de l'écriture ou de
« signes qu'il leur fait avec la main, et desquels
« il a composé un alphabet bien plus prompt que
« celui de l'écriture. Il espère même pouvoir in-
« struire ses élèves à entendre, par le seul mou-
« vement des lèvres et du visage, ce qu'on voudra
« leur dire, pourvu cependant que ce soit des
« personnes qui aient avec eux une habitude jour-
« nalière ; les autres seront toujours obligées de se
« servir de l'écriture, ou des signes dont nous
« avons parlé.

« Quoique l'art dont nous venons de parler ne
« soit pas absolument nouveau, et que MM. Wallis,
« Amman, Emmanuel, Rammirez de Cortonne,
« Pierre de Castro, le P. Vanin, de la Doctrine
« chrétienne, et peut-être encore beaucoup
« d'autres l'aient pratiqué avec succès ; comme
« cependant les progrès des élèves de M. Péreire
« démontrent la bonté de la méthode dont il se
« sert, et dont il s'est réservé le secret, l'Académie
« a cru qu'on ne pouvait trop l'encourager à cul-
« tiver cet art, qui peut rendre à la société un
« grand nombre de sujets qui lui seraient de-
« meurés inutiles sans ce secours : c'est en quelque
« sorte les tirer, par une heureuse métamorphose,

« de l'état de simples animaux pour en faire des
« hommes. » (1)

Le 13 janvier 1751 on vit paraître de nouveau, à
l'Académie des Sciences, Péreire, accompagné d'un
nouvel élève, le jeune Saboureux de Fontenai, dont
nous allons bientôt parler avec détail, sollicitant un
nouvel examen et un nouveau rapport. Cette fois,
les commissaires de l'Académie se bornèrent à con-
stater le résultat. Ils établirent d'abord que le jeune
élève prononçait distinctement et clairement toutes
les lettres, diphthongues et syllabes de la langue
française; qu'il comprenait le sens de plusieurs
expressions familières; qu'il exécutait très exactement les actions qu'on lui indiquait par écrit;
qu'à l'aide de l'alphabet manuel de son maître,
il comprenait tout ce qu'on voulait lui faire prononcer. Les commissaires concluent comme il suit:
« Cet exposé fait voir que M. Péreire a un talent
« singulier pour apprendre à parler et à lire aux
« sourds - muets de naissance; que cette méthode
« doit être excellente; les enfans qui ont tous leurs
« sens ne faisant pas autant de progrès dans un si
« petit espace de temps. Cela suffit pour confirmer
« notre jugement de 1749, et pour faire sentir
« que la manière d'instruire les sourds-muets, de
« M. Péreire, ne peut être que très ingénieuse; que
« son usage intéresse le bien public, et qu'on ne

(1) *Histoire de l'Académie des Sciences*, 1749, page 183.

« saurait trop encourager celui qui s'en sert avec
« tant de succès. » ( 1 )

Les deux rapports sont signés de MM. de Mairan,
de Buffon et de Ferrein. Buffon a reproduit, en
son propre nom, les mêmes éloges en faveur de
Péreire, avec les mêmes termes à peu près, dans
son *Histoire naturelle.* (2)

Dans un programme publié en 1751, Péreire lui-
même nous apprend qu'il divise son instruction en
deux parties : la prononciation et l'intelligence.
« Il apprend aux sourds-muets, par la première,
« à lire et à prononcer le français, mais sans
« leur faire comprendre que quelques phrases des
« plus familières et des choses d'un usage journa-
« lier, etc., etc. Dans la seconde, il leur apprend
« tout le reste de l'instruction ; c'est-à-dire à
« comprendre la valeur des mots contenus dans
« toutes les parties du discours, et à s'en servir
« à propos, soit en parlant, soit en écrivant, con-
« formément aux règles grammaticales et au génie
« particulier de la langue. »

Pendant la première période, Péreire se bornait
à faire usage de l'alphabet manuel et de l'écriture;
pendant la seconde, il exerçait son élève à prononcer les mots.

La première partie n'exigeait, du moins d'après

---

(1) *Histoire de l'Académie des Sciences,* année 1753.
(2) *Nouvelle édition in-4°,* tome III, page 347.

ce qu'il assurait lui-même, que douze à quinze mois : « Il lui fallait, disait-il, un temps beaucoup « plus considérable pour la seconde. »

Il distinguait essentiellement les exercices mécaniques qui avaient pour objet de faire discerner ou répéter, de diverses manières, les mots de la langue, et les exercices intellectuels qui avaient pour objet de faire saisir le sens du discours. C'était surtout pendant la seconde période, qu'il s'attachait à développer ce dernier genre d'exercices ; il donnait à son élève quelques notions d'histoire, de géographie, lui enseignait le catéchisme, le familiarisait à communiquer ses pensées de vive voix et par écrit.

Péreire nous apprend encore que la dactylologie, ou l'alphabet manuel, formait la base essentielle de ses procédés ; c'était à l'emploi de ce moyen qu'il attachait le plus d'importance, et sur son perfectionnement qu'il fondait ses principaux mérites personnels. Il avait adopté l'alphabet manuel des Espagnols ; mais, d'une part, il lui avait donné plus de richesse et d'étendue ; et, de l'autre, il en avait simplifié les élémens : il n'employait qu'une main au lieu de deux. Son alphabet manuel était en même temps fort simplifié, ce qui en rendait l'exécution plus rapide. « Chaque position des « doigts désignait à la fois, d'une part, et la dis- « position et l'action des organes de la parole « propres à produire un son ; et, d'autre part, le

« caractère ou les caractères que l'orthographe
« usuelle exige pour représenter ce même son (1).»
Il indiquait ainsi à la fois plusieurs lettres par un
seul et même signe. Trente positions fondamentales, diversement combinées, lui suffisaient pour
toutes ces expressions.

Péreire s'adressa une troisième fois à l'Académie
des Sciences, en 1762 : il s'était cru indirectement
attaqué par quelques critiques, dans un mémoire
adressé par Ernaud à cette compagnie savante (2),
et indirectement placé aussi, par le jugement de
cette compagnie, au-dessous de son rival. A cette
occasion, il lui présenta deux nouvelles séries
de *réflexions*, à la suite desquelles intervint une
dernière décision de l'Académie, en date du 2 mars
1763. laquelle déclare que, « dans les encouragemens qu'elle a cru devoir donner à Ernaud,
elle n'a entendu improuver, en aucune manière,
la méthode de Péreire, ni rien diminuer des éloges
qu'elle lui a décernés, et qu'il mérite de plus en
plus par ses nouveaux succès. »

Ces réflexions roulent, en très grande partie,
sur des circonstances personnelles qui intéressaient

---

(1) *Voyez* les observations de Péreire, sur le Mémoire
d'Ernaud; dans la collection des *Mémoires des Savans étrangers*, présentés à l'Académie des Sciences, tome V, page 517.

(2) Nous renvoyons au Chapitre suivant les détails relatifs
à la méthode d'Ernaud.

les deux rivaux, mais qui sont aujourd'hui sans utilité pour nous. On y recueille cependant encore, sur la méthode de Péreire, quelques traits de lumière qu'il importe de saisir.

En mettant sous les yeux de l'Académie un exemplaire de l'alphabet manuel usité en Espagne, il signale les nombreux inconvéniens qu'il a rencontrés dans l'emploi de cet instrument; il l'accuse d'une lenteur excessive; il l'accuse aussi d'incertitude, parce qu'il retrace, par les mêmes signes alphabétiques, des syllabes qui, suivant les circonstances, se prononcent d'une manière toute différente. Il avoue avoir adopté quelques uns des signes élémentaires de cet alphabet; mais il en a fait un tout autre usage : il a voulu que l'alphabet manuel peignît les mots comme ils se prononcent (1). Les diphthongues, l'assemblage des consonnes lorsqu'elles se confondent, comme dans *ch*, en une seule articulation, n'ont chez lui qu'un seul signe. Il se flatte de remédier ainsi à ce qu'il appelle les vices de l'orthographe. Sa dactylologie apprend à son élève à lire, en lui évitant la peine d'épeler. « Chacun de ces signes, « dit-il, se trouvant bientôt, par l'habitude, étroi- « tement lié dans son esprit à une disposition par- « ticulière des organes de la parole, toujours et « constamment la même, il en résulte qu'ils ser-

_____

(1) *Réflexions, etc.,* §. 8, 9, 10 et 11.

« vent aussi de préservatif ou de remède aux vices
« de la prononciation. Sa dactylologie, indiquant,
« à tous momens, plusieurs lettres par un seul
« signe, est fort expéditive, et marche aussi vite
« que la parole. Du reste, quoique n'attendant
« que des résultats insuffisans de la prononciation
« artificielle, et de l'habileté à lire sur les lèvres
« d'autrui, si ces deux procédés restaient isolés,
« il attend beaucoup de leur concours avec sa dac-
« tylologie; aussi met-il tous ses soins à les unir
« par la plus étroite harmonie. » (1)

Les faits qu'a recueillis Péreire sur les trois
classes de sourds-muets, déterminées à ses yeux
par le degré plus ou moins prononcé de surdité,
méritent de l'attention, et annoncent un observateur judicieux; mais on ne voit pas qu'il ait
compris la différence qui doit en résulter dans la
manière de procéder relativement à l'instruction,
pour chacune d'elles (2); différences auxquelles
les faits qu'il a remarqués eussent dû cependant le
conduire.

Si, maintenant, rassemblant ces indications
éparses, nous cherchons à les résumer et à en tirer
quelques conséquences pour caractériser la méthode de Péreire, nous conclurons que cette méthode était un système complexe, dont l'alphabet

(1) *Réflexions, etc.*, §. 12, 13, 16, etc.
(2) *Ibid.*, §. 28 et suiv.

manuel était le pivot principal, mais qui employait le concours successif de la lecture et de l'écriture, de l'alphabet labial, de la prononciation artificielle et de la pantomime. Ce dernier instrument était de tous celui dont il faisait le moindre usage; ou plutôt, il ne s'en servait que dans le début, et l'abandonnait promptement.

Son alphabet manuel avait deux conditions spéciales : l'une, sa réduction à une sorte de sténographie très incomplète; l'autre, la connexion que Péreire s'était attaché à établir entre les positions des doigts et le jeu de l'organe vocal.

Nous ignorons si Péreire avait conçu quelque méthode particulière pour l'enseignement de la grammaire, et pour donner à ses élèves l'intelligence du sens des mots de la langue et du discours : il est certain toutefois qu'il n'avait pas négligé cette branche de l'instruction des sourds-muets, qui est essentiellement philosophique. Il s'attachait à faire comprendre à son élève la valeur des mots, et à lui faire connaître la syntaxe; mais, étant parvenu à donner à son alphabet manuel une extrême rapidité, combinant cet alphabet avec l'écriture, employant le premier de ces deux procédés lorsque l'autre ne pouvait être exécuté, il pouvait multiplier les exercices de manière à attendre beaucoup du simple effet de l'usage, à se rapprocher de l'instruction ordinaire à l'aide de laquelle les enfans apprennent leur langue maternelle. C'est seulement lorsque ses élèves avaient acquis ainsi une première connaissance pratique et usuelle de la langue, qu'il s'occupait de l'enseignement théorique des règles grammaticales. En suivant cette marche, il n'avait aucun besoin de se créer, pour cet enseignement, des méthodes spéciales. Ainsi, Péreire aurait retiré de sa dactylologie un résultat semblable à celui qu'Amman et ses disciples retirèrent de leur alphabet labial. Il s'aidait même encore, par la suite, du secours de ce même alphabet labial, pour varier et multiplier les exercices de son élève.

Une lettre fort curieuse du jeune Saboureux de Fontenai, qui nous a été conservée dans le *Journal de Verdun* (1), confirme les indications que nous avons tirées, soit des expressions de Péreire, soit des résultats qu'il avait obtenus. Nous y voyons clairement que l'alphabet manuel, combiné avec la lecture et l'écriture, constituait le fondement du mode d'instruction adopté par Péreire; que les gestes, employés en commençant, étaient promptement abandonnés; que l'intelligence de la langue était d'abord obtenue simplement par la pratique usuelle; que l'enseignement classique arrivait plus tard, et seulement quand l'élève était bien familiarisé avec l'emploi de tous

---

(1) *Journal de Verdun*, octobre et novembre 1825, p. 284 et suiv.

les procédés mécaniques, et les connaissances élémentaires que la pratique lui avait procurées. C'était principalement à l'usage habituel qu'il rapportait la faculté de comprendre le sens du discours : il ne dissimulait point toutes les difficultés qu'il avait eues pour atteindre aux notions abstraites et intellectuelles. Il remarquait du reste que Péreire s'appliquait à lui faire attacher une exacte signification aux termes; mais il nous apprend, et cette circonstance, qui ne doit pas nous surprendre, mérite une grande considération; il nous apprend qu'il s'était formé surtout par la lecture. C'est, au reste, un succès assez complet que celui qui met un sourd-muet en état d'achever tout seul son instruction avec le secours des livres.

La lettre du jeune Saboureux nous a paru si remarquable, et si intéressante, non seulement comme offrant un exemple du degré de culture intellectuelle à laquelle un sourd-muet peut parvenir, mais encore comme renfermant un témoignage curieux rendu par un sourd-muet lui-même sur sa propre éducation et sur le développement de ses idées; elle renferme d'ailleurs des vues si justes sur les principes de l'art d'instruire ces infortunés, que nous avons cru devoir en citer quelques passages (1); ils sont vraiment une sorte de monument pour l'histoire de cet art. Nous

(1) *Voyez* la Note E, à la suite de ce Chapitre.

apprenons, par l'abbé de l'Épée, que Saboureux
avait composé un ouvrage qu'il se proposait de
faire imprimer, et dans lequel il combattait la
méthode des signes méthodiques. « C'est aux ta-
« lens de M. Péreire, dit l'abbé de l'Épée (1), que
« M. de Fontenai fut redevable de l'instruction de
« la langue française : une autre personne s'est
« chargée de lui apprendre sa religion ; ensuite
« il a appris lui-même plusieurs langues, par le
« secours de ses méthodes et des dictionnaires. »
L'abbé de l'Épée, avec un esprit d'équité digne
de son beau caractère, rend un témoignage semblable à l'instruction de quelques autres élèves de
Péreire, qui répondaient couramment à toutes les
questions.

Péreire avait dirigé l'éducation de douze sourds-
muets ou sourdes-muettes ; mais les deux élèves
qu'il présenta à l'Académie des Sciences avaient
déjà obtenu, avant de passer dans ses mains, un
premier degré d'instruction. Le jeune d'Étavigny
avait reçu à Amiens des leçons d'un vieux sourd-
muet dont l'esprit était, disait-on, orné de très
belles connaissances ; il avait appris de celui-ci,
dès l'âge de sept à huit ans, à demander, par
signes, les choses les plus nécessaires à la vie. (2)

_____

(1) *Institution des Sourds-Muets*, 1re édition, 2e Partie,
page 57.

(2) *Journal des Savans*, juillet 1747, page 345.

Le jeune Saboureux avait déjà également reçu un premier degré d'instruction par les soins de M. Lucas, entrepreneur de bâtimens à Ganges, lequel ne nous est connu que par la lettre de l'intéressant élève; et, sous ce premier instituteur, il avait appris à lire, à faire usage de l'alphabet manuel, et à comprendre beaucoup de mots. Le P. Vanin lui enseigna aussi par signes, et à l'aide d'estampes, l'histoire sainte et la doctrine chrétienne. Mais il faut lire dans la lettre de ce jeune homme, combien l'emploi de semblables moyens lui avait donné de fausses idées sur la religion.

Péreire avait d'ailleurs étudié avec soin les phénomènes que présentent les diverses espèces de surdité; il en avait distingué trois degrés : la surdité absolue; celle qui permet seulement de percevoir les bruits, mais non les sons; celle qui permet enfin de percevoir quelques sons, mais seulement d'une manière imparfaite et confuse. Il croyait avoir reconnu que les sourds de la troisième espèce sont moins sensibles au bruit que ceux de la seconde. Il avait étendu ses observations sur le développement que l'organe du tact obtient par l'effet de la surdité, et il avait cherché jusqu'à quel point on pouvait recourir au premier de ces sens pour suppléer au second. Nous ne devons pas négliger de remarquer encore que le jeune Saboureux n'était affecté que d'une surdité du second degré.

Péreire nous apprend que ce fut le jeune Saboureux de Fontenai, qui donna à son procédé fondamental le nom de *dactylologie*. Cette dénomination trouva des critiques dans les rivaux de Péreire. Cependant elle a survécu ; elle restera.

Péreire avait été chargé aussi de l'instruction de deux élèves de l'ambassadeur de Portugal. Il donna des leçons à quelques autres élèves, notamment à une sourde-muette d'Orléans, qui y habite encore. M. l'abbé Périer a eu occasion de voir cette sourde-muette à Paris, et de s'entretenir avec elle pendant deux heures ; il l'a trouvée parfaitement instruite sur la grammaire, sur la religion ; il a causé avec elle de divers sujets, soit par écrit, soit en parlant ; elle comprenait ce que lui disait M. l'abbé Périer, pourvu qu'il *articulât distinctement*.

Nous avons parlé du sourd-muet Saboureux de Fontenai, comme pouvant nous fournir des lumières sur la méthode de Péreire. Mais Saboureux mérite d'occuper à son tour, et en son propre nom, une place dans l'histoire de l'art : tout ce qui se rattache à lui est d'un extrême intérêt. Le bon abbé de l'Épée, qui voyait dans Saboureux l'élève de son rival, et contre la méthode duquel Saboureux élevait de nombreuses observations, l'abbé de l'Épée avait eu avec lui plusieurs entretiens ; il en parlait toujours avec éloge ; il lui rend la justice que son instruction ne laissait rien à désirer. C'est Saboureux de Fontenai, que cite l'abbé de l'Épée, lorsqu'il veut présenter l'exemple le plus remarquable de l'étendue des connaissances auxquelles un sourd-muet peut parvenir; enfin, c'est par l'abbé de l'Épée que nous apprenons que ce sourd-muet avait traduit quelques ouvrages étrangers, et composé un grand nombre d'ouvrages destinés à l'impression, qui cependant n'ont pas vu le jour. (1)

Il paraît que Saboureux avait à son tour formé quelques élèves. Du moins il existait encore, il y a peu d'années, à Rennes, une demoiselle sourde-muette qui lui devait son instruction, et dont M. Le Bouvyer Desmortiers nous a fait connaître une correspondance fort intéressante (2). Cette sourde-muette écrivait assez correctement; ses lettres respirent une aimable candeur. « J'ai été instruite, « dit-elle, par M. Saboureux de Fontenai, pen- « dant un an et demi, chez ma tante. A treize ans « passés, j'ai appris, avec mon maître, première- « ment les lettres, ensuite les noms des objets et « des bêtes; puis il me montrait les figures de la « Bible et des livres, avec leurs noms. Quand je « sus bien, il m'apprit la grammaire française; il

___

(1) *Institution des Sourds-Muets,* 1776, 2ᵉ Partie, p. 28.

(2) Nous avons eu déjà occasion de citer quelques frag- mens de ces lettres, dans la 1ʳᵉ Partie de cet ouvrage. (Note C, à la suite du Chapitre IV, page 125.)

« me la fit copier, apprendre par cœur, répéter,
« ainsi que le catéchisme. Quand il me trouva assez
« habile, il me donna des conversations, ensuite
« des livres amusans, puis l'Ancien et le Nouveau
« Testament, et les livres du Magasin des Ado-
« lescens......... etc. Je n'ai lu que quelques endroits
« de ce volume, par paresse.

« Quand je ne comprenais pas les mots, je cher-
« chais l'explication dans le dictionnaire français ;
« je demandais souvent aux personnes, surtout à
« ma tante, la signification, quand je ne compre-
« nais pas bien ce que l'on m'écrivait.

« Je retiens les mots après les avoir lus une,
« deux ou trois fois....... Si j'avais lu trois ou quatre
« ans avec mon maître, je serais plus habile.....

« Je causais souvent, par écrit, avec ma tante
« et mes amies. J'ai écrit mes pensées ; je faisais
« des brouillons de lettres, on les corrigeait : j'en-
« voyais très souvent mes lettres sans qu'on les eût
« corrigées......

« Je devine les traits des histoires lorsqu'on les
« représente dans le théâtre, dans les proverbes.
« Comme j'ai lu quelques histoires, cela me fait
« mieux comprendre ce que je vois ; cela m'amuse.

« Je sais l'alphabet manuel (1), ainsi que celui
« des écoliers. Le premier est plus commode, plus
« court et plus joli. Ce n'est pas la même chose ;

_____

(1) Sans doute celui de Péreire.

« nous nous parlons sur les doigts, sans écrire, en
« travaillant, en marchant dans les promenades,
« dans les rues, sans qu'on s'en aperçoive. Je copie
« ce qu'on me dit sur les doigts; j'écris couram-
« ment, vite et sans faire attention.......

« On apprend facilement cet alphabet manuel
« dans un ou deux jours. (1)

« J'écris comme un enfant; je ne peux pas
« m'expliquer comme vous, Monsieur, ne sachant
« pas grand'chose. Vous savez que j'ai eu des
« maîtres *en peu* de temps (2); on m'a fait quitter
« trop tôt mes études avec eux, etc.......

« Je suis liée avec mon amie H....., jeune et
« aimable demoiselle; sans être sourde-muette,
« elle sait à merveille l'alphabet manuel; elle m'en-
« tend mieux que personne, soit mes signes, soit
« mes gestes et jargons. Elle me parle la nuit sans
« lumière, en tâtant mes mains; je comprends,
« sans la voir, ce qu'elle me dit......

« Cette lettre est tout entière de moi; on n'y
« a rien ajouté. Je raie et efface quelques phrases
« moi-même à ma volonté. On n'a corrigé que
« deux ou trois lettres ou mots. Comme j'écris

--------

(1) Lettre du 25 janvier 1799. (*Mémoire, etc.*, par M. Le
Bouvyer Desmortiers, page 215.)

(2) Cette faute de français et quelques autres, en petit
nombre, il est vrai, montre assez que la lettre n'a guère été
corrigée.

« vite et sans faire attention, ainsi je fais quelque-
« fois des fautes. On m'assurait cependant qu'il n'y
« avait souvent point de fautes dans mes lettres et
« billets ; mais j'en doute. Je vous dis ce que je
« pense, etc...... (1)

Trois motifs nous ont porté à rapporter textuellement ces intéressans passages : en montrant la
marche que suivit Saboureux de Fontenai, dans
cette éducation, ils nous offrent encore quelques
indications sur celle qu'avait adoptée Péreire; ils
nous enseignent comment un sourd-muet peut
achever de lui-même sa propre instruction, ou du
moins l'accélérer; ils nous enseignent aussi quels
sont les soins que les personnes qui entourent les
sourds-muets dans leur famille, doivent leur continuer, après qu'ils ont été instruits, considération
très essentielle, trop négligée, et sur laquelle nous
reviendrons par la suite.

On remarque, avec quelque surprise, que cette
sourde-muette ne paraît point avoir appris à lire
sur les lèvres, ni à employer l'articulation artificielle, quoique ce fût une portion des enseignemens de Péreire.

_____

(1) Lettre du 29 pluviose an VII. ( *Mémoire, etc.*, par
M. Le Bouvyer Desmortiers, page 231.)

## Note D, *page* 388.

*Des recherches faites pour découvrir le sens de la méthode*
*employée par Péreire.*

Péreire mettait un si grand prix à ne point laisser
pénétrer sa méthode d'enseignement, qu'il faisait, à ce
qu'on assure, prendre à ses élèves, par un serment,
l'engagement solennel de ne jamais la révéler; sa famille
même n'en eut point connaissance. Madame la veuve
Péreire, sa belle-fille, a fait diverses tentatives pour retrouver un trésor aussi précieux, et en faire jouir sa
famille, à la suite des malheurs qu'elle a éprouvés, et
pour revendiquer aussi, en faveur de la mémoire de
Péreire, l'honneur qui lui est dû. En 1817, elle s'adressa
à une ancienne élève de Péreire, mademoiselle Le Rat,
pour en obtenir un mémoire qui contînt une description circonstanciée de sa méthode. Les seuls détails
qu'elle put obtenir sont relatifs à l'articulation artificielle. Plus tard, madame Péreire obtint de mademoiselle Marois, autre élève de son beau-père, et qui ha-
bitait Orléans, de se transporter à Paris, afin de pouvoir
y faire connaître du moins sa méthode mystérieuse, par
une suite d'exemples qui équivaudraient à des démonstrations. Cette demoiselle passa plusieurs mois à Paris
dans ce but; mais des circonstances, entièrement étrangères à la famille Péreire et à mademoiselle Marois,
ont fait évanouir les résultats qu'on attendait de ce
voyage. Mademoiselle Marois est octogénaire : l'on ne
peut guère se flatter de répéter cet essai. ( C'est la même
sourde-muette dont nous avons parlé à la page 402.)

MM. Péreire, petits-fils de l'inventeur, ont bien voulu, avec la complaisance la plus empressée, faire, à ma demande, des recherches dans les papiers laissés par leur grand-père : mais ces recherches ont été infructueuses. Les papiers de Péreire furent brûlés pendant le cours de la révolution, par la suite des terreurs politiques; il en est à peine resté quelques débris. MM. Péreire ont eu l'obligeance de me les communiquer; mais je n'y ai rien trouvé qui n'eût été déjà publié. Il paraît donc qu'il ne reste aucun espoir fondé de soulever le voile qui enveloppe ce mystère.

### Note E, *page* 385.

*Extrait de la lettre de M. Saboureux de Fontenai, sourd-muet de naissance, à Mademoiselle \*\*\*, datée de Versailles, le 26 décembre 1764.*

« Mademoiselle,

« Vous me demandez comment j'ai pu apprendre à « lire, à écrire, à parler, à m'expliquer : je me ferai un «vrai plaisir de vous le faire concevoir distinctement: « mais, quoique ce soit une matière qui demande à être « discutée en métaphysicien, je tâcherai de m'abstenir « du langage des savans, pour n'emprunter que celui de « la conversation ordinaire.

« Il y a une telle relation entre les oreilles et la lan-« gue, que ceux qui naissent sourds sont muets en même « temps. Je l'expliquerai ci-après le plus succinctement « qu'il me sera possible. Nous sommes naturellement « disposés à imiter ce que nous voyons; nous nous pi-

« quons, avec raison, d'être les singes de la nature. La
« langue exprime sans peine les sons dont les oreilles
« ont été frappées. Pour vous faire comprendre nette-
« ment comment j'ai pu apprendre à lire, etc., il faut
« nécessairement que vous réfléchissiez sur la manière
« dont un petit enfant apprend à parler; ce que tout le
« monde oublie bien vite.

« Le fils non sourd d'un paysan, d'un ouvrier, n'ap-
« prend à parler le langage de son père que parce qu'il
« est toujours à portée de l'entendre, que sa mémoire le
« lui représente continuellement, et qu'il le répète à
« chaque instant; je veux dire qu'il se sert des mêmes
« mots, des mêmes façons de parler, et qu'il les pro-
« nonce avec le même ton, sans que son père l'instruise;
« il apprend ainsi à parler, sans presque aucun dessein
« d'apprendre, sans écouter aucune leçon à ce sujet,
« mais seulement en entendant parler; d'où vient que
« l'on dit, avec justice, que la nature est une excellente
« maîtresse qui instruit efficacement. Les organes de nos
« sens sont presque tous liés les uns avec les autres : les
« oreilles sont-elles remuées par un certain mouvement,
« la langue se sent, pour ainsi dire, disposée à expri-
« mer un mouvement réciproque à celui que les oreilles
« viennent d'éprouver. Entend-on chanter ou prononcer
« quelque parole, les organes de la voix semblent s'es-
« sayer à chanter ce même air, et à prononcer la même
« parole. Nous avons reçu de la nature un vif empresse-
« ment pour dire ce que nous pensons; et la nécessité
« où nous sommes d'entretenir avec nos semblables un
« commerce relatif à nos besoins, fait que nous désirons
« ardemment connaître ce que les autres pensent; nous

« n'aimons la compagnie que parce que nous y trouvons
« de quoi apprendre, et c'est ce qui fait que nous pre-
« nons plaisir à parler et à entendre parler. Les enfans
« sont encore plus ardens pour ce qu'ils souhaitent ;
« aussi apprennent-ils plus facilement les langues. Il
« n'est pas difficile de concevoir comment un enfant
« apprend le langage de son père, et comment il pro-
« nonce avec le même ton et de la même manière les
« paroles. Son père, en lui présentant du pain ou quel-
« que autre chose d'un usage journalier, a souvent fait
« sonner à ses oreilles ce mot *pain ;* ainsi l'idée de la
« chose qu'on appelle *pain*, et le son des lettres qui
« composent ce nom, se sont liés dans sa mémoire,
« de sorte qu'il se trouve disposé à le prononcer, et
« qu'il le fait, l'expérience lui ayant fait connaître que,
« lorsqu'il prononce ce mot *pain*, on lui donne la chose
« désignée par ce mot qu'il venait de proférer.

« Quant aux sourds-muets de naissance, le défaut de
« l'ouïe semble devoir, suivant ce principe qui vient
« d'être énoncé ci-dessus, les mettre hors d'état d'ap-
« prendre à parler le langage comme cet enfant : mais,
« parce que les sons, et plus encore le langage, sont pu-
« rement arbitraires, comme le prouve cette multitude
« de langues qui se parlent dans toute l'étendue de la
« terre, et que les lettres de l'écriture ne sont propre-
« ment que les représentans des sons de la pronon-
« ciation, destinés à informer les yeux de tout ce que
« l'on veut dire ; que ces lettres elles-mêmes ne sont pas
« non plus fixées par tous les pays du monde quant à
« la manière de former, d'arranger et de lire ces lettres ;
« par conséquent, elles sont arbitraires comme les sons.

« Ainsi, on conçoit bien que la surdité n'est propre-
« ment qu'un pur empêchement d'entendre les sons
« comme il faut, et qu'elle n'apporte ni changement,
« ni différence du côté du génie et de l'inclination ; qu'il
« suffit de mettre les yeux à la place des oreilles, et de
« substituer aux sons, ou les lettres de l'écriture, ou les
« signes de l'alphabet manuel contenus dans les doigts
« d'une seule main, qui leur sont équivalens à tous, et
« enfin, de faire entrer les sourds-muets dans la règle
« générale des enfans ordinaires qui apprennent par la
« voie de l'audition, pour leur enseigner le langage d'un
« usage habituel, de la manière dont on le montre par
« le seul usage aux enfans, et dont les étrangers qui
« arrivent non instruits de la langue française, à Paris,
« l'apprennent par le moyen de la conversation fami-
« lière. Par ce moyen, les sourds-muets éprouvent les
« mêmes effets, les mêmes émotions, les mêmes opéra-
« tions, etc., que l'on remarque dans les enfans qui ap-
« prennent par la voie de l'ouïe ; il n'y a pas, pour cet
« effet, d'autre méthode que l'usage et l'éducation telle
« qu'on la donne aux jeunes gens de l'un et de l'autre
« sexe. Ainsi se trouve vraie une sentence latine qui
« veut dire en français, *l'usage est le tyran des langues.*
« J'ajoute seulement que cette éducation doit se diriger
« suivant la nature et l'avancement de la marche de
« l'esprit et de la raison.

« C'est pourquoi, conformément à la manière dont
« un enfant apprend le français, M. Péreire me trou-
« vant âgé de treize ans presque accomplis, s'est attaché
« d'abord à me donner l'intelligence des mots d'un usage
« journalier, et des phrases fort communes, telles que

« sont par exemple : *Ouvrez la fenêtre, fermez la fenêtre;*
« *ouvrez la porte, fermez la porte; allumez le feu, cou-*
« *vrez le feu; apportez la bûche, dressez la table, donnez-*
« *moi du pain, etc.* Me voyant suffisamment au fait des
« dialogues d'un usage journalier, il a évité de faire les
« gesticulations devant moi, en même temps qu'il me
« parlait par les doigts de l'alphabet manuel à l'espa-
« gnole, qu'il avait augmenté et perfectionné ; c'était
« pour me mieux accoutumer au langage, me faire perdre
« efficacement l'habitude de causer par signes à ma ma-
« nière; pour me mieux exercer à entendre les phrases
« familières, me faire tenir prêt à exécuter toutes choses,
« conformément au sens que présentait à mon esprit le
« langage dont on s'est servi pour exprimer ce qu'on
« voulait me commander; à répondre tout seul aux ques-
« tions aisées et difficiles; à produire de moi-même les
« pensées; il m'a obligé de lui raconter ce qui s'était passé
« journellement, à lui rapporter ce qui s'était dit, à
« causer, à converser, à raisonner, à disputer avec lui
« ou avec d'autres, sur toutes choses d'un usage habi-
« tuel qui nous venaient dans l'esprit; à écrire des lettres
« de ma façon à quelques personnes de ma connaissance;
« à répondre aux lettres que l'on m'écrivait, etc. Par ce
« moyen, je suis parvenu à connaître d'une manière
« sensible et habituelle la valeur des pronoms, conju-
« gaisons, adverbes, prépositions, conjonctions, etc.,
« dont M. Péreire m'a ensuite donné bon nombre d'exem-
« ples frappans, sur le modèle desquels il m'a obligé de
« produire d'autres de ma façon. Me trouvant suffisam-
« ment avancé dans l'intelligence de cette sorte de lan-
« gage d'un usage habituel, au bout de six mois, M. Pé-

« reire m'a enseigné en second lieu à conjuguer les ver-
« bes, puis à décliner les noms, et enfin à construire des
« phrases et à exprimer grammaticalement, et d'une
« façon et d'une autre, tout ce qu'il fallait dire, racon-
« ter, etc. Vers le septième mois de mon instruction,
« mon oncle Lesparat, depuis avocat au Parlement,
« s'étant chargé, par un effet de sa bonne volonté, de
« m'instruire de la religion, les dimanches et fêtes, s'est
« attaché principalement à m'expliquer de façon à me
« rendre intelligibles, mais sans gesticulations et sans
« estampes, les catéchismes de Paris, de Montpellier, et
« de M. l'abbé Fleury. Pour cet effet, comme il n'a que
« sept ans de plus que moi, il s'est mis à raisonner avec
« M. Péreire et avec feu R. P. Vanin, Père de la Doc-
« trine chrétienne de Saint-Julien des Ménétriers de
« Paris, touchant la manière de me catéchiser et de m'ex-
« pliquer le langage consacré à la religion; il m'a fait
« réciter par cœur les réponses des catéchismes, corres-
« pondantes aux questions qu'il me faisait par les signes
« de l'alphabet manuel, après m'avoir défini et expliqué
« exactement chaque terme, chaque phrase en français,
« d'un usage habituel; il m'a enseigné, d'une façon par-
« ticulière, à exprimer un même fonds d'idées de mille ma-
« nières différentes, par exemple cette phrase : *vivre chré-*
« *tiennement, s'exprime diversement, vivre en pratiquant*
« *le bien que l'Église chrétienne nous ordonne, et en évitant*
« *le mal qu'elle nous défend; vivre de telle manière que le*
« *chrétien attire sur lui la grâce de Dieu; vivre selon les*
« *règles de la doctrine chrétienne; vivre conformément à*
« *l'esprit de la religion chrétienne; vivre suivant les prin-*
« *cipes de l'Évangile,* etc. Le but de mon oncle était

« de me pousser avant dans l'intelligence des façons de
« parler figurées et sublimes que l'usage consacre à la
« religion, de m'en faire sentir les raisons et l'applica-
« tion comme il faut; il a porté son attention à tirer
« des exemples assez sensibles de ce qui se passe à
« chaque instant dans l'esprit, pour me faire compren-
« dre les idées intellectuelles, exprimées en mots et en
« phrases : par exemple, pour exprimer ce mot *justice*,
« parce que j'avais vu supplicier des criminels, on m'a
« fait remarquer que, si on ne conduisait à la mort un
« assassin qui avait tué un homme, il aurait tué tous
« les hommes; c'est pourquoi on le conduisait à la mort;
« on lui a ôté le pouvoir de faire du mal à personne,
« et pour rendre tout le monde bon : la justice, a-t-on
« ajouté, était cette faculté de punir les méchans, de
« récompenser les bons, d'empêcher tout le monde de
« faire du mal, et de le porter à faire du bien. Les cir-
« constances dans lesquelles j'étais placé quand on m'a
« parlé de la justice, ont achevé de me faire bien saisir
« l'idée du mot *justice*. Mon oncle m'a expliqué, tout
« au long, et par des exemples et comparaisons, bien
« des choses difficiles à comprendre, etc. Pour s'assurer
« de mon intelligence du langage, il m'a obligé de lui
« expliquer les leçons en d'autres termes; il m'a excité
« à lui faire bien hardiment des questions à mon tour;
« il m'a fait faire, avec lui et avec des personnes de
« notre connaissance, des réflexions, méditations, con-
« férences sur la religion; il a pris plaisir à disputer
« avec moi. M. Péreire et mon oncle se sont amusés à
« me mener voir des expériences de physique, des ca-
« binets de curiosités, etc.; rendre visite dans différentes

« maisons, et promener à la campagne : leur principale
« vue a été de m'accoutumer à répondre juste aux ques-
« tions de la compagnie, à entendre le français ordi-
« naire, et de me faire connaître, d'une façon sensible,
« l'usage du monde. J'ai profité bien fréquemment de
« mes loisirs pour aller tout seul dans les maisons où
« je savais que l'on s'amusait, par amitié, à causer, à
« converser avec moi, à m'entretenir, à m'instruire de
« toutes choses d'un usage habituel ; de manière que j'ai
« appris la signification de beaucoup de termes que ne
« me montraient ni M. Péreire, ni mon oncle, et le
« sens de bien des phrases dont ils ne se servirent pas :
« j'ai reconnu depuis que c'était là le principal but de
« M. Péreire et de mon oncle, qui voulaient me rendre
« intelligible le langage par le seul usage qu'ils recon-
« naissaient pour un excellent maître, et me faire sentir
« la force des termes relativement aux impressions, aux
« circonstances et aux personnes. Dans les compagnies,
« j'ai commencé à prendre l'idée des façons de parler
« figurément, de l'élégance des termes, de la délicatesse
« des expressions, des ornemens du discours, etc. Depuis
« que j'ai quitté M. Péreire et mon oncle, j'ai perfec-
« tionné cette idée par la lecture assidue des ouvrages
« d'un style sublime et relevé. En dernier lieu, me
« trouvant suffisamment avancé dans la connaissance
« de la grammaire, de la doctrine chrétienne et de la
« Bible, vers la quatrième année de mon instruction,
« M. le duc de Chaulnes, mon parrain et mon protec-
« teur, qui, pendant les trois premières années de mon
« instruction, m'avait déjà fait subir des examens sur
« mes connaissances, et avait déjà pris plaisir de me

« donner des instructions, m'a fait l'honneur de me
« commander de composer des ouvrages suivis de ma
« façon ; alors M. Péreire et mon oncle m'ont fait com-
« poser des cahiers sur des matières qu'ils avaient choi-
« sies pour me donner à traiter; ils m'ont fait remarquer
« des fautes de français et quelques erreurs dans ces
« cahiers, et me les ont fait corriger. C'est de cette
« manière que, grâces au Créateur des esprits de tous
« les hommes, je suis parvenu à entendre aisément le
« français, et à m'énoncer avec facilité en écrivant. Sur
« la fin de la cinquième année de mon instruction, j'ai
« quitté et M. Péreire et mon oncle; depuis, je m'amuse
« à lire toutes sortes d'ouvrages, et imprimés et manu-
« scrits qui me tombent entre les mains, pour me rendre
« familier le français difficile que chez M. Péreire j'avais
« de la peine à bien entendre; et à causer avec tout le
« monde, pour tâcher d'acquérir et de saisir l'intelli-
« gence des différentes espèces de langage français, et de
« déchiffrer les différentes manières d'écrire ce langage
« contre les règles de l'orthographe.

    « Par ce récit de l'histoire de nos progrès dans l'étude
« de la langue française, il me semble que je puis dire
« sans crainte de me tromper beaucoup, que c'était
« comme par l'usage qu'aidé des premiers principes j'ai
« appris le français, et que mon instruction ne paraît
« pas machinale. On s'est servi, et on se sert encore, de
« trois moyens pour me répéter continuellement le fran-
« çais : 1°. par écrit; 2°. par les doigts de l'alphabet ma-
« nuel à l'espagnole; 3°. et par les signes de l'alphabet
« manuel ordinaire. Je ne dis, *aidé des premiers prin-
« cipes*, que parce que M. Lucas l'aîné, entrepreneur

« des bâtimens du Roi, pour les ouvrages de plomberie,
« ayant été envoyé de Paris à Ganges, petite ville du
« Bas-Languedoc, située à sept lieues de Montpellier,
« pour y faire bâtir une caserne, en 1746, il m'y a trouvé
« déjà arrivé de Paris deux ans avant lui. Quelque temps
« après, sachant que j'étais âgé de huit ans et demi, il
« a bien voulu profiter de ses loisirs pour entreprendre
« mon instruction; il a commencé par m'enseigner à
« écrire et me montrer les signes de l'alphabet manuel
« ordinaire, pour pouvoir me faire lire devant lui des
« ouvrages; ensuite il m'a donné l'intelligence de nombre
« de mots d'un usage journalier, et les noms des amis et
« des lieux. Je ne dis des amis, que parce qu'à Ganges
« j'étais toujours seul et sans parens. Il m'a appris à
« compter, calculer et à dater du lieu, et du quantième
« de la semaine, du mois et de l'année. Mais la construc-
« tion de la caserne étant achevée au printemps de 1749,
« il m'a quitté pour revenir à Paris, laissant mon in-
« struction imparfaite. Pendant ces commencemens, j'ai
« fait des observations sur des personnes connues et in-
« connues, pour voir si elles entendaient de la même
« manière des mots que je leur écrivais, et dont je connais-
« sais la signification; je les ai priées de m'écrire d'au-
« tres noms des choses que je leur montrais. J'ai rapporté
« ces noms, que je retenais bien, ma mémoire étant na-
« turellement heureuse, aux personnes avec qui je pre-
« nais mes repas. J'ai été fort étonné de trouver qu'elles
« me montraient les choses désignées par ces noms; j'ai
« bien vu que tout le monde était très parfaitement d'ac-
« cord pour entendre les mots, et peu mes signes ordi-
« naires. Je me suis mis donc à remarquer les effets de

1.

« la conversation de vive voix, de la lecture, de l'écri-
« ture, etc.; et j'ai cru entrevoir l'impossibilité où j'étais
« d'être aussi instruit qu'aucun enfant de mon âge, non-
« obstant le résultat des observations que j'avais faites
« sur les écoles des diocèses de Montpellier et d'Allais,
« où je m'occupais toute la journée à copier habituelle-
« ment des sections du Nouveau Testament et d'autres
« livres, sans en avoir acquis l'intelligence, soit pendant
« que M. Lucas était à Ganges, soit depuis son retour à
« Paris; observations qui m'ont fait comprendre les
« peines du maître et les difficultés de l'écolier; obser-
« vations qui m'ont fait concevoir qu'il n'y avait rien
« d'aisé dans l'étude pour les commençans, qu'il suffisait
« d'avoir une bonne mémoire pour retenir les choses
« difficiles dont l'usage assidu, le temps et la contem-
« plation du spectacle de la nature perfectionnaient peu
« à peu l'intelligence, et qu'enfin il fallait avoir de la
« patience et de la constance pour souffrir les peines et
« difficultés de l'étude. Je retenais déjà par cœur nombre
« de sections du seul Nouveau Testament, et je m'amu-
« sais déjà à faire des observations naturelles, physiques,
« économiques, etc. Environ cinq mois après le retour
« de M. Lucas à Paris, j'ai été obligé de fixer mon séjour
« ordinaire au milieu des montagnes des Cévennes, d'où,
« par ordre de M. le duc de Chaulnes, je suis sorti vers
« la fin du mois de septembre 1750, pour revenir à Paris.
« Ce seigneur m'a mis sous la conduite de M. Péreire,
« environ vingt jours après mon arrivée à Versailles,
« lieu de ma naissance. D'abord chez M. Péreire, à
« Paris, je l'ai vu parler par les signes de son alphabet
« manuel, à M. d'Azy d'Étavigny, son premier élève,

« et tous deux m'ont fort exalté l'utilité de la connais-
« sance de la langue, dont M. Péreire allait me donner
« l'intelligence, et m'ont prouvé les inconvéniens de
« mes signes ordinaires, pour m'encourager à étudier.
« Je me suis porté de mon gré à recevoir les instruc-
« tions, après avoir appris que M. d'Azy d'Étavigny,
« mon camarade, était sourd-muet de naissance comme
« moi ; enfin, à force de surmonter avec beaucoup de
« patience et de constance les peines et difficultés de
« l'étude qui m'avait fait d'abord trembler, d'entendre
« et de répéter le français, et de connaître les idées in-
« tellectuelles, abstraites et générales, désignées par les
« mots, phrases et façons de parler, j'ai renoncé à l'idée
« que j'avais de l'impossibilité de rendre les sourds-
« muets de naissance aussi savans, aussi instruits, aussi
« capables de raisonner, de réfléchir comme il faut, que
« les autres ; idée confirmée par l'exemple et par l'aveu
« de mon camarade, qui avait de la peine à se rappeler
« des mots, à s'expliquer, et à entendre les autres et les
« ouvrages. Je veux dire que cet usage, par lequel je
« saisis l'entière intelligence du langage et des matières,
« n'est autre chose qu'une répétition continuelle et per-
« manente des mêmes mots, des mêmes phrases, des
« mêmes façons de parler, appliqués en toutes sortes de
« façons, d'occasions, de rencontres. Il est un sage
« maître qui sait prudemment faire choix de ce qui nous
« est utile, et qui peut faire passer adroitement une in-
« finité de fois devant nos yeux les mots les plus néces-
« saires, sans nous importuner beaucoup des plus rares,
« lesquels néanmoins il nous apprend peu à peu et sans
« peine, ou par le sens des choses, ou par la liaison

« qu'ils ont avec ceux dont nous avons déjà la connais-
« sance. Chez les sourds-muets de naissance instruits de
« la langue, l'usage est encore à leur égard un excellent
« peintre de pensée ; en effet, les yeux, que l'on appelle
« à bon droit le *miroir de l'âme*, communiquent au sourd-
« muet, à l'aspect d'un tableau, la pensée complète de
« la personne qui l'a mise au jour, ou par écrit, ou par
« alphabet manuel, ou par signes, etc. ; telle à peu près
« que son âme l'a conçue elle-même, en réunissant toutes
« les parties dans un seul point indivisible, malgré son
« étendue, et avec tant de rapidité, qu'à peine s'aper-
« çoit-on de la nécessité des sens, et qu'il semble que
« sans leur secours ni celui de l'art, cette pensée passe
« de celui qui l'a conçue à celui qui la reçoit. . . . . .
. . . . . . . . . . . . . . . . . . . . . . . . . . . . . . .
. . . . . . . . . . . . . . . . . . . . . . . . . . . . . . .

« Mais je vous observe que les sourds-muets prennent
« autant de goût et de plaisir pour la connaissance des
« lettres de l'écriture, de leurs signes, des mots, des
« phrases et du discours, et pour la lecture des ouvrages,
« que les autres pour les sons de la prononciation et pour
« les conversations de vive voix ; d'où vient que l'instruc-
« tion que l'on donne aux sourds-muets est pour eux une
« espèce de divertissement, approchant de la nature de
« celui que les enfans ordinaires éprouvent quand ils en-
« tendent dire à chaque instant : cette instruction étant
« un supplice pour les autres, et bien métaphysique,
« bien difficile et bien pénible pour le maître. Cette sorte
« de divertissement disposant naturellement le sourd-
« muet à souffrir, en la manière qu'il faut, les peines et
« difficultés de l'étude qu'il sent pouvoir surmonter avec

« le temps; en effet cette instruction demande égale-
« ment de la part et du maître et de l'élève beaucoup de
« patience, de constance, d'intelligence, de circonspec-
« tion et de sagacité à deviner ce qui se passe dans l'es-
« prit de l'un et de l'autre; elle est plus ou moins par-
« faite suivant l'habileté du maître dans la manière d'ex-
« pliquer et dans l'art d'inculquer dans l'esprit de son
« élève la force du langage, relativement aux impres-
« sions, circonstances et personnes, suivant le degré et
« la mesure de la mémoire et de l'intelligence du sujet,
« et enfin suivant la nature de son assiduité à surmonter
« les difficultés que présentent le génie de la langue et
« l'esprit des matières, à entendre, à lire, à parler, à
« écrire et à répéter le langage. . . .
   « Pour être en état de prononcer avec justesse sur
« l'instruction des sourds-muets et sur celle des autres,
« il faut remarquer que, pour concevoir, surtout lors-
« qu'il s'agit de ce qui est intellectuel, abstrait et gé-
« néral, les plus âgés ont plusieurs avantages sur ceux
« qui le sont moins, mais que les enfans de l'âge de
« six ans et même avant, commencent à comprendre
« nombre de petites choses qui suffisent au maître, à
« l'égard de ses jeunes élèves sourds-muets, pour donner
« de l'exercice convenable à la langue d'eux tous, à leur
« mémoire et à leur entendement, et pour les amener
« insensiblement à des connaissances plus considérables,
« et cela, avec d'autant plus de facilité, que leur ayant
« rendu comme naturel l'usage de la parole, de l'écri-
« ture et de l'alphabet manuel, ils s'expliqueront avec
« une aisance que les grands ne sauraient acquérir que
« par une pratique beaucoup plus longue. Il y a une

« très grande différence ( laquelle est beaucoup plus
« considérable chez les sourds-muets que dans les autres
« hommes ) entre savoir prononcer, lire et écrire; cela
« échappe ordinairement aux personnes qui n'y font point
« d'attention, ou qui n'ont appris d'autre langue que
« celle de leur pays : si on y réfléchit comme il faut,
« on verra qu'à l'exception des distinctions qui signi-
« fient des choses visibles, presque tous les mots d'un
« dictionnaire sont très difficiles à expliquer aux sourds-
« muets; et, pour l'ordinaire, sur les choses purement
« intellectuelles, abstraites et générales, on ne leur
« donne que des idées confuses et imparfaites. Par tout
« ce que je viens de dire de la nature de l'instruction
« des sourds-muets, vous sentirez que, généralement
« parlant, pour l'entière intelligence et du langage et
« des matières, elle est on ne peut concevoir plus dif-
« ficile et plus pénible que l'éducation ordinaire de la
« jeunesse et que l'étude des langues. Mais s'il s'agit de
« donner, par forme de récréation, à un sourd-muet,
« l'intelligence de nombre de mots et de phrases d'un
« usage habituel, et de les lui répéter assidûment, il
« y a un tel plaisir de le faire, que l'on ne ressentira
« guère des peines attachées à l'instruction ordinaire....

« L'habitude a une force incroyable de faire perdre de
« vue la manière dont on apprend à parler, à lire, à
« écrire, à penser, à raisonner, à réfléchir. Si on saisit
« bien ces raisons, on comprendra nettement que les
« enfans ordinaires apprennent une infinité de choses,
« et les pratiquent dans la suite de la vie, de façon qu'ils
« ne peuvent expliquer comment ils les ont apprises : la
« parole elle-même en est un exemple sensible. Tout

« le monde apprend à parler, tout le monde parle ;
« cependant presque tout le monde ignore non seu-
« lement la valeur des sons de la prononciation et la
« mécanique des organes de la parole, mais l'art même
« d'arranger comme il faut les différentes parties du
« discours : combien verrait-on de savans embarrassés
« à répondre comment ils ont acquis l'intelligence des
« élémens de ces mêmes sciences dans lesquelles ils
« excellent, et à les enseigner à d'autres ? Ne trouverait-
« on pas des maîtres attribuer le succès de leur méthode
« aux dispositions de leurs disciples, et des élèves attri-
« buer l'occasion de l'heureuse situation de leur esprit à
« la méthode, aux talens et à l'exemple de leurs maîtres;
« cependant, ni les uns ni les autres, malgré leur meil-
« leure volonté, ne peuvent pas satisfaire bien exacte-
« ment aux questions que l'on leur ferait, pour les obli-
« ger de donner les facilités nécessaires pour réussir à
« instruire solidement, tant ils n'ont pas la pratique des
« sujets; communément ils ne disent mot de la mémoire,
« de l'intelligence, de la sagacité à deviner ce qui se
« passe à chaque instant dans l'esprit, de l'usage, du
« temps et de la contemplation du spectacle de la na-
« ture. Si on pèse bien ces réflexions, on sentira que,
« pour instruire superficiellement un sourd-muet, il
« suffit, 1°. de lui donner l'intelligence des noms des
« choses visibles et d'un usage habituel, tels que sont
« les alimens, les habillemens ordinaires, les parties,
« meubles et immeubles d'une maison, etc.; 2°. des
« courtes phrases; 3°. d'exprimer continuellement au
« sujet les actions passées sous ses yeux; 4°. de lui
« expliquer les dialogues d'un usage journalier; 5°. le

« reste de l'instruction n'est pas aisé à pratiquer, et
« coûte trop de contention d'esprit ; je veux dire, par
« ce reste de l'instruction, la manière d'enseigner à com-
« prendre, comme il faut, la valeur des mots contenus
« dans toutes les parties du discours, à s'en servir à
« propos, à composer conformément aux règles gram-
« maticales et au génie particulier de la langue, à saisir
« l'intelligence des matières, et à exprimer, de mille ma-
« nières différentes, un même fonds d'idées, de pensées, de
« réflexions, de raisonnemens. Je vous apprends, Made-
« moiselle, que l'explication exacte et nette des termes
« intellectuels, abstraits et généraux, est une des parties
« de l'instruction les plus difficiles, et capable de rebuter
« et le maître et l'élève : elle oblige le maître à chercher,
« dans ce qui se passe journellement en ce monde, les
« moyens de faire parvenir son élève à l'intelligence des
« idées intellectuelles, abstraites et générales : par là
« vous concevez qu'il y a, dans les objets sensibles et
« dans l'histoire, les signes primordiaux qui servent en
« quelque façon d'échelle pour monter aux idées intel-
« lectuelles, abstraites et générales. Malgré ce que je
« viens de dire de la nature de l'instruction des sourds-
« muets, presque tout le monde ne peut pas concevoir
« la grandeur des peines qu'ils rencontrent dans l'étude
« de la langue : il y a une différence admirable entre la
« manière dont un sourd-muet non instruit du lan-
« gage apprend la langue du pays, et la façon dont un
« autre déjà instruit du langage maternel étudie une
« langue étrangère telle qu'elle soit ; je sens d'autant
« cette différence extrêmement considérable, que j'ai
« quelques connaissances du latin, de l'italien, de l'hé-

« breu, etc., langues que j'ai apprises par moi-même et
« sans le secours de qui que ce soit, durant les heures
« de mes récréations. Quant à la méthode d'enseigner
« par gesticulations et autres signes la langue et la re-
« ligion, j'ai à vous dire, Mademoiselle, que le R. P. Va-
« nin m'a enseigné, par signes et par estampes, l'his-
« toire sainte et la doctrine chrétienne, et m'a expliqué,
« de cette façon, des mots et des phrases qui se trou-
« vaient au bas des estampes. J'ai cru que Dieu le Père
« était un vénérable vieillard résidant au ciel ; que le
« Saint-Esprit était une colombe environnée de lumière ;
« que le Diable était un monstre hideux, demeurant au
« fond de la terre, etc. Ainsi, j'ai eu des idées sensibles,
« matérielles, machinales sur la religion ; mais, depuis
« que je l'ai quitté, M. Péreire me trouvant avancé dans
« l'intelligence du langage d'un usage habituel, s'est
« abstenu de ces sortes de signes ; de manière qu'il m'a
« mis dans l'heureuse nécessité d'apporter une exacte at-
« tention à la signification des noms, des verbes et des par-
« ticipes ; à la valeur des particules ; au sens des phrases
« et à la force de l'arrangement des phrases : il m'a obligé
« de m'expliquer en français, sans signes de ma façon,
« me disant qu'il avait la facilité de comprendre tout ce
« que je voulais lui dire sans ces signes. Après quoi,
« me trouvant assez fort dans l'intelligence ordinaire,
« MM. Péreire frères et mon oncle m'ont parlé, ou
« simplement, ou avec gestes, par le secours des signes
« de l'alphabet manuel, selon qu'ils voulaient se faire
« mieux entendre de moi, à l'imitation de la façon dont
« on parle à l'aide des sons de la prononciation ; de
« plus, eux et autres personnes affectionnées pour l'avan-

« cement de mon instruction, ont pris plaisir à s'entre-
« tenir familièrement avec moi chez eux, chez les per-
« sonnes de notre connaissance, dans les rues, dans les
« promenades, dans les fêtes, etc., et à me faire causer
« avec d'autres : de cette manière, je suis parvenu à
« sentir parfaitement l'insuffisance de la façon d'in-
« struire de la religion par signes, surtout par rapport
« aux idées intellectuelles, abstraites et générales, et
« d'attacher chaque signe à chaque mot; par conséquent,
« il y a autant de signes qu'il y a de mots et de termi-
« naisons de mots. Ainsi, si on continue cette méthode
« sans songer à supprimer peu à peu ces sortes de si-
« gnes, et sans obliger l'élève à expliquer en d'autres
« termes une leçon, une question, un passage du livre;
« à répondre de lui-même, et sans le secours de son
« maître, aux questions aisées et difficiles des autres; et
« enfin, à faire lui-même des questions exprimées en
« mots de sa façon, la mémoire seule, rafraîchie par
« l'imagination, suffit pour rapporter fidèlement presque
« les mêmes choses, tandis que l'intelligence ne comprend
« presque pas les idées intellectuelles, abstraites et géné-
« rales, désignées par gesticulations; le signe déterminant
« trop l'idée du mot dont l'usage rend la signification plus
« étendue, l'instruction peut être regardée comme ma-
« chinale, et presque semblable à celle que l'on donne
« aux animaux. Je parle ainsi, d'après l'expérience faite
« sur moi-même, et je remarque que l'on ne se sert pas
« des signes de l'alphabet manuel, quand on converse,
« sans écrit, avec les sourds-muets, eux qui naturelle-
« ment rencontrent des peines et difficultés à retenir le
« langage, pour s'en servir à propos, en différentes oc-

« casions, pour s'expliquer comme il faut, et pour en-
« tendre aisément des ouvrages et les personnes pendant
« le cours de leur instruction.

« Il me faut expliquer, Mademoiselle, l'alphabet ma-
« nuel dont M. Péreire se sert pour s'épargner l'incon-
« vénient d'avoir la plume à la main, et pour éviter la
« lenteur de l'écriture dans l'instruction des sourds-
« muets, et dont mon oncle a fait usage pour m'instruire
« de la religion.

« C'est une espèce d'alphabet manuel à l'espagnole,
« contenu dans les doigts d'une seule main ; il est com-
« posé de vingt-cinq signes des lettres de l'écriture cou-
« rante, sans y comprendre ces deux lettres, *k* et *w* qui
« ne sont point en usage dans la langue française, et des
« signes que M. Péreire a inventés, dans la seule vue de
« faire conformer exactement cet alphabet manuel aux
« lois de la prononciation et de l'orthographe française.
« Ainsi, il y a autant de sons de la prononciation, qui
« sont au nombre de trente-trois à trente-quatre, et
« autant de liaisons de l'écriture ordinaire, qui se mon-
« tent à trente-deux et plus (chaque liaison faisant un
« seul son dans la prononciation), qu'il y a de signes dans
« l'alphabet manuel, que je nomme pour cette raison
« *dactylologie,* mot adopté par M. Péreire. Il est vrai
« qu'il y a des lettres et des liaisons de lettres qui chan-
« gent de son, suivant les mots où elles se trouvent pla-
« cées ; la dactylologie exprime bien tous ces sons diffé-
« rens, ou d'une seule lettre, ou d'une liaison de lettres :
« par conséquent on voit qu'elle renferme en tout plus
« de quatre-vingts signes. Dans cette dactylologie on se
« sert de la main comme de la plume pour tracer en l'air

« les points, les accens; pour marquer les lettres grandes
« et petites, et les abréviations usitées : on fait remar-
« quer dans les mouvemens des doigts les repos longs,
« moyens, brefs, et très brefs, que l'on observe dans la
« prononciation. La dactylologie contient aussi les signes
« des chiffres, des unités, des dizaines et des centaines,
« de façon à exprimer expéditivement les grands nom-
« bres et les opérations d'arithmétique; ainsi la dacty-
« lologie est aussi commode, aussi prompte, aussi ra-
« pide que la prononciation même, et aussi expressive
« que l'écriture bien faite. Il est libre d'ajouter d'autres
« signes à la dactylologie, dans la vue de soumettre aux
« règles de la prosodie, du chant, de la poésie, etc. On
« peut, si on veut, ne retenir qu'un alphabet manuel,
« qui contient seulement les signes de tous les sons de la
« prononciation, ce qui est fort commode pour les gens
« sans étude. S'il y a des personnes qui trouvent à redire
« aux signes de tout alphabet manuel, je leur réponds
« qu'elles sont précisément, à l'égard des signes de la
« dactylologie qu'elles ne connaissent pas, dans le cas où
« sont les sourds-muets au regard des sons de la pronon-
« ciation qu'ils n'entendent pas. Avec le secours de la
« dactylologie, on peut également parler aux sourds-
« muets et aux aveugles. M. Péreire et moi nous nous
« trouvâmes un jour dans une chambre, dans le temps
« qu'il faisait une nuit si noire que nous ne pouvions
« pas nous entrevoir; M. Péreire ayant besoin de me
« parler, me prit la main et remua distinctement mes
« propres doigts, selon les règles de la dactylologie. Le
« sens du tact ébranlé par les mouvemens de mes doigts
« dirigés par sa main, me fit comprendre nettement tout

« ce qu'il voulait me dire. Il continua quelquefois de
« me parler de la même manière dans des jours d'hiver
« très obscurs et lorsque nous ne pouvions pas avoir de
« lumière ; je l'entendais avec la même facilité : la dac-
« tylologie mérite donc d'être aussi habituelle que l'écri-
« ture ordinaire.

« Ainsi, vous voyez clairement, Mademoiselle, par le
« contenu de cette dissertation, qu'il est également pos-
« sible de faire naître dans l'âme tout ce que l'on veut
« dire, avec le secours ou de l'ouïe, ou de la vue, ou du
« tact. Vous ajouterez à ce détail des réflexions qui vous
« instruiront mieux que je ne pourrais le faire. En enché-
« rissant sur cette idée, il vous sera aisé d'apercevoir
« qu'on peut communiquer des idées à l'esprit par le se-
« cours ou de l'odorat, ou du goût, avec autant de faci-
« lité, quoique avec bien moins de commodité, que par
« le secours de l'ouïe, de la vue et du tact. Pour cet effet,
« il suffit de convenir avec quelques personnes que telle
« odeur aura la valeur d'un tel son de la prononciation,
« ou d'une telle lettre de l'écriture, et approcher du
« nez ces odeurs significatives, les unes après les autres,
« afin de présenter par ce moyen tout ce que l'on veut
« dire à l'esprit. Cela aura lieu pareillement dans le choix
« des saveurs faciles à être distinguées les unes des au-
« tres, pour représenter les sons ou les lettres, et les
« mettre dans la bouche, afin de faire passer par ce
« moyen des idées dans l'esprit. Si on entend et com-
« prend comme il faut tout le contenu de cette disserta-
« tion, on verra clairement que tout n'est que pure con-
« vention en ce monde, et que l'habitude assidue donne
« la force merveilleuse de retenir les signes des idées et

« des mouvemens de l'âme, et qu'elle aide naturelle-
« ment à les rappeler.

« On lit et l'on entend lire tous les jours des vers,
« des éloges, des panégyriques, etc., à la mémoire des
« grands hommes, des héros, des saints personnages, des
« souverains bienfaisans, des ministres habiles, des ma-
« gistrats intègres, et à combien plus forte raison devons-
« nous payer à l'Auteur unique de la nature les tributs
« d'amour, de reconnaissance, de louanges, d'actions de
« grâces, et même de fidélité et d'attention à faire tout
« ce qu'il demande de nous, et à éviter tout ce qui lui
« déplaît! »

« Je suis, avec de vifs sentimens de considération, etc.»

# CHAPITRE V.

*Continuation du précédent. — Ernaud; l'abbé Deschamps.*

Quelques années après que l'Académie des Sciences eut donné son approbation aux résultats obtenus par l'abbé Péreire, cette compagnie fut appelée à porter un jugement sur un autre essai du même genre, tenté par Ernaud. Ernaud se présenta aussi devant elle avec un de ses élèves et avec un mémoire; mais le mémoire de celui-ci faisait du moins connaître la marche qu'il avait suivie, et en rendait un compte raisonné. (1)

Ernaud s'était attaché à étudier la constitution et le jeu des organes de la voix et de l'audition : il n'admettait guère qu'une surdité relative ; il assurait n'avoir rencontré presque aucun exemple de surdité absolue. Il s'était, à ce qu'il paraît, beaucoup occupé des moyens de réveiller le sens de l'ouïe, ou d'y suppléer ; il annonçait avoir réussi à développer ce sens, par un exercice bien gradué, chez des sujets qui n'en étaient pas entièrement

_____

(1) *Voyez* les *Mémoires des Savans étrangers*, offerts à l'Académie des Sciences, tome V, page 233 ; année 1768.

privés. Toutefois, il avait reconnu que la plupart des
cas de surdité relative ne se prêtent point à cette espèce de cure; il avait reconnu l'inefficacité ou l'insuffisance des diverses tentatives faites pour remplacer ou ranimer les sensations de l'ouïe par des
procédés artificiels, tels que l'emploi d'un cornet,
par exemple, dirigé soit vers l'oreille, soit dans la
bouche, pour les accidens les plus ordinaires de
surdité. Dans l'impossibilité de ranimer l'audition,
Ernaud s'était emparé du moins des procédés qui
lui offraient les rapports les plus prochains et l'analogie la plus marquée avec l'exercice de la parole.
Il avait donc essentiellement adopté l'articulation
mécanique et l'art de lire sur les lèvres.

Cependant, en s'attachant de préférence à ce
procédé, ainsi que Wallis et Amman; en faisant
de ce procédé le fondement de l'art, il ne repoussa
et ne négligea point les autres. Il s'aidait des signes pour les explications nécessaires à l'intelligence de la langue, et même pour l'enseignement
de la grammaire, spécialement pour les pronoms.
Il blâmait ouvertement l'alphabet manuel; mais il
convenait en même temps qu'il en faisait usage.
Il faisait lire et écrire son élève; il s'aidait aussi
du bureau typographique pour multiplier ce dernier genre d'exercices.

Du reste, nous ne découvrons rien de particulier
dans la marche qu'Ernaud avait suivie, du moins
d'après le compte qu'il en a rendu, si ce n'est

peut - être l'attention qu'il avait de n'exercer d'abord son élève que sur des monosyllabes, attention qui n'a pas un grand mérite de découverte, mais qui cependant est quelquefois trop négligée.

Un mérite plus réel et plus important qu'on pourrait reconnaître dans Ernaud, c'est de s'être occupé de la partie philosophique de l'art. Il avait soin de faire rendre compte, par écrit, à son élève, de ce qu'il avait fait, de ce qu'il avait vu; ce qui est certainement, non seulement l'un des moyens les plus utiles pour exercer l'élève, mais aussi l'une des épreuves les plus certaines pour s'assurer qu'il entend bien le sens des mots. Dans l'explication des valeurs de la langue, il procédait en suivant l'ordre de la génération des idées, s'élevant des notions sensibles aux notions abstraites, et prenant Locke pour guide. Nous regrettons de n'avoir, sur cet enseignement, que cette indication générale, telle qu'il nous l'a donnée; il eût été curieux de savoir, en détail, comment il exécutait, dans la pratique, une méthode dont le principe est fort lumineux, mais dont l'application, jusqu'à ce jour, est demeurée encore si incertaine ou si incomplète.

Nous n'avons d'ailleurs aucun document authentique sur les succès obtenus par cet instituteur. L'élève qu'il présenta à l'Académie ne semblait pas fort avancé.

I.

Ernaud reçut les encouragemens de cette compagnie. Mais Péreire ne lui fut pas aussi favorable. Dans des observations qui suivirent de près le mémoire d'Ernaud, Péreire critiqua avec assez d'amertume, déprécia avec assez de dédain, les vues et les opérations de son rival. Il lui contesta vivement les droits et le titre d'inventeur, en les réclamant pour lui-même; il sembla vouloir accuser Ernaud de n'être que son copiste : à l'en croire, le jeune Solier, sourd-muet, était demeuré deux ans entre les mains d'Ernaud sans faire aucun progrès, et ne commença à acquérir quelque instruction qu'en passant auprès de lui-même Péreire. Il était, au reste, difficile à Péreire de prouver le prétendu plagiat, lorsqu'il se refusait à faire connaître ses procédés et à les laisser ainsi comparer. Mais nous en savons assez pour voir qu'Ernaud et Péreire suivaient réellement une marche différente, l'un accordant à l'alphabet labial la prééminence que l'autre attribuait à la dactylologie.

L'abbé Deschamps publia, l'année suivante, en 1779, son *Cours élémentaire d'Éducation des Sourds-Muets* (1). Qu'on nous permette de rendre ici un juste hommage à la mémoire d'un homme de bien qui vécut presque ignoré, et dont le nom

(1) A Paris, chez De Bure, 1 vol. in-12.

a presque été condamné à un injuste oubli (1).
L'abbé Deschamps dévoua à l'éducation des sourds-
muets sa fortune et sa vie entière : ce fut surtout
à ces derniers et aux enfans du peuple qu'il con-

---

(1) « Qui, maintenant, se souviendrait d'un Péreire, d'un
« Ernaud, d'un Deschamps », dit M. l'abbé Jamet (premier
Mémoire sur l'*Instruction des Sourds-Muets*, page 18), « s'il
« n'avait jeté les yeux sur les persécutions qu'ils suscitèrent
« à M. l'abbé de l'Épée? »

Nous devons relever l'inexactitude, disons mieux, l'injustice qui a échappé involontairement, sans doute, au respectable recteur de Caen, en traçant ces lignes. Péreire avait
précédé l'abbé de l'Épée; il conserva la méthode qui lui était
propre, mais ne suscita aucune persécution à l'abbé de l'Épée,
quoiqu'il y ait eu entre eux une rivalité naturelle, et quelques controverses dans lesquelles Péreire n'a rien publié.
Ernaud n'en a engagé aucune avec l'abbé de l'Épée, et, loin
de l'avoir combattu, n'a fait aucune mention de la méthode
de ce célèbre instituteur. L'abbé Deschamps est tout aussi
innocent du tort qu'on lui reproche; il n'a pas partagé les
vues de l'abbé de l'Épée; mais il n'a jamais manqué, vis-
à-vis de l'instituteur de Paris, aux égards qui doivent subsister entre deux bienfaiteurs de l'humanité. Il y a plus : il
n'a parlé de l'abbé de l'Épée qu'avec l'expression de la vénération la plus profonde. ( *Voyez* le *Cours élémentaire
d'Éducation des Sourds-Muets*, pages 37, 38. )

Nous nous demandons où l'on pourrait trouver la moindre
preuve de ces persécutions prétendues. Fallait-il adopter
sans réserve le système des signes méthodiques au moment
de sa naissance, et lorsqu'il était si imparfait encore?

Si le nom de l'abbé Deschamps a besoin, pour se conserver, d'être lié à celui de l'abbé de l'Épée, c'est assuré-

sacra ses soins ; il unissait les bienfaits de la charité à ceux de l'instruction. On tenta, mais sans succès, de le réunir à l'abbé de l'Épée : il ne consentit point à adopter une méthode qu'il n'approuvait pas, et à abandonner celle qu'il jugeait préférable. Il avait à Orléans un établissement privé, dans lequel il recevait des élèves pensionnaires, et dans lequel il admettait aussi gratuitement des indigens. Nous n'avons pu recueillir aucun détail sur les résultats qu'il avait pu obtenir des soins donnés à ses élèves. Nous voyons seulement que la Société Royale de Médecine, en donnant son approbation à l'ouvrage, avait cru pouvoir déclarer que des travaux si utiles, *déjà couronnés par le succès*, méritaient la reconnaissance des hommes et l'éloge des savans (1). L'abbé

---

ment une injustice de l'opinion ; car le chapelain d'Orléans a des titres personnels parfaitement établis à notre reconnaissance.

Toutefois, la méthode de l'abbé Deschamps n'a pas été ensevelie dans l'oubli, comme le suppose M. l'abbé Jamet. Les étrangers, du moins, lui ont rendu le témoignage qui lui est dû : ils ont cité ses travaux ; ils en ont apprécié le mérite. Désormais, sans doute, son souvenir se conservera dans sa patrie.

(1) Le rapport sur lequel ces conclusions furent adoptées, est signé de M. Coquereau, et du célèbre et respectable docteur Hallé, excellent juge, dont l'enseignement a été si utile aux sciences médicales, et qui a laissé de si vifs regrets à ses amis.

Deschamps nous a donné ses procédés avec détail; mais il s'est surtout attaché à en faire l'apologie, et à justifier la préférence qu'il avait accordée à l'alphabet labial, ou à la parole articulée, sur les signes méthodiques. (1)

L'instituteur d'Orléans, après avoir établi la possibilité d'une éducation pour les sourds-muets, après avoir montré qu'on peut suppléer à l'ouïe par la vue, comme on supplée à la vue par le toucher, compare la méthode des signes à celle de l'alphabet labial et de la prononciation artificielle. Ces deux méthodes lui paraissent pouvoir chacune atteindre le but et rivaliser entre elles; car il ne s'agit que « d'attacher, à des signes « visibles, le même sens que nous attribuons aux « sons de la parole; or, ces valeurs peuvent être « également transportées, ou dans les figures que « nous retracent les gestes, ou dans celles que « nous lisons sur les lèvres des autres hommes. « Les signes semblent plus naturels; ceux même « d'entre nous qui jouissent de la parole et de « l'ouïe sont portés, par une sorte d'inclina« tion, à se servir de gestes. Ils donnent de

(1) Quoique l'ouvrage de l'abbé Deschamps ait paru après celui de l'abbé de l'Épée, nous avons cru devoir rappeler les travaux de l'instituteur d'Orléans avant ceux de l'instituteur de Paris, parce que les premiers ne sont que l'application et la continuation des procédés de Wallis et d'Amman.

« la force à l'expression, peignent avec vérité
« l'émotion de nos cœurs. Cependant, cette voie
. « n'est pas suffisante. La signification des gestes
« est incertaine et arbitraire : ils sont difficile-
« ment interprétés par ceux qui ne sont point
« exercés à les connaître. La fonction de la pan-
« tomime est plutôt d'accompagner la parole, de
« la vivifier, de lui servir de commentaire, que
« de la suppléer : la langue des signes n'a pas
« tellement son fondement dans la nature, qu'elle
« n'ait besoin de beaucoup d'art pour acquérir
« une certaine étendue. Est-elle propre d'ailleurs
« à développer en nous le germe d'une infinité
« de. vérités qui seraient totalement ignorées, si
« nous étions privés de l'usage de l'ouïe et par
« par conséquent de la parole ? Pouvons-nous,
« avec son secours, peindre la multitude de nos
« pensées, former en nous l'entendement, porter
« la lumière dans les esprits, adoucir les mœurs,
« détruire les préjugés ? (1) » La parole paraît
d'ailleurs douée, aux yeux de l'abbé Deschamps,
d'un privilége qui dérive de la nature même de
l'homme et de sa destination. « L'homme n'en fut
« point l'artisan; il n'eût pu l'inventer; elle est
« l'organe le plus naturel de l'homme : c'est donc
« à elle que l'instituteur du sourd-muet doit s'at-
« tacher principalement; il s'occupera essentielle-

---

(1) *Lettre à M. de S\*\*\**, page 13.

« ment à en rendre l'usage à son élève (1). Sans
« doute ce système plaît moins d'abord que celui
« des signes, entraîne après lui une multitude
« de difficultés; on le croirait moins propre à
« former le cœur et l'esprit, moins facile à saisir.
« Cependant il paraît le plus beau, admirable par
« sa simplicité, grand par ses effets. L'un et l'autre
« système ont leurs inconvéniens; celui des signes
« ne devrait point être préféré, n'eût-il que le dés-
« agrément de n'être point à la portée de tout le
« monde. » (2)

L'instituteur d'Orléans ne se dissimule point
cependant, qu'en apprenant à lire sur les lèvres
des autres, et à imiter la prononciation, son élève
ne recouvrera point véritablement la parole; qu'il
n'aura acquis qu'un certain mode d'*écriture* et de
*lecture* (3); mais il ne s'aperçoit pas qu'il tombe
ainsi dans une sorte de contradiction avec lui-
même.

Préoccupé de la faveur qu'il a accordée à cette
espèce de parole artificielle, il suivra les traces
d'Amman. Trois différentes opérations lui paraissent essentielles pour réussir à faire connaître
à son élève les caractères distinctifs des lettres.

---

(1) *Cours élémentaire d'Éducation des Sourds-Muets.* Introduction, p. xxxvij et xlij.

(2) *Ibid.* Partie systématique, page 2

(3) *Ibid.*, page 29.

Il commence par lui montrer la même lettre imprimée ou écrite, tant en gros qu'en petit caractère; ensuite il lui apprend la position des organes pour sa formation; alors il la lui fait écrire : enfin, quand l'élève sait à peu près le caractère de la lettre qu'on lui enseigne, et passablement sa prononciation, on la lui fait lire sur les lèvres, en prononçant devant lui posément et avec précision. De la lecture des lettres, on passe à celle des mots, sans entrer encore dans aucune espèce d'explication pour le sens des paroles, jusqu'à ce que l'élève soit assez formé à la lecture sur les lèvres, comme à l'écriture, pour pouvoir répéter ce qu'on lui fait dire, sans excepter un seul mot, même le plus difficile. (1)

Du reste, l'abbé Deschamps avait à peu près suivi, pour enseigner l'articulation mécanique, les procédés tracés par l'abbé de l'Épée, et il le déclare lui-même. (2)

L'expérience avait dû montrer à l'abbé Deschamps combien ces exercices mécaniques devaient peu intéresser ses élèves : pour les disposer à s'y prêter, il cherchait à leur faire concevoir les services qu'il voulait leur rendre, en leur faisant

---

(1) *Éducation des Sourds-Muets.* Partie systématique, pages 53 et suiv.

(2) *Ibid.*, page 84.

croire que les autres hommes se comprennent aussi en lisant réciproquement sur les lèvres. (1)

On vient de voir que l'instituteur d'Orléans employait la lecture et l'écriture, simultanément avec la parole artificielle ; que, dans son plan, ces deux moyens se combinaient entre eux, et s'aidaient continuellement (2). Il avait même recours à des cartes mobiles qui portaient des lettres diverses, pour composer des mots à volonté (3). Il faisait également usage de l'alphabet manuel (4), pour la dictée, pour multiplier et varier les exercices, et pour rappeler à leur mémoire les syllabes qu'il voulait leur faire exécuter. Il allait plus loin encore, et il enseignait à ses élèves à lire par le tact des lettres en relief, par celui des lèvres et par le mouvement des doigts dans la paume de la main, afin de pouvoir s'entretenir et s'exercer encore même pendant l'obscurité de la nuit. (5)

Aidé de tout ce concours de procédés, il ne négligeait point cependant l'emploi des signes mimiques. S'il avait refusé aux signes le droit d'être le moyen exclusif ou essentiel de l'éducation, il trou-

---

(1) *Éducation des Sourds-Muets.* Partie systématique, page 82.

(2) *Ibid.*, page 157.

(3) *Ibid.*, page 54.

(4) *Ibid.*, pages 55, 119, 146, 148.

(5) *Ibid.*, page 159.

vait en eux une précieuse utilité, comme moyen
auxiliaire. Mais il réservait principalement leur
emploi pour la seconde période de leur instruction. (1)

En effet, l'instituteur d'Orléans avait trop de
sens, et prenait un intérêt trop profond au développement moral et intellectuel de ses élèves,
pour considérer autrement que comme une simple
préparation, l'art qui consiste à faire lire et prononcer les caractères dont sont formés les mots
de la langue. C'était l'*éducation* du sourd-muet
que ce bon ecclésiastique avait entreprise; il sentait toute l'étendue, toute la dignité de cette mission. Si donc, pendant la première période de son
enseignement, uniquement occupé de procurer à
son élève des instrumens matériels pour remplacer la parole, il s'était interdit toute espèce
d'explication sur le sens des mots, il réservait
une seconde période pour faire fructifier son premier ouvrage, en donnant à son élève les interprétations propres à éclairer l'intelligence. Il se
proposait de faire suivre à l'élève sourd-muet la
même route que fait l'enfant ordinaire pour
apprendre les valeurs de sa langue maternelle; il
se flattait que, doté de tant de moyens mécaniques de communnication, le sourd-muet pourrait

_____

(1) *Lettre à M. de S***, pages 30, 63, 69, 125, 132, etc.

en effet imiter cet exemple (1). « C'est l'habitude,
« disait-il, l'usage, l'explication des mots, qui doi-
« vent procurer les lumières nécessaires pour con-
« naître le sens des mots » (2). Cependant, il sentait, dans la pratique, que cette marche eût été bien
lente pour un élève dont l'éducation commençait
si tard, et qui ne pouvait, même avec le secours
de tous ses moyens de communication, entretenir
un commerce habituel et général avec les autres
hommes. Pour accélérer les progrès de l'élève,
pour seconder, faciliter les explications, il recourait aux estampes, aux signes mimiques ; il admettait même d'autant plus le secours des signes,
que les idées appartenant à un ordre plus relevé
étaient d'un accès plus difficile. Il imitait les actions qu'il voulait faire comprendre. L'explication
qu'il donnait des pronoms, seul exemple de détail
qu'il nous ait décrit, a beaucoup d'analogie avec
le procédé employé depuis par l'abbé Sicard. Il
essayait de graduer ces explications de manière à
ne puiser d'abord l'objet de ses leçons que « dans
« l'ordre des besoins naturels, à ne leur présenter
« que les noms des choses déjà connues d'eux, ou
« à la connaissance desquelles ils pussent être con-
« duits par les précédentes » (3). Cependant, on

---

(1) *Lettre à M. de S\*\*\*.*
(2) *Éducation des Sourds-Muets*, page 25.
(3) *Lettre à M. de S\*\*\**, page xxxj.

doit reconnaître que, s'il avait adopté un principe aussi sage, il s'était trouvé fort embarrassé pour en faire l'application. Persuadé que la religion était le premier objet auquel il fallait s'attacher, il avait cru devoir commencer son enseignement par la création du monde, et pouvoir la faire concevoir à son élève par l'écriture et par une estampe. Dieu était sans contredit, à ses yeux, le premier objet qu'il fallait expliquer et faire connaître : le nom de *Dieu* était le premier qu'il offrait à son élève. C'est de ces sommités qu'il descendait ensuite aux astres, sur la terre, pour arriver enfin aux eaux, aux plantes, aux animaux, et enfin à l'homme (1). Toutefois, il faut croire qu'il ne suivait pas toujours une route aussi ardue. Il avait promis au public un ouvrage qui devait contenir *les principes élémentaires des sciences, pour l'éducation des Sourds-Muets* (2), ouvrage qui devait faire suite à celui qu'il a publié, mais qui n'a point vu le jour.

L'abbé Deschamps se plaît généralement à rendre hommage à ceux qui l'ont précédé dans la carrière; il déclare qu'il avait des obligations essentielles à un homme d'un mérite distingué, qui l'avait éclairé de ses conseils, mais qui ne lui avait pas permis de le nommer. Il a donné la descrip-

---

(1) *Éducation des Sourds-Muets,* pages 63 et suiv.
(2) *Ibid.,* page 121.

tion et le dessin d'un alphabet manuel, dont il était redevable à la même personne (1). On trouve d'ailleurs, dans le petit ouvrage de l'abbé Deschamps, des aperçus de détail souvent ingénieux et utiles, sur la manière de varier les exercices, d'exercer la mémoire des élèves. On applaudit aux soins qu'il prend de faire écrire ses élèves, d'après eux-mêmes, de les mettre en état de lire, et de leur faire alors achever leur éducation par la lecture de livres choisis. On regrette en même temps qu'il paraisse avoir trop négligé de cultiver l'esprit d'observation, et de les placer pour cet effet en présence du théâtre de la nature.

Le zèle qui animait ce respectable ami de l'humanité n'embrassait pas seulement la classe nombreuse des sourds-muets, il embrassait aussi celle des aveugles-nés. Il est le premier, en France, si nous ne nous trompons, qui ait tracé les linéamens de l'art qui enseigne à ceux-ci la lecture et l'écriture. Du moins est-il à propos de rappeler ce qu'il avait fait ou indiqué sur ce sujet, et dont on ne paraît pas avoir conservé le souvenir. L'abbé Deschamps compare souvent la situation de l'aveugle-né à celle du sourd-muet ; il remarque qu'il s'agit, pour le premier, de remplacer la vue par le tact. Les procédés qu'il a prêtés au second pour communiquer pendant la nuit, se trouvent

---

(1) *Éducation des Sourds-Muets*, page 199.

naturellement à l'usage du premier; il compose donc pour celui-ci une, sorte de clavier ou des cases de lettres en relief et mobiles, à l'aide desquelles l'aveugle discerne et exécute toute espèce de mots (1). La sollicitude du digne ecclésiastique s'étend même jusqu'à l'éducation des infortunés privés à la fois de la vue et de l'ouïe, disgrâce affreuse et dont heureusement il y a bien peu d'exemples; et il indique comment on peut l'entreprendre à l'aide du tact seul, s'exerçant sur des caractères relevés en bosse. (2)

Le *Cours d'Éducation* de l'abbé Deschamps venait à peine de paraître, lorsqu'il fut critiqué par un censeur, dont l'auteur sans doute n'aurait pas prévu l'apparition : c'était un sourd-muet, simple ouvrier relieur à Paris (3), dont les observations ne manquent point de sens, dont les récits sont curieux, dont le style est vif, animé et assez correct. Il est vrai que ce sourd-muet avait joui dans son enfance, pendant quelque temps, du sens de l'ouïe, que dès-lors il avait reçu quelque instruction; il est vrai également qu'un ami inconnu avait fait quelques légères corrections à l'ouvrage, particulièrement quant à l'orthographe.

_____

(1) *Éducation des Sourds-Muets*, pages 163, 174.
(2) *Ibid.*, page 168.
(3) *Observations d'un Sourd-Muet*, etc.; à *Amsterdam* et à *Paris*, 1779, in-8°.

Le sourd-muet Desloges n'était point l'élève de l'abbé de l'Épée. Il prit cependant la défense de la méthode suivie par cet instituteur, par affection pour un langage qu'il considérait comme sa langue maternelle. Ses *Observations* ont presque la chaleur d'un plaidoyer. Il reproche à l'articulation mécanique les difficultés qu'elle rencontre pour être enseignée, sa sécheresse ; il réclame pour les signes mimiques le titre et les droits d'un langage naturel, la richesse d'une langue capable d'exprimer toutes les idées. Il raconte comment les sourds-muets procèdent entre eux dans l'invention de leurs signes, comment ils généralisent, comment ils se servent des signes du genre et de l'espèce pour nommer les individus, par une sorte de définition. Il distingue trois espèces de signes mimiques, ceux qu'il appelle *primitifs,* qui sont communs à tous les hommes et donnés par l'imitation ; ceux qu'il nomme *réfléchis,* qui dérivent d'un signe naturel, qui supposent des opérations de l'esprit plus relevées, comme ceux des idées générales ; enfin ceux qu'il appelle *analytiques,* lesquels, représentant « des idées générales qui « n'ont point, à proprement parler, de signes « naturels, sont ramenés à l'expression du langage « des signes, par le moyen de l'analyse. » (1)

_____

(1) *Observations d'un Sourd-Muet, etc.*, pages 53 à 55.

Desloges compare l'abbé de l'Épée à un voyageur transplanté tout à coup au milieu d'une nation étrangère à laquelle il aurait voulu apprendre sa propre langue. « Il a jugé que le moyen le plus « sûr pour y parvenir, serait d'apprendre lui-même « la langue du pays. Je le demande, ajoute-t-il, à « M. l'abbé Deschamps : s'il avait le dessein d'ap- « prendre l'anglais, ou quelque autre langue qu'il « ignore, comment s'y prendrait-il? Commence- « rait-il par prendre une grammaire anglaise dont « il ne comprendrait pas un seul mot? Non, assu- « rément; il choisirait une grammaire anglaise « écrite en français, et, à l'aide de sa langue ma- « ternelle, il apprendrait aisément la langue qui « lui est inconnue » (1). Il était difficile de mieux saisir et de rendre plus sensible le principe de la méthode de l'abbé de l'Épée, que ne l'a fait Desloges dans ce passage, où l'on trouve le germe des idées souvent développées ensuite par l'abbé Sicard.

L'instituteur d'Orléans répliqua au sourd-muet de Paris, dans une *Lettre à M. de Belle-Isle*, où il montra, on doit l'avouer, plus de susceptibilité que de supériorité réelle (2). Il trouva un défenseur dans un autre sourd-muet, dans ce même

_____

(1) *Observations d'un Sourd-Muet, etc.*, pages 7 et 8.

(2) *Lettre à M. de Belle-Isle, etc.*, pour servir de réponse aux observations d'un Sourd-Muet, etc. 1770.

Saboureux de Fontenay, élève de Péreire, dont nous avons déjà parlé; il en obtint deux autres encore dans le traducteur d'Amman, M. le docteur Beauvais de Préau, et dans un avocat au Parlement de Paris, qui paraîtrait être la même personne que celle de laquelle l'abbé Deschamps annonçait avoir reçu d'utiles directions.

Le *Journal encyclopédique* de Bouillon rendit compte, dans le temps, de la singulière discussion qui s'était élevée entre l'abbé Deschamps et Desloges, mais sans en porter aucun jugement (1). Le *Mercure de France* publia aussi une lettre de Desloges au secrétaire perpétuel de l'Académie des Sciences (Condorcet). (2)

---

(1) Février et août 1782.

(2) *Mercure de France* du 18 décembre 1779. On ne lira peut-être pas sans intérêt le passage suivant d'une lettre de ce sourd-muet aux rédacteurs du *Journal encyclopédique* de Bouillon :

« Plusieurs personnes, dit-il, paraissent surprises que je me sois donné l'épithète d'auteur étrange, d'espèce singulière. Elles ignorent qu'il n'y eut jamais d'écrivain dans une situation pareille à la mienne. Je vous en fais juges, messieurs : Sourd-muet depuis l'âge de sept ans, abandonné à moi-même, et n'ayant reçu aucune instruction depuis cette époque, que je savais seulement lire et un peu écrire; venu à Paris à vingt-un ans; mis en apprentissage contre le gré et l'avis de mes parens, qui me jugeaient incapable de rien apprendre; obligé de chercher de l'ouvrage pour subsister; sans appui, sans protection, sans

).

L'abbé Deschamps n'a malheureusement laissé
aucun disciple, aucun successeur, et son institution a cessé avec lui. (1)

Les méthodes d'Ernaud et de l'abbé Deschamps
étaient aussi, en définitive, des systèmes complexes; mais nous ne pouvons y apercevoir que
l'application des principes déjà connus et l'emploi
des procédés inventés dès l'origine.

Ici donc se termine la première période de l'histoire de l'art. Avec l'abbé de l'Épée va commencer
la seconde.

---

« ressource; réduit deux fois à l'hôpital, faute d'ouvrage;
« forcé de lutter sans cesse contre la misère, l'opinion, le
« préjugé, les injures, les railleries les plus sanglantes, de
« parens, amis, voisins, confrères, qui me traitent de bête,
« d'imbécille, de fou qui prétend faire le raisonneur et avoir
« plus d'esprit qu'eux, mais qui sera mis quelque jour aux
« Petites-Maisons : voilà, messieurs, la situation de l'étrange
« auteur sourd-muet ; voilà les encouragemens, les conseils
« qu'il a reçus. C'est dans ces circonstances, les outils d'une
« main, la plume de l'autre, qu'il a composé ces observa-
« tions, etc., etc. » (*Journal encyclopédique* de Bouillon,
février 1780, page 463.)

(1) Un de mes amis a bien voulu se charger de chercher
à recueillir sur l'abbé Deschamps ses manuscrits et les résultats de son institution, les renseignemens qui pouvaient encore se trouver à Orléans; ses efforts ont été malheureusement stériles. Il n'existe plus personne de sa famille dans
cette ville, et on ignore ce que ses papiers sont devenus.
On n'a pu même découvrir aucun de ses élèves, qui vive
encore.

# CHAPITRE VI.

## *L'abbé de l'Épée.*

Quel que soit le jugement que l'on porte définitivement un jour sur le mérite des procédés imaginés par l'abbé de l'Épée, il est une gloire bien supérieure à celle que pourrait lui assurer le titre d'inventeur, une gloire qui ne lui sera jamais contestée, gloire touchante qui attirera sur son nom de justes bénédictions : c'est celle qui appartient à une belle action continuée pendant une vie entière. L'abbé de l'Épée n'a pas été seulement l'instituteur des sourds-muets, il en a été véritablement le père. Sa tendre affection, sa vive sollicitude, ne se sont pas bornées aux sourds-muets confiés à ses soins ; elles ont embrassé tous leurs compagnons d'infortune, et dans les régions étrangères et dans l'avenir : l'ardeur de son zèle a enfin éveillé, excité l'intérêt général sur cette classe nombreuse d'infortunés considérés jusque-là avec tant d'indifférence ; ce zèle s'est communiqué, il a électrisé, il a fait naître une heureuse émulation ; il a répandu au loin ses influences ; il a pénétré jusqu'à l'âme des souverains ; il a déterminé de nombreuses créations. Un dévoûment si actif, si persévérant, si noble, commande toute notre vénération et notre reconnaissance; le rôle que l'abbé de l'Épée a rempli sous ce rapport suffirait pour lui assigner une place éminente dans l'histoire de l'art; et s'il n'y figurait pas comme créateur, il y figurerait comme le promoteur dont les efforts ont été certainement les plus féconds en résultats.

On ne peut lire sans une douce émotion, sans un attendrissement continu, les écrits de l'abbé de l'Épée, écrits si simples, si naturels, où son âme se peint tout entière. Au milieu même de l'exposition des préceptes de l'art, mille traits viennent s'adresser à l'âme du lecteur; on y respire je ne sais quel parfum de bonté, on y sent une secrète chaleur de vertu, qui en font une lecture pleine de charme. Tout en montrant les moyens d'instruire les sourds-muets, c'est la cause de ces infortunés qu'il plaide sans cesse et qu'il recommande.

Veut-on connaître quelle cause l'a conduit à se consacrer tout entier à l'éducation des sourds-muets? C'est le motif de la charité la plus relevée et la plus pure. « Le P. Vanin avait commencé « l'instruction de deux sœurs jumelles sourdes-« muettes de naissance. Ce respectable ministre « étant mort, ces deux pauvres filles se trouvèrent « sans aucun secours, personne n'ayant voulu, « pendant un temps assez long, entreprendre de « continuer ou de recommencer cet ouvrage.

« Croyant donc que ces deux enfans vivraient
« et mourraient dans l'ignorance de leur religion
« (continue le vénérable instituteur), si je n'essayais
« pas de la leur apprendre, je fus touché de com-
« passion pour elles, et je dis qu'on pouvait me
« les amener, que j'y ferais tout mon possible. »
L'abbé de l'Épée ignorait alors que personne,
avant lui, se fût exercé dans la même carrière. (1)

Écoutons-le encore se justifiant contre le reproche qu'on lui adressait de donner trop d'instruction aux pauvres : « Nous avons, dit-il, parmi
« nos enfans, des sourds-muets nobles et riches,
« comme il y en a de pauvres et de la lie du peuple.
« On voudra bien sans doute que nous donnions
« aux premiers toutes les espèces de connaissances
« dont ils peuvent être capables. Eh bien, il fau-
« dra souffrir, quoi qu'on en dise, qu'au moins,
« par concomitance, les autres puissent également
« les saisir. Cela est d'autant plus juste, que les
« riches ne viennent chez moi que par tolérance :
« ce n'est pas à eux que je me suis consacré, c'est
« aux pauvres. Sans ces derniers, je n'aurais jamais
« entrepris l'éducation des sourds-muets. Les ri-
« ches ont le moyen de chercher et de payer quel-
« qu'un pour les instruire. » (2)

---

(1) *Institution des Sourds et Muets*, édit. de 1776, 1re Partie, page 8.

(2) *Ibid.*, page 184.

Avec quel sentiment douloureux il se plaint de l'indifférence qu'on avait témoignée jusqu'alors pour la destinée des sourds-muets, des préjugés répandus et accrédités contre la possibilité de les instruire, préjugés qui n'appartiennent pas seulement au vulgaire, mais aux théologiens, aux philosophes! avec quelle chaleur il les combat (1)! Comme il s'afflige « de ne rendre à la religion et « à la patrie qu'un petit nombre de sujets, quoi- « qu'il sache qu'il existe dans le royaume plusieurs « milliers de ces espèces d'automates! Ils ne sont « tels, dit-il, que parce qu'on ne cultive pas en « eux le trésor précieux qu'ils possèdent, d'une « âme créée à l'image de Dieu, mais renfermée « dans une obscure prison dont on n'ouvre ni la « porte ni les fenêtres, pour lui laisser prendre « l'essor et la dégager de la matière..... Voilà ce « qui me pénètre de la plus vive douleur » (2). Comme sa bienveillance s'étend sur les sourds-muets des autres nations! « C'est uniquement pour « eux qu'il s'est appris, à lui-même, avec le secours « des méthodes et des dictionnaires, quatre lan- « gues étrangères; il est même disposé à apprendre « toute autre langue encore s'il était nécessaire. « Puissent, dit-il, ces différentes nations ouvrir

---

(1) *Institution des Sourds et Muets*, 1re Partie, chap. Ier; 2e Partie, Lettre II, à M. l'abbé ***, en 1772, pag. 17 et 26.

(2) *Ibid.*, 2e Partie, Lettre III, page 59.

« les yeux sur l'avantage qu'elles retireraient de
« l'établissement d'une école pour l'instruction des
« sourds-muets de leurs pays! Je leur ai offert, et
« je leur offre encore mes services, mais toujours
« à condition qu'elles n'oublieront pas que je n'en
« attends (et que je n'en recevrais) aucune récom-
« pense, de quelque nature qu'elle puisse être » (1).
Il appelle auprès de lui, il invite tous les maîtres
qui voudraient se former d'après les exemples.
S'il ouvre des exercices publics, c'est pour attirer
la bienveillance sur les infortunés dont il est
le père, c'est pour obtenir des imitateurs. S'il
éprouve une sorte de complaisance, comme il
l'avoue avec la plus aimable naïveté, en voyant
paraître à ses exercices des souverains, des princes,
des ambassadeurs, des personnes titrées; c'est pour
obtenir des protecteurs à ses chers sourds-muets,
c'est pour provoquer la création, dans les pays
étrangers, d'établissemens où ils reçoivent les
bienfaits de l'éducation (2). Enfin, il aspire sans
cesse à avoir des successeurs qui propagent et
perpétuent son œuvre.

Ces vœux, d'une âme généreuse, furent en partie
accomplis et même dès son vivant. Un grand nom-

---

(1) *Institution des Sourds et Muets*, 2ᵉ Partie, Lettre III,
page 61.

(2) *Ibid.*, et passim.

bre d'instituteurs se formèrent auprès de lui (1),
et portèrent dans divers lieux, avec sa méthode,
cette noble ardeur dont il était animé : des instituts s'élevèrent, créés ou protégés par les gouvernemens. En France, peu d'années après sa mort,
un roi, si digne d'accueillir tout ce qui était un
bienfait pour l'humanité, le bon Louis XVI, fonda
l'institution de Paris, et la loi des 21 et 29 juillet
1791, imprima à cette création le caractère d'un
monument national.

Cette circonstance marque, dans l'histoire
de l'art, une époque de la plus haute importance : car, lorsqu'on considère le nombre considérable de sourds-muets qui existent dans
chaque pays, on conçoit combien est restreint le
bienfait d'une éducation individuelle, si elle ne
peut être donnée que par un instituteur formé
expressément pour ce genre d'instruction : on ne
peut regarder comme réellement utile pour l'humanité que les établissemens où ce bienfait est
répandu d'une manière un peu générale. L'abbé
de l'Épée eut, sur l'abbé Deschamps, l'avantage
de pouvoir déterminer, par ses sollicitations et

---

(1) Les abbés Storck et May à Vienne, l'abbé Sylvestri
à Rome, M. Ulrich à Zurich, MM. Darigolo et d'Alea en
Espagne, MM. Dole et Guyot en Hollande, l'abbé Sicard,
l'abbé Salvan, etc., etc.

ses exemples, la création d'un certain nombre d'instituts formés sur le modèle du sien.

Tel est le premier et le plus grand ouvrage de l'abbé de l'Épée. Venons maintenant à sa méthode; indiquons rapidement par quelles idées il fut conduit à l'imaginer, les moyens dont il la composa, l'ordre et la marche qu'il suivit dans leur emploi; enfin, les résultats qu'il en obtint. Nous rendrons compte ensuite de la polémique dans laquelle il se trouva engagé avec ceux de ses rivaux qui avaient embrassé d'autres méthodes.

L'abbé de l'Épée nous raconte lui-même qu'un principe dont il avait entendu l'exposition dans la bouche de son professeur de philosophie, pendant les études de sa jeunesse, vint, comme un trait de lumière, l'éclairer soudainement, et lui révéler, tout à la fois, avec la possibilité d'instruire les sourds-muets, l'idée fondamentale sur laquelle devait reposer cette instruction. Ce principe, évident et simple, c'est que les mots de nos langues ne sont associés aux idées qu'ils représentent, que par un lien arbitraire et conventionnel; d'où il conclut que ce lien peut aussi bien s'établir entre les idées et les mots écrits qu'entre les idées et la parole, et qu'on peut faire entrer par les yeux l'instruction qui ne peut arriver par les oreilles.

A cette première réflexion vint se joindre, dans l'esprit de l'abbé de l'Épée, un point de vue dominant, qui décida pleinement, exclusivement, le choix de la route qu'il tenta de s'ouvrir, et qui le dirigea constamment dans cette route. Il considéra que le sourd-muet possède déjà, dans les signes ou gestes, un langage qui lui est propre, qui est pour lui une véritable langue maternelle; et dès-lors il pensa que, pour lui enseigner nos langues artificielles, il n'était plus question que d'exécuter une véritable traduction, comme on opère lorsqu'on veut enseigner une langue étrangère à celui qui ne connaît encore que la langue de son pays. Ainsi, l'instruction du sourd-muet fut essentiellement pour lui une traduction du langage mimique en une langue artificielle.

Cette idée est en effet aussi simple que naturelle; elle est d'une application facile, en tant que la pantomime du sourd-muet, telle qu'il l'apporte dans le commerce avec son maître, qu'il se l'est formée à lui-même, constitue un langage correspondant à nos langues conventionnelles, c'est-à-dire renfermant des signes pour les mêmes idées, et qu'il peut composer un dictionnaire. Aussi la traduction employée dans ces limites a été mise en œuvre par tous les instituteurs des sourds-muets, et elle s'offrait trop manifestement à eux pour qu'ils négligeassent une semblable ressource.

Mais l'idée dont l'abbé de l'Épée s'était préoccupé ne se bornait pas à cette étroite application. Cette idée était chez lui absolue. Il voulait que l'éducation du sourd-muet tout entière ne fût qu'une traduction continuée.

Cependant, la matière manquait à une traduction ainsi prolongée. La nomenclature de la pantomime des sourds-muets est extrêmement pauvre, comparée à celle de nos langues conventionnelles; il n'y a aucune proportion entre elles. La première ne fournit de signes que pour les images les plus familières. De plus, la langue mimique du sourd-muet n'a point de syntaxe qui corresponde à celle de nos langues.

Dans cet état de choses, que dut faire l'abbé de l'Épée? Il fut contraint, par une nécessité impérieuse, de composer lui-même au sourd-muet, sur les premiers rudimens informes de la pantomime apportée par celui-ci, un second langage mimique, additionnel, complémentaire, mais infiniment plus étendu; de le construire sur le type et le modèle de nos langues conventionnelles, de manière qu'il pût, et correspondre à la nomenclature, et représenter la syntaxe de celles-ci, afin qu'après avoir doté le sourd-muet de ce présent, il obtînt ainsi la matière qui manquait à sa traduction, afin qu'il pût alors, par un nouveau travail, traduire ce langage nouveau ainsi composé en celui de nos langues conventionnelles qu'il s'agissait d'enseigner à l'élève. Essayant de construire ce nouveau langage mimique sur les bases de celui que le sourd-muet s'est donné à

lui - même, de continuer l'œuvre dans le même
esprit, il s'imagina que ce nouveau langage, réuni
au précédent, formait encore, avec celui-ci, la
langue maternelle du sourd-muet, et qu'ainsi,
fidèle à son principe, il opérerait réellement
comme ceux qui enseignent une langue étrangère
à une personne qui ne connaît que celle de son
pays. (1)

---

(1) « Tout sourd-muet qu'on nous adresse a déjà un lan-
« gage qui lui est familier, et ce langage est d'autant plus
« expressif, que c'est celui de la nature même, et qui est
« commun à tous les hommes. Il a contracté une grande
« habitude de s'en servir pour se faire entendre des per-
« sonnes avec qui il demeure, et il entend lui-même tous
« ceux qui en font usage. Il manifeste ses besoins, ses dé-
« sirs, ses inclinations, ses doutes, ses inquiétudes, ses
« craintes, ses douleurs, ses chagrins, etc., etc., et il ne se
« trompe pas, lorsque les autres expriment de pareils senti-
« mens. Il reçoit et exécute fidèlement les commissions dont
« on le charge, et il en rend un compte exact. Ce sont les dif-
« férentes impressions qu'il a éprouvées au-dedans de lui-
« même, qui lui ont fourni ce langage sans le secours de l'art.
« Or, ce langage est le langage des signes.
    « On veut donc l'instruire ; et, pour arriver à ce but, il
« s'agit de lui apprendre la langue française. Quelle sera la
« méthode la plus courte et la plus facile ? Ne sera-ce pas
« celle qui s'exprimera dans la langue à laquelle il est accou-
« tumé, et dans laquelle on peut dire même que la nécessité
« l'a rendu expert ? Le candidat, sans s'en douter aucune-
« ment, compose tous les jours des verbes, des noms sub-

Telle fut l'origine des *signes méthodiques*, la circonstance qui en détermina la création, le but qu'ils furent destinés à atteindre, le caractère essentiel dont ils furent empreints. Nous verrons, dans un instant, comment l'abbé de l'Épée exécuta ce vaste plan.

Ainsi, dans les vues de l'abbé de l'Épée, les mots écrits n'étaient point destinés à représenter immédiatement la pensée, par une association directe, dans l'intelligence du sourd-muet; les mots écrits ne devaient représenter que les signes méthodiques, lesquels devaient s'interposer, entre l'écriture et les idées, précisément de la même manière que s'interpose la parole, entre elles, chez les personnes qui entendent.

Une seconde conséquence résultait, pour l'abbé de l'Épée, du point de départ qu'il s'était fixé: conséquence forcée et nécessaire comme la précédente, mais en même temps très heureuse. Il

« stantifs et adjectifs, des pronoms, des personnes, des
« nombres, des temps, des modes, des cas et des genres,
« des adverbes, des prépositions, des conjonctions, et (plus
« souvent que nous) des interjections, comme le font à
« tout moment ceux qui ne savent leur langue que par rou-
« tine. En adoptant sa langue, et en l'astreignant aux règles
« d'une méthode sensible, ne pourra-t-on pas facilement le
« conduire partout où l'on voudra? » ( *Institution des Sourds
et Muets*, 1re Partie, chap. IV, page 36. )

se trouva conduit à faire consister essentiellement l'éducation du sourd-muet dans l'interprétation logique des valeurs de la langue ; car il
n'avait pas d'autre route, d'après le moyen de
communication qu'il avait introduit entre son élève
et lui ; il n'avait donné à son élève aucun instrument de communication qui pût servir à celui-ci
pour obtenir cette interprétation par le secours
de l'usage et des circonstances. Il s'applaudit lui-
même, avec raison, de n'avoir ainsi à s'adresser
qu'à l'intelligence du sourd-muet ; et, à l'entrée
de cette carrière, il posa les trois principes
suivans :

1°. « Comme il n'est aucun mot qui ne signifie
« quelque chose, il n'est aussi aucune chose, quel-
« que indépendante qu'elle soit de nos sens, qui ne
« puisse être expliquée clairement, par une ana-
« lyse de mots simples, et qui, en dernier ressort,
« n'aient besoin d'aucune explication. »

2°. « Cette analyse peut également se faire, de
« vive voix ou par écrit, vis-à-vis de ceux qui ont
« les oreilles dûment organisées, parce que, soit en
« entendant, soit en lisant les mots simples dont
« elle est composée, ils se rappellent les signes
« qu'on leur a faits depuis leur enfance, et sans
« lesquels ils n'auraient pas plus compris les mots
« qu'on prononçait ou qu'on lisait, que si on les
« eût prononcés ou lus en allemand, en grec ou en
« hébreu. »

3°. « Cette même analyse ne peut se faire, vis-à-vis
« des sourds-muets, que par écrit ; mais son effet
« est également infaillible, parce que, en lisant les
« mots simples dont elle est composée, ils se rap-
« pellent aussi facilement que nous la signification
« qu'on leur a donnée de ces mots, et qui leur est
« devenue aussi familière qu'à nous, par l'usage
« que nous en faisons continuellement avec eux,
« et qu'ils en font eux-mêmes avec nous. » (1)

L'abbé de l'Épée avait donc essentiellement
adopté deux sortes principales d'instrumens de
communication avec son élève : l'un consistait,
comme nous venons de le dire, dans ce langage
mimique, composé en partie de signes déjà donnés par le sourd-muet, et partie de signes méthodiques institués par le maître ; l'autre consistait dans les caractères de l'écriture alphabétique,
employés dans le double exercice de l'écriture et
de la lecture : ces deux instrumens de communication, mis en rapport mutuel, formaient son
système de traduction. Le mot écrit représentait
le terme mimique, et celui-ci l'idée qu'il s'agissait de faire exprimer à l'élève dans la langue
conventionnelle.

Cependant il joignit à ces deux premiers moyens,
l'alphabet manuel, comme un moyen auxiliaire ; et

_____

(1) *La véritable Manière d'Instruire les Sourds-Muets*,
édition de 1784, pages xiij et suiv.

plus tard, l'articulation artificielle elle-même, comme moyen de communication plus général : il en vint ainsi à réunir, comme la plupart de ses prédécesseurs, les quatre genres d'instrumens à la fois, pour se prêter une assistance réciproque.

L'idée de la création des signes méthodiques, telle que nous venons de la concevoir, était une idée entièrement neuve : il ne s'agissait de rien moins que de créer une langue non encore existante. Mais son exécution demandait un travail immense ; elle offrait les plus grandes difficultés ; elle exigeait surtout un esprit éminemment philosophique. Il ne faut donc pas s'étonner si l'abbé de l'Épée, déjà engagé dans l'éducation de ses élèves, pressé par le temps, ne put qu'ébaucher un tel ouvrage.

Ces signes se divisaient naturellement en deux classes : ceux de la nomenclature, exprimant les idées ; et les signes grammaticaux, exprimant les fonctions et les rapports des termes dans la composition du discours.

L'abbé de l'Épée ne nous a laissé qu'un petit nombre d'exemples sur le premier ordre de signes, tel qu'il l'avait institué. Il nous apprend qu'il avait entrepris un dictionnaire où ces signes eussent été exposés ; que déjà il avait composé celui des verbes, et une partie de celui des noms (1) ; mais

_____

(1) *La véritable Manière d'Instruire les Sourds-Muets*, 1784, 1ʳᵉ Partie, chap. XVI, page 142.

il n'a pu l'achever (1). Du reste, il ne pensait point qu'il fût nécessaire, ni même possible, de représenter, par des signes méthodiques, toutes les notions exprimées par nos langues; il n'étendait point sa nomenclature aux notions les plus complexes et les plus relevées; il ne l'étendait point aux mots composés : il lui suffisait d'analyser les notions d'un ordre supérieur, à l'aide des mots

---

(1) Le *Dictionnaire des Signes,* tel qu'il avait été commencé par l'abbé de l'Épée, c'est-à-dire contenant seulement encore les verbes, avait été communiqué par lui à son disciple l'abbé Sicard, qui nous en a fait connaître l'esprit, et nous en a cité quelques exemples. C'était en partie une imitation de l'abrégé du Dictionnaire de Richelet, corrigé par de Wailly; il indiquait peu de signes méthodiques, et ne contenait presque que des définitions. Exemples :

*Abaisser :* On fait signe d'abaisser une estampe qui est placée trop haut.

*Abattre :* On fait le signe d'une personne qui abat des noix. Au figuré, on dit : *Se laisser abattre par la tristesse.*

*Baigner :* Se mettre dans l'eau pour se rafraîchir.

*Cacher :* On cache quelque chose.

*Cachot :* Prison obscure où l'on met les criminels.

*Cadavre :* Un corps mort.

*Danger :* Péril, risque.

*Digne :* Celui qui mérite, digne de louanges, digne de mépris.

( *Théorie des Signes* de l'abbé Sicard. Introduction, pages 39, 46, etc.; chap. Ier, page 4, etc.

qui exprimaient les élémens, et qui eux-mêmes s'expliquaient par des signes méthodiques. Il nous en donne un exemple dans l'explication du mot *croire*, qu'il décompose de la manière suivante :

*Je crois*.
$\left\{\begin{array}{l}\text{Je dis que } \textit{oui} \text{ par l'esprit, je pense que } \textit{oui}. \\ \text{Je dis } \textit{oui} \text{ par le cœur, j'aime à penser que } \textit{oui}. \\ \text{Je dis } \textit{oui} \text{ de bouche,} \\ \text{Je ne vois pas de mes yeux.}\end{array}\right.$

Il expliquait ensuite les trois premières propositions élémentaires, en faisant le signe de *oui*, et portant tour à tour la main sur son front, sur son cœur et sur sa bouche. Il lui suffisait également de définir les termes composés, par leurs radicaux. (1)

Voici quelques exemples des signes méthodiques appliqués aux prépositions, tels que l'abbé de l'Épée nous les a transmis ; ils pourront, par induction, donner une idée de son système :

« *Avec* : en courbant les deux mains vis-à-vis « l'une de l'autre, et montrant qu'il y a entre elles « deux ou plusieurs choses ensemble : les deux « mains ont alors la figure d'une parenthèse.

« *Avant* et *après* : Nous écrivons le mot *midi* : « toutes les heures de la matinée sont *avant* lui;

---

(1) *Institution des Sourds et Muets*, 1re Partie, pages 77, 90. = *La véritable Manière*, etc., 1re Partie, pages 126, 151, etc.

« toutes celles qui le suivent sont *après*; il est au
« milieu, entre les unes et les autres.

   « *Devant* et *derrière* : Tout ce que je puis re-
« garder directement en face est *devant* moi ; tout
« ce que je ne peux voir, sans retourner la tête de
« l'autre côté, est *derrière* moi.

   « Pour exprimer *dès*, par signes, on montre le
« temps où une chose a commencé ; mais la main
« ne continue pas à courir en avant. Pour exprimer
« *depuis*, la main continue de courir, ou jusqu'à
« nous, ou jusqu'au temps où la chose a fini. »

Tous les exemples n'offriraient pas sans doute
des analogies aussi heureuses. Lorsqu'une préposition a divers sens, les signes méthodiques
n'en peuvent représenter qu'un seul : « *Par* : Nous
« exprimons ce signe très simplement, en faisant
« passer notre main droite à travers le pouce et
« l'index de notre main gauche. » (1)

Voici encore deux exemples d'un assez grand
intérêt : « Pour exprimer la *nécessité*, on frappe
« plusieurs fois et fortement, avec le bout de son
« *index* droit, sur une table ; c'est ce que fait toute
« personne qui dit qu'une chose lui est due. Pour
« exprimer la *possibilité*, on regarde à sa droite
« un *oui*, et à sa gauche un *non*; lequel des deux

---

(1) *La véritable Manière*, etc., 1re Partie, chap. VII, p. 79
et suiv.

« arrivera, on n'en sait rien; on ne l'apprendra
« que par l'événement. » (1)

Lorsqu'une même famille de mots, souvent très
nombreuse, se rattache à un même radical, l'abbé
de l'Épée a soin d'instituer aussi un signe méthodique radical, qui exprime l'idée fondamentale. Tel
est le présent de l'infinitif *aimer*, pour la famille
extrêmement étendue qui en dérive. Les nuances
qui distinguent ces dérivés sont quelquefois assez
délicates; l'abbé de l'Épée cherche, avec plus ou
moins de succès, à les marquer dans ses signes
méthodiques. « Le radical s'exécute en regardant
« l'objet dont il s'agit, et mettant fortement la
« main droite sur sa bouche, pendant que la gau-
« che est sur le cœur; on rapporte ensuite la
« main droite avec une nouvelle force sur le cœur,
« conjointement avec la main gauche, et on ajoute
« le signe de l'infinitif. »

Alors, s'agit-il d'exprimer l'*amitié*, l'instituteur
fait le signe de l'apostrophe, en le traçant dans
l'air avec son doigt, et y joignant le signe de l'article
qui l'accompagne (2). Il fait ensuite le signe radical, *et c'en est assez pour faire comprendre que
c'est ce nom substantif* qu'il demande. S'agit-il

---

(1) *La véritable Manière, etc.,* 1ʳᵉ Partie, chap. II et III,
page 24.

(2) **Nous allons voir dans l'instant quel est ce signe.**

d'exprimer l'*amour*, il fait le même signe que pour l'*amitié*, mais en y ajoutant une plus grande activité, tant sur la bouche que sur le cœur. S'agit-il d'exprimer le mot *ami,* comme ce terme est corrélatif, il fait le signe radical en se montrant lui-même, et indiquant du doigt la personne qui est son *ami,* ou le nom de cette personne. S'agit-il du terme *amateur,* il montre les objets aimés (qui appartiennent ordinairement aux beaux-arts), et fait le signe radical. La plupart des autres dérivés se peignent par le radical joint à l'un des signes grammaticaux auxquels nous allons bientôt venir. (1)

Cette idée de distribuer les mots par familles est juste, utile, féconde, et forme, selon nous, l'un des principaux mérites de la méthode de l'abbé de l'Épée, quoique sans doute, dans le développement des signes affectés aux dérivés, il ait trop négligé de marquer exactement les nuances de la dérivation, et le caractère propre à chaque dérivé.

L'abbé de l'Épée, dans la formation de ses signes méthodiques, s'appuie beaucoup sur les étymologies des mots de notre langue, guide dangereux pour obtenir une signification exacte, et que l'abbé de l'Épée suit trop souvent avec im-

_____

(1) *La véritable Manière,* etc., 1ʳᵉ Partie, chap. X, p. 100 et suiv.

prudence. Il recourt même aux étymologies puisées dans le latin et le grec, et s'en félicite (1). C'est ainsi qu'il explique *introduire,* par les deux mots latins *ducere* et *inter;* et le mot *satisfait,* par *facit* et *satis.*

C'est ainsi encore que le signe de *commun* se formait des deux signes de *comme* et de *un;* celui de *comprendre* se faisait par le signe de *prendre* et celui d'*avec.* On voit, sans que nous ayons besoin de le faire remarquer, combien des signes construits sur une telle base étaient peu propres à représenter exactement les idées dont ils étaient destinés à être la peinture. Souvent même l'abbé de l'Épée, éprouvant l'incertitude de la valeur de ses signes méthodiques, se voit contraint de les faire précéder de la lettre initiale du mot qui l'exprime en français. Les signes de verbe et de temps, par exemple, commencent par un *v* et un *t.*

L'abbé de l'Épée distinguait, au reste, les signes qui lui servaient comme instrument d'explications, signes plus développés, espèce de descriptions pantomimiques, de ce qu'il appelait les *signes raccourcis* (ou de réduction), qu'il employait ensuite comme moyen de rappel. (2)

---

(1) *Institution des Sourds et Muets,* 1re Partie, page 89.

(2) *Ibid.,* chap. VIII, page 121.

« Les idées qui sont indépendantes des sens, dit
« l'abbé de l'Épée, se peignent aussi par nos signes
« méthodiques, et demeurent ensuite sous les yeux
« par le moyen de l'écriture. » C'est avec le plus
vif intérêt qu'on épie, qu'on observe le moment
où le sourd-muet franchit la limite qui sépare la
région sensible et matérielle, de la région intellectuelle et morale, entrant ainsi dans la plus
belle portion de l'héritage accordé à l'humanité.
Ce passage, dans l'enseignement de l'abbé de
l'Épée, s'opère d'une manière aussi facile que naturelle : « Il considère avec attention, et fait re-
« marquer à son élève les différentes cases de sa
« bibliothéque, les figures et les globes placés
« au-dessus; il ferme ensuite les yeux, et retrace,
« par des gestes, les dimensions et positions des
« objets, comme s'il les voyait encore, comme s'ils
« venaient se peindre dans sa tête. C'est ce qu'il
« appelle voir par les *yeux de l'esprit*, et le sourd-
« muet l'a compris.

« Les élèves de l'abbé de l'Épée avaient passé
« quelques jours à Versailles; après leur retour,
« l'instituteur commence à figurer la description
« du château; les élèves s'en emparent, la con-
« tinuent, l'étendent au parc, aux eaux, à la mé-
« nagerie, etc. Mais aucun de ces objets n'est
« plus exposé à leurs regards dans ce tableau; il
« leur fait reconnaître *les représentations d'un*
« *objet dans l'esprit;* il leur fait reconnaître, dans

« cette espèce de promenade intellectuelle qu'ils
« viennent d'exécuter, l'opération qui consiste à
« penser. Versailles a été trouvé beau, voilà un
« *jugement*; le boulevart Saint-Martin n'a pas plu
« aux élèves, voilà deux *jugemens*; l'un *affirmatif*,
« l'autre *négatif*. L'instituteur demande à ses élèves
« s'ils veulent retourner à Versailles; ils en seront
« fort empressés, pourvu que leur instituteur les
« y accompagne; car il n'y a, dans cette ville,
« aucun maître pour les instruire; voilà le *rai-*
« *sonnement*. Les élèves savent ce que c'est que
« *penser*; ils savent mieux encore ce que c'est
« qu'*aimer*. L'instituteur leur fait remarquer qu'*ai-*
« *mer* et *penser* ne sont pas la même chose; il
« attribue l'un au cœur, l'autre à l'esprit, et ra-
« mène tous deux à un foyer commun, qui est
« l'âme. Le sourd-muet distingue son âme de son
« corps, et connaît la noblesse de sa nature.

   « Les sourds-muets voient qu'une maison, une
« montre ne se font pas toutes seules; qu'elles
« supposent une intelligence pour les concevoir et
« les exécuter; on leur montre, sur une sphère
« artificielle, le vaste édifice de l'univers, les
« mouvemens réguliers des astres. L'induction est
« saisie; ils comprennent la sagesse et la puissance
« du grand Ordonnateur. » L'instituteur leur explique comment cette intelligence suprême est éter-
nelle, infinie, immuable, en faisant remarquer
combien l'homme est passager, fini, combien

tout ici-bas est mobile, à l'aide de souvenirs ou de spectacles familiers : il fait entrevoir, de la même manière, la notion des attributs divins, à l'aide des analogies transportées sur une plus grande échelle, ou par le secours des contrastes. (1)

Considérons maintenant les signes méthodiques dans leur application à l'enseignement de la grammaire et de la syntaxe. Le bon abbé de l'Épée avoue, avec cette aimable simplicité qui lui est propre, qu'*il n'est pas grammairien*; de plus, il n'a point considéré la grammaire sous un point de vue philosophique. Les fonctions que les mots remplissent dans le discours ne se sont guère montrées à ses yeux comme exprimant les rapports qui unissent les idées dans le tableau de la pensée; il n'a presque vu dans la grammaire et la syntaxe, que des formes conventionnelles. Aussi, quels sont les signes qu'il emploie pour caractériser les parties du discours? « L'*article* est désigné par les « jointures des doigts, du poignet, etc.; l'*adjectif,* « par l'application de la main gauche sur la droite; « l'*adverbe,* par le même signe joint à celui du « verbe; la conjonction *que,* par un crochet des

(1) *I-stitution des Sourds et Muets,* 2<sup>e</sup> Partie, pag. 75 à 94. = *La véritable Manière, etc.,* 1<sup>re</sup> Partie, chap. XI, XII et XIII, pages 100 et suiv.

« deux doigts ; la *préposition*, en courbant les doigts
« de la main gauche, et faisant courir cette main de
« gauche à droite, sur la ligne qu'on lit ou qu'on
« écrit ; le *participe*, en faisant comme si on tirait
« une épingle ou un fil du pan de son habit ; les
« divers *cas* des *déclinaisons*, seulement par leur
« ordre numérique, 1er, 2e, 3e, etc. ; le *régime des*
« *verbes,* uniquement par la désignation des cas
« qu'ils gouvernent, ou de la place qu'ils assignent
« à leur complément. » (1)

En traitant des temps et des modes des verbes,
l'abbé de l'Épée rentre un moment dans les vues
de l'esprit et dans l'explication des choses. Il met en
scène l'impératif et le conditionnel. Il a remarqué
que le sourd-muet a déjà la notion des trois temps
primitifs et possède des signes pour les exprimer ;
il s'en empare. Mais bientôt il abandonne ce trait
de lumière ; il ne désigne plus les temps subordonnés que par un numéro d'ordre, 1er, 2e, 3e, 4e ;
parfait ou futur. (2)

Voici maintenant l'ordre et la marche qu'il
conseille dans l'enseignement du sourd-muet : Je
dis, qu'*il conseille ;* car il a soin de nous prévenir

---

(1) *Institution des Sourds et Muets,* 1re Partie, pages 54
à 76. = *La véritable Manière, etc.,* 1re Partie, pages 17 à 77.

(2) *Institution des Sourds et Muets,* 1re Partie, pages 46
à 54.

qu'ayant été contraint de recevoir un assemblage
d'élèves mal assortis, de divers âges et degrés de
capacité, il a dû faire en sorte que l'enseignement
des uns ne nuisît pas à celui des autres; ses conseils supposent des élèves placés à peu près au
même niveau. L'alphabet manuel est le premier
instrument mécanique qu'il leur fournit. En même
temps, et dès le premier jour, entreprenant ses
explications, il commence, non par la nomenclature, mais par une proposition simple, sensible; celle-ci : *je porte*, offrant ainsi le discours
non décomposé, mais plein de vie. Il fait conjuguer immédiatement l'infinitif. Il place ensuite
dans la salle trois tableaux contenant, l'un six
cents substantifs, le second six cents verbes, le
troisième quatre cent cinquante adjectifs, plus
un tableau des conjugaisons et déclinaisons. Chaque jour il fait expliquer et apprendre un certain nombre de mots de chacun de ces tableaux,
en compose des phrases pour des dictées. Progressivement, il étend et multiplie ces tableaux,
et les exercices dont ils sont l'objet. Plus tard, il
enseigne les pronoms, les conjonctions, les prépositions, les adverbes et les régimes des verbes,
en continuant à faire écrire à ses élèves sous
sa dictée, à l'aide des signes méthodiques. (1)

_____

(1) *Institution des Sourds et Muets*, 1ʳᵉ Partie, pages 159
et suiv.

Il s'aide beaucoup, et avec succès, des cartes mobiles où sont inscrits les noms des objets; il emploie aussi avec avantage le bureau typographique. (1)

L'enseignement mutuel est le ressort essentiel avec lequel il fait marcher toute son école. Chaque élève, à mesure qu'il s'instruit, vient concourir à l'instruction de ceux qui sont moins avancés. C'est ainsi que l'abbé de l'Épée peut sous-diviser son école en classes, en sections. Il s'applaudit beaucoup du secours que lui prêtent ses jeunes assistans. (2)

L'abbé de l'Épée ne nous fait point connaître quel rang occupait dans la marche de son enseignement, l'emploi qu'il adopta du procédé de l'articulation artificielle, ni à quelle période de l'éducation ses élèves étaient appelés à ces exercices; il nous apprend seulement qu'il s'était déterminé à joindre encore ce procédé à tous ceux dont il avait déjà réuni et combiné l'usage. De même que, pour donner à ses élèves un alphabet manuel, il avait consulté avec soin celui de l'espagnol Bonet et tous ceux dont les exemples s'étaient offerts à lui; de même aussi, pour construire son *Art de*

____

(1) *Institution des Sourds et Muets*, 1re Partie, page 41. = *La véritable Manière, etc.*, pages 5, etc.

(2) *Institution des Sourds et Muets*, *etc.*, 1re Partie, p. 72, 114, 185, etc.

*Parler*, il consulta Wallis, Amman ; compara leurs travaux, y mit la dernière main : en sorte que son *Art de Parler* peut en effet aujourd'hui représenter et résumer pour nous tout ce qui avait été proposé avant lui sur le mécanisme de la voix humaine, dans la production des lettres, et sur les moyens les plus simples de former cet organe à l'articulation artificielle. (1)

Les élèves les plus avancés de l'abbé de l'Épée « répondaient de vive voix aux questions qui ne « demandaient qu'une réponse affirmative ou né- « gative, avec le terme de politesse qu'on y joint « toujours. Ils y joignaient, en cas de besoin, des « phrases courtes, comme : *Je ne sais pas, je ne « pourrai pas, je ne l'ai pas vu* » (2). Ils ne pouvaient d'eux-mêmes aller au-delà, ni former une proposition liée, fût-ce même la description d'un objet sensible. Ils écrivaient constamment sous la dictée; la dictée était le moyen essentiel, unique, employé par l'instituteur. Dans les exercices publics, l'élève n'agissait jamais par lui-même; mais seulement d'après les signes de son instituteur. Il

---

(1) *Institution des Sourds et Muets*, 1re Partie, chap. X. = *La véritable Manière*, etc., 2e Partie. Nous avons cru devoir faire réimprimer ce dernier morceau, à la suite du *Manuel* rédigé par M. Bébian, et qui vient de voir le jour.

(2) *Institution des Sourds et Muets*, 1re Partie, chap. VIII, page 156.

soutenait des thèses publiques, et sur les sujets les plus relevés, comme sur *la définition de la philosophie*; mais le bon abbé de l'Épée se hâte d'ajouter avec ingénuité, *que les argumens étaient communiqués d'avance*; c'est-à-dire que l'élève traduisait par l'écriture les solutions de l'abbé de l'Épée, dictées par celui-ci en signes méthodiques. (1)

L'abbé de l'Épée sentait cependant que « ces « mots écrits séparément, dont il avait donné « l'explication par signes, ne présentaient à l'esprit « que des idées partielles, isolées, et en quelque « sorte incomplètes, sans aucune liaison des unes « avec les autres; qu'il s'agissait d'en composer « des phrases, d'en former des discours suivis. » Le seul moyen qui s'offrit à lui fut de « choisir des « sujets propres à faire sortir chacun de ces mots « de leurs cases, pour venir tour à tour à leur « destination naturelle. » Ces sujets, il les trouvait dans l'Histoire de l'Ancien et du Nouveau Testament, dont il faisait faire une lecture assidue à ses élèves; il y trouvait aussi réuni le double avantage de faire, de ces lectures, un enseignement religieux, et de faire passer, sous les yeux de ses élèves, les scènes les plus variées, les plus intéressantes. (2)

(1) *Institution des Sourds et Muets*, 1re Partie, p. 157, etc. = *La véritable Manière, etc.*, 3e Partie, pages 317 et suiv.

(2) *Ibid.*, chap. IX, art. III, pages 182 et suiv.

Nous avons vu que l'abbé de l'Épée employait beaucoup le latin, même *avec ceux de ses élèves qui ne l'entendaient pas* (1) : il enseignait aussi cette langue à quelques uns d'entre eux, et même aux sourdes-muettes. Il faisait soutenir des examens en latin, en langue étrangère.

Nous devons le dire sans détour : il est connu que les élèves de l'abbé de l'Épée ne pouvaient d'eux-mêmes exprimer une de leurs pensées, rendre compte d'une de leurs actions, dans une phrase écrite de leur composition. Le respectable instituteur s'était persuadé qu'un semblable résultat était absolument impossible à obtenir; prévention bien extraordinaire sans doute, quand il nous entretient lui-même, à diverses reprises, des travaux de Saboureux de Fontenai, et des conversations qu'il avait avec cet élève de Péreire. L'abbé Sicard a pris soin de publier deux lettres de l'abbé de l'Épée, adressées à lui-même. Dans la première de ces lettres, du 25 novembre 1783, son illustre maître lui dit en propres termes : « N'espérez pas « que vos élèves puissent jamais rendre, par écrit, « leurs idées. Notre langue n'est pas leur langue; « c'est celle des signes. Qu'il vous suffise qu'ils « sachent traduire la nôtre avec la leur, comme « nous traduisons nous-mêmes les langues étran-

_____

(1) *Institution des Sourds et Muets*, 1re Partie, chap. V, art. XVIII, page 89.

« gères, sans savoir ni penser, ni nous exprimer
« dans ces langues; que vos élèves sachent, comme
« les miens, écrire sous la dictée des signes. » Il
faut convenir que le raisonnement de l'abbé de
l'Épée n'est pas plus solide que sa conclusion n'est
juste. Dans une seconde lettre, du 18 décembre
de la même année, l'illustre maître reproche à
son disciple « de vouloir faire de ses élèves des
« écrivains, quand sa méthode n'en peut faire que
« des copistes. Apprenez, dit-il, à vos enfans, la
« déclinaison et les conjugaisons; apprenez-leur
« à faire les parties de phrases, d'après le tableau
« dont vous avez emporté le modèle, *sans vous*
« *flatter jamais que vos élèves s'expriment en fran-*
« *çais*, pas plus que je ne m'exprime moi-même
« en italien, quoique je traduise fort bien cette
« langue. » (1)

Nous nous abstiendrons de pousser plus loin
les conséquences de ces faits. Plusieurs d'entre
nous ont eu occasion de voir encore mettre en
pratique, par quelque élève de l'abbé de l'Épée,
sa méthode d'enseignement, à peu près telle qu'il
la leur avait léguée; et nous avons pu, par nos
propres observations, nous confirmer dans la conviction de l'exactitude de ces résultats; mais il
ne faut pas oublier que le vénérable instituteur

---

(1) *Cours d'Instruction d'un Sourd-Muet,* par l'abbé Sicard.
( *Voyez* les notes 3 et 4, à la fin.)

fut le premier inventeur du système des signes méthodiques; système dont le développement devait être immense, et qu'il commença tard cette vaste entreprise. Nous devons rappeler enfin que ses leçons aux élèves sourds-muets des deux sexes, n'avaient lieu que deux fois par semaine, et seulement pendant quelques heures. Et d'ailleurs, quoiqu'il crût avoir atteint son but, quelle défiance de lui-même! quelle sincérité dans l'appel qu'il fait aux observations de ceux qui voudront l'éclairer! quel désir de rectifier les fautes qu'il peut avoir commises! (1)

Mais, en reconnaissant ce qui a pu manquer aux succès de l'abbé de l'Épée, nous devons dire aussi que ses travaux ont été plus d'une fois trop rabaissés par quelques critiques, et par l'abbé Sicard lui-même. On a tiré des conséquences trop absolues de la difficulté qu'éprouvaient ses élèves à faire un usage libre et spontané de la langue écrite, pour l'expression de leurs pensées. S'ils n'apprenaient point à construire par eux-mêmes, dans cette langue, un discours entier, leur intelligence recevait cependant un développement très notable; ils acquéraient une certaine masse d'idées. Mais c'était dans leur langage des signes, artificiellement développé, que s'exerçait leur esprit;

_____

(1) *La véritable Manière*, etc., 1<sup>re</sup> Partie, pages 85, 96, etc., etc.

c'était dans ce langage qu'ils continuaient à penser. Ils ne devenaient qu'imparfaitement citoyens de notre société; mais la société qu'ils formaient entre eux et avec leur maître, offrait, en partie du moins, l'image de la nôtre : ils nous demeuraient étrangers, mais ils devenaient hommes. L'abbé de l'Épée n'a-t-il pas répété sans cesse lui-même, « qu'il est « contraire à la droite raison, de ne pas apprendre « à raisonner, le plus tôt qu'il est possible, à un « homme qui est doué d'une âme raisonnable, et « qu'on retient dans la classe des perroquets, en « ne lui apprenant que des mots»;.... que « les « sourds et muets seraient bien à plaindre, si son « art ne consistait qu'à remuer les mains et à « faire des gestes »? Quel est le reproche qu'il faisait aux méthodes différentes de la sienne, si ce n'est leur insuffisance pour le développement des idées? En quoi faisait-il consister le mérite de la sienne, si ce n'est en ce qu'elle s'adressait à l'intelligence de l'élève? Si le vénérable instituteur n'a pu, sous ce rapport, atteindre entièrement à son but, du moins il a signalé ce but d'une manière aussi éclatante que constante. C'est lui qui a véritablement ramené l'art d'instruire les sourds-muets dans le domaine de la logique; c'est lui qui, en le faisant consister essentiellement dans l'interprétation des valeurs de la langue, a imprimé aux travaux de ceux qui le cultivent la direction que dès-lors ils ont suivie. Il a déterminé à cet égard,

dans la marche de l'art, une révolution importante, s'il n'a pu l'accomplir lui-même.

Les deux écrits dans lesquels l'abbé de l'Épée (1)
a exposé les principes de sa méthode sont, à quelques égards, comme deux éditions du même ouvrage; car ils ont quelques parties entièrement
identiques : mais ils renferment aussi des parties
entièrement distinctes. Chacun d'eux a son prix,
et aucun des deux ne peut remplacer l'autre. Ces
ouvrages sont devenus déjà extrêmement rares;
c'était pour nous un motif de donner quelque
étendue à l'extrait que nous en présentons, et de
rapporter, autant qu'il était possible, les paroles
même de l'auteur. Deux autres considérations nous
le commandaient encore : nous devions cet hommage au fondateur de l'Institution confiée à nos
soins; l'intérêt de l'art et celui de la vérité nous
contraignant de reconnaître de graves imperfections dans sa méthode, nous devions aussi exposer
à cet égard bien moins notre opinion, que les élémens sur lesquels elle s'est formée, pour mettre
ainsi les bons esprits en mesure d'en porter par
eux-mêmes un jugement impartial.

L'abbé de l'Épée annonce, au surplus, que ses

---

(1) L'*Institution des Sourds et Muets* a eu deux éditions,
l'une en 1774, l'autre en 1776, in-12. == *La véritable Manière d'Instruire les Sourds-Muets* a été réimprimée à Paris
en 1784, in-12.

deux ouvrages ne peuvent donner de sa méthode qu'une idée sommaire. « De nombreux volumes « lui eussent été nécessaires pour la faire connaître « tout entière. » (1)

Puissent les instituteurs qui se livreront à l'éducation des sourds-muets se pénétrer de l'esprit qui animait ce bienfaiteur de l'humanité ! C'est par là qu'ils seront vraiment dignes des fonctions qu'ils exercent, et les inspirations d'un zèle aussi pur ne seront point étrangères à leurs succès. Nous-même, nous ne saurions quitter ce sujet sans acquitter de nouveau, au nom de notre Institution tout entière, envers la mémoire de l'abbé de l'Épée, l'hommage de notre vénération et de notre reconnaissance. Héritiers de ses travaux, conservons surtout l'exemple et la tradition de ses vertus !

---

(1) La *Société royale académique des Sciences* de Paris a proposé au concours l'éloge de l'abbé de l'Épée ; elle a couronné l'ouvrage de M. Bébian, ouvrage aussi bien écrit que bien pensé. ( *Paris*, 1819 ). M. Bazot, l'un des concurrens, a aussi publié le sien, où l'on reconnaît du mérite, et auquel est jointe une lettre de M. Paulmier. ( *Paris*, 1819, in-8°. )

## CHAPITRE VII.

*Controverses de l'abbé de l'Épée avec les adversaires de sa méthode.*

Pendant que l'abbé de l'Épée se livrait à la création de sa méthode et à l'instruction de ses élèves, il avait aussi à soutenir des luttes sérieuses et diverses. Nous avons vu déjà qu'il avait eu à combattre les préventions et les objections de quelques théologiens qui lui avaient opposé l'autorité des Pères de l'Église, sur le privilége exclusivement réservé à la parole, d'exprimer la pensée humaine, et les préventions moins excusables et plus singulières de quelques philosophes qui, « prévenus de ce principe, qu'il n'est rien dans « notre esprit qui n'y soit entré par nos sens, re- « gardent l'instruction des sourds-muets comme « impossible, parce qu'ils sont dénués du secours « de l'entendement externe » (1). Mais il eut aussi à combattre quelques instituteurs de sourds-muets,

_____

(1) *Institution des Sourds et Muets,* 2ᵉ Lettre à M. l'abbé ***, pages 17 et 27.

qui avaient adopté une autre marche, ou du moins qui n'avaient point adopté la méthode des signes méthodiques. Loin d'éviter cette polémique, l'abbé de l'Épée la soutint avec ardeur et franchise, et sembla quelquefois la provoquer. Les deux ouvrages, ou les deux éditions de son ouvrage, sont consacrés à cette polémique, en même temps qu'à l'exposition de son système : chacun de ces deux écrits contient une discussion contre l'un de ses principaux adversaires; dans l'*Institution des Sourds et Muets,* la discussion sur la dactylologie de Péreire est constamment mêlée à la théorie des signes méthodiques; *La véritable Manière d'Instruire les Sourds-Muets* est terminée par les pièces du procès avec l'instituteur Heinicke, de Leipsick.

Dans le cours de ces controverses, nous retrouvons encore l'abbé de l'Épée avec toute la beauté de son caractère. Uniquement occupé de l'intérêt de l'art, de celui de la vérité, il veut que ces discussions soient publiques; il les défère à l'Europe savante; il sollicite l'examen et le jugement des académies. Il a affaire à des rivaux qui, fort souvent, enveloppent leurs procédés sous le voile du mystère; il étale les siens au grand jour; il appelle la critique; d'avance il s'annonce prêt à reconnaître ses erreurs. Tout en lui est droiture, franchise, parce qu'il n'a qu'une passion : le zèle du bien.

Cette polémique est aussi d'un assez grand intérêt dans l'histoire de l'art. Elle a concouru à fixer, sur les méthodes de cet art si peu connu, l'attention des hommes éclairés, à en faire mieux rechercher et approfondir les principes. Il faut le dire, elle eût pu devenir bien plus fructueuse, si les deux rivaux de l'abbé de l'Épée y eussent porté le même abandon, les mêmes vues; si le premier ne se fût pas renfermé dans un silence absolu; si le second ne se fût pas contenté de répondre dans le style des oracles, croyant, dans son injuste dédain, avoir assez fait, en proclamant sa propre supériorité, sans descendre jusqu'à la justifier par des explications et des preuves.

Péreire n'a point élevé de discussion sur la méthode de l'abbé de l'Épée. Saboureux de Fontenai, son élève, se permit seulement quelques observations critiques dans ses entretiens avec l'abbé de l'Épée lui-même, et préparait un ouvrage dans lequel des objections étaient élevées contre le système des signes méthodiques, ouvrage qui du reste n'a pas été publié. Ce fut donc plutôt l'abbé de l'Épée qui entra lui-même en lice contre les partisans de la dactylologie. Nous avons vu qu'il employait lui-même ce procédé, et même dès le premier jour de ses leçons. Ce n'était donc point le procédé en lui-même qu'il condamnait, quoiqu'il y reconnût quelques inconvéniens; c'était la préférence marquée, exclusive même qu'il supposait être accordée à ce procédé par Péreire. Ce qu'il condamnait surtout, c'était l'emploi de ce procédé, comme pouvant tenir lieu des signes méthodiques, moyen unique, essentiel d'instruction, à ses yeux; moyen dont l'alphabet manuel ne devait être qu'un simple auxiliaire.

L'abbé de l'Épée suppose constamment que les instituteurs qui ont adopté le procédé de la dactylologie négligent de donner l'intelligence des mots ainsi retracés par l'alphabet manuel, ou même qu'ils ne peuvent donner cette intelligence en associant directement les idées aux mots peints et figurés par le mouvement des doigts. Cette supposition lui donne, dans la discussion, un immense avantage, du moins en apparence; car la supposition est toute gratuite, et nous avons vu que Péreire donnait un grand soin à l'interprétation logique des termes de la langue. L'abbé de l'Épée ne cherche pas même à justifier sa supposition, quoique, réfutant Saboureux de Fontenai, il eût, dans la personne de celui-ci, un témoignage vivant qui protestait contre cette idée. Mais l'abbé de l'Épée était toujours préoccupé de son point de vue dominant, suivant lequel un intermédiaire était nécessaire entre la pensée et les mots figurés par écrit; il ne voyait, dans l'alphabet manuel, qu'une imitation de l'écriture; il n'apercevait que dans les signes méthodiques seuls, la faculté de remplacer l'office de la parole

dans ses fonctions d'expression immédiate ( 1 ).
« C'était, disait-il encore, non à la dactylologie,
« mais à leurs lectures, que Saboureux et les
« élèves de Péreire étaient redevables de leurs
« progrès » (2). Mais, pouvait - on lui répondre,
comment ont-ils été mis en état de lire avec fruit,
si ce n'est à l'aide de la dactylologie? et comment
auraient-ils pu lire avec fruit, s'ils n'avaient eu
d'abord l'intelligence des mots de la langue? Par
une seconde supposition, non moins gratuite et
non moins erronée, l'abbé de l'Épée semble ignorer que l'alphabet manuel n'était, chez Péreire,
qu'un auxiliaire de l'écriture, destiné seulement
à la remplacer, ou à rendre les entretiens plus
rapides.

Il reproche au langage dactylologique d'être
très embarrassant, et, en quelque sorte, imprati-
cable pour un très grand nombre de personnes;
il lui reproche de ne pouvoir servir de centre de
réunion entre les peuples, de n'être qu'une écriture
volante; il va jusqu'à lui reprocher son origine vulgaire, d'être à l'usage des écoliers et des bonnes;
et, il faut l'avouer, il lui adresse des accusations
assez puériles (3). Ne prenait-il pas soin, au reste,

_____

(1) *Institution des Sourds et Muets,* 1ʳᵉ Partie, chap. Iᵉʳ,
page 25; chap. VI, page 94.

(2) *Ibid.,* page 37.

(3) *Ibid.,* chap. VII, page 111; chap. VIII, page 146.

de les réfuter, quand lui-même faisait de ce procédé un usage habituel?

C'est dans l'apologie de ses signes méthodiques que l'abbé de l'Épée reparaît avec une logique plus digne de lui; c'était là le véritable intérêt de sa cause. « Péreire, dit l'abbé de l'Épée, comparait « ces signes aux caractères chinois, y trouvait la « même complication, craignait les mêmes diffi- « cultés dans leur emploi (1). Mais, répond l'abbé « de l'Épée, les caractères chinois sont arbitraires; « mes signes méthodiques sont pris ou dans la na- « ture, ou dans la raison. Ils seront également « entendus, 1°. par tout sourd-muet qui ne sait « encore aucune autre langue que la langue natu- « relle des signes, mais qui connaît déjà les signes « méthodiques généraux; 2°. par l'Espagnol, l'Ita- « lien, l'Allemand et l'Anglais, qui, comme nous, « se servent d'articles devant les noms substantifs, « et que j'aurai mis préalablement au fait de ces « mêmes signes méthodiques généraux, chacun « dans leur langue. Quant au latin, qui ne se sert « point d'articles devant les noms, il est averti que « les signes que nous en faisons dans la dictée, ne « doivent lui servir que pour distinguer le mas- « culin d'avec le féminin, et le singulier d'avec le « pluriel. Nos signes méthodiques, répète-t-il sou-

---

(1) *Institution des Sourds et Muets*, 1re Partie, chap. VIII, page 119.

« vent, soit généraux, soit particuliers, sont des
« signes d'idées, et non des signes de mots ; ils
« n'ont pas plus de rapport avec le français qu'avec
« toute autre langue. Il n'est pas nécessaire qu'un
« étranger sache le français, pour écrire le français
« sous la dictée des signes ; il suffit qu'il saisisse
« et rende dans sa langue des signes d'idées qui
« n'appartiennent particulièrement à aucune, mais
« que chacune d'elles peut exprimer de la manière
« qui lui est propre » (1). Aussi l'abbé de l'Épée
se persuade-t-il que la langue universelle, tant
désirée et recherchée par quelques philosophes,
avec le secours de laquelle les hommes de toutes
les nations pourraient s'entendre les uns les autres, est toute trouvée. « Il me semble, dit-il,
« qu'il y a long-temps qu'elle existe et qu'elle est
« entendue partout : c'est une langue naturelle,
« c'est celle des signes » (2). Cette brillante espérance a été partagée, ce grand privilége proclamé
par les élèves et les successeurs de l'abbé de l'Épée.
Cette langue lui paraît douée, d'ailleurs, de tous
les avantages : précision et simplicité, clarté, gravité, éloquence.

L'abbé de l'Épée avait mal jugé l'écriture chi-

(1) *Institution des Sourds et Muets*, 1ʳᵉ Partie, chap. VIII,
pages 126 et 128.

(2) *Ibid.*, page 137.

noise; écriture dont le système est régi par des lois
fort remarquables d'analogie; écriture qui a des
rapports beaucoup plus étroits qu'on ne pense
avec le langage mimique des sourds-muets, et qui
n'est en partie qu'une écriture symbolique simplifiée par la réduction. Il s'était fait aussi une
grande illusion sur le caractère de ses signes méthodiques, comme on a pu le voir d'après les
exemples que nous avons cités dans le chapitre
précédent. Il serait difficile d'admettre que des
signes dont le premier élément était la première
lettre du mot français correspondant, fussent également applicables à toutes les langues, et qu'ils
remplissent infailliblement la fonction de signes
d'idées, lorsqu'ils ne pouvaient obtenir ainsi leur
valeur, qu'en rappelant le mot français qui exprime l'idée. Mais l'abbé de l'Épée considérait
sans doute plutôt son système de signes d'après
le principe sur lequel il l'avait fondé, d'après
l'exécution qu'il pouvait recevoir, en suivant fidèlement l'exécution de ce principe, que d'après
l'exécution qu'il lui avait donnée lui-même.

Dans cette première controverse, l'abbé de
l'Épée eut en sa faveur un suffrage d'un grand
poids, auquel il témoigna mettre une extrême
importance, celui de Condillac. « L'instituteur
« des sourds-muets de Paris a fait, dit l'abbé de
« Condillac, du langage d'action un art méthodi-
« que, aussi simple que facile, avec lequel il

« donne à ses élèves des idées de toute espèce, et
« j'ose dire des idées plus exactes et plus précises
« que celles qu'on acquiert communément avec le
« secours de l'ouïe. Comme, dans notre enfance,
« nous sommes réduits à juger de la signification
« des mots par les circonstances où nous les en-
« tendons prononcer, il nous arrive souvent de ne
« la saisir qu'à peu près, et nous nous contentons
« de cet à peu près toute notre vie. Il n'en est pas
« de même des sourds-muets qu'instruit M. ***. Il
« n'a qu'un moyen pour leur donner les idées qui
« ne tombent pas sous les sens, c'est d'analyser
« et de les faire analyser avec lui. Il les conduit
« donc des idées sensibles aux idées abstraites,
« par des analyses simples et méthodiques, et on
« peut juger combien son langage d'action a
« d'avantages sur les sons articulés de nos gou-
« vernantes et de nos précepteurs.

« J'ai cru devoir saisir l'occasion de rendre jus-
« tice aux talens de ce citoyen ....., dont je ne
« crois pas être connu, quoique j'aie été chez lui,
« que j'aie vu ses élèves, et qu'il m'ait mis au fait
« de sa méthode ». (Condillac, *Cours d'Études
pour l'instruction du prince de Parme*, etc.,
tome I*er*, 1*re* Partie, chap. I*er*, page 11.)

Péreire ne répliqua point aux apologies de
l'abbé de l'Épée; personne ne s'éleva pour les
contredire. Péreire, invité par l'abbé de l'Épée à
être témoin de ses exercices, témoigna qu'ils ne

lui paraissaient rien laisser à désirer ; et en cela accorda moins peut-être à la conviction qu'à la politesse.

Heinicke, qui avait établi et qui dirigeait à Leipsick une école de sourds-muets, faisait, comme Péreire, un secret de ses méthodes ; il les avait confiées, il est vrai, à son fils, mais uniquement à son fils. Il n'était point dans son intention, dit-il, de les enseigner pour un vil prix. Le souverain devrait les lui acheter en argent, à un prix convenable. Il défie tous les casuistes de lui disputer le paiement qu'il a le droit d'en attendre. Il enseigne gratuitement les pauvres ; mais il exige des riches des rétributions proportionnées à leurs facultés (1). De plus, le grand-duc de Saxe lui alloue un traitement de 400 écus. Ainsi, par une singularité très remarquable, pendant que l'abbé de l'Épée communiquait ouvertement tous ses procédés, les publiait, s'efforçait de les répandre ; pendant que l'abbé de l'Épée sacrifiait sa fortune entière au grand bienfait qu'il répandait sur ses élèves, les deux rivaux en présence desquels il se trouva, les deux adversaires contre lesquels il eut à lutter, adoptant également une conduite tout opposée, s'enveloppaient l'un et l'autre d'un mystère ab-

_____

(1) *Lettre d'Heinicke* à l'abbé de l'Épée, du 12 juillet 1782, rapportée par ce dernier dans *La véritable Manière, etc.*, 3ᵉ Partie, page 280.

solu, et faisaient l'un et l'autre, de l'éducation des sourds-muets, une spéculation intéressée. C'est un double et noble avantage qu'on ne peut refuser du moins à notre vénérable instituteur.

L'abbé Storck, disciple de l'abbé de l'Épée, avait formé à Vienne, et y dirigeait, sous les auspices et la protection de l'empereur Joseph II, un institut de sourds-muets que ce prince avait doté, qui subsiste encore aujourd'hui, et dont nous aurons occasion de parler par la suite. Heinicke écrivit à l'abbé Storck pour l'engager à abandonner la méthode de l'abbé de l'Épée, et à adopter ses procédés, sans doute en les achetant par un bel et bon marché. L'abbé de l'Épée en ayant été instruit, écrivit directement à Heinicke, pour justifier sa méthode et la fidélité de son disciple à la suivre, et pour engager avec lui une franche discussion sur les principes de l'art. Nous avons trois lettres de l'abbé de l'Épée, écrites avec un sentiment délicat des égards, avec cet abandon qui lui était naturel, où il entre lui-même dans la discussion avec quelques développemens. Nous ne connaissons qu'une seule des réponses d'Heinicke; elle est fort succincte, roide et pédantesque, et nous fournit peu de lumières. Il évite la controverse, se renferme dans le sentiment de sa propre supériorité, et prononce plus qu'il ne discute.

Heinicke avait affirmé, dans sa lettre à l'abbé Storck, les deux propositions suivantes : 1°. « Que

« le défaut de l'ouïe ne peut être suppléé par le
« ministère de la vue ; 2°. que les idées abstraites
« ne peuvent pénétrer dans l'esprit des sourds-
« muets, même avec le secours de l'écriture, se-
« condée par les signes méthodiques. » L'abbé de
l'Épée, dans sa première lettre, lui oppose l'autorité des faits, l'expérience des succès qu'il a même
obtenus, et les témoignages d'une foule de personnes qui ont assisté à ses exercices.

Heinicke disputait à l'abbé de l'Épée le mérite
de l'invention, et soutenait que la méthode de
l'instituteur de Paris n'était autre que celle de
Bonet, Wallis et Amman. Il ne fut pas difficile
à l'abbé de l'Épée de repousser une assertion qui
accusait dans son auteur l'ignorance la plus complète des méthodes qu'il prétendait assimiler.

Heinicke jugeait la méthode de l'abbé de l'Épée
trop lente, et prétendait en avoir imaginé une
beaucoup plus rapide et plus directe ; il prétendait qu'il fallait commencer par enseigner au
sourd-muet l'articulation artificielle, avant de
passer à l'explication des mots et à l'intelligence
des choses ; il assurait enfin que la complication
des caractères de l'écriture ne permet jamais au
sourd-muet d'attacher une idée claire, unique et
déterminée, à un mot écrit, ni de conserver cette
association dans sa mémoire. « Les caractères écrits
« ou imprimés, disait-il, ressemblent à des pieds
« de mouches ou d'araignées ; ils n'ont pas une

« forme assez simple pour que notre imagination
« puisse se les retracer en leur absence; et, lors-
« qu'à peine notre esprit peut se représenter dis-
« tinctement une lettre séparée des autres, com-
« ment pourrait-il se peindre nettement un mot
« tout entier qui en renferme souvent un grand
« nombre? Les sourds-muets, disait-il encore, ne
« peuvent penser avec de tels signes : ce n'est
« point sur de tels signes, que les objets s'appuient
« pour se représenter à eux dans leurs songes. »
Suivant lui, le simple mot *Paris* ne pouvait se
graver avec netteté dans l'imagination, d'après les
seules figures qui le composent dans l'écriture
alphabétique. L'abbé de l'Épée se reconnaît hors
d'état de discuter, par une comparaison raisonnée,
le mérite respectif de la méthode de son rival et
de la sienne, puisque celui-ci s'est enveloppé d'un
profond secret. Il oppose à la seconde objection
tous les raisonnemens qu'il avait déjà employés
contre Péreire. Il repousse et dément la supposition qui forme la troisième objection, comme
étant entièrement gratuite, et ne consent point
à admettre que les caractères de l'écriture ne
puissent se retracer dans l'esprit que d'une manière confuse; il en appelle, sur ce point, au témoignage de l'expérience. Il fait remarquer que les
objets se peignent dans l'esprit avec les mêmes
formes et les mêmes couleurs dont ils sont revêtus quand ils affectent nos sens; que dès-lors

l'image d'un mot écrit se dessinera, se détachera, se conservera dans la pensée, avec autant de facilité et de netteté, qu'il y en a dans la perception de ce mot lorsqu'il frappe nos yeux dans la lecture. Il oppose enfin Heinicke à lui-même; car, après tout, Heinicke, avec son articulation artificielle, ne procurait pas à ses sourds-muets une audition de sons; il ne pouvait aussi leur faire percevoir que des formes assez compliquées et plus délicates à saisir. Comment donc ces formes jouissaient-elles exclusivement du privilége de pouvoir seules se retracer à l'esprit, en sorte que le sourd-muet pensât et rêvât dans cette prétendue parole articulée? L'abbé de l'Épée ajoutait que, dans les songes, on se représente les images sans le secours d'aucun signe. (1)

L'abbé de l'Épée adressa aux principales sociétés savantes de l'Europe sa correspondance avec Heinicke, sollicita leur examen et leur décision sur cette controverse. L'académie de Zurich fut la seule qui se rendit à son vœu. L'arrêt qu'elle porta est du moins extrêmement remarquable par la rare clarté qui, sur un sujet assez abstrait, s'y trouve unie à une grande concision. Cette académie avait eu soin de consulter les ouvrages publiés par Heinicke; elle avait sous les

---

(1) *La véritable Manière*, etc., 3ᵉ Partie, 1ʳᵉ et 2ᵉ Lettre de l'abbé de l'Épée, pages 232 et 244.

yeux l'établissement formé par M. Ulrich, d'après la méthode de l'abbé de l'Épée, pour l'éducation des sourds-muets. Après avoir nettement posé l'état de la question, elle croit pouvoir reconnaître, avec Péreire, que les personnes jouissant de l'ouïe ont beaucoup de peine à se retracer dans l'esprit la forme entière et distincte des mots écrits; mais elle ajoute qu'on ne peut rien en conclure relativement aux sourds-muets; que, d'après une expérience constante, un sens, chez l'homme, acquiert toujours une plus grande sagacité et pénétration dès qu'un autre sens cesse d'agir. Mais, en accordant même à Heinicke que, chez les sourds-muets, comme chez ceux qui entendent, les caractères de l'écriture ne puissent se graver dans l'esprit qu'à l'aide d'un troisième genre de signes intermédiaires, elle trouve dans les signes méthodiques de l'abbé de l'Épée, précisément le système de signes le plus propre à remplir cette fonction. L'académie estime donc que, pour les élèves de l'abbé de l'Épée, les mots écrits ne sont pas les signes directs et immédiats des idées, mais seulement la représentation des signes méthodiques, et que ces signes remplissent, entre l'écriture et la pensée, précisément la même fonction que la parole pour les personnes qui entendent. Ces signes paraissent même plus propres encore à remplir une telle fonction, que ceux de la parole; parce que, au lieu d'être

arbitraires comme ceux-ci, ils sont la peinture
des objets; qu'ils en retracent l'image aux yeux;
qu'ils ne se prêtent à aucune équivoque. Ces
observations paraissent, à l'académie de Zurich,
décider pleinement de la controverse, et con-
damner les opinions de l'instituteur de Leipsick. (1)

L'abbé de l'Épée se trouva encore engagé dans
une, troisième lutte avec l'académicien de Berlin
Nicolaï; celle-ci fut moins prolongée, ne donna lieu
à aucune discussion développée; mais elle était en
soi plus sérieuse; elle eût mérité un examen approfondi. Nicolaï assistait, en 1785, à un exercice
des élèves de l'abbé Storck, dans l'Institut de
Vienne; il proposa à l'instituteur d'exécuter, en
présence des élèves, une action quelconque, et
d'engager ensuite ceux-ci à en rendre compte par
écrit, sans qu'on leur dictât les expressions nécessaires. L'abbé Storck y consentit; l'académicien
frappa sa poitrine; l'élève sourd-muet désigné
écrivit : *main, poitrine*. Nicolaï se leva, pensa,
écrivit, publia que, par ce seul trait, la méthode
de l'abbé de l'Épée était jugée (2). Il joignit à cet

(1) *Voyez* ce jugement rapporté à la suite de la correspondance de l'abbé de l'Épée avec Heinicke, dans *La véritable
Manière*, etc.

(2) Le *Journal de Paris* répéta l'accusation insérée par
Nicolaï dans les journaux étrangers.

arrêt des expressions assez injurieuses pour le respectable instituteur de Paris.

A cette nouvelle, l'abbé de l'Épée écrivit à Nicolaï, dans le mouvement d'une juste susceptibilité. Sa lettre, du reste, ne discute point le fond même de la question : il ne cherche pas, comme on pourrait s'y attendre, ou à établir que ses élèves peuvent d'eux-mêmes rendre compte, par une phrase écrite et complète, d'un fait dont ils auront été témoins, ou à prouver que cette opération est impossible à tout sourd-muet, quelle que soit la méthode qui ait été suivie dans son éducation : il se borne à faire remarquer que, suivant Heinicke et Nicolaï lui-même, il serait impossible de conduire les sourds-muets à la connaissance des idées métaphysiques, et que cependant il réussit, par sa propre méthode, à leur procurer cette connaissance. Cette circonstance essentielle lui paraît décisive en sa faveur; il rappelle d'ailleurs le jugement de l'académie de Zurich. Dans le mouvement d'une noble et généreuse confiance, l'abbé de l'Épée en appelle à l'académie de Berlin, dont Nicolaï lui-même était membre : il sollicite l'intervention de cette académie, pour prononcer sur ce litige; il s'adresse au prince Henri, qui avait été témoin de ses exercices à Paris, pour obtenir que l'académie de Berlin veuille bien en effet procéder à cet examen et prononcer cet arrêt. La lettre à Nicolaï fut adressée avec celle qui était destinée à l'académie, et publiée également avec elle dans le *Journal de Paris* (1). Mais à l'envoi était joint un mémoire qui n'a point vu le jour. Il eût été curieux de connaître comment l'abbé de l'Épée expliquait l'embarras où s'était trouvé l'élève de l'abbé Storck; car l'épreuve que Nicolaï avait fait subir à cet élève frappait justement sur la lacune essentielle de sa méthode; et nous voyons, par ses lettres à l'abbé Sicard, qu'il ne croyait pas possible d'y remédier. Dans son zèle si pur et si désintéressé pour la vérité et pour le bien d'*une partie considérable de l'humanité*, l'abbé de l'Épée désirait qu'une discussion approfondie, ou un jugement éclatant, résolût la question en présence du monde savant, *quand même ce jugement eût été contraire à ses propres opinions* (2); mais sa démarche demeura à peu près sans résultat.

Formey, chargé par l'académie de Berlin d'en être le rapporteur, fit en effet une apparence de rapport; mais il évita de discuter, d'émettre son opinion : il supposa qu'il fallait déférer cette décision à l'expérience, fit quelques complimens à

---

(1) *Voyez* le *Journal de Paris* du 27 mai 1785, N° 147, page 604.

(2) *Lettre de l'abbé de l'Épée* à MM. de l'Académie de Berlin, sous la date du 31 mai 1785.

l'abbé de l'Épée, et déclina l'attribution dont celui-
ci avait voulu investir la société savante dont il
était l'organe. (1)

---

(1) *Voyez* ce rapport dans les *Mémoires de l'Académie
royale de Berlin* (Histoire), 1785. = Formey était d'ailleurs,
il faut·en convenir, un juge peu compétent, et il recula
peut-être devant les difficultés d'un problème dont il n'était
guère capable d'embrasser toute l'étendue et de sonder toute
la profondeur.

# CHAPITRE VIII.

## *L'abbé Sicard ; ses écrits.*

PÉREIRE, Ernaud, l'abbé Deschamps, n'avaient formé aucun élève, n'avaient laissé aucun successeur; leur mode d'enseignement cessa, en France, avec eux. L'abbé de l'Épée dès-lors régna seul sans contestation parmi nous; la méthode dont il avait posé les bases prévalut seule désormais. Ses nombreux disciples l'appliquèrent en divers lieux : à Paris, dans l'Institution dont il avait été le créateur, elle reçut de nombreux et importans perfectionnemens. Pour ne point interrompre la filiation des méthodes, nous devons donc maintenant considérer celle-ci sur le théâtre où elle continue à se développer, et voir la découverte se compléter, l'œuvre s'achever entre les mains de l'abbé Sicard. C'est là que le système des signes méthodiques a pris son entier développement.

Un prélat aussi distingué par ses lumières que par l'intérêt que lui inspirait tout ce qui était utile à l'humanité, M. de Cicé, archevêque de Bordeaux, envoya à Paris, auprès de l'abbé de l'Épée, un jeune prêtre de son diocèse, pour apprendre la théorie et la pratique de la méthode employée par l'illustre instituteur : c'était l'abbé Sicard. L'élève se pénétra bientôt des vues de son maître, s'y associa pleinement, les saisit avec enthousiasme. Il était éminemment propre à les faire valoir. Doué d'une imagination vive et féconde, il avait une singulière habileté à revêtir les notions abstraites de formes sensibles; il avait un talent particulier pour cette pantomime qui est le langage propre du sourd-muet, et que l'abbé de l'Épée s'était proposé de porter, dans son système de signes méthodiques, à un si haut degré de développement : doué d'un esprit actif, flexible, il cherchait, découvrait des voies nouvelles et variées pour exprimer, expliquer les notions ou les préceptes. Il semblait avoir une sorte de vocation naturelle pour commercer avec les sourds-muets.

L'abbé Sicard, en adoptant les principes fondamentaux de son vénérable maître, tels que nous les avons précédemment exposés, saisit surtout cette idée-mère qui faisait considérer l'instruction du sourd-muet comme une traduction, les signes mimiques comme la langue maternelle du sourd-muet, la langue conventionnelle usitée dans la société comme la langue étrangère qui, à l'aide de la traduction, doit être enseignée au sourd-muet. Il reproduisit cette idée sous de nouvelles formes, la médita sans cesse; on eût dit que la lan-

gue des signes était en effet devenue pour lui une
langue naturelle, tellement il se l'était appropriée,
tellement il l'affectionnait, tellement il était habile, non seulement à l'employer, mais à l'étendre,
à l'enrichir, à la plier et la replier en mille manières.

Il s'aperçut bientôt que l'abbé de l'Épée n'avait
pas à beaucoup près suivi toutes les conséquences
de ses principes; que l'ouvrage de l'inventeur était
resté inachevé, comme il était inévitable. Il prit,
pour point de départ, le terme auquel son maître
s'était arrêté. Il résolut, en suivant toujours la même
direction, d'avancer dans la carrière aussi loin
qu'il serait possible; et comme, dans ce système,
il s'agissait de construire pour le sourd-muet, avec
les signes mimiques, une langue qui complétât sa
langue naturelle, si pauvre et si décousue; une
langue additionnelle qui pût correspondre à nos
langues artificielles, par l'étendue de la nomenclature et les formes grammaticales, il entreprit de terminer ce grand ouvrage ébauché par
son prédécesseur; il espéra pouvoir placer enfin,
pour le sourd-muet, entre les discours écrits et la
pensée, cet intermédiaire qui était cherché par
l'abbé de l'Épée, et qui devait répondre pleinement aux doubles conditions des deux termes dont
il devait être le lien, dont il devait reproduire
toutes les combinaisons. Telle fut son entreprise :
continuer, réformer, coordonner le système des

signes méthodiques; ce fut aussi l'ouvrage de sa vie entière.

L'abbé de l'Épée avait laissé trois lacunes principales à combler, et l'abbé Sicard se proposa de les combler en effet. L'abbé de l'Épée n'avait donné qu'une nomenclature incomplète, et plusieurs même des signes qui la composaient étaient empreints d'une grande imperfection; l'abbé Sicard s'attacha à la rectifier et à la terminer. L'abbé de l'Épée n'avait considéré les formes grammaticales de nos langues, que comme une simple convention, et n'avait enseigné ces formes, à l'aide des signes, que comme des règles purement matérielles; l'abbé Sicard se proposa de faire comprendre à ses élèves comment les formes grammaticales représentent les vues de l'esprit et les fonctions des idées dans le tableau de la pensée, et de transporter dans les signes grammaticaux une image vivante de ces opérations et de ces fonctions. Enfin l'abbé de l'Épée n'avait point essayé de faire construire la proposition à ses élèves; il ne les avait mis en état de produire par eux-mêmes que des mots détachés; il s'était borné à leur faire copier les phrases sous la dictée; l'abbé Sicard comprit que le but essentiel de l'instruction du sourd-muet était de le mettre en état d'exprimer sa pensée par lui-même, de construire ainsi tous les genres de propositions; que dès-lors il fallait, non seulement lui donner les règles de la syntaxe qui pré-

side à nos langues, mais surtout l'initier à l'esprit
de ces règles, en tant qu'elles représentent les lois
de la pensée. On ne pouvait concevoir des vues
plus judicieuses. L'abbé Sicard prouva par ses travaux qu'il les avait saisies, plus encore qu'il ne
réussit à les définir d'une manière expresse. Mais
la continuation, l'achèvement d'un tel ouvrage,
était encore une tâche prodigieuse, et demandait,
outre des méthodes sévères, un esprit éminemment philosophique.

En examinant maintenant comment l'abbé Sicard a exécuté en effet le plan qu'il avait adopté,
nous devons distinguer en lui deux ordres différens de travaux, et, si l'on peut dire ainsi, deux
hommes : l'écrivain qui, dans ses ouvrages, a exposé la théorie de l'art ; l'instituteur qui, dans une
pratique habituelle et long-temps prolongée, a
appliqué cette théorie. Nous devons les distinguer
d'autant plus, que le second a, non seulement
mieux déterminé les méthodes proposées par le
premier, mais les a modifiées en beaucoup de
points. Souvent ceux qui se sont bornés à lire ses
ouvrages y ont été trompés : les uns, jugeant ses
procédés d'après sa théorie, les ont critiqués, les
ont trouvés insuffisans, ont cherché à les rectifier, et, dans le fait, se sont trouvés pratiquer à
peu près comme lui; d'autres, n'ayant étudié que
sa théorie, ont cru l'imiter, et n'ont point suivi
ses vrais procédés. On a vu des instituteurs qui

pensaient s'être formés à son école et s'être dirigés par ses principes, et qui, venant à Paris, témoins des exercices suivis dans l'Institution qu'il dirigeait, ne pouvaient s'y reconnaître, étaient hors d'état, non seulement d'y donner une leçon, mais de suivre même et de comprendre le plus souvent les leçons, telles qu'elles y étaient données.

Nul instituteur de sourds-muets n'a autant écrit sur cet art que l'abbé Sicard, et n'a développé avec plus de détail les vues qui le dirigeaient. Ses ouvrages se rapportent à deux objets principaux, la nomenclature et la syntaxe; le premier est la base essentielle de sa *Théorie des Signes*; le second, celui de son *Cours d'instruction*. Tous ses autres écrits se réfèrent à ces deux points de vue. Quoique la *Théorie des Signes* ait été publiée plus tard, elle doit, dans l'ordre des idées, nous occuper la première : c'est là que nous venons chercher avec empressement, avec avidité, cette langue appelée *naturelle*; cette langue annoncée comme si féconde, si belle, si expressive, si fidèle, si exacte; cette langue destinée à devenir la langue universelle, ou plutôt qui déjà en possède par elle-même le privilége; cette langue, objet perpétuel de l'enthousiasme de l'abbé de l'Épée et de ses disciples.

Voici les bases sur lesquelles l'abbé Sicard s'était proposé de construire sa *Théorie des Signes* : « Renonçant à la forme alphabétique, il divisait,

« dit-il, tous les mots qui devaient former la no-
« menclature, en autant de parties qu'on recon-
« naît d'élémens distincts dans le discours ; il divi-
« sait ensuite les mots, et chaque espèce de mots
« en autant de familles, dont chaque primitif était
« le chef ; *il suivait l'ordre dans lequel tous les*
« *mots, s'ils eussent été inventés, auraient été*
« *classés*. La première série était celle des noms
« des objets physiques ; la seconde, celle des adjec-
« tifs ; la troisième, celle des noms abstractifs, etc.
« Chaque nom, chaque adjectif, chaque verbe,
« outre la définition qu'il en donnait, était accom-
« pagné d'une exposition courte du nombre et
« de la forme des signes qu'il fallait faire pour
« chaque mot. La vue des objets, de leur couleur
« et de leur forme, ainsi que des actions physi-
« ques et sensibles, devait servir à inventer la pan-
« tomime propre à les exprimer. Pour éviter toute
« méprise et compléter le signe de chaque objet,
« il aurait figuré aussi la destination de chacun » (1).
Ce plan était sans doute aussi sage qu'utile. Pourquoi l'abbé Sicard ne s'y est-il pas conformé ? Il
se contente de nous dire que « le désir de rendre
« uniforme le langage des muets et d'aller au se-
« cours de tous ceux qui désirent se consacrer à
« les instruire, ne lui a pas permis de se borner à

---

(1) *Théorie des Signes*, chap. Iᵉʳ, page 4.

« cet essai » (1). Ce qui ferait supposer que, dans l'exécution, il aurait seulement donné plus d'étendue au plan, sans en changer les bases.

Après avoir justement rappelé que le sourd-muet non encore instruit a déjà des idées, puisqu'il a des expressions, et qu'il a des expressions, puisqu'il a des signes; que ces signes sincères, éloquens comme la nature qui les inspire, sont le premier moyen de communication entre le maître et son élève; après avoir recommandé au maître de se saisir avec empressement de ce premier élément de la langue de son élève, il lui conseille de placer celui-ci dans les circonstances nouvelles propres, en agissant sur lui, à faire naître en lui de nouvelles impressions et de nouvelles idées, et il l'engage à observer les expressions par lesquelles son âme cherchera alors à les répandre, en empruntant les *accens mimiques*. « Obtenez ainsi « d'abord les signes des diverses parties du corps, « ceux des actions les plus ordinaires de la vie; « empruntez-les au sourd-muet, traduisez-les en « mots écrits, qui, s'associant à eux, serviront en- « suite à les représenter. » (2)

Il y a dans nos langues deux parties distinctes, dont l'une, la plus bornée, aussi simple que familière, correspond au langage du sourd-muet tel

---

(1) *Théorie des Signes,* chap. Ier, page 7.
(2) *Ibid.,* pages 8 à 12.

qu'il l'apporte avant son instruction, et dont l'autre, mille fois plus étendue et plus savante, suppose une suite d'observations que le sourd-muet n'a pu faire. « La première, dit l'abbé Si-« card, comprend les signes des objets et de leurs « modifications; commencez donc par réduire la « langue écrite à ces deux élémens, si vous voulez « qu'il puisse vous entendre; commencez à parler « sa langue pour pouvoir lui apprendre la vôtre; « échangez votre nomenclature de noms contre la « sienne, et faites-en ensuite autant pour les qua-« lités. (1)

« Oubliez donc, continue-t-il, tout ce que vous « a appris la communication avec les autres hom-« mes; étudiez la manière dont se seraient for-« mées les langues; décomposez les mots (2) qui « se présentent sous la forme la plus simple, « comme ceux d'*hier, demain, aller, courir, etc....* « Les idées simples qui ne se définissent pas et les

---

(1) *Théorie des Signes*, chap. Ier, pages 12 et 13. = L'abbé Sicard, dans le système de grammaire générale qui lui était propre, considérait tous les verbes comme pouvant se réduire à des adjectifs. Cette opinion, que nous sommes loin de partager, explique comment il suppose que la langue des sourds-muets ne comprend que des noms et des adjectifs; c'est dans ce sens qu'il faut entendre le passage qu'on vient de lire.

(2) Il veut dire : *Décomposez les idées complexes exprimées par des mots simples.*

« seules qu'il ne faille pas définir, sont celles au·delà
« desquelles on ne trouve rien.... On ne peut pré-
« senter d'abord au sourd-muet que les mots pour
« lesquels il donne un signe simple en échange,
« ou pour lesquels il ne fait qu'une action unique.
« Le nombre de ces idées simples sera fort res-
« treint; mais elles seront bientôt fécondées, quand
« votre élève apprendra de vous à les combiner.
« C'est à vous à lui fournir les nouveaux signes qui
« fixeront les résultats qu'il en obtiendra. Jamais
« une idée fausse n'entrera dans sa mémoire, parce
« que tous les signes seront donnés à propos,
« et qu'un seul qui serait équivoque n'y pourra
« être admis. Aux idées simples succéderont les
« idées complexes, qui seront simples à leur tour,
« relativement à des idées plus composées.... Tels
« seront les avantages de cette forme d'enseigne-
« ment, toutes les fois qu'on procédera, dans l'in-
« vention des signes, d'après la génération des
« idées. Imitez donc la nature; faites parcourir,
« dans l'ordre même de leur génération, le tableau
« de toutes les idées qui peuvent être du domaine
« de l'intelligence la moins exercée, depuis les
« idées sensibles jusqu'aux notions les plus abs-
« traites qui sont de pures créations de notre
« esprit. » (r)

Nous aimons à exposer ces principes placés par

---

(1) *Théorie des Signes*, pages 22 et 23.

l'abbé Sicard en tête de son travail, parce que nous pouvons leur accorder de justes éloges, jouissance qui ne nous sera pas toujours permise quand nous passerons aux applications. Ces principes, généralement sains, seront médités avec fruit par ceux qui suivront la même carrière, parce qu'ils peuvent même exercer une influence utile sur le système entier de l'éducation des sourds-muets; ils appartiennent à l'histoire de l'art et y occupent une place importante.

Quoique ce soit à l'instituteur du sourd-muet qu'il appartienne de créer ensuite le second langage mimique, et de le donner au sourd-muet après avoir reçu de celui-ci la première provision de signes mimiques, qui se concentrait dans les images les plus simples et les plus familières, l'abbé Sicard fait remarquer, cependant, que, dans cette création même, l'instituteur s'aidera encore du concours du sourd-muet, travaillera en commun avec lui, et souvent se laissera guider par lui.

Les signes artificiels ou méthodiques, objet de l'espèce de dictionnaire auquel l'abbé Sicard a donné le nom de *théorie*, se divisent en deux grandes classes : les signes de nomenclature, et les signes grammaticaux.

Deux modes de distribution se présentaient pour composer un dictionnaire de signes de nomenclature : l'ordre alphabétique, usité dans nos dictionnaires, commode pour l'usage; et l'ordre logique, plus conforme à la nature des choses, demandé par le besoin de mettre en évidence la généalogie des idées. L'abbé Sicard s'était prononcé ouvertement contre le premier, avait donné au second une juste préférence. Cependant il met la main à l'œuvre; il se borne à adopter l'ordre logique pour la formation de douze classes; et, dans chacune de ces douze classes, il adopte l'ordre alphabétique calqué sur les mots correspondans de la langue française.

Les classes sont présentées dans l'ordre suivant:

1. Signes des noms des objets les plus usuels, et de tout ce qui se présente aux yeux de l'enfance.

2. Végétaux.

3. Minéraux.

4. De l'homme. — Famille; éducation; officiers d'une maison à la ville et à la campagne; arts mécaniques et libéraux; emplois civils, militaires et ecclésiastiques.

5. Dieu; les Anges et les Saints.

6. Élémens, météores; corps célestes, globe de la terre.

7. Parties du monde; noms des nations; empires, etc.

8. Nombres; mesures; temps; monnaies; changes; commerce.

9. Qualités de l'homme organique.

10. Qualités de la matière propres à frapper l'homme organique.

11. Actions physiques de l'homme; expériences par des verbes.

12. Actions morales et intellectuelles de l'homme.

Cette classification est jugée dès qu'elle est exposée. Les trois premières classes sont réellement les seules qui occupent leur vraie place. La dixième devrait leur être réunie, peut-être leur servir d'introduction, au lieu d'occuper l'un des rangs les plus élevés de l'échelle : car c'est par leurs qualités sensibles que les objets familiers, les végétaux, les animaux, se manifestent et se désignent dans le langage de la pantomime. Pourquoi faire figurer dans la quatrième classe, toutes les fonctions que l'homme est appelé à remplir, lorsque ses facultés organiques ne paraissent qu'à la neuvième, ses actions physiques, intellectuelles et morales qu'aux deux dernières, et lorsque cependant l'homme ne peut exercer les fonctions diverses auxquelles il est appelé, qu'en exerçant ses organes, en accomplissant les deux ordres d'action dont il est capable? Pourquoi séparer les élémens et les météores, des autres descriptions du théâtre de la nature? Comment présenter les phénomènes de la nature, avant d'avoir donné les signes des mesures et des nombres?

Venons maintenant au choix et à la composition des signes.

Ces signes, avons-nous vu, devaient être de deux espèces : les uns, formés par le sourd-muet

lui-même, que l'instituteur devait recevoir de lui ;
ce sont ceux des idées sensibles, déjà familières à
l'élève ; les autres qui exigent, pour leur création,
le concours de l'instituteur. Nous chercherons vainement cette distinction dans la *Théorie des Signes.*
Les trois premières classes, la dixième surtout,
devaient appartenir, en grande partie, au langage
que le sourd-muet possède en propre ; cependant,
c'est l'instituteur qui les crée, qui les donne ; il
n'est pas même question de l'invention de l'élève ;
nous ignorons jusqu'à quel point l'instituteur conserve ou modifie les signes apportés par l'élève.

Nous parcourons ce vaste dictionnaire : qu'y
trouvons-nous sous le nom de *signes?* Une suite
de descriptions animées, pittoresques, souvent ingénieuses, souvent claires, plus ou moins exactes,
mais des descriptions qui sont généralement d'une
extrême étendue, composées d'un grand nombre
de détails, qui doivent à ces détails même ce
qu'elles ont de fidèle et de pittoresque, qui exigent une pantomime presque toujours fort développée, et qui demandent un temps assez long
pour être fidèlement exécutées ; nous y trouvons,
en un mot, une suite d'*explications,* à l'aide de
tableaux sensibles, exprimés par une longue suite
de gestes. Mais sont-ce là des signes ? Le caractère essentiel d'un signe n'est-il pas la simplicité,
l'unité même ? ne doit-il pas réunir l'idée complexe autour d'un pivot, bien loin d'en déployer

toute l'analyse ? On va en juger ; on va nous comprendre par quelques exemples que nous avons
pris au hasard, ou plutôt que nous avons pris de
préférence dans les premiers chapitres, lesquels,
traitant des objets les plus familiers, devraient
offrir les signes les plus simples : encore faut-il
remarquer que chacune de ces descriptions renferme plusieurs mots, lesquels, à leur tour, ne
s'expliquent que par une longue description ; que,
dans cette seconde description, on retrouve encore des élémens qui en exigent une troisième, et
qu'ainsi, de proche en proche, les signes se multiplient indéfiniment. (1)

L'abbé Sicard prend soin, il est vrai, de nous

---

(1) Prenons au hasard un exemple :

« *Gouverneur.* 1°. Figurer le palais d'un prince ou l'hôtel
« d'un grand seigneur ; et ce prince ou ce seigneur, les dé-
« signer par le signe de la décoration de quelque ordre mi-
« litaire ; et le palais ou l'hôtel, par tout ce qui caractérise
« la magnificence et la grandeur ; 2°. signe d'un enfant, fils
« ou fille de ce prince, ou de ce grand ; 3°. l'action de celui
« qui donne des leçons à ce jeune prince, sur la géographie,
« sur la grammaire, sur la religion, sur la politique, sur la
« morale, etc. ; 4°. signe de surveillance et de conduite. »
( *Théorie des Signes,* tome I$^{er}$, page 69. ) $=$ *Voyez* aussi les
mots de *famille, maître de pension, maître d'hôtel, fermier,
cultivateur, géographie, ingénieur, administration, espion,
gouvernement, providence, saint, santé,* etc. (*Ibid.*, pages 66,
70, 74, 78, 130, 131, 136, 149, 153, 217, 231, 331.)

avertir, à plusieurs reprises, que ces signes, dans l'usage, se simplifient; que les sourds-muets les réduisent par des ellipses, et sont très habiles dans ces réductions. Mais ne sont-ce donc pas ces signes réduits, réellement en usage, qu'il fallait nous faire connaître, nous permettre de juger, nous mettre en état d'employer?

Nous reconnaîtrons donc, dans le système des signes prétendus qu'on met sous nos yeux, le mérite d'explications, d'exemples qui peuvent être utiles, comme *commentaires* des mots écrits ou des signes véritables : ce sont, sur chaque mot, des entretiens animés, figurés, ordinairement assez étendus, par la voie des gestes; ce sont de vraies scènes dramatiques; nous n'y pouvons voir autre chose.

Ainsi, cette langue des signes méthodiques, simplifiée par la réduction, telle qu'elle a été inventée par les abbés de l'Épée et Sicard, et réellement employée par eux; cette langue qui est l'essence, le pivot de leur méthode, tant exaltée par les uns, critiquée par les autres; cette langue, dont le mérite doit décider du mérite de leur méthode, nous ne la découvrons, nous ne la possédons pas encore. L'abbé de l'Épée ne nous en a donné aucun exemple; l'abbé Sicard nous donne une chose toute différente; l'un et l'autre se contentent de nous dire qu'elle se forme, dans la pratique, par la réduction et l'ellipse des descriptions pantomimiques.

Que si la *Théorie des Signes*, sous ce rapport,
ne remplit point le but qu'elle a annoncé, elle
n'en peut pas moins être fort utile, comme recueil de descriptions; et il est même telle opinion
suivant laquelle elle serait, sous ce rapport, plus
réellement utile.

Si nous examinons de plus près ces explications,
en y cherchant ce qu'elles nous promettent, c'est-
à-dire du moins une explication par les signes mimiques, c'est précisément quelquefois cette pantomime elle-même que nous ne trouvons pas décrite
par le détail des gestes nécessaires; nous voyons à
sa place une sorte de définition; en sorte que
nous serions fort embarrassés alors pour exécuter
la pantomime annoncée, sur des données aussi
vagues. (1)

Quelquefois la chose est expliquée par la chose
même (2); quelquefois une description comprend,

---

(1) Exemple : « *Précepteur.* — 1°. Faites les signes d'un
« prince, d'un jeune homme, d'un enfant, et faites signe qu'ils
« sont ignorans; 2°. figurez l'action de chercher un homme sa-
« vant, et de le donner à ce jeune prince, à ce jeune homme;
« 3°. figurez l'action de donner des instructions au jeune
« homme, et de le conduire à l'état d'homme instruit. (*Théorie
des Signes*, tome Ier, page 71). *Voyez* aussi les mots *répéti-
teur*, *banquier*, *jurisconsulte*, *philosophe*, *commissaire des
guerres*, *vraisemblable*, etc., etc. (*Ibid.*, pages 71, 91, 131,
134, 143; tome II, page 554.)

(2) *Voyez*, par exemple, le signe des mots *agile*, *débile*, etc. (*Ibid.*, pages 315, 325.)

dans ses élémens, un signe qui, à son tour, sup-
posera le premier parmi les élémens qui le constituent. (1)

Malgré la profusion des détails circonstanciés
qui composent chacun de ces tableaux, nous en
rencontrons à chaque pas qui sont atteints de
vague et d'incertitude (2); nous en rencontrons
trop souvent qui sont plus ou moins inexacts (3);

---

(1) *Voyez*, par exemple, le signe de l'*eau* (*ibid.*, p. 29),
dès le début, où figure comme élément de description la
FONTAINE, l'*action d'y boire, dans le creux de sa main, ou
dans un verre;* et plus loin, page 33, le signe de *fontaine*,
où figure *une source* d'EAU, avec l'*action d'y puiser de l'EAU
avec le creux de sa main, et d'y boire.*

(2) Exemple : « *Disciple.* — 1°. Levez horizontalement la main
« droite, étendue vers la tête, pour faire le signe de maître;
« 2°. figurez l'action du maître qui parle, qui fait des signes
« et qui instruit; 3°. figurez l'action du disciple qui écoute,
« en regardant les signes manuels du maître, pour en rece-
« voir la leçon. (*Théorie des Signes*, tome Ier, page 67). *Voyez*
aussi les mots *grammairien, juge, esprit, première cause,
Être suprême*, etc., etc. (*Ibid.*, pages 130, 156, 213.)

(3) Exemple : « *S'abstenir.* — 1°. Figurer plusieurs actions,
« comme lire; aller en un lieu quelconque; manger de tels
« mets ou de tels fruits; boire du vin, des liqueurs; prendre
« du café, etc.; 2°. figurer qu'on ne fait aucune de ces ac-
« tions ; par exemple, au lieu de manger gras, manger mai-
« gre; au lieu de boire du vin, boire de l'eau, ne point pren-
« dre de café, ne boire d'aucune liqueur : telle est la signi-
« fication du verbe *s'abstenir*; 3°. signe du mode indéfini. »
(*Ibid.*, page 405.) *Voyez* aussi les mots *s'absenter, agir.*

nous ne voyons point marquer les nuances qui distinguent les valeurs des mots analogues, improprement considérés comme synonymes (1); et d'autrefois nous rencontrons le même signe pour des objets différens (2) : nous voyons un exemple particulier cité, comme explication, sans aucune indication qui le généralise (3); nous cherchons

---

falloir, vouloir, analogie, analogique, vrai, etc., etc., (Ibid., pages 404, 411, 499, 581; tome II, pages 32, 554.)

(1) Exemple : « Mélancolique. — 1°. Figurer une personne « triste et d'une humeur sombre et chagrine; 2°. figurer « qu'elle n'a ni fièvre, ni aucune souffrance qu'elle puisse « indiquer, mais seulement un ennui et un malaise dont la « cause lui est inconnue; 3°. signe d'adjectif. » (Ibid., p. 325). Voyez encore les mots débile, abandonner, innocent, etc. (Ibid., pages 321, 402; tome II, pages 216, 367.)

(2) Voyez, par exemple, ange, esprit. (Ibid., pages 207 et 213.)

(3) Exemple : « Prétexte. — 1°. Représenter plusieurs per- « sonnes réunies pour une partie d'amusement et de plaisir; « 2°. en représenter une qui n'y avait pas été invitée, et qui « arrive pour l'être; 3°. figurer cette personne se disant « chargée d'un message auprès de celle qui a invité et réuni « toutes les autres; 4°. signe de mensonge et de fausseté dans « ce récit; 5°. signes de l'abstractif. » (Théorie des Signes, tome II, page 348.)

« Défendre. — 1°. Supposer un maître et des élèves; 2°. sup- « poser les élèves se répandant dans un jardin; 3°. figurer le « maître les appelant, et leur ordonnant de sortir du jardin « et de n'y plus rentrer; 4°. mode indéfini. » (Ibidem, pages 115, etc., etc.)

en vain, à côté de la description du sens propre, celle du sens figuré, qui eût été fort essentielle (1); nous rencontrons des signes pour un grand nombre de mots qui sont à peine en usage, et que le sourd-muet n'aura jamais occasion de voir employés, tandis que nous demandons en vain des mots d'un usage aussi fréquent qu'utile. (2)

Les signes méthodiques grammaticaux proposés par l'abbé Sicard, ne présentent point les mêmes inconvéniens ; ceux-ci sont en général appropriés

---

(1) Exemple : « *Délicat.* — Figurer un objet quelconque « composé de parties fines et menues.

« Il se dit aussi de la vue, et alors le signe est de figurer « une grande lumière, en exprimant que des yeux délicats ne « peuvent la souffrir ; et le signe adjectif.

« Il se dit aussi de l'oreille, en exprimant qu'elle sent « les moindres dissonances.

« Il se dit du nez, qui juge finement des odeurs.

« Il se dit des objets faibles et fragiles, qui ne résistent « point aux impressions des corps étrangers.

« Les signes doivent d'abord indiquer tous ces sens, et puis « exprimer le genre d'impressions relatives à chacun d'eux. » ( *Théorie des Signes,* tome Ier, page 321 ). *Voyez* aussi les mots *adoucir, affaiblir.* ( *Ibid.,* pages 409, 411. )

(2) Dans la foule des mots inutiles au sourd-muet, il suffirait d'indiquer *algébriste, chronologiste, chef, venir, ambidextre,* et la plupart des noms de grades militaires ou civils. Parmi les mots négligés ou omis, quelques exemples donneront une idée de l'importance de ces lacunes : *complaisance, politesse, prévoyance, prévoir,* etc.

à leur objet, simples, clairs, assez bien conçus. Quelques uns sont encore empruntés à l'abbé de l'Épée, et ces emprunts ne sont pas heureux. Le plus grand nombre présente la rectification de ceux que l'abbé de l'Épée avait conçus, et que l'abbé Sicard a dû modifier d'après un point de vue entièrement nouveau, en s'affranchissant des erreurs de son maître.

Ce point de vue, aussi juste que lumineux, consiste, ainsi que nous l'avons déjà indiqué, à considérer les formes grammaticales comme représentant en relief les opérations de l'esprit et les fonctions que remplissent, dans le tableau de la pensée, les élémens qui la composent. C'est donc en expliquant et rendant sensibles ces opérations et ces fonctions, c'est en remontant aux principes de la grammaire générale, en éclairant ces principes par la lumière d'une saine métaphysique, que les lois auxquelles sont soumises les formes grammaticales seront justifiées en même temps qu'enseignées ; l'abbé Sicard a voulu que les signes méthodiques destinés à exprimer ces lois fussent eux-mêmes comme une expression abrégée, comme une peinture sensible de l'esprit qui a présidé à ces lois. Mais, pour apprécier le vrai caractère de cet ordre de signes, il est nécessaire de jeter un coup d'œil sur la seconde partie des travaux de l'inventeur, sur celle qui embrasse la grammaire et la syntaxe, ainsi que les notions métaphysiques et logiques qui y président. Étudions donc maintenant son *Cours d'Instruction*; les signes méthodiques grammaticaux en sont une sorte de résumé, en même temps que de corollaire.

Lorsque nous lisons le *Cours d'Instruction d'un Sourd-Muet,* nous croyons presque lire une sorte de roman philosophique; il en emprunte les formes, il en offre souvent l'intérêt; on y trouve quelque chose du roman de l'arabe Thophaïl (1), quelque chose qui semble emprunté aux tableaux de Buffon, à la statue de Condillac, à *l'Émile* de Rousseau. C'est une âme encore assoupie qui s'éveille, un esprit encore aveugle qui s'ouvre à la lumière, une vie intelligente qui commence à se développer au milieu de scènes variées et à la voix de l'instituteur. C'est une espèce de sauvage, étranger à nos mœurs, qui est initié à nos idées, à nos connaissances, en même temps qu'à notre langue. L'abbé Sicard sait répandre sur chacun de ces progrès, sur chacun des exercices qui les obtient, le charme d'une sorte de drame. Il peint avec chaleur les incertitudes, les joies du maître et de l'élève; il réussit à faire ressortir ainsi, dans un tableau animé, les définitions, les procédés qui semblaient les plus arides de leur nature; il donne une figure,

_____

(1) *Le Philosophe autodidactique.*

une physionomie aux notions les plus abstraites. On dirait que l'abbé Sicard est le peintre de la syntaxe, le poète de la grammaire. Cet ouvrage eut plusieurs éditions, et il ne faut pas en être surpris; car les sourds-muets ne sont pas les seuls auxquels il peut être profitable.

Le *Cours d'Instruction* se compose de vingt-cinq thèmes successifs d'enseignement, ou de vingt-cinq exercices, que l'auteur appelle, on ne sait pourquoi, par une dénomination fort inexacte, autant de *moyens de communication.* Les deux premiers forment l'introduction la plus naturelle, la plus sagement conçue, à cette vaste et difficile carrière où s'engagent l'instituteur et l'élève; on ne peut débuter plus heureusement. L'instituteur met son élève en présence des objets les plus usuels, ou de leur figure déssinée, et par un procédé aussi simple qu'ingénieux, l'exerce à associer l'image de cet objet à son nom écrit. Bientôt, pour donner à cette instruction une matière abondante et variée, il promène son élève sur la double et immense scène de la nature et de la société, lui fait observer, discerner les dons de la première, les arts de la seconde, seulement en ce qui appartient au domaine des sens; il exerce aussi l'élève à classer ces observations, à mesure qu'il les recueille. Quoique cette vaste exploration soit décrite d'une manière trop succincte, trop incomplète, trop confuse, on ne peut donner assez d'éloges à l'idée d'avoir ainsi préparé l'élève sourd-muet à l'instruction qu'il doit recevoir, par un cours d'observations méthodiques sur les objets sensibles qui s'offrent aux regards de l'homme, idée qui a été trop méconnue ou négligée par la plupart des instituteurs des sourds-muets, et dont l'utilité s'étend beaucoup plus loin qu'on ne le croirait au premier abord.

Nous nous attendons à voir l'instituteur, après un début aussi bien entendu, continuer à se guider d'après les indications de la nature, suivre graduellement et pas à pas, la marche logique de la génération des idées. Mais, dès le troisième chapitre, le *troisième moyen de communication*, pour emprunter le langage de l'auteur, fourni par le maître au disciple, est la connaissance des mots *être*, *chose* et *objet*, c'est-à-dire précisément des trois notions les plus générales et les plus abstraites qu'ait pu concevoir l'esprit humain. Bientôt, l'instituteur rentrant dans les sentiers qu'il venait d'abandonner, explique l'origine de l'adjectif; il se hâte de faire inventer un pronom et le verbe *être*, et tout cela compose le troisième pas que le maître et l'élève font ensemble. Dès ce troisième pas, l'un et l'autre n'ont plus de méthode, plus de plan; ils voyagent dans un pays inconnu, vont à la découverte, tentent au hasard des voies diverses, reviennent fréquemment aux points qu'ils ont déjà visités, circulent plus encore qu'ils n'avancent, découvrent plus qu'ils ne prévoient. Ainsi, l'*adjectif* est suivi, dans le quatrième moyen de communication, par les qualités actives et passives dont il n'est cependant que l'expression. Ainsi, le verbe *être* est suivi, dans le quatrième moyen de communication, par la théorie de la proposition, dont il est cependant l'âme et l'essence ; ainsi, dans le cinquième moyen de communication, nous revenons de nouveau à l'explication des mots *être, chose* et *objet,* en y joignant ceux de *sorte, espèce, genre* et *nature;* ainsi, dans le sixième moyen de communication, nous trouvons confondus, et les *temps absolus,* et les *pronoms personnels,* et la double théorie des *propositions actives et passives,* reproduite une seconde fois ; ainsi, entre le septième moyen de communication, où se confondent la *préposition* et l'*adverbe,* et le neuvième, où se rencontre l'*article,* se trouve jetée, comme un huitième moyen, l'*explication des noms de nombre* et la *numération,* qui, par leur simplicité, leur régularité, eussent réclamé leur rang dans les premiers exercices de l'élève; ainsi, la *théorie des chiffres,* qui n'est qu'un système de signes imaginés pour représenter les lois du mécanisme d'après lequel la proposition est construite, survient au dixième moyen de communication, fort éloignée de l'exposition des lois qu'elle explique; ainsi, l'*interrogation* apparaît seulement aux onzième et treizième moyens de communication, quoique toute proposition suppose l'interrogation à laquelle elle sert de réponse affirmative ou négative; ainsi, les *pronoms* reviennent encore au douzième moyen, les *adverbes* au dixième; ainsi, la *conjonction* QUE occupe le quatorzième, et la théorie de la conjonction ne se produit qu'au dix-neuvième; ainsi, le *temps, ses divisions,* figurent au quinzième moyen, entre la *conjonction* QUE et les *adverbes,* tandis que déjà les *temps absolus* du verbe s'étaient montrés dès le sixième, et nous trouvons ici une exposition du système du monde, certainement fort prématurée, etc. Les théories métaphysiques se trouvent jetées comme pêle-mêle au travers des théories grammaticales, sans qu'aucun lien les unisse. Du moins, lorsque l'auteur arrive enfin, dans son vingt et unième moyen de communication, à la connaissance des facultés intellectuelles, lorsqu'il veut y introduire son élève, il reparaît, comme l'avait fait son illustre maître, il reparaît guidé par la philosophie; il saisit et suit les analogies qui existent entre les opérations de l'entendement et celles des sens, entre les actes intérieurs de la volonté et les actions extérieures qu'elles produisent; il s'aide de ces analogies, pour faire passer l'élève, de l'observation de l'un des phénomènes, à l'étude de l'autre, en l'amenant à se renfermer en lui-même, et à remarquer la différence de l'homme intérieur et de l'homme organique, en même temps que les rapports qui les unissent. Il procède d'une manière semblable, en expliquant les notions relevées qui appartiennent au riche domaine de l'ordre intellectuel et moral : il s'appuie sur les analogies qui font retrouver dans divers objets sensibles comme une sorte de peinture en relief de ces notions; il recourt à ces métaphores qui ont aussi inspiré les premiers inventeurs de nos langues, et qui ont déterminé le choix des noms imposés à cet ordre de connaissances dont la conscience intime est la source, dont la faculté d'abstraire est l'instrument. L'abbé Sicard s'y montre, nous devons l'ajouter, plus habile peintre que métaphysicien exact ou profond. Mais, comme il le dit justement lui-même, il ne s'agit pas de faire du sourd-muet un métaphysicien; il s'agit de l'initier à l'emploi de notre langue.

Si le *Cours d'Instruction* manque entièrement de cet ordre logique qui semblait devoir en être le caractère essentiel, du moins il abonde en procédés ingénieux pour expliquer les actes de l'intelligence et les formes qui, dans le discours, doivent en être le reflet. Ces procédés, l'inventeur les cherche, les tente, les imagine sous nos yeux; il essaie, et se réforme lui-même. Ne lui demandez pas de les faire dériver d'un principe commun, de les soumettre à des règles! ils varient suivant les circonstances et l'inspiration du moment. En

général, ce sont des procédés *figuratifs*, des espèces d'allégories destinées à peindre les rapports
délicats et abstraits qu'il s'agit de faire discerner;
souvent ils consistent dans l'art de faire produire
à son élève les opérations qu'il s'agit de lui faire
remarquer et définir, en le plaçant dans la situation propre à déterminer ces actes de son intelligence. C'est ainsi qu'il retrace, dans des figures,
les abstractions, les combinaisons, les transformations d'idées, en faisant subir aux mots écrits des
mouvemens et des changemens de position, analogues à ce qui se passe dans l'esprit. C'est là
encore qu'il expose sa théorie des chiffres, qui,
assignant à chaque élément du discours la fonction dont il est revêtu, les rapports qu'il observe
avec les autres, le rang qu'il doit occuper, servent
en quelque sorte, pour la construction de la proposition, de la même manière que les numéros
placés par l'architecte sur les blocs de pierre
épars encore sur le sol, guident l'ouvrier pour lui
assigner leur place en formant les assises dans la
construction de l'édifice.

C'est maintenant que les signes méthodiques
grammaticaux de l'abbé Sicard vont se montrer
avec le caractère qui leur est propre, comme étant
le produit des opérations qu'il a fait faire à son
élève sur l'application même des lois de la grammaire, et comme servant à peindre ces opérations.
Donnons-en quelques exemples.

L'abbé Sicard a distingué, avec sagacité, une des fonctions que remplit dans notre langue l'article *le*, *la*, *les*, celle qui a pour objet de déterminer un objet à choisir dans une collection, et le signe qu'il lui affecte est le résumé des procédés qu'il a suivis pour faire comprendre cette fonction à son élève.

« Plusieurs objets semblables ont été étalés sous les yeux de l'élève : l'un d'entre eux est indiqué de l'index, en le démêlant du milieu des autres. Voilà le signe de l'article *ce*, *cela*, *ceci*, *etc.*, en y joignant seulement, si c'est le féminin, le signe du genre, qui consiste à laisser tomber les deux bras, comme pour indiquer la faiblesse; en y joignant, si c'est le pluriel, l'action de fermer tous les doigts, pour les rouvrir ensuite.

« Pour exprimer *le*, *la*, *les*, on répète le signe précédent; mais on représente le même objet qui a été signalé d'abord, en le montrant par côté, comme déjà connu.

« Au contraire, pour exprimer *un*, *une*, à la présence des objets semblables et multiples, on n'indique aucun d'entre eux en particulier ; on ferme tous les doigts, on ne lève que le pouce. » (1)

L'abbé Sicard a conservé, pour l'*adjectif*, le signe qui consiste à appliquer la main droite sur

___

(1) *Théorie des Signes*, tome II, chap. XIV, page 560. — *Signes des mots*. Paris, 1808, page 5.

la gauche; mais il a pris tant de soin à faire saisir
à son élève le rapport qui existe entre la qualité
et le sujet, que l'imperfection de ce signe sera
sans inconvénient. Le *substantif,* par un contraste
naturel, se désigne en plaçant la main droite
sous la gauche. Le *nom* en général, s'indique en
frappant de l'index droit sur l'index gauche; mais
des signes spéciaux sont donnés aux noms propres, communs, collectifs et abstractifs. Le nom
propre est, dans la langue des signes, remplacé
par là circonstance la plus sensible dans l'extérieur de la personne, de la ville, etc.; les noms
communs et collectifs, par l'indication de la condition la plus caractéristique des objets compris
dans le genre ou dans la collection. Enfin, le
nom abstractif, ce nom si difficile, si important
par le rôle qu'il joue dans nos langues, se peint
en ajoutant au signe de l'adjectif celui du substantif, pour faire entendre que la qualité est
personnifiée par une vue de l'esprit. (1)

On est surpris de voir l'abbé Sicard ne trouver,
pour indiquer en général le *verbe,* d'autre signe
que celui d'un *v* figuré par la main droite, se
portant en zig zag de haut en bas (2) : on ne

_____

(1) *Théorie des Signes*, tome II, page 562. — *Signes des
mots*, page 6.

(2) Ce signe, emprunté à l'abbé de l'Épée, est resté en
pratique dans l'Institution.

reconnaît point le caractère du signe méthodique dans ce geste, qui reproduit la première lettre du mot français ; mais, par une singulière infidélité à ses propres principes, l'instituteur a souvent recouru à une semblable ressource. Du reste, il a pris beaucoup de soins pour faire concevoir avec netteté, à ses élèves, la notion des temps relatifs ; les signes qu'il lui donne l'expriment avec plus ou moins de bonheur, mais conservent au moins quelque vestige des intentions de l'instituteur. Le mode *impératif* s'énonce par le signe du commandement ; celui du *conditionnel,* par le doute ; celui du *subjonctif,* par le signe de la conjonction ; celui de l'*infinitif,* par celui du présent, en retranchant, par un signe négatif, les signes des pronoms affectés aux personnes ; celui du *participe* enfin, par l'addition de l'adjectif.

Le signe général de la préposition, chez l'abbé Sicard, est emprunté au chiffre 4, qui sert à marquer son rôle, suivant les procédés des chiffres, et qui est figuré par quatre doigts de la main droite, le pouce fermé, qui se portent ainsi à la saignée du bras gauche (1). L'auteur retrouve les voies de l'analogie dans la formation des signes

_____

(1) La description de ce signe est également omise, mais supposée connue dans la *Théorie des Signes.* (*Ibid.,* p. 584.)

spéciaux propres à quelques prépositions. C'est ainsi que, pour la préposition *à*, il dirige la main vers un but, en montrant un objet, et traçant une ligne droite du point où l'on est à celui qu'on indique; que, pour la préposition *avec*, il indique deux êtres, par les deux index qu'il fait ensuite marcher parallèlement l'un avec l'autre.

Le signe général de l'adverbe est celui de l'adjectif redoublé, signe qui prête encore beaucoup à la critique, mais qui repose sur l'idée propre à l'auteur, que l'adverbe ne peut modifier qu'un adjectif, parce qu'il range les verbes dans cette catégorie. Il faut en convenir, on ne saurait imaginer rien de plus défectueux que le procédé conçu par l'abbé Sicard pour expliquer la formation de la terminaison *ment* dans un grand nombre d'adverbes, en la faisant dériver de *main-forte*, comme si cette explication pouvait jeter quelques lumières sur la valeur des adverbes *prudemment, sagement, seulement*, etc.; rien de plus inutile que les circonlocutions imaginées pour rendre compte de quelques autres adverbes qui s'interpréteraient si facilement par la méthode intuitive; comme, par exemple, *aujourd'hui*, pour lequel l'abbé Sicard commence par écrire *dans le jour, de le jour présent*, traduisant peu à peu, de lettre en lettre, *dans* en *a*, *le* en *u*, *présent* en *hui*, lorsque l'idée d'*aujourd'hui* est si familière au sourd-muet, qu'un signe suffit pour la lui

rappeler (1). Du reste, les signes spéciaux des adverbes sont donnés par celui du radical exprimant
l'idée principale (2), et combiné avec le signe général qui vient d'être indiqué.

L'abbé Sicard a eu le malheur de conserver
aussi, pour la conjonction en général, le signe
qui se compose d'un crochet formé avec les deux
index. Du moins a-t-il distribué avec ordre, distingué avec soin les diverses espèces de conjonctions, et saisi souvent, avec sagacité, le moyen
de représenter, dans des signes spéciaux, l'office
délicat que remplissent ces élémens du discours
destinés à marquer de simples vues de l'esprit.
C'est ici surtout que l'esprit souple et facile de
l'auteur s'est plié et replié en mille manières, pour
suivre nos langues artificielles dans la formation
de ces traits figuratifs et déliés qui marquent les
rapports des propositions élémentaires avec la
proposition complexe. (3)

La *Grammaire générale* de l'abbé Sicard est le
fruit des études qu'il avait faites sur les sourds-
muets, de l'expérience qu'il avait acquise dans ses
efforts pour leur enseigner les lois de nos langues; elle lui a ensuite servi de guide à lui-même

---

(1) *Cours d'Instruction*, pages 240 et suiv.

(2) *Théorie des Signes*, tome II, pages 592 et suiv. —
*Signes des mots*, page 36.

(3) *Ibid.*, pages 609 et suiv. — *Ibid.*, page 53.

dans ses applications. Nous sortirions de notre sujet, si nous nous arrêtions ici à l'examen de cet ouvrage. Toutefois, nous ne pouvons nous dispenser de déclarer en passant que nous n'approuvons aucunement deux des idées fondamentales sur lesquelles l'auteur a établi son système grammatical : l'une, qui réduit le verbe *être* à n'être qu'une simple *copule ;* l'autre, qui réduit tous les verbes à n'être que de simples adjectifs, comme si une action, un fait, n'était réellement qu'une qualité.

L'abbé Sicard avait adopté l'alphabet manuel de l'abbé de l'Épée et en faisait le même usage. Il a publié de nouveau, en 1819, et séparément, sous le titre d'*Art de parler,* le travail de l'abbé de l'Épée, sur l'articulation artificielle, qui faisait partie de *La véritable Manière d'Instruire les Sourds-Muets.* Il déclare, dans l'avant-propos, que « le sourd-muet n'est totalement rendu à la société « que lorsqu'on lui a appris à s'exprimer de vive « voix, et à lire la parole dans le mouvement des « lèvres. Ce n'est qu'alors seulement, dit-il, qu'on « peut dire que son éducation est entièrement « achevée. »

Ainsi, le système adopté par l'abbé Sicard est encore un système complexe; il réunit à la fois presque tous les instrumens imaginés pour suppléer à la parole; il comprend même, du moins dans sa théorie doctrinale, l'alphabet vocal, l'al-

phabet labial. Mais ce qui le caractérise essentiellement sous ce premier rapport, c'est le rôle
essentiel qu'il a attribué aux signes artificiels du
langage mimique, et le développement qu'il leur
a donné.

Il ne se distingue pas moins, en ce qui concerne
l'intelligence de la langue, par la prééminence qu'il
a justement assignée à l'interprétation logique,
par une constante application à rechercher et à
suivre les traces des opérations de l'esprit et de la
génération des idées. Il a ainsi essentiellement
contribué à ramener l'art d'instruire les sourds-
muets à une méthode essentiellement philosophique.

# CHAPITRE IX.

*Suite du précédent. — Pratique de l'abbé Sicard.
— Instituteurs formés à son école. — Manuel
par M. Bébian.*

ON a pu juger déjà, par la seule exposition de
la théorie de l'abbé Sicard, telle qu'il l'a présentée
dans ses ouvrages, que ses procédés pratiques
devaient nécessairement en différer dans l'enseignement.

D'un côté, en effet, en ce qui concerne la nomenclature, on a vu que sa *Théorie des Signes,* au
lieu de nous donner les vrais et réels *signes méthodiques* de rappel, qui, dans le langage du
maître et du disciple, représentent les mots écrits,
ne nous avait offert que des descriptions, des
scènes et des commentaires qui, pour devenir la
matière de *signes* proprement dits, devaient subir,
par l'ellipse, de nombreuses réductions, et revêtir
une forme simple.

D'un autre côté, le *Cours d'Instruction* est le
récit de l'éducation particulière de Massieu. Il
nous présente donc l'enseignement du sourd-
muet comme un enseignement individuel, et sous
les conditions que l'enseignement individuel peut

seul comporter; il doit subir des modifications essentielles dès qu'il s'agit de l'appliquer à un enseignement collectif et simultané. De plus, ce récit de l'éducation de Massieu, fidèle comme tableau des essais répétés et des secours de son instituteur, n'a rien de normal, si on veut le considérer comme une exposition didactique de préceptes; l'espèce de divagation qui y règne ne peut être transportée dans un enseignement régulier. Ce cours d'instruction laissait donc à déterminer les résultats définitifs auxquels l'instituteur s'était fixé, d'après l'expérience de ses essais répétés, et à établir un ordre convenable et progressif pour les divers degrés de l'enseignement et la matière propre à chacun.

L'expérience acquise, et qui, chaque jour, dans un art aussi nouveau, apportait de nouvelles lumières; la nécessité; le concours des sourds-muets eux-mêmes; les circonstances, l'inspiration du moment; diverses causes enfin concouraient à faire rectifier, développer, simplifier les procédés pratiques, dans l'enseignement de l'abbé Sicard; à modifier ainsi les règles qui semblaient résulter de sa doctrine, et, il faut le dire, à faire même varier souvent ces procédés, à les rendre différens d'eux-mêmes, en sorte que la pratique qui ne reposait point sur une théorie propre à la régler avec certitude, n'était pas non plus fixée d'une manière stable, précise, par des habitudes ou des conventions tacites; qu'elle n'avait aucun type uniforme; qu'elle flottait souvent dans une sorte de vague, et, à beaucoup d'égards, restait mobile et indéfinie.

C'est que, ainsi que nous venons de le dire, les circonstances du moment, l'inspiration, influaient beaucoup sur le mode d'enseignement de l'abbé Sicard; sa vive imagination n'eût pu se soumettre servilement à un plan rigoureux et tracé d'avance: il obéissait à une sorte d'instinct. Pour enseigner, il entrait en action : il pénétrait dans l'esprit, dans l'âme de son élève, entrait dans une communication intime avec lui : plein de l'objet qu'il voulait faire comprendre à cet élève, il le peignait sous les formes, avec les couleurs qui se présentaient à lui; et cela même était l'une des principales causes de ses succès : car il agissait fortement sur l'intelligence des sourds-muets; il se faisait en quelque sorte sourd-muet lui-même avec eux; il les faisait concourir avec lui à leur propre instruction.

Pendant plus de vingt-cinq ans un public nombreux a été témoin, aux exercices donnés par l'abbé Sicard, de ce talent d'improvisation, de cette fécondité et de cette flexibilité d'esprit dans les explications, de cette facilité à reproduire les mêmes vues dans un cadre toujours nouveau, de cet art à mettre en scène les règles les plus arides, à revêtir les abstractions des formes les

plus pittoresques, enfin de cette habileté à faire agir
les sourds-muets, à leur faire produire au-dehors
leurs propres pensées, qui distinguaient si éminemment l'abbé Sicard. Au vif intérêt qu'inspirait
cette espèce de drame, à l'étonnement que faisait
éprouver cette transformation continue des notions métaphysiques et morales en figures animées et sensibles, se joignait aussi, il faut le dire,
chez la plupart des spectateurs, un autre genre
de surprise que redoublait la curiosité, et qui
avait sa cause dans le préjugé si généralement ac-
crédité qui fait considérer le sourd-muet comme
incapable d'instruction, surprise que les réponses
souvent ingénieuses des élèves renouvelaient sans
cesse. Des observateurs plus calmes, des juges
exercés aux méditations philosophiques, cherchaient à étudier, dans ces exercices, les vrais
principes de l'art, y cherchaient quelque méthode
raisonnée, et, il faut le dire, en rapportaient une
opinion plus sévère.

Essayons de soumettre à une exposition didactique cette pratique suivie par l'abbé Sicard et par
ses collaborateurs, dans le sein de l'Institution,
pratique dont une partie, jusqu'à ce jour, n'a
point encore été décrite. Montrons comment elle
s'est fixée, à quelques égards; comment elle s'est
modifiée sous quelques autres rapports.

Et d'abord, en examinant comment les longues
descriptions pantomimiques de la *Théorie des*

*Signes* se sont converties en *signes de réduction,* elliptiques, simples, invariablement fixés et adoptés dans le commerce entre les maîtres et les élèves, nous nous trouvons enfin conduits à découvrir, à saisir, telle qu'elle existe réellement, cette langue des signes méthodiques qu'il nous était si important de bien connaître. Jusqu'à ce jour, non seulement elle n'a pas été publiée, mais elle n'a pas même été décrite : il n'est pas un seul des signes qui la composent qui ait même été exposé par écrit; elle est demeurée le secret des élèves et des maîtres, qui se la transmettent par tradition : il n'en existe aucun type; on ne peut que la voir en exécution; mais cette exécution est si rapide, si fugitive, qu'il n'est aucun spectateur qui, en la voyant mise en œuvre dans les exercices des sourds-muets et dans la pratique de l'enseignement, puisse se former une image nette et précise du geste qui sert à exprimer une idée déterminée. En même temps que nous allons posséder enfin et avoir sous les yeux la description fidèle de quelques uns des termes de cette langue singulière, et que par là nous pourrons nous préparer à la juger, nous aurons aussi l'avantage de pouvoir observer par quel ordre de réductions les descriptions mimiques qui servaient d'abord d'explications détaillées, se sont restreintes et converties en signes simples et abrégés; si ces réductions ont pu avoir lieu sans que les caractères essentiels de l'analogie en aient reçu une trop grave atteinte. Nous apercevrons, peut-être, dans cet exemple fort curieux des opérations de l'esprit humain, un indice de la marche qu'ont suivie aussi les écritures symboliques primitives, pour se convertir et se réduire en une écriture plus concise, et par là même plus mystérieuse ou plus arbitraire, comme l'écriture chinoise, ou les hiéroglyphes égyptiens ; car ce sont des procédés absolument du même ordre.

Commençons d'abord par les signes d'idées familières et sensibles ; car c'est ici que les procédés de réduction seront plus faciles à observer :

*Sable.* Description de l'abbé Sicard : (1)

« 1°. Le signe commun est celui de poussière, « formée de petits grains ; 2°. signe des bords de « la mer, où le sable se trouve plus ordinairement ; « 3°. signe de l'emploi qu'on en fait pour la com- « position du mortier. »

La réduction consiste à se contenter du premier de ces trois signes.

*Sel.* Description de l'abbé Sicard : (2)

« 1°. Le signe de *sel* est celui de petits grains « blancs qu'on répand dans les mets pour en aug- « menter la saveur, et dans certaines herbes po-

---

(1) *Théorie des Signes*, tome I<sup>er</sup>, page 47.
(2) *Ibid.*

« tagères qu'on mange crues, et auxquelles le sel
« fait donner le nom de salade : 2°. on peut ajouter
« encore le signe d'en prendre et d'en mettre sur
« la langue, avec les picotemens qui en sont l'effet
« ordinaire. »

La réduction s'opère en se bornant à imiter l'action de répandre du sel sur un mets, et en indiquant, du bout de l'index dirigé sur la langue, le picotement qu'il excite.

*Homme.* Description de l'abbé Sicard : (1)

« 1°. Porter l'index au front, comme pour mon-
« trer le siége de l'esprit qui pense, et puis au
« cœur, comme signe de la volonté qui s'incline
« vers les objets ; 2°. parcourir toute l'habitude
« du corps, avec les deux mains, de la tête aux
« pieds, pour montrer un corps étendu, animé,
« qui respire et qui marche. »

La réduction se borne au second signe.

*Domestique.* Description de l'abbé Sicard : (2)

« 1°. Signe d'une maison ; 2°. signe d'un maître
« et d'une maîtresse ( et ce signe est celui de
« la supériorité qui commande ) ; 3°. signe d'un
« homme ou d'une femme qui obéit ; 4°. signe de
« tous les devoirs que remplit ordinairement un
« domestique, comme de faire une chambre, et
« on la fait en la balayant, en faisant le lit, en

___

(1) *Théorie des Signes*, page 52.
(2) *Ibid.*, page 73.

« battant les fauteuils, en nettoyant tout ce qui est
« sale, etc. »

Réduction : Les deux mains étendues, la paume
en haut, se portent tantôt à droite et tantôt à
gauche, comme prêtes à servir au premier signal.
— Signe d'homme.

*Chasseur*. Description de l'abbé Sicard : (1)

« 1°. Représenter, par gestes, toutes sortes de
« pièces de gibier, comme daims, cerfs, lièvres,
« lapins, oiseaux, perdrix, bécasses, merles, etc.,
« courant dans les champs, volant dans les airs ;
« 2°. figurer un homme, portant la carnassière,
« le fusil sur l'épaule, suivi d'un ou de plusieurs
« chiens ; 3°. action de tirer et de tuer. »

Réduction : On feint de tirer un coup de fusil.
— Signe d'homme.

*Jardinier*. Description de l'abbé Sicard : (2)

« 1°. Signe d'un jardin ; ce signe se fait en figu-
« rant les plantes et les arbustes qui y croissent
« et qu'on y cultive ; 2°. action de celui ou de celle
« qui fait cette culture, qui arrache les mauvaises
« herbes, qui ratisse, qui arrose, etc. ; 3°. signe
« du sexe. »

Réduction : L'action de bêcher. — Signe
d'homme.

---

(1) *Théorie des Signes*, page 77.

(2) *Ibid.*, page 79.

*Laboureur.* Description de l'abbé Sicard : (1)

« 1°. Signes d'un champ, d'une charrue, de
« chevaux, de bœufs ; 2°. signe d'homme qui les
« attelle, qui les conduit, et qui les fait labourer :
« tout cela se figure en feignant qu'on tient
« les rênes d'une main, et qu'on pique ou qu'on
« fouette les animaux de l'autre. »

Réduction : Signe de bœuf, en indiquant ses
deux cornes ; on les fouette ; on feint d'appuyer
les deux mains sur la charrue. — Signe d'homme.

*Blanchisseuse.* Description de l'abbé Sicard : (2)

« 1°. Signes de draps de lit, de nappes, de ser-
« viettes, chemises, cravates, caleçons, bonnets,
« bas, mouchoirs ; 2°. signe de sale et de mal-
« propre, en figurant le groin du cochon ; 3°. ac-
« tion de blanchir le linge, par le signe de lessive,
« de savon trempé dans l'eau, et en figurant ce
« que font les blanchisseuses aux lavoirs. »

Réduction : La main droite fermée, comme si
elle tenait du savon, frotte la gauche, également
fermée. — Signe de féminin.

*Horloger.* Description de l'abbé Sicard : (3)

« 1°. Signes de pendules, d'horloges et de mon-
« tres, distinguant les unes par les deux poids et
« la boîte qui les renferme ; les autres, par le lieu

---

(1) *Théorie des Signes*, page 79.
(2) *Ibid.*, page 85.
(3) *Ibid.*, page 101.

« élevé où on les place, leur grand cadran, et la
« cloche qui sonne les heures ; et les autres, par
« la faculté que l'on a de les porter sur soi, et
« de n'avoir qu'un petit rouage bien différent du
« mécanisme des premières ; 3°. signe du faiseur,
« par l'imitation de son travail solitaire, et la forme
« de ses outils. »

Réduction : Signe de montre. On feint de la
tirer, de la porter à l'oreille, de limer ensuite. —
Signe d'homme.

*Maigre.* Description de l'abbé Sicard : (1)

« 1°. Figurer une personne dont les joues sont
« creuses ; et ce signe se fait en tendant la peau
« du visage autant qu'il est possible ; 2°. on repré-
« sente, autant qu'il se peut, un visage sec et dé-
« charné ; 3°. signe d'adjectif. »

Réduction : La main droite passe sur les deux
joues qui s'allongent en se creusant. — Signe
d'adjectif.

*Obscur.* Description de l'abbé Sicard : (2)

« 1°. Signe de clarté et de lumière, accompagné
« d'un signe négatif ; 2°. signe de ténèbres et de
« nuit, avec un signe d'affirmation ; 3°. signe d'ad-
« jectif, et d'abstraction pour *obscurité.* »

Réduction : Les deux mains étendues passent
devant les yeux en se croisant.

(1) *Théorie des Signes*, page 325.
(2) *Ibid.*, page 325.

*Trouble.* Description de l'abbé Sicard : (1)

« 1°. Signe d'obscur et de brouillé, où règne
« une lumière équivoque et confuse : ce signe se
« fait avec les deux mains qui servent à imiter la
« confusion, les ténèbres qui offusquent les yeux,
« et qui leur dérobe, à demi, la vue des objets
« environnans; 2°. signe d'adjectif. »

Réduction : Les deux mains tournent l'une autour de l'autre, imitant un tourbillon; les yeux,
en cherchant à pénétrer au travers, se ferment à
moitié.

Venons maintenant aux signes des idées d'un
ordre progressivement plus relevé.

*Conduire.* Description de l'abbé Sicard : (2)

« 1°. Figurer l'action de mener quelqu'un et de
« l'accompagner; 2°. figurer aussi l'action de com-
« mander à quelqu'un ce qu'il doit faire, et de le
« diriger, en chef, dans un travail dont on l'a
« chargé; 3°. signe du mode indéfini. Les princi-
« paux signes de ce mot sont, par ellipse, celui de
« prendre quelqu'un par la main, et de marcher
« avec lui; le signe de chef et de commandement,
« et le signe d'obéissance et d'action. »

Le signe réduit consiste à tendre la main à

_____

(1) *Théorie des Signes*, page 372.

(2) *Ibid.*, page 448.

quelqu'un, et à lui prendre le bras pour le conduire.

*Exciter.* Description de l'abbé Sicard : (1)

« 1°. Figurer deux personnes, dont l'une a un « devoir à remplir, quelque chose à faire ; 2°. on « peut déterminer ce devoir et cette action, en « figurant une course à faire, une lettre à écrire, « une commission quelconque à remplir. 3°. L'une « des deux engage l'autre, la presse de faire ce « qu'elle doit faire, et c'est en touchant son coude « de l'index de la main droite, à plusieurs reprises, « accompagnant ce geste d'un mouvement des yeux « et de la physionomie. 4°. Mode indéfini. »

Le signe réduit se borne au mouvement de l'index droit, frappant, à diverses reprises, sous le coude gauche.

*Promettre.* Description de l'abbé Sicard : (2)

« 1°. Figurer deux personnes, dont l'une de- « mande à une autre une chose qui ne peut se « faire sur l'heure. 2°. Action de la part de l'autre « personne de faire, un jour à venir et déterminé, « ce qui est demandé. Tout ceci ne peut s'exécuter « que par une pantomime figurative, où l'on ex- « prime la demande, d'une part, et la promesse « de l'autre. 3°. Mode indéfini. »

La réduction supprime la demande, et se borne

_____

(1) *Théorie des Signes*, page 497.
(2) *Ibid.*, page 532.

à la réponse : la main étendue, le revers en haut, se porte en avant, à la hauteur de la tête, avec un léger mouvement de haut en bas : expression de sincérité sur la physionomie.

*Punir.* Description de l'abbé Sicard : (1)

« 1°. Représenter des élèves ayant commis quel-« que faute, en faisant ce qui était défendu, et en « ne faisant pas ce qui était commandé. 2°. Action « de leur imposer quelque privation, ou de ré-« création, ou de toute autre chose agréable, ou « de les faire passer quelques heures, ou même « quelques jours, dans la chambre de discipline. « 3°. Mode indéfini. »

Réduction : La main droite fermée se porte avec force sur l'avant-bras droit, placé horizontalement en avant du corps.

*Aider.* Description de l'abbé Sicard : (2)

« 1°. Supposer une personne faisant quelque « action, portant un fardeau, écrivant des lettres « ou des mémoires, arrangeant des livres, etc., et « ne pouvant seule faire tout cela. 2°. Représenter « une autre personne qui survient, et qui partage « toutes ces opérations, pour soulager et aider la « première. 3°. Mode indéfini. »

Réduction : La main droite soulève l'avant-bras gauche.

---

(1) *Théorie des Signes*, page 533.

(2) *Ibid.,* page 28.

*Historien.* Description de l'abbé Sicard : (1)

« 1°. Signes d'actions, de guerres, de victoires,
« de paix, d'incendies, de conspirations, de révo-
« lutions, de malheurs de toute espèce, d'institu-
« tion, de prospérité, de décadence de gouverne-
« ment, etc. 2°. Signes de passé, de·grand, d'éton-
« nant, de remarquable. 3°. Signe du désir d'ap-
« prendre les événemens mémorables des temps
« anciens. 4°. Figurer celui qui les écrit et qui en
« fait imprimer le récit. »

Réduction : La main gauche se jette plusieurs
fois par-dessus l'épaule, pendant que la droite écrit.

*Orateur.* Description de l'abbé Sicard : (2)

« 1°. Figurer un homme parlant à une grande
« multitude assemblée, et la déterminant à faire ce
« qu'il loue, et à s'abstenir de ce qu'il condamne.
« 2°. Figurer ce même homme, représentant, par
« des discours pleins de grâce, de feu, les charmes
« de tout ce qui est honnête, et épouvantant les
« vicieux par des tableaux pleins de pensées fortes
« et d'images terribles du crime, et de tout ce qui
« est contraire à la sainteté de la justice et de l'in-
« nocence. ( Ces idées ne peuvent être présentées
« aux sourds-muets qu'à la fin de leur cours d'in-
« struction, et quand ils peuvent, sans nul secours,
« les rendre par signes. )

---

(1) *Théorie des Signes*, page 130.
(2) *Ibid.*, page 134.

Réduction : L'index de la main droite imite le mouvement de la parole sortant de la bouche ; léger mouvement des bras; attitude imposante.

*Juge.* Description de l'abbé Sicard : (1)

« 1°. Signes de criminel, de voleur, d'assassin, « d'empoisonneur, d'incendiaire, de faux mon- « noyeur, de faux témoin, de banqueroutier frau- « duleux, de débiteur, de détenteur du bien d'au- « trui, etc. ( Ces signes se font en figurant, par « gestes, les actions de chacun de ces hommes in- « justes. ) 2°. Signe de juge, qui se fait en figurant « un homme décoré du costume de son état, qui « tient une balance à la main, et qui est censé « peser l'action qui lui a été dénoncée, et la com- « parer avec la loi qui la défend, qui interroge « l'accusé et les témoins. 3°. Il condamne ou il « absout. La condamnation s'exprime d'un air sé- « vère, en figurant les différentes peines ordinai- « rement infligées aux coupables; et l'absolution, « d'un air agréable et riant, en passant la main « droite sur le plat de la gauche, comme pour « effacer ce qui la salissait, et pour montrer qu'il « n'y reste plus rien. Tous ces signes s'ellipsent « peu à peu, et on les réduit à ceux qui sont « essentiels, et qui caractérisent l'accusé, le juge, « la condamnation et le pardon. »

Réduction : On feint de tenir les deux extré-

mités d'une balance par le bout des doigts ; on
imite le mouvement alternatif des deux bassins
ou plateaux. — Signe de l'homme.

*Connaître.* Description de l'abbé Sicard : (1)

« 1°. On fait d'abord, en regardant sa main, qui
« est censée représenter une personne ou un objet,
« le signe de ne pas connaître, et il se fait par un
« signe de négation. Puis on cache cette même
« main derrière sa tête, on la remet sous ses yeux,
« on la regarde, et on fait le signe de connaître
« par un signe d'affirmation. »

Réduction : La main étendue, déployée, se porte
sur le front, le revers en dehors ; expression de
confiance, dans la physionomie.

*Consoler.* Description de l'abbé Sicard : (2)

« 1°. Figurer deux personnes, dont l'une, ayant
« appris la mort d'un de ses proches, est accablée
« de douleur. 2°. Figurer l'autre, lui adressant, par
« signes, des consolations et des adoucissemens à
« son chagrin. 3°. Signe du mode indéfini. »

Réduction : Les deux mains étendues s'abaissent, à diverses reprises, la paume en dehors,
comme pour imiter l'action du calme ; les yeux
expriment la tristesse ; la douceur se peint sur la
physionomie.

(1) *Théorie des Signes*, page 450.

(2) *Ibid.*, page 431.

*Ennuyer*. Description de l'abbé Sicard : (1)

« 1°. Figurer plusieurs personnes; 2°. en figurer
« une d'entre elles qui fait de longs récits, racon-
« tant des choses communes en termes communs;
« 3°. représenter celles qui l'écoutent, bâillant,
« tournant la tête, regardant le plafond et tout ce
« qui se trouve autour d'elles. 4°. Mode indéfini. »

Réduction : On bâille, en détournant la tête; les
bras s'étendent, comme lorsqu'on a sommeil. —
Signe de cause.

*Cause*. Description de l'abbé Sicard : (2)

« 1°. Signe d'action, qui se fait en figurant l'ac-
« tion de faire, et cette action se figure en feignant
« de modifier devant soi, avec les deux mains,
« quelque objet, comme si on lui donnait non
« seulement la forme, mais l'existence, ce qui se
« fait en figurant cet objet sortant du fond de la
« terre, et paraissant tout à coup. »

Réduction : Mouvement de la main fermée, le
pouce levé, se portant de bas en haut, comme
imitant la production.

*Vivre*. Description de l'abbé Sicard : (3)

« 1°. Représenter le principe de chaleur et de
« mouvement qui anime les corps, qui les fait
« sentir, croître, se mouvoir et agir : c'est de ces

---

(1) *Théorie des Signes*, page 490.
(2) *Ibid.*, page 209.
(3) *Ibid.*, page 579.

« quatre verbes qu'il faut faire le signe, parce
« qu'ils sont le caractère et les signes de la vie
« animale. 2°. On peut y ajouter encore les signes
« de connaître, de se souvenir et de vouloir, et
« c'est alors la vie de l'homme. 3°. Mode indéfini. »

Réduction : Les deux mains fermées en pointe,
les doigts tournés en haut, montent des deux côtés
de la poitrine, en s'ouvrant ; la bouche respire et
la physionomie s'anime.

*Avare.* Description de l'abbé Sicard : (1)

« 1°. Figurer des richesses, en faisant le signe
« de pièces de monnaie qu'on a l'air de compter,
« et qui forment une somme considérable ; on fait
« aussi le signe de toutes les sortes de propriétés
« qui font l'homme riche : maisons de campagne,
« maisons de ville, fermes, etc., revenus de toutes
« les espèces. 2°. Exprimer le violent désir de pos-
« séder tous ces objets, et l'attachement excessif
« aux moindres biens. 3°. Figurer le soin que l'on
« met à les conserver, et surtout celui de n'en
« point user, ou de le faire avec une grande par-
« cimonie : toute cela se représente par une pan-
« tomime fidèle qui, peu à peu, supprime les dé-
« tails, et ne conserve que les principaux signes.
« 4°. Signe d'adjectif. »

Réduction : Les deux mains formées en crochet

_____

(1) *Théorie des Signes,* tome II, page 62.

ou griffe, raclent le pantalon, en remontant le long des cuisses. — Expression d'anxiété.

*Difficile.* Description de l'abbé Sicard : (1)

« 1°. Signe de l'action de *faire,* accompagné du « futur. 2°. On porte les deux index au front, en « les roulant l'un sur l'autre, accompagnant ce « signe d'une expression de peine et d'embarras « que figure la physionomie. 4°. Signe d'adjectif. »

Réduction : Les deux poings tournent l'un autour de l'autre avec effort. La fatigue se peint sur les traits du visage.

*Faux.* Description de l'abbé Sicard. (2)

« 1°. Signe de *vrai,* en tirant une ligne droite « de la bouche, avec l'index qui la trace de ce « point en avant; accompagner ce signe de celui « de la négation; 2°. tirer une ligne d'une ma- « nière horizontale, et dans le sens de la bouche; « 3°. signe de l'adjectif. »

La réduction se borne au deuxième de ces signes.

*Loi :* Description de l'abbé Sicard. (3)

« 1°. Figurer Dieu, ou quelque homme con- « stitué en dignité, chef d'un État, ou à la tête « d'une administration quelconque, faisant con- « naître, ou par inspiration ( si c'est Dieu ), ou par

---

(1) *Théorie des Signes,* page 129.
(2) *Ibid.,* page 168.
(3) *Ibid.,* page 237.

« des paroles, ou par écrit (si c'est un homme),
« sa volonté absolue sur ce qu'il veut qu'on fasse,
« ou sur ce qu'il veut qu'on ne fasse point ; 2°. fi-
« gurer un écrit quelconque contenant un com-
« mandement ou une défense, avec le signe de
« publication ; 3°. signe du nom abstractif. »

·Réduction : L'index de la main droite se porte
sur la paume de la main gauche, élevée, étendue ;
puis, les deux index réunis s'avancent en droite
ligne et horizontalement, comme pour tracer une
règle.

*Secret.* Description de l'abbé Sicard. (1)

« 1°. Figurer un événement quelconque qui
« n'est connu de personne ; 2°. représenter l'ac-
« tion de parler, et l'accompagner du signe de né-
« gation : les sourds-muets expriment cette idée
« en fermant la bouche, et en appliquant le pouce
« sur les deux lèvres ; 3°. signe d'adjectif. »

Réduction : Le pouce sur la bouche close ; puis
la main droite se glisse sous la gauche, placée
près du cœur, le revers en haut. La circonspection
s'exprime sur la physionomie.

*Beau.* Description de l'abbé Sicard. (2)

« 1°. Représenter un objet qui plaît à la vue
« par l'agréable proportion de toutes ses parties ;
« on rappelle au souvenir les plus beaux monu-

---

(1) *Théorie des Signes*, page 444.
(2) *Ibid.*, page 74.

« mens connus de celui à qui on fait le signe de
« beau : ces objets peuvent être quelque chef-
« d'œuvre de peinture, de sculpture ou d'archi-
« tecture, ou quelque fleur rare et précieuse par
« sa forme et ses couleurs; 2°. signe d'admiration;
« 3°. signe d'adjectif. »

Réduction : Les mains semblent suivre avec
complaisance les contours d'une belle forme; l'une
d'elles se porte ensuite à la bouche, puis s'en éloigne en montant : air de satisfaction.

*Jaloux.* Description de l'abbé Sicard. (1)

« 1°. Représenter une personne qui envie le
« bien des autres, que leurs succès contristent, et
« qui serait fâchée de partager son bonheur avec
« eux; 2°. représenter l'attention de bien conserver
« ce qu'on possède, et de n'en céder jamais aucune
« partie à personne ; 3°. signe d'adjectif. »

Réduction : On se mord l'index de la main
droite; regard de travers ; air inquiet.

*Réfléchir.* Description de l'abbé Sicard. (2)

« 1°. Figurer l'action de l'esprit qui médite sur
« quelque chose, et qui l'examine mûrement;
« avoir la tête fixe, les yeux collés à terre; diriger
« l'index tantôt à droite, tantôt à gauche, en y
« portant également la tête; puis avoir l'air d'être

---

(1) *Théorie des Signes*, page 189.

(2) *Ibid.*, page 390.

« décidé, et diriger et l'index et la tête devant soi;
« 4°. Mode indéfini. »

Réduction : Attitude calme, et recueillie ; l'index
de la main droite, porté au front, semble y tracer
des figures.

On remarque jusqu'ici que la réduction des
descriptions circonstanciées à un signe rapide et
simple, conserve cependant quelque empreinte de
l'analogie qui se déployait entière dans la scène
mimique primitive. Cependant, cette empreinte
primitive n'est pas tellement sensible, qu'elle se
manifeste au premier coup d'œil, qu'elle puisse
même se reconnaître avec certitude. Il a fallu une
convention expresse ou tacite, pour choisir, entre
cette multitude de traits détaillés qui composaient
la description, ceux qui, par un privilége spécial,
survivront seuls dans le signe elliptique, pour
attacher à ce fragment de l'ancien tableau la même
valeur qu'au tableau lui-même. On remarque aussi
que l'analogie subsistante dans le signe elliptique
s'affaiblit d'autant plus, que ce signe remplace un
tableau plus composé. Les signes de réduction,
s'ils sont donc encore des signes d'analogie, ne
reposent cependant que sur une analogie plus ou
moins faible, incertaine ; ils entrent en même
temps dans la classe des signes conventionnels; ils
prennent graduellement ce caractère.

Cependant, la valeur représentative de ces

signes, dans l'imagination et la mémoire, dépend beaucoup du mode suivant lequel ils ont été institués. Si, en effet, ils étaient formés et convenus, sans aucune préparation antécédente, il serait difficile d'y reconnaître l'image, au moins l'image distincte de l'idée qu'ils doivent exprimer. Mais, formés seulement à la suite de ces descriptions circonstanciées dont la *Théorie des Signes* nous donne les exemples, institués comme une sorte de résumé de ces mêmes descriptions plusieurs fois répétées, ils reproduiront dans l'esprit le tableau dont ils sont sortis; ils lui emprunteront encore une partie de ses effets : ils ne seront plus seulement des signes de rappel; ils auront encore quelque chose de pittoresque, au moyen des images qu'ils réveilleront dans l'esprit.

C'est une chose digne d'attention que les signes de réduction, malgré leur laconisme, ont souvent quelque chose de plus précis, de moins vague, que la longue description qui épuisait tous les détails.

La réduction s'opère généralement en élaguant toutes les circonstances accessoires, pour s'arrêter à celle qui est plus spécialement caractéristique; dans un objet, à celle de ses propriétés qui paraît la plus saillante; dans une action, à celui de ses ressorts qui se montre le plus à découvert.

Le plus souvent, le langage mimique manque de moyens directs pour peindre, ou la propriété d'un objet, ou le ressort d'une action ; alors il est contraint de recourir à la métaphore, de signaler l'effet pour la cause, la partie pour le tout, l'antécédent pour le conséquent, ou réciproquement; alors, aussi, dans ce signe elliptique si abrégé doivent être renfermées à la fois, et l'expression qui annonce la métaphore, et celle de l'idée réelle qu'il s'agit de reproduire.

On remarquera encore que, dans tous les signes de réduction employés pour représenter des idées intellectuelles et morales, le langage mimique, contraint de recourir aux allégories et aux symboles tirés des choses sensibles, doit encore réunir une double fonction : celle de peindre par l'analogie ce mouvement ou cette propriété sensible sur laquelle l'allégorie se fonde, et celle de faire, cependant, reconnaître qu'il y a en effet allégorie, pour faire remonter à la notion mystérieuse dont ce symbole est l'expression intermédiaire. Le langage mimique étant lui-même un langage figuré, il y a ici deux figures entées l'une sur l'autre : on pourrait dans ce cas appeler le signe mimique de réduction, un signe figuré du second degré, ou élevé à la seconde puissance.

On remarquera enfin, et cette remarque mérite une attention particulière, que lorsque la description de l'auteur de la *Théorie des Signes* ne fournit que des exemples spéciaux et détachés, mode trop imparfait sans doute d'explication, le signe de réduction, dans sa simplicité, découvre avec bonheur le caractère d'une expression générale, et sait le retracer, comme nous en avons vu des exemples, dans les signes d'*exciter*, *aider*, *punir*, etc. Nous en retrouvons un très sensible encore dans le signe de *satisfait*. La description de l'abbé Sicard comprend trois élémens : « 1°. repré-« senter une maison d'éducation et plusieurs élèves, « dont les uns négligent leurs devoirs et déplaisent « au maître, et dont les autres travaillent avec goût « et ardeur, et le *contentent;* 2°. représenter ceux-« ci faisant tout ce qu'on leur commande et au-« delà; 3°. mode indéfini. » Le signe de réduction peint d'abord l'effet, la satisfaction produite : la main droite, déployée, frotte doucement le cœur, pendant que la figure s'épanouit. Il peint ensuite l'action de produire cet effet : la main fermée, se projette en avant, décrivant une courbe, et s'ouvre.

Au reste, tous les signes de réduction ne reposent pas sur l'analogie; il en est qui abandonnent entièrement ces traces, et qui prennent un caractère absolument arbitraire. Quelquefois, la négligence seule, le défaut d'observation, leur a donné naissance; plus souvent, l'impossibilité de reproduire dans un signe simple et sensible les conditions d'une notion très abstraite ou très compliquée, a rendu cette marche nécessaire; souvent les objets qu'il s'agit de rappeler ne se dis-

tinguent pas eux-mêmes par des traits caractéristiques qui leur soient propres. Dans le langage
des signes de réduction, employés sous la direction de l'abbé Sicard, par notre Institut de
sourds-muets, les degrés de parenté, les jours de
la semaine, etc., se rendent par des expressions
absolument arbitraires, c'est-à-dire en figurant
la première lettre du mot français qui leur est
affecté; il en est de même du signe des temps.

C'est ainsi que, par une dégradation continue
et insensible, le langage mimique, d'un tableau
vivant, animé, complet, dont il se composait à
l'origine, se transforme en une analogie successivement plus imparfaite, plus vague, pour se terminer enfin dans une pure convention.

Tous ces signes de réduction s'exécutent avec
une singulière rapidité; ils sont instantanés; ils
égalent presque la célérité de la voix humaine:
l'attitude du corps, l'aspect de la physionomie,
l'expression des yeux, accompagnant le mouvement des mains, impriment au signe mimique, sans
en prolonger la durée, un ensemble qui conserve
une sorte d'unité au milieu des élémens de détail
qui s'y combinent avec une heureuse harmonie.

Si les signes de nomenclature ont donc pris,
dans l'application pratique, un caractère entièrement nouveau, et ont reçu surtout ce cachet de
simplicité qui leur était si nécessaire, les signes
grammaticaux du moins ont subsisté tels que l'ins-

tituteur les avait créés : c'est ici la portion de sa méthode à peu près invariable.

Seulement, on a reconnu qu'il était le plus souvent inutile de joindre, dans les entretiens, au signe de nomenclature, le signe grammatical destiné à rappeler que le mot correspondant en français appartient à la classe des *adverbes,* des *prépositions,* etc., quand la chose s'entend suffisamment par elle-même.

L'enseignement collectif, donné dans un institut peuplé de nombreux élèves, la séparation de ces élèves en plusieurs classes, sous des professeurs distincts, et suivant leur degré d'avancement, demandaient une distinction dans les matières, un ordre progressif dans la marche de l'instruction, et dès-lors exigeaient, dans la pratique, la méthode régulière qui manquait au *Cours d'Instruction,* tel qu'il avait été publié par l'instituteur. On a donc formé une échelle de quatre degrés distincts. On a d'abord enseigné séparément la nomenclature, en la divisant elle-même en deux périodes : comprenant, l'une, les objets sensibles; l'autre, les objets plus relevés. On a formé ensuite les propositions simples, et enseigné les fonctions des élémens qui les constituent. De là, on s'est élevé aux propositions complexes, aux nombreux rapports qu'elles renferment. On a terminé par l'étude des plus hautes difficultés de la langue, par les gallicismes, par les exercices de composition, par quelques notions sur le style, la logique, et surtout par le développement de l'instruction morale et religieuse.

Mais cet enseignement collectif, restreint aux heures des classes, renfermé dans l'enceinte des salles, a été malheureusement privé de ce cours préliminaire d'observations sur la nature réelle, qui devait se faire sur la scène du monde et de la société, et qui devait être la préparation la plus utile à une vraie éducation du sourd-muet.

L'abbé Sicard a joint à son *Cours d'Instruction* neuf modèles de leçons. On en eût désiré un plus grand nombre; on y eût désiré un caractère normal et didactique mieux déterminé. Il en est de bien malheureusement choisis, tels que le cinquième, sur l'adverbe *comment*. Il en est de très inexacts, comme le septième, qui réduit toutes les opérations de l'esprit et de la volonté à n'être que des divers degrés du même acte, exprimés par la répétition des mots *idéer* et *vouloir*. Il en est de très insuffisans, comme le sixième, qui consacre seulement quelques lignes à l'explication si importante des notions de *cause* et d'*effet*, et qui y joint encore des détails plus propres à l'embarrasser qu'à l'éclairer, comme ceux-ci : *Massieu est façon ; dessin est effait*. (1)

_____

(1) *Cours d'Instruction*, pages 470, 471.

Les procédés de détail exposés dans le *Cours d'Instruction,* ont dû subir aussi, dans la pratique usuelle, de nombreuses modifications qui ont pour objet le plus souvent de les simplifier, quelquefois de leur donner plus de précision. On a dû conserver fidèlement, et cet heureux début, fondé sur l'intuition, dans lequel les noms sont imposés aux objets présens ou définis, et l'explication de la valeur copulative du verbe *être,* et l'emploi des chiffres pour signaler les rôles que remplissent les élémens de la proposition, et le mode suivi pour faire naître l'interrogation, et les formules qui servent à assigner leur fonction précise aux prépositions. Mais l'expérience a bientôt fait reconnaître que le procédé employé par l'abbé Sicard, pour définir l'adjectif, tout ingénieux qu'il est, en peignant, d'une manière figurative, l'opération délicate par laquelle l'esprit détache la qualité du sujet, pour l'y réunir ensuite, pouvait être remplacé, avec avantage, par une indication plus rapide, plus claire, plus sûre, en se fondant sur la propriété qu'a l'adjectif, dans nos langues, de déterminer l'objet par sa qualité. L'expérience a fait reconnaître que le sourd-muet, ayant déjà lui-même une notion très exacte et très nette des trois temps absolus, il s'agissait moins de se donner beaucoup de peine pour lui faire analyser cette notion, que de le bien guider pour l'appliquer. L'expérience a fait surtout entière-

ment abandonner les vues exposées par l'abbé
Sicard sur la formation de l'adverbe, et cette pénible transformation, par laquelle il s'efforce de
faire naître la terminaison *ment,* commune à un
grand nombre d'adverbes, des mots *manière,*
*main,* en suivant de longs détours où des notions faciles ne font que s'obscurcir. L'abbé Sicard,
du reste, ainsi que nous l'avons déjà remarqué,
se guidait, dans son propre enseignement, bien
plus encore par les lumières qui jaillissaient mo-
mentanément pour lui de son commerce avec ses
élèves, et du besoin de la circonstance, que par
des règles antérieurement fixées *à priori;* il agissait plus qu'il n'appliquait sa propre théorie, et
il avait atteint son but quand il s'était fait comprendre.

Il est résulté toutefois de cet état de choses, que
la pratique usuelle et réelle, adoptée dans l'Institut, sous la direction de l'abbé Sicard, manquait
d'un type normal, de règles fixes et déterminées;
que ses procédés n'étaient consignés nulle part.
Ce fait s'est fait sentir encore d'une manière bien
plus marquée, lorsque l'abbé Sicard a été enlevé
à un établissement qu'il dirigeait depuis trente
ans. C'est alors que notre administration a cru
devoir soustraire l'enseignement à l'incertitude
des vagues traditions, lui donner un régulateur,
et faire tracer quelques modèles qui pussent
subsister, et servir de point de ralliement. Elle a

désiré obtenir un manuel qui se composât non de théories, de préceptes, mais seulement d'exercices mis sous la forme d'exemples. Elle a confié l'exécution de ce travail à M. Bébian. Le manuel qu'il a rédigé a rempli l'objet que nous nous proposions (1), et a mérité notre approbation. Cette approbation a été donnée à l'ensemble du travail; elle n'est point une adoption décidée pour chaque procédé de détail : nous aurions désiré peut-être un ordre plus logique; nous avons regretté de voir subsister des lacunes considérables (2); nous n'avons pu être toujours satisfaits de quelques innovations proposées (3). Mais ce manuel n'est point destiné à être imposé dans l'enseignement, comme une collection de règles à suivre : il est une collection d'exemples destinés à

---

(1) Dans le rapport primitif dont le présent écrit n'est qu'une nouvelle rédaction, on avait proposé de faire rédiger ce manuel ; dans un rapport subséquent, on proposa d'adopter et de publier le travail rédigé par **M. Bébian**. Aujourd'hui, que ce travail a vu le jour, ce qui était, dans les rapports primitifs, une proposition, un vœu, devient un récit, un compte-rendu. Le *Manuel* vient d'être publié chez **M. Méquignon** père, en 2 vol.

(2) Particulièrement sur les *conjonctions*.

(3) Nous regrettons que l'auteur soit revenu à un début auquel l'abbé Sicard avait sagement renoncé, en faisant connaître l'alphabet en détail au sourd-muet, avant de lui enseigner aucun nom.

éclairer la marche des instituteurs ; il a surtout
pour but de fixer, d'une manière stable, le modèle des procédés usuels, les plus simples, les
plus utiles, les plus faciles dans la pratique. Le
manuel de M. Bébian possède éminemment ce
mérite. L'élève y est constamment conduit, de la
manière la plus naturelle, à concevoir de lui-
même les idées qu'on veut lui faire exprimer,
parce qu'il est placé dans les situations propres
à les faire naître. La méthode suivie est une véritable méthode d'intuition ; elle substitue heureusement, aux définitions en forme, à l'analyse directe, qui est souvent d'un accès difficile, cette
démonstration indirecte qui consiste à mettre en
jeu les facultés de l'élève, à le faire agir, à lui
faire sentir le besoin des formes grammaticales
qu'on veut lui fournir. L'auteur a prolongé, bien
au-delà des premiers pas dans la carrière, l'emploi
du dessin, comme moyen auxiliaire d'intuition ; il
l'a introduit dans les régions abstraites, dans l'explication des fonctions de l'article, et des valeurs
des prépositions (1) ; il en a fait un usage heureux et neuf ; il a montré ainsi que le procédé
du P. Vanin, traité avec tant de dédain, pouvait
offrir des secours bien plus utiles qu'on ne l'a
supposé, étant réduit à un office subordonné,

---

(1) *Manuel d'Enseignement pratique*, etc., tome I<sup>er</sup>, Planches XIX, XX et XXI.

et combiné sagement avec de bonnes méthodes intuitives. L'auteur a constamment tendu à simplifier les procédés, en les délivrant de tout appareil inutile. Il a introduit des améliorations remarquables : il a mieux caractérisé, par exemple, la fonction copulative du verbe *être*, quoiqu'il ait négligé, comme l'abbé Sicard, d'indiquer les deux autres fonctions du même verbe ; il a fort bien distingué les deux présens qui, dans les verbes, sont exprimés par le même terme ; les deux valeurs de l'article *le, ia, les,* l'une, qui généralise, l'autre, qui détermine ; il a exposé, avec beaucoup de netteté, l'emploi du pronom *qui,* à la suite du verbe. La plus haute difficulté de la grammaire générale, celle où la métaphysique joue le rôle le plus essentiel, la formation du substantif abstrait, se dissipe, dans le manuel, à l'aide de la méthode intuitive, et n'est plus qu'une opération familière de l'esprit. La marche est partout éclairée par un choix d'exemples parfaitement bien entendu.

A côté de ce manuel, nous désirerions avoir un bon modèle de nomenclature, où les termes des langues seraient groupés par familles, et classés ensuite d'après un arbre généalogique, conforme au système de la formation des idées dans l'intelligence humaine. Nous aurions désiré également posséder un tableau des signes de réduction qui composent le langage mimique employé dans l'Institut de Paris, et qui sert aujourd'hui d'instrument principal à l'enseignement. Nous essayerons, dans la 3e Partie de cet ouvrage, de présenter quelques vues sur les principes qui devraient guider dans le premier de ces deux travaux, et sur l'utilité qu'on pourrait attendre de l'autre.

Parvenu à un âge avancé, et distrait par d'autres soins, l'abbé Sicard n'enseignait plus par lui-même dans les dernières années de sa vie; mais il avait formé des élèves, et l'enseignement se continuait sous ses yeux, dans l'esprit de sa méthode. M. Paulmier est celui de tous qui a travaillé le plus longtemps sous sa direction; il a conservé la tradition vivante de tous ses procédés et y est demeuré scrupuleusement fidèle. Animé d'un zèle sincère pour l'instruction des élèves et pour les intérêts de la gloire de son maître, M. Paulmier a montré aussi, dans la pratique des procédés, une habileté et une facilité qui lui ont procuré des succès. Plusieurs élèves sourds-muets, distingués par leur capacité, ont été formés par ses soins. Il a publié diverses lettres ou notices, et un écrit intitulé *Le Sourd-Muet civilisé* (1), où l'on trouve consignés quelques faits curieux, quelques documens intéressans; où la méthode de l'abbé Sicard est préconisée sans restriction, mais qui ne renferme aucune vue neuve sur les principes de l'art : il a

_____

(1) *Paris*, 1820, 1 vol. in-12.

publié également un *Aperçu du Plan d'Éducation des Sourds-Muets* (1), qui, pour être susceptible d'une application utile, devrait être plus conforme à la nature des opérations des l'esprit humain.

M. Bébian, disciple de l'abbé Sicard, a opéré quelques années sous la direction de ce célèbre instituteur; il a saisi mieux que qui que ce soit le principe duquel est dérivée la méthode de l'abbé de l'Épée et de l'abbé Sicard, le principe qui forme l'âme et la substance de tous leurs procédés; nul ne l'a exposée avec plus de netteté et d'élégance, n'a mieux présenté tous les motifs propres à la faire valoir; nul n'a porté plus haut le mérite des signes du langage mimique; nul ne s'en est promis des effets plus étendus et plus complets : il ne se borne pas à leur reconnaître une éloquence naturelle, des propriétés pittoresques et poétiques, il leur attribue une clarté, une exactitude logique, fondées sur les conditions d'analogie qu'ils observent; il va jusqu'à les supposer aussi propres à exprimer les notions abstraites que les images sensibles. A de nombreuses connaissances acquises, à une heureuse sagacité d'observation, à un talent distingué, cet auteur joint cette vivacité d'intérêt pour la destinée des sourds-muets, qui sera toujours l'une des plus certaines causes de

(1) *Paris*, 1821. Brochure in-8°.

succès pour ceux qui s'occuperont de leur instruction. Quelques erreurs sur la génération des
idées et les opérations de l'esprit humain, jointes
à des préventions exagérées en faveur du langage
mimique, l'empêchent encore peut-être d'apercevoir et de suivre la voie la plus directe pour
atteindre au terme de cette instruction. Il a débuté
par un *Essai sur les Sourds-Muets et sur le langage naturel,* également bien pensé et bien écrit (1):
il se propose, si je ne me trompe, de publier un
ouvrage doctrinal sur l'art qui nous occupe.

Il est deux autres élèves de l'abbé Sicard qui
ont acquis, le premier surtout, une juste célébrité. Sourds-muets l'un et l'autre, ils sont devenus d'excellens instituteurs de sourds-muets : ce
sont MM. *Massieu* et *Clerc.* M. Massieu est trop bien
connu par le rôle qu'il a joué pendant tant d'années
dans les exercices publics de l'abbé Sicard, pour que
nous ayons besoin de rappeler ici tout ce qu'il y
a déployé de sagacité, et l'originalité souvent élo-
quente de ses réponses : il a publié, pour l'usage
des sourds-muets, une nomenclature qui a le
double vice d'être exubérante, par la multiplicité
de mots inutiles aux sourds-muets qu'elle contient, et d'être dépourvue de toute méthode logique, condition qui seule peut faire le mérite
d'un tel travail. M. Clerc, plus jeune, bientôt enlevé

_____

(1) *Paris,* 1817, in-8°.

à la France, a eu moins d'occasions de se produire;
en peu d'années, cependant, il a de beaucoup de-
vancé son émule. M. Massieu n'a jamais pu parvenir à écrire le français d'une manière parfaitement correcte et pure; M. Clerc y est parvenu de
bonne heure, et il a dû sans doute cet avantage
à un exercice assidu et bien dirigé de lectures
choisies. M. Lafon-de-Ladebat a conservé et publié,
à Londres (1), un *Recueil des Définitions et des
Réponses* de MM. Massieu et Clerc, aux questions
qui leur furent adressées pendant les exercices
publics que l'abbé Sicard donna dans cette ville
en 1815. Ce recueil se lit avec beaucoup d'intérêt,
et offre un témoignage vivant du haut degré de
développement et de culture auquel est parvenue
l'intelligence de ces deux sourds-muets. M. Clerc,
appelé dans l'Amérique du Nord pour y diriger
un institut de sourds-muets, remplit depuis plusieurs années cette mission avec un succès remarquable. Il a composé, pour l'examen des élèves de
l'établissement dans le Connecticut, en présence
du gouverneur et des deux chambres, un discours
écrit en anglais, qui a été traduit ensuite en français, et publié en France (2), et qui atteste toute
sa capacité. En ce moment encore, nous possédons,

(1) En anglais et en français. *Londres*, 1815, 1 vol. in-8°.
(2) *Paris* et *Genève*, 1818, in-8°.

dans notre institution, plusieurs de nos élèves
sourds-muets qui, élevés par leur mérite au grade
de répétiteurs, s'acquittent, à notre entière satisfaction, des fonctions de l'enseignement, et promettent des successeurs à ceux que nous venons
de citer. (1)

M. Rey de la Croix a puisé auprès de l'abbé
Sicard, la connaissance des procédés de ce célèbre
instituteur, et pénétré de reconnaissance pour son
maître, lui a rapporté encore le mérite de ceux
qu'il a imaginés lui-même. Le motif qui avait
conduit le disciple auprès du maître inspire un
profond intérêt. M. Rey de la Croix avait une
fille sourde-muette, et a voulu se charger lui-
même de son instruction : mais tous les sourds-
muets sont aussi devenus *ses amis*, comme il le
dit lui-même (2). C'est dans la vue de les servir
qu'il a publié le récit des soins qu'il a donnés

------

(1) MM. Berthier, Lenoir, Gazan, Dewicderker, etc. Il
nous est doux de pouvoir exprimer ici l'affection que nous
portons à ces bons jeunes gens, que nous avons vus se former
sous nos yeux, dont nous avons encouragé les efforts, et de
pouvoir attester aussi la satisfaction qu'ils nous font éprouver par leur zèle, autant que par un talent remarquable. On
aime à les voir se créer une carrière honorable et utile, en
concourant à l'instruction de leurs compagnons d'infortune.

(2) *Voyez* le titre et la dédicace de son ouvrage.

à l'éducation de sa fille (1). On ne peut lui en savoir assez de gré; son ouvrage sera un encouragement pour les familles où se trouvent des enfans sourds-muets, lorsque les parens auront assez d'instruction et de loisir pour être disposés à suivre son exemple. Cet écrit leur offrira aussi quelques vues utiles, quoique l'auteur se borne à indiquer, d'une manière sommaire, les procédés qu'il a employés. Ces procédés, conçus dans l'esprit de la méthode de l'abbé Sicard, sont en général plus simples. M. Rey de la Croix annonce qu'il s'est contenté de mettre sa fille en état d'employer la langue française avec facilité et correction, sans prétendre lui enseigner les principes de la grammaire. Il avait le projet de publier un grand ouvrage où ses procédés auraient été développés en détail; mais il ne paraît pas l'avoir exécuté. Du reste, loin d'adopter un système exclusif de procédés, il a réuni, au contraire, et employé à la fois tous ceux qui s'offraient à lui, l'alphabet oral et labial, comme l'alphabet manuel, les estampes du P. Vanin, comme les signes méthodiques des abbés de l'Épée et Sicard (2). Nous ne trouvons cependant, dans son ouvrage, aucun renseignement sur l'emploi qu'il a pu faire de ce

---

(1) *La Sourde-Muette de Clapière, ou Leçons données à ma Fille.* Béziers, an IX, 1 vol. in-8°.

(2) *Ibid.*, page 18.

I.

dernier moyen. Il a employé aussi, avec succès, à l'exemple de l'abbé de l'Épée, les noms imprimés sur les cartes mobiles et le bureau typographique.

Chose singulière! tandis que l'abbé de l'Épée, ainsi que nous l'avons vu, avait adopté, dans la pratique, ce même procédé d'articulation artificielle dont il avait critiqué l'emploi dans ses controverses avec ses rivaux, voici que, par un autre contraste, l'abbé Sicard, après avoir fait réimprimer l'*Art de Parler*, de son illustre maître; après avoir déclaré solennellement que l'articulation artificielle était le complément nécessaire de l'éducation du sourd-muet, a cependant entièrement abandonné, dans la pratique, cet important procédé auxiliaire; la tradition même s'en serait perdue, si l'un des élèves de l'abbé Sicard, M. Paulmier, ne l'avait conservée : il en a fait quelques applications particulières; mais l'usage n'en a point encore été remis en vigueur dans l'établissement. Les cartes mobiles, le bureau typographique, ont été également ou écartés ou simplement négligés (1).

_____

(1) *Voyez* la note F ci-après.

## NOTE F.

*Exemples des signes mimiques de réduction usités dans l'Institut royal de Paris.*

Le langage des signes mimiques, employé dans l'Institution de Paris comme moyen essentiel d'enseignement et de traduction, langage inconnu jusqu'à ce jour, non seulement au public, mais aux autres établissemens de sourds-muets, est d'un si haut intérêt dans l'histoire de l'art, il est en même temps d'une si grande importance dans l'examen des questions relatives au mérite respectif des différentes méthodes, qu'après avoir indiqué dans ce Chapitre comment il s'est formé par des réductions et des ellipses, en le comparant aux descriptions mimiques de la *Théorie des Signes* de l'abbé Sicard, dont il est comme un résumé, il nous paraît nécessaire d'en donner une idée plus complète encore par d'autres exemples.

A cet effet, nous présenterons d'abord, comme un extrait ou un *specimen* du vocabulaire mimique en usage dans notre Institut, un choix de signes de réduction pour la nomenclature. Nous essaierons ensuite de retracer, en langage mimique, l'*Oraison dominicale* tout entière, telle que les sourds-muets la récitent chaque jour dans leurs prières, afin de montrer comment se construit une proposition, un discours entier dans ce langage, et suivant le génie qui lui est propre.

Quelque soin que nous ayons apporté à peindre fidèlement ces signes, d'après la manière dont ils sont exécutés par les élèves de notre Institut, nous n'avons pu donner à cette peinture toute l'exactitude que nous aurions désiré, parce qu'il est, dans ce langage rapide, plusieurs expressions qui peuvent échapper au spectateur, ou qui se refusent à une description expresse, comme sont celles qui appartiennent au regard et au jeu de la physionomie.

### 1°. *Signes de réduction pour la nomenclature.*

*N. B.* Nous avons choisi le petit nombre d'exemples qui suivent, dans trois ordres de signes différens : ceux qui expriment des idées familières, des notions morales et des notions intellectuelles.

Nous devons répéter encore, en cette occasion, que le langage mimique des sourds-muets a plusieurs signes différens pour le même mot de nos langues, lorsque ce mot a des acceptions diverses, et même lorsque son acception principale vient à se modifier suivant les circonstances.

M. Sicard avait coutume d'ajouter, au signe mimique de réduction, qui représente l'idée en elle-même, un second signe grammatical, en forme de terminaison, qui désignait la fonction du mot correspondant dans notre langue, comme substantif, adjectif, verbe, etc. ; mais les sourds-muets, dans leur usage habituel, n'ont point conservé ces supplémens ; ils n'emploient que le radical seul, sans s'embarrasser de la fonction grammaticale que remplit, dans le discours, le mot correspondant. Nous nous conformons ici au langage que les sourds-muets emploient entre eux.

Pour juger comment ces signes de réduction ont été

tirés des descriptions mimiques, il faut les comparer aux descriptions, telles qu'elles sont renfermées dans la *Théorie des Signes* de l'abbé Sicard. Nous aurions désiré épargner au lecteur la peine de faire ce rapprochement, en mettant ici les termes de comparaison sous ses yeux; mais les descriptions mimiques de l'abbé Sicard ont une telle étendue, qu'il eût fallu augmenter considérablement le volume de notre ouvrage..

*Maison.* — Les deux mains se superposent alternativement et à plusieurs reprises l'une sur le revers de l'autre, puis se joignent par l'extrémité des doigts, en figurant un toit.

*Maçon.* — La main droite représentant une truelle, fait semblant de prendre du mortier, de l'appliquer sur la gauche et de l'y étendre. On ajoute le signe d'homme.

*Vacances.* — Les deux bras se croisent, et les mains, la paume tournée en dedans, s'agitent légèrement vers la poitrine.

*Pauvre.* — Tendre la main droite, puis joindre rapidement les deux mains avec un air de tristesse.

*Accompagner.* — Les deux mains fermées, les pouces levés, se collent l'une contre l'autre, et s'avancent dans cet état.

*Avertir.* — La main droite frappe légèrement et plusieurs fois l'avant-bras gauche porté en avant.

*Vaciller.* — La paume de la main droite placée horizontalement sur l'extrémité du pouce gauche, exécute plusieurs mouvemens d'oscillation.

*Perdre.* — Les mains fermées devant la poitrine, la

paume en haut, descendent et s'ouvrent en se jetant en avant.

*Air.* — On agite la main devant la bouche, en respirant.

*Café.* — Feindre l'action de le moudre en imitant avec un poing le moulin, et avec l'autre le mouvement.

*Clair.* — La main fermée devant la figure, le revers en dedans, s'ouvre en écartant les doigts; en même temps les yeux, qui étaient à demi fermés, s'ouvrent, et la physionomie s'épanouit.

*Vieillard.* — Feindre de s'appuyer sur un bâton, le corps courbé.

*Ami.* — Les deux mains placées l'une au-dessus de l'autre près du cœur, dans une position horizontale, la paume en haut, s'éloignent et se rapprochent alternativement du cœur, pour peindre les épanchemens du cœur et leur réciprocité.

*Bonté.* — La main se porte sur les lèvres, qui y appliquent un baiser. La physionomie exprime la sensibilité.

*Douceur.* — Les doigts de la main droite écartés et courbés vers le haut de la figure, descendent lentement en se réunissant par leur extrémité. La physionomie prend part à l'expression de cette qualité.

*Complaisance.* — La paume de la main droite passe plusieurs fois circulairement sur le cœur; puis les deux mains renversées sont portées en avant avec empressement pour montrer de l'obligeance.

*Indulgence.* — La paume de la main droite passe, à plusieurs reprises, sur celle de l'autre main, de gauche à droite. Expression de douceur.

*Tolérance.* — Les deux mains renversées se laissent

aller en avant autant que les bras peuvent s'étendre, avec une expression de physionomie qui peint la facilité du cœur.

*Affabilité.* — Signe de douceur ; puis les deux mains renversées se présentent en s'abaissant à plusieurs reprises et de différens côtés ; les regards suivent ces mouvemens avec une expression de bonté.

*Politesse.* — Pendant que le coude droit se rapproche du corps, la main fermée se porte vers l'épaule gauche, en faisant un mouvement de rotation de dehors en dedans ; la tête s'incline.

*Prévenance.* — La main droite, le pouce en bas, la paume en dehors, se porte en avant ; les deux mains renversées et rapprochées s'avancent en s'élevant un peu, comme pour offrir.

*Humanité.* — Les deux mains étendues descendent en glissant sur les côtés de la poitrine ; le bras se déploie horizontalement de gauche à droite ; enfin, la main vient s'appliquer sur le cœur.

*Pitié.* — La main s'applique sur le cœur ; en même temps, les yeux sont fixés tristement du côté gauche, et la tête inclinée à droite.

*Compassion.* — Ajouter au signe précédent celui de douleur, en pressant le poing sur le cœur.

*Charité.* — L'index se dirige vers le ciel, ensuite la main s'applique sur le cœur ; de là contre l'avant-bras gauche placé horizontalement devant la poitrine ; puis le bras se déploie horizontalement de gauche à droite ; enfin, la main vient de nouveau s'appliquer sur le cœur.

*Bienfaisance.* — Imiter l'action de donner avec les

deux mains, à plusieurs reprises, avec un air de bonté et de satisfaction.

*Imprudent.* — La main droite étendue, le pouce en haut, se porte en avant en imitant les mouvemens d'un poisson qui se précipite sur l'appât.

*Prudent.* — Après avoir fait le signe précédent, la main se retire rapidement pour imiter le poisson qui reconnaît le danger.

*Autorité.* — Le bras étendu, à la hauteur de la tête, se porte de gauche à droite, en faisant plusieurs fois, avec l'index, le geste du commandement.

*Puissance.* — Les deux bras, les poings fermés, se portent avec force en avant, et s'arrêtent en se roidissant. Le pouce se lève à la hauteur de la tête.

*Obéissance.* — Les deux mains renversées s'avancent en descendant vers la gauche; le corps suit ce mouvement.

*Soumission.* — L'index se porte rapidement sous la main gauche étendue horizontalement à la hauteur de la poitrine. — Signe d'obéissance.

*Empressement.* — La main droite courbée passe rapidement sous le menton de droite à gauche. Les deux mains ouvertes, la paume en dedans, les doigts écartés, et tournés les uns contre les autres, se portent en avant par plusieurs petits mouvemens brusques.

*Emportement.* — Les doigts de la main droite, écartés et recourbés, se portent, plusieurs fois, de bas en haut contre la poitrine. Les yeux étincellent, le corps s'agite.

*Prudence.* — Le bout de l'index se porte au front; puis les deux mains, placées du côté gauche, et fermées comme pour tenir des rênes, semblent tour à tour les tirer et les lâcher avec précaution.

*Sagesse.* — Les deux index, accolés l'un contre l'autre, se portent ainsi en avant dans un plan horizontal ; puis les deux mains ouvertes, placées l'une à côté de l'autre, un peu relevées par leur extrémité, s'abaissent lentement. La physionomie exprime la gravité.

*Modération.* — Les deux mains ouvertes descendent du haut de la poitrine vers le cœur, comme pour en calmer l'agitation.

*Dimensions.* — Les deux mains jointes, les pouces en haut, s'éloignent horizontalement l'une de l'autre. La main droite, le pouce en haut, appliquée sur le revers de la gauche dans la même position, s'en sépare en se portant en avant sur un plan horizontal ; puis la main droite, étendue sur la paume de la gauche, s'en éloigne en s'élevant verticalement à la hauteur de la tête.

*Proportion.* — L'index et le médius écartés, pour figurer un compas, tracent un demi-cercle sur la paume de la main gauche ; puis les deux mains courbées, les doigts collés et tournés en bas, s'avancent l'une devant l'autre ; enfin, le signe d'égalité.

*Temps.* — La main droite se jette par-dessus l'épaule, puis se porte en avant.

*Durée.* — Appuyer le pouce droit en croix sur le gauche, et les avancer ainsi autant que les bras peuvent s'étendre.

*Grandeur.* — La main droite, dans une position horizontale, s'élève au-dessus de la tête.

*Cause.* (*Voyez* ci-devant, page 555.)

*Effet.* — L'index et le pouce de la main droite semblent détacher quelque chose qui serait suspendu entre l'index et le pouce de la main gauche.

*Rivalité.* — Les deux pouces levés, les autres doigts étant fermés, placés l'un à côté de l'autre, s'élèvent et s'abaissent alternativement à une petite hauteur.

*Vérité.* — Porter la main droite sur le cœur, puis étendre le bras en signe d'assurance.

*Évidence.* — Signe de vérité; puis les deux mains fermées et croisées devant la figure, le revers en dedans, se portent en avant en s'écartant et s'ouvrant avec force.

*Jugement.* — Les deux mains, comme si elles tenaient une balance, imitent le mouvement de ses plateaux.

*Raisonnement.* — Les deux mains font alternativement, et à plusieurs reprises, le signe d'effet; seulement les pouces et les index sont dans une position horizontale.

*Doute.* — Les deux mains renversées se balancent à la hauteur des épaules, et la tête se penche tantôt à droite, tantôt à gauche. Les épaules se haussent.

*Soupçon.* — L'index droit se porte au front, puis il se secoue un peu vers la gauche; les yeux, à demi fermés, se dirigent du même côté.

*Conviction.* — La main droite, les doigts courbés et tournés en dedans, descend avec force le long de la poitrine; le dessus du corps se penche en avant.

*Ignorance.* — La main droite, l'index et le médius écartés l'un de l'autre, se porte au front, le revers en dedans.

*Science.* — La main droite, avec l'extrémité des doigts réunis, frappe, à plusieurs reprises, sur le front; de là elle s'élève, en s'ouvrant, au-dessus de la tête.

*Génie.* — La main droite porte l'index au front, puis elle s'élève, au-dessus de la tête, en s'ouvrant et agitant les doigts pour imiter la flamme.

*Habileté.* — L'index droit, après s'être appuyé sur le front, s'élève vivement au-dessus de la tête; le poignet exécute en même temps un mouvement de rotation de dehors en dedans.

*Talent.* — Signes d'habileté; puis la main fermée descend du front, en imitant l'action de donner.

## 2°. *L'Oraison dominicale.*

Nous donnons ici l'*Oraison dominicale* telle que la récite le sourd-muet dans son langage. Au lieu de traduire les mots par des signes, nous avons cherché à décrire tous les mouvemens, tels que le sourd-muet les exécute, puis nous avons mis à côté de chaque description partielle, le mot français qui y correspond; ainsi nous ne donnons pas ici l'*Oraison dominicale* traduite dans le langage mimique, mais, au contraire, la pantomime de l'*Oraison dominicale*, traduite littéralement en français. Cette marche nous a paru préférable, parce que la syntaxe du langage des signes étant différente de celle de la langue française, si nous avions décrit l'*Oraison dominicale* mot pour mot, il aurait fallu sacrifier les inversions du langage mimique à la construction française, et nous n'aurions pas rempli notre but, qui est de donner un échantillon de la syntaxe de la langue des signes, de ses ellipses, et de son génie particulier. Ici, non seulement le sourd-muet supprime la terminaison mimique composée du signe grammatical, qui, dans le système de l'abbé Sicard, accompagne le signe radical de l'idée, mais il supprime encore les conjonctions et les pronoms comjonctifs; il réunit dans un seul et même signe la valeur du verbe auxiliaire, qui est purement grammaticale, avec la valeur réelle du verbe qui exprime l'action.

1°. L'index de la main droite se porte du côté gauche au côté droit, en décrivant une courbe horizontale. } *Notre*

2°. Les deux mains s'appliquent au-dessus des hanches, et descendent obliquement sur le ventre en se rapprochant. } *Père,*

3°. Les deux mains élevées à la hauteur de la tête, placées l'une sur l'autre, et affectant une forme concave, se séparent en décrivant le cintre d'une voûte. } *le ciel*

4°. La main droite se plonge à la même hauteur dans la gauche entr'ouverte. } *dans,*

5°. Les deux mains renversées, les doigts courbés et écartés, exécutent l'une devant l'autre un mouvement d'attraction vers le cœur. } (nous désirons) *que*

6°. L'index droit montre le ciel.    *votre*

7°. L'index de la main droite *frappe en croix*, une ou deux fois, sur celui de la main gauche. } *nom*

8°. La main droite dans une position oblique, les doigts tournés à gauche, descend du front, en s'éloignant du corps par une ligne courbe ; en même temps la tête s'incline. } *soit sanctifié ;*

.

9°. *Voyez* n° 5. } (nous désirons) *que*

10°. *Voyez* n°. 6. *votre*

11°. L'index se porte au front et puis au cœur. } ( sur les âmes )

12°. Les deux mains portées en avant et fermées comme pour tenir des rênes, semblent alternativement les tirer et les lâcher. } *règne*

13°. Les deux mains portées en avant, la face palmaire en avant, se balancent à une certaine distance l'une de l'autre. } ( Providence )

14°. L'index droit se dirige vers le ciel, puis, se renversant, il revient sur le côté gauche de la poitrine. } *arrive ;*

15°. *Voyez* n° 5. } (nous désirons) *que*

16°. *Voyez* n°. 6. *votre*

17°. L'index de la main droite part de la bouche, qui, en même temps, s'ouvre et se ferme ; ensuite il se jette rapidement à gauche, puis à droite. } *volonté*

18°. Les deux index placés parallèlement en avant, s'éloignent en descendant et remontant par une ligne courbe, pour s'appliquer horizontalement l'un contre l'autre. La tête est inclinée. } *soit faite,*

19°. *Voyez* n° 3.                *au ciel,*

20°. Les deux mains légèrement courbées, portées en avant, l'une à côté de
l'autre, se séparent en décrivant une
sphère.                       *sur la terre,*

21°. Les deux index s'appliquent l'un
contre l'autre.                *comme;*

22°. Les mains jointes devant la figure descendent obliquement sur la
poitrine, les yeux dirigés vers le ciel.      *nous    vous*
                                              *prions*

23°. Le bord externe de la main
droite descend transversalement sur le    *le pain*
revers de la gauche à demi fermée.

24°. Le pouce de la main droite
levé, les autres doigts fermés, après
avoir effleuré la joue en se portant de
bas en haut, et d'arrière en avant, dé-
crit de gauche à droite un cercle verti-    *quotidien,*
cal; puis il exécute des mouvemens
successifs d'arrière en avant, en avançant horizontalement vers la droite.

25°. Les deux mains renversées, éten-
dues, s'abaissent par une légère secousse    *aujourd'hui,*
devant le corps.

26°. La main droite se ferme, se porte
en avant, et s'ouvre.           *de nous donner;*

27°. *Voyez* n° 22.              *nous    vous*
                                              *prions*

28°. Les doigts de la main droite,
réunis, frappent avec leur extrémité le    *nos fautes*
bas de la poitrine.

29°. Les deux index se dirigent rapidement l'un contre l'autre; mais le droit, au lieu de rencontrer le gauche, passe par-dessus et montre le ciel. ( contre vous )

30°. *Voyez* n° 1. *à nous*

31°. La main droite passe à plusieurs reprises sur l'intérieur de la gauche renversée. *de pardonner,*

32°. *Voyez* n° 21. *comme*

33°. La main droite, à la hauteur de l'épaule, se jette en dehors à plusieurs reprises. *aux autres*

34°. La main droite, après s'être fermée, vient s'ouvrir avec force contre la poitrine. *nous offensant,*

35°. *Voyez* n° 1. *nous*

36°. *Voyez* n° 31. *pardonnons.*

37°. *Voyez* n° 22. *Nous vous prions*

38°. Le bout de l'index frappe à plusieurs reprises sous l'avant-bras gauche, placé devant la poitrine. *aux tentations*

39°. Les deux mains renversées descendent obliquement à gauche, et en même temps le corps se laisse pencher du même côté. *succomber*

40°. Les deux mains placées vers la gauche, la paume en dehors, se portent rapidement en avant; en même temps le corps se retire en arrière. *de ne pas nous laisser;*

41°. Les deux mains se jettent rapidement aux épaules, la paume en de-
hors ; la tête se porte un peu en arrière. } *mais*

42°. Les paumes des mains s'entre-
frappent à la hauteur de la figure, et se
séparent en continuant de s'élever. } *du mal*

43°. Les poignets mis en croix s'écartent avec effort. } *de nous délivrer.*

44°. *Voyez* n° 5. } (nous désirons)
*soit*

45°. *Voyez* n° 21. *ainsi.*

*N. B.* Il est essentiel de remarquer que, pour exprimer *votre* ( n° 6 ), le sourd-muet ne fait point le signe
du pronom *votre* en général, mais désigne en particulier
le séjour de Dieu, auquel il s'adresse en ce moment. En
s'adressant à un interlocuteur, il dirigerait l'index sur la
poitrine de celui-ci.

De même, au lieu de se borner à exprimer le sens du
mot *règne* (n° 12), lequel est ici une expression figurée,
il le détermine par une double addition, le rend spécial
et propre. C'est le *règne* de Dieu *sur les âmes,* s'exerçant
par une protection qui veille et pourvoit.

FIN DU PREMIER VOLUME.

BIBLIOTHÈQUE ROYALE

4

www.ingramcontent.com/pod-product-compliance
Lightning Source LLC
Chambersburg PA
CBHW071141270326
41929CB00012B/1834

* 9 7 8 2 0 1 2 6 4 6 5 3 7 *